OS DEZ MANDAMENTOS

A história romanceada da saga do povo de Deus rumo à Terra Prometida

Volume

1

THOMAS NELSON
BRASIL®
Rio de Janeiro, 2015

PUBLISHER Omar de Souza
EDITORES Aldo Menezes e Samuel Coto
COORDENAÇÃO DE PRODUÇÃO Thalita Ramalho

ROTEIRO ORIGINAL Vívian de Oliveira (escrita com Altenir Silva, Joaquim Assis, Maria Cláudia Oliveira e Paula Richard)
ADAPTAÇÃO E EDIÇÃO DE ROTEIRO Marcelo Santos, Danilo Di Giorgi, Cinthia Jardim e Fabrício Cunha
PREPARAÇÃO DE TEXTO Daila Fanny
REVISÃO Luiz Werneck Maia e Patrícia Murari
DIAGRAMAÇÃO Luciana Di Iorio
CAPA Wesley Mendonça

As posições doutrinárias e teológicas desta obra são de responsabilidade de seus roteiristas e colaboradores diretos, não refletindo necessariamente a posição da Thomas Nelson Brasil, da HarperCollins Christian Publishing ou de sua equipe editorial.

Este livro é um romance, uma obra de ficção. Embora seja baseado no relato bíblico e histórico do livro de Êxodo, que narra a história de Moisés e a libertação do povo hebreu da escravidão do Egito, este livro não deve ser confundido com a Bíblia Sagrada. O uso da liberdade literária é um recurso para tentar contar e recontar os relatos bíblicos, preenchendo com a imaginação aquilo que a Bíblia não explicita.

CIP-BRASIL. CATALOGAÇÃO NA PUBLICAÇÃO
SINDICATO NACIONAL DOS EDITORES DE LIVROS, RJ

D518
Os Dez Mandamentos - A história romanceada da saga do povo de Deus rumo à Terra Prometida; roteiro Vivian de Oliveira. - 1. ed. - Rio de Janeiro : Thomas Nelson Brasil, 2015.
320 p. : il. ; 23 cm.

ISBN 978.85.7860.805-7

1. Os dez mandamentos (Telenovela). 2. Televisão - Programas. I. Oliveira, Vivian de.

CDD: 791.456
CDU: 621.397

Rua Nova Jerusalém, 345 — Bonsucesso
Rio de Janeiro - RJ - CEP 21042-235
Tel.: (21) 3882-8200 - Fax: (21) 3882-8212 / 3882-8313
www.thomasnelson.com.br

UM

Sangue inocente

Pi-Ramsés, Egito — 1300 a. C.

Pelas ruas do vilarejo hebreu, mulheres corriam em completo desespero. Apertavam seus recém-nascidos contra o peito, carregando-os sob as roupas. Tentavam fugir das mãos de implacáveis soldados egípcios, mas não sabiam para onde ir. Não havia a mínima esperança.

Por ordem do faraó Seti I, todos os bebês do sexo masculino deveriam ser executados; atirados, sem piedade, ao rio. O faraó estava preocupado com o número crescente de hebreus em seu império. Embora fossem escravos, o faraó temia que eles se tornassem tão numerosos e poderosos a ponto de iniciar uma revolta contra todo o seu governo.

Joquebede olhava aquela enturvada correria com espanto e aflição. Aos nove meses de gestação, ela escondia sua barriga cobrindo-se de pesadas e grossas mantas, mas àquela altura já não conseguia disfarçar seu estado. Pedia apenas a Deus que tivesse misericórdia dela e lhe desse uma menina, uma irmãzinha para Miriã. Ela já tinha o pequeno Arão, com 4 anos, mas só imaginar que em seu ventre pudesse haver um outro menininho lhe dava calafrios de terror. Como poderia entregar seu filho nas mãos dos soldados para ser atirado ao rio? Por que Deus permitiria que ela passasse por tamanha tragédia, que fosse ter seu bebê justamente naqueles complicados tempos? As dúvidas lhe torturavam a alma.

Em meio a toda a confusão no vilarejo e perante o desespero de tantas mães e pais, ela tonteou.

— Vá chamar seu pai — sussurrou aos ouvidos de Miriã, que assentiu e correu em direção à cidade egípcia.

Miriã seguiu caminho pelas margens do rio Nilo e presenciou vários soldados lançando os bebês às águas. Ficou em choque com a cena e pensou no que poderia acontecer caso a mãe tivesse um menino. Pediu a Deus que poupasse a família daquele terrível sofrimento e, mais que depressa, correu até Pi-Ramsés.

Entrou na cidade, que fervilhava. Centenas de escravos trabalhavam nas colossais construções. Passou pelo palácio ladeado por esfinges monumentais e por homens que carregavam uma descomunal estátua do faraó Seti I. Observava tudo com o olhar curioso e espantado de uma criança, enquanto virava o pescoço em busca do pai. Correu em direção ao templo de Amon e lá, nas paredes, observou os coloridos desenhos em relevo que retratavam Seti I como um guerreiro poderoso derrotando inimigos numa batalha. Havia outro desenho no qual o faraó fazia uma oferenda para o deus Amon-Rá, de quem era considerado filho. Olhou o grande número de trabalhadores, mais de uma centena, usando cordas grossas e pesadas para fazer andar uma imensa plataforma de madeira, que se movia com a ajuda de grandes rodas. Deitada sobre ela, uma estátua do deus Amon, que seria instalada no templo. Tinha proporções gigantescas. Os homens estavam exaustos e eram açoitados inclementemente por feitores a cada sinal de esmorecimento. Localizou, numa fileira, seu pai Anrão, ao lado do amigo Num. Escondeu-se atrás de uma coluna e sussurrou ao pai.

— Mamãe está passando mal.

Anrão ficou desnorteado.

— Pode ir, Anrão. Eu dou cobertura — tranquilizou o jovem amigo Num, mandando que fosse embora escondido, com sua filha.

Anrão assentiu. Com a pequena distração causada por Miriã, Num foi advertido pelos feitores e açoitado ferozmente. As chicotadas abriram vergões em suas costas, deixando-as em carne viva.

Pai e filha conseguiram sair do templo sem que os egípcios notassem. Caminharam velozes, mas com cuidado, até a vila em que os hebreus residiam, nos arredores da cidade. Encontraram Joquebede sentindo muitas dores, sendo amparada pela jovem Amália, amiga da família. Uma vez que sua mãe falecera quando lhe deu à luz, Amália tinha em Joquebede uma figura materna e colocava-se à sua disposição em todos os momentos.

As dores de Joquebede logo a deixaram, mas anunciavam que o bebê estava a ponto de nascer. O casal decidiu esperar pelo anoitecer, quando atravessaria o rio numa jangada feita de palha pelo próprio Anrão. Do outro lado, aguardariam o momento do parto. O local e o momento seriam seguros: os egípcios não se aventuravam do lado de lá do Nilo, que consideravam ser a terra dos mortos. Tampouco perambulavam pelas ruas à noite, sem a proteção de Rá, o deus-sol.

A noite veio caindo, e o casal se preparou para partir. Levariam consigo uma experiente parteira do vilarejo e sua auxiliar, que ajudaram no nascimento de Miriã e Arão. As duas crianças ficariam sob os cuidados da prestativa Amália. Tão logo saíram, o jovem Num, cujos vergões ainda ardiam em suas costas, chegou à casa dos amigos para obter notícias, porém encontrou apenas Amália, que lhe falou do parto iminente. O momento não era para galanteios, mas Num não escondeu o sorriso ao encontrar a moça ali. Era apaixonado por ela e esperava o melhor momento de se declarar. Ele a deixou perceber os açoites que levara horas antes. Consternada, Amália se propôs a fazer emplastros e cuidar do ferimento do amigo. Ele recebeu o cuidado com muita alegria. Após tantos açoites, receber o carinho de Amália era algo que faria seu dia valer a pena.

***

Se nas ruas do vilarejo hebreu, ao qual os escravos retornavam ao cair da tarde após o extenuante dia de trabalho, o clima era de resignação e desalento, a atmosfera no palácio era sempre festiva. A rainha Tuya e o faraó Seti I curtiam o filho recém-nascido, Ramsés.

— Ramsés, meu filho, amado de Amon-Rá! Que cresça poderoso e invencível! Que encontre favor entre todos os deuses e reine absoluto como o próprio deus! Que Hórus o proteja. — O faraó afagava o menino entre beijos e carinhos.

A família vivia no suntuoso palácio, entre estátuas de deuses e referências ao próprio faraó, considerado também uma divindade. Do átrio principal, no qual ficava a sala do trono, era possível avistar toda a cidade de Pi-Ramsés e suas enormes construções, erigidas em mármore e outras pedras polidas, erguidas num esforço hercúleo, à custa do sangue e da vida de muitos escravos.

Além do bebê Ramsés, Tuya e Seti I eram pais da jovem princesa Henutmire, que estava prestes a se casar com o ambicioso general Disebek. Embora jovem, ele já havia colecionado um bom número de vitórias em suas expedições militares. Era o protegido do faraó Seti I, que o tinha em mais alta estima. Estava prestes a ganhar um cômodo no palácio e a mão da bela princesa. O casamento, para o general, era apenas uma de suas muitas estratégias. Era assim que vencia nas batalhas e na vida. Admirava, sem dúvida, a beleza de Henutmire, mas desposá-la seria uma forma segura de se manter sempre próximo ao poder. Não havia sido criado para a fidelidade conjugal, pois, como bom soldado que era, tinha uma vida sexual desimpedida.

Suas vitórias eram sempre celebradas num dos estabelecimentos mais concorridos de Pi-Ramsés: a Casa de Senet. O local fornecia entretenimentos variados aos seus frequentadores: mesas de senet, um jogo de tabuleiro bastante popular, vinhos e outras bebidas, e a principal atração da casa: belas dançarinas. À disposição dos olhos de todos os clientes, as moças entregavam-se mais intimamente aos mais ilustres ou endinheirados, dispostos a pagarem o suficiente por sua companhia. Disebek era um deles. Afeiçoava-se principalmente pela dançarina Yunet. Sempre que a encontrava sobre o tablado, dançando, seguia-a a um dos quartos do estabelecimento. Entre muitas taças de vinho e peças de roupa espalhadas no chão, prometia-lhe uma vida de princesa.

A jovem acreditava nas promessas de Disebek. Almejava o luxo e a vida de nobre que o general poderia lhe dar; afinal, tantas vitórias lhe renderiam algum prestígio junto ao faraó.

— Você vai morar comigo no palácio, Yunet. Será uma nobre, prometo.

A dançarina deixava-se seduzir pelos afagos e juras que Disebek lhe fazia. Sim, teria joias e o linho mais fino do Egito. Prata, ouro, pedras preciosas.

— Irei apresentá-la como uma prima órfã que depende de mim.

Por essa parte Yunet não esperava.

— Prima!? Como assim? Não íamos nos casar?

— O faraó tem outros planos para mim. Quer que eu me case com a princesa Henutmire.

Yunet arregalou os olhos delineados. Ela deveria saber: homens não são confiáveis. Toda aquela conversa de que a amava era apenas reflexo do vinho e do desejo.

— Saia daqui, Disebek! — gritou, exasperada. — Vá! Suma da minha frente! Mentiroso!

— Pare de frescura, Yunet! Eu vou lhe dar uma vida de princesa no palácio. Nós vamos continuar juntos. Só que tem de ser desse jeito.

Yunet não aceitava dividi-lo com ninguém mais. Resolveu jogar a carta que trazia sob a manga havia alguns dias.

— E se eu lhe disser que estou grávida, que estou esperando um filho seu?

A revelação espantou o general. Uma criança só iria atrapalhar seus planos, até aqueles que generosamente, pensava, incluíam levar Yunet ao palácio. Ele a propôs que abortasse.

— Você não tem medo da fúria dos deuses, Disebek? Tirar a vida de uma criança é muito grave.

— Deixe que eu me acerto com os deuses. Se você não tirar esse filho, me esqueça. Esqueça a vida de nobre no palácio. Tudo acaba aqui mesmo — ameaçou.

Não esperou resposta. A noite já estava instalada e deveria seguir para o palácio, para uma audiência com o faraó. Encontrou-o na sala do trono, sendo servido das iguarias palacianas, que foram estendidas ao convidado.

— Sua campanha militar em Kadesh foi brilhante, Disebek. Colocou todos os inimigos do reino em fuga — elogiou Seti I.

— Nada se compara à presença do Hórus vivo no campo de batalha — disse, referindo-se ao faraó como a um deus. — Não conheço guerreiro tão destemido quanto o senhor.

— Sou o preferido de Ptah, meu caro. Filho de Rá! Os deuses sempre me favorecem. — Divertiu-se Seti I, lisonjeado.

— E a morte dos meninos hebreus?

— O que tem isso a ver com qualquer coisa?

— Se me permite, senhor das Duas Terras, não teme que o sacrifício dessas crianças pese na balança de Anúbis? Que prejudique a sua entrada no glorioso mundo dos mortos?

— É muito ousado por questionar minhas decisões, general...

— O senhor me perdoe.

— ... mas é justamente por isso que gosto de você.

Disebek tomou um gole de vinho, aliviando-se por não ter provocado a fúria do futuro sogro.

— Não se preocupe, Disebek. Os deuses sabem que tudo o que faço é pela manutenção da ordem cósmica. Não posso permitir que esses malditos hebreus continuem se multiplicando e se alastrando pela minha terra como uma praga — explicou o faraó.

— Acredita mesmo que eles possam se aliar aos inimigos do Egito? — Continuou o general.

— Na primeira oportunidade! São fortes, numerosos... Adoram um deus que não se pode ver. Um absurdo! Não vou correr esse risco.

Enquanto conversavam, o sacerdote Paser aproximou-se cheio de pompa para fazer um anúncio.

— Ó, poderoso faraó do alto e do baixo Egito! A grande esposa real e sua adorada filha desejam provar de sua companhia.

— Pois que entrem.

Paser buscou a rainha Tuya, acompanhada da belíssima princesa Henutmire. Ao ver a jovem, Disebek ficou fascinado.

— Creio que nem mesmo a virtuosa deusa Ísis, em todo o seu esplendor, conseguiu impressionar Osíris como a princesa me impressiona — derreteu-se o general.

***

O sol matinal fazia o rosto de Joquebede refletir nas águas do Nilo. Estava bela, apesar de todo o sofrimento. A despeito dos anos, mantinha o frescor da juventude numa pele rosada e macia. Nem parecia ter dois filhos, com o terceiro a caminho. De repente, sentiu uma forte pontada de dor. A bolsa se rompera. Sentou-se numa das rochas que ladeavam as margens do rio e gritou por ajuda. Logo o marido e as parteiras acudiram-na, levando-a de volta até a gruta em que haviam passado a noite.

Deitada sobre um manto, Joquebede segurava as mãos da auxiliar, enquanto a parteira a pedia para fazer mais e mais força. Sua respiração era ofegante, num vai e vem frenético e exaustivo. A cada movimento respiratório, a cada contração que fazia, mais sentia seu bebê perto de sair. Num esforço derradeiro, sentiu a pequena criança escorregar por entre as pernas e a ouviu dar o primeiro choro. Emocionada e, ao mesmo tempo, ansiosa, quis saber o sexo do bebê. A parteira o pegou e o embalou com pesar. Era um menino.

Saber que tinha um menino deixou a mãe desolada. Joquebede chorou sofridamente. Anrão a abraçou, diante do olhar consternado das parteiras. Tomou seu menino nos braços e seguiu para fora da gruta. Dobrou os joelhos e levantou o bebê, em direção aos céus.

— Adonai, o único Deus em que confio, eis aqui o meu filho. Eu o consagro a ti. Ele é teu. Livra essa criança do mal. Só tu podes proteger o nosso menino.

Depois retornou e entregou o filho à esposa, chorosa.

— Ele é lindo. Tem a beleza da mãe — disse o pai, encantado.

— E a força do pai — sorriu Joquebede.

— Já pensou em um nome? — quis saber Anrão.

— Ainda não. No fundo, tenho medo de me apegar demais a ele e depois...

— O que é isso, Joquebede? Não pense mais nisso, por favor. Apenas seja grata a Deus por esse filho. Tenha fé — repreendeu o marido, com doçura.

— Você está certo. O que seria de mim sem você, Anrão?

— Deus não dará as costas para nós, tenho certeza! — encorajou o pai.

Em seguida arrumaram o improvisado acampamento. Esperariam pelo anoitecer para voltar à vila, do outro lado do rio. Anrão sabia que seu sumiço por mais um dia poderia chamar a atenção dos feitores no templo. Quanto ao bebê, eles sabiam, Deus proveria o melhor caminho.

DOIS

O casamento real

Henutmire estava especialmente bela. Aprontava-se para o seu casamento com a ajuda de sua aia, a dançarina Yunet, que já estava morando no palácio havia alguns meses. Seu porte elegante logo chamou a atenção da rainha Tuya, que a escolheu para ser dama de companhia da filha. O luxo deslumbrante da construção, refletido nos ricos detalhes que adornavam cada aposento, fez com que esquecesse, por alguns instantes, sua frustração com Disebek. Ao menos cumprira sua promessa de levá-la consigo ao palácio. Para todos os efeitos, era mesmo uma prima do general.

Como a princesa se afeiçoou rapidamente por Yunet, considerando-a uma grande amiga e confidente, às vésperas de seu casamento ousou perguntar, entre risinhos:

— A sua primeira noite com Paser, como foi?

— Senhora, assim me deixa constrangida. — Yunet fez-se de tímida, enquanto acariciava a barriga que já se notava.

A mente da dançarina voltou-se para o sacerdote. Casara-se com ele poucos meses depois de sua chegada ao palácio. Era necessário. Yunet era uma mulher inteligente e percebeu as oportunidades que foram surgindo diante dela. Primeiro a confiança da rainha Tuya; depois, a bondade ingênua de Henutmire; por fim, a beleza jovial do sacerdote Paser. Notou que o jovem era bem quisto e solteiro. Ela não iria muito longe simplesmente como prima do general, por isso engendrou a própria estratégia. Ela o elogiou, o seduziu e logo se casaram. Tudo isso com a urgência que sua condição exigia.

— Ora, deixa disso! — A princesa a cutucou, trazendo Yunet de volta. — Somos amigas. Temos liberdade para falar. Não sabe como estou nervosa com a ideia de me entregar a um homem pela primeira vez — confidenciou Henutmire.

— Disebek, por certo, saberá como deixá-la à vontade.

— Ah, ele é tão maravilhoso. Tão gentil, cavalheiro. O meu príncipe. Sou louca por ele, minha amiga.

Yunet ouvia tudo ardendo em ciúmes. Apesar de tudo, ainda amava Disebek e não se conformava por ele tê-la trocado pela bela princesa.

— Quero ter a mesma sorte que você, Yunet. Casou-se com Paser e, pouco tempo depois, já está esperando um filho — tagarelava a moça.

— Sou mesmo uma afortunada! Que a deusa Hathor frutifique seu ventre, princesa — respondeu Yunet, tocando o ventre de sua senhora.

A cerimônia se daria na sala do trono. Tudo estava enfeitado com flores de lótus e incensos que queimavam por todo lado, perfumando o ambiente. Músicos tocavam harpas e flautas. Seti I estava no seu trono, ladeado pela rainha Tuya. Disebek estava próximo ao faraó enquanto uma grande fila de nobres, mercadores, sacerdotes e príncipes estrangeiros se postavam, um a um, diante de ambos, entregando presentes e ofertas em respeitosa reverência. Traziam joias, objetos de ouro, tecidos finos, móveis, e até aves exóticas. Uma vez apresentada a oferenda, os servos a recolhiam e os convidados se juntavam aos outros no salão, no qual eram servidos por belas mulheres que carregavam vinho e cerveja, além de tâmaras e frutas em bandejas.

—Vá se acostumando, Disebek. Sua vida daqui por diante será de luxo e riqueza. Terá tudo o que desejar ao alcance de suas mãos — sorriu Seti I.

— O que mais posso desejar depois de receber o maior dos tesouros? Não sou digno de ter Henutmire, e mesmo assim o soberano me favoreceu.

— Confio meu exército em suas mãos, Disebek. Por que não lhe confiaria minha filha?

— Talvez seu general descubra que é mais fácil lidar com soldados do que com uma esposa — divertiu-se a rainha.

O burburinho no salão cessou diante da entrada do sacerdote Paser no recinto. Retumbante, anunciou a chegada da noiva.

— Senhor das duas coroas, grande Hórus vivo, filho de Rá, deus-faraó Seti I! Receba sua adorada filha, amada de Ísis e Bastet, protegida de Hathor, princesa Henutmire!

Em seguida, os músicos tocaram uma envolvente melodia. Sistros eram chacoalhados em louvor a Hathor, deusa da maternidade. Ao som da música, as portas da sala do trono se abriram. Estátuas das deusas Ísis, Bastet e Hathor foram conduzidas em pequenas barcas, levadas por sacerdotes com a cabeça raspada. Logo após, iniciou-se o cortejo das damas da princesa, lideradas por Yunet. Elas coloriam de flores o chão, preparando a triunfal entrada da noiva. Por fim, despontou a liteira que conduzia a princesa. Estava esplendorosa, ricamente vestida e adornada com suas joias palacianas.

Do alto da liteira folheada a ouro, podia-se ver que estava lindíssima, sorridente e radiante. Os servos que a carregavam sobre os ombros atravessaram todo o salão enquanto a jovem sorria com delicadeza, transbordante de alegria. A beleza de Henutmire encantava os convidados, mas despertava em Yunet uma profunda inveja. Disebek olhava embevecido para Henutmire, que retribuía, totalmente apaixonada.

—Você está linda, Henutmire. A mais bela de todos os reinos sobre a terra.

Henutmire sorriu, enquanto era conduzida até o altar, diante do faraó Seti I.

— Que se cumpra hoje a vontade dos deuses!

***

Ao cair da noite, ao final da grande celebração, Henutmire preparava-se para sua primeira noite ao lado do marido. Estava ansiosa e, por isso, tagarelava sem parar com sua confidente, Yunet.

— Está nervosa, minha princesa? Não seria melhor se acalmar para a sua grande noite?

A princesa concordou. Yunet ofereceu-lhe, então, uma taça. Pensando se tratar de um chá, a princesa sorveu o líquido, tonteou e caiu desacordada. Yunet lhe ministrara uma grande dose de sonífero, que encontrara no gabinete do sacerdote Paser. Vestiu-se com as roupas das bodas e foi até o quarto de núpcias esperar por Disebek no lugar da princesa.

O general também mal podia esperar pelo primeiro encontro íntimo com sua esposa. Quando entrou no quarto, surpreendeu-se ao encontrar Yunet vestida com as roupas de Henutmire.

—Yunet! Ficou maluca? O que você fez com Henutmire?

— Ela ficou muito cansada com a agitação do casamento. Pobrezinha! Está descansando... — Dissimulou, aproximando seu corpo ao de Disebek.

O general egípcio tentou, em vão, escapar da sedução da dançarina. No entanto, seus instintos de homem infiel falaram mais alto e ele acabou uma vez mais nos braços de Yunet. Os dois se beijaram com ardência e paixão, saudosos após muitos meses sem um encontro.

— Por que você não me procurou esse tempo todo? — perguntou a dançarina.

— Pensei que você estivesse ocupada com seu marido.

— Fazer o quê...? Precisava arrumar um pai para o seu filho.

Alisando a barriga, Yunet encarou o general. Sim, até ele, o grande comandante do exército egípcio, havia sido enganado com sua falsa história. Ela não havia abortado. Não estava grávida de Paser. Aquele era o filho de Disebek.

O general sentiu-se ultrajado. Como não desconfiara? Livrou-se dos braços e das carícias de Yunet e levantou-se resoluto a fim de encontrar sua mulher. Antes de deixar o recinto, salientou:

— Você só ficará neste palácio, Yunet, enquanto eu quiser.

***

No quarto do faraó, a rainha Tuya observava o pequeno Ramsés brincando.

— Ele tem sorte por ser egípcio.

— Pode apostar que sim! Mas não entendo o motivo dessa constatação.

— Temos servos hebreus no palácio, meu marido. Leais, honestos... Homens e mulheres que choram a perda de seus filhos.

— Esse assunto não lhe diz respeito, Tuya.

— Já não matou crianças o suficiente?

— Muitas outras ainda vão morrer nesta noite — irritou-se Seti.

— Vai colocar a vida de seus oficiais em perigo, senhor? Eles também podem morrer se saírem no meio da noite sem a proteção de Rá! — advertiu Tuya.

— Eles morrerão felizes por terem ajudado a equilibrar o cosmo.

— São apenas bebês — lamentou a rainha.

— São vermes! Vermes hebreus! — esbravejou o faraó.

TRÊS

Nas mãos de Deus

A vila dos hebreus experimentava um raro dia de felicidade. Com o casamento da princesa, as obras haviam sido suspensas e os escravos poderiam desfrutar de um dia de descanso ao lado da família. Anrão brincava com os filhos Arão e Miriã no pátio do vilarejo, absorvendo o sol da manhã enquanto Joquebede cuidava do pequeno bebê em sua casa.

A alegria foi estancada, porém, com a chegada de oficiais do Egito. Ao ver os cavalos, Miriã correu para avisar sua mãe, que se escondeu com o bebê no porão da casa, onde ficava o depósito. Anrão permaneceu em choque, temendo pelo filho recém-nascido.

Um oficial se aproximou dos hebreus. Tinha aparência extremamente sisuda. Ele já vinha observando o comportamento tenso do escravo Anrão no trabalho.

— Parece nervoso. O que você está escondendo? — provocou o homem.

— Nada, senhor. Por que acha que estou escondendo alguma coisa? — respondeu Anrão, extremamente tenso.

— Eu faço as perguntas! — elevou o tom o oficial. Depois de um tempo encarando o escravo, como se pudesse sentir o cheiro de algo errado, mandou que o levasse até sua casa.

Anrão o guiou, pesaroso. Entrou em casa e viu apenas a esperta Miriã. O oficial olhava tudo com desconfiança. Questionou sobre Joquebede.

— Ela foi buscar água! — respondeu com rapidez Miriã.

Lá no porão, o bebê resmungou, chamando a atenção do oficial.

— O que foi isso?

Miriã rapidamente viu uma ovelha por perto e indicou que fosse o animal. O egípcio continuou sua busca, e pediu que abrissem o porão. Olhou por alto, sem ver Joquebede, que se escondia atrás de uma fileira de feno. Depois deixou a casa com empáfia, para alívio da família de hebreus.

Após a súbita visita do egípcio, Joquebede chegou ao limite.

— Precisamos tirar nosso filho daqui! Ele está crescendo e fica cada vez mais difícil escondê-lo — disse ao marido.

— E o que vamos fazer? — Inquietou-se Anrão, sem saber que decisão tomar.

Passaram o dia pensando em como salvariam o pequeno menino. Ao chegar a noite, ainda apreensivos pelo dia, Anrão e Joquebede preparavam-se para dormir quando foram surpreendidos pela visita repentina e desesperada de Num.

— Os oficiais de faraó estão na vila revirando tudo!

Os oficiais egípcios, a mando do faraó, faziam uma nova incursão no vilarejo em busca de bebês. Invadiam as casas violentamente e apanhavam as crianças, deixando todos em completo desespero. Anrão, a mulher e os filhos colocaram o bebê num pequeno cesto de vime e correram pelas ruas, em busca de algum lugar seguro. Passavam sorrateiros, enquanto Num ia atrás dando-lhes cobertura. Entraram num pequeno beco que os levaria às margens do Nilo quando foram surpreendidos pelo mesmo oficial acompanhado de seus homens que investigaram a casa de Arão horas antes.

— Por que tanta pressa, escravo? Para onde está levando sua família no meio da noite?

Anrão tentava encontrar as palavras certas quando, de dentro do pequeno cesto, o bebê soltou algumas risadinhas, chamando a imediata atenção do egípcio. Ele abriu o cesto e viu o bebê fitando-o com olhos inocentes e brilhantes.

— Ora, que gracinha — ironizou o oficial diante do pavor completo da família.

Joquebede tentava, apavorada, proteger o cesto em que estava o bebê, enquanto seus outros filhos se agarravam às suas vestes, com medo. Quanto ao oficial, perceber que fora enganado por Anrão quando esteve em sua casa só fez crescer o seu ódio e o desejo de vingança.

— Peguem o bebê! — ordenou.

Os soldados partiram na direção de Joquebede, mas foram impedidos por Anrão, que se colocou entre eles e a esposa, enfrentando apenas com as mãos vazias os soldados de faraó, armados até os dentes.

— Ninguém vai pegar meu filho!

— Escravo idiota! Vai morrer junto com ele! — gritou o oficial, com ódio nos olhos, brilhando ao fogo das tochas que iluminavam a escuridão que reinava na vila dos hebreus àquela hora.

Dizendo isso, levantou a espada para atingir Anrão. O hebreu, que era muito forte e ágil, conseguiu segurar o braço do oficial egípcio, evitando o golpe, que teria sido fatal.

— Fujam, rápido! — gritou Anrão para Joquebede, enquanto continha o oficial. Ela agarrou-se às crianças e saiu correndo no meio da noite escura, com o cesto de palha nas mãos. O oficial ordenou que um dos soldados seguisse os fugitivos, e acompanhado de mais dois soldados, foi de encontro a Anrão e Num.

Os hebreus tentavam salvar-se, fugindo dos golpes de espada e do fogo das tochas, atirando contra os perseguidores pedras e pedaços de pau que encontravam pelo caminho; porém chegaram a um beco sem saída. Não havia mais para onde correr. O oficial e seus soldados os encurralaram, ferozes. Num seguia atirando pedras enquanto Anrão se defendia com uma grossa tábua de madeira.

Joquebede e os filhos continuavam em sua fuga desesperada. Enfim conseguiram despistar o perseguidor, escondendo-se em um beco escuro, prendendo a respiração para que o soldado não os encontrasse. Por um milagre, até mesmo o bebê, que chorava, pareceu compreender a situação e também se calou naquele instante. O oficial passou por eles, e não os viu. Estavam a salvo, ao menos temporariamente. Joquebede pensou, angustiada, em como estaria seu marido.

Empunhando a espada e resistindo às pedradas que multiplicavam seu ódio, o oficial conseguiu aproximar-se de Anrão. Apesar da força e bravura do hebreu, seu oponente atingiu seu ventre e perfurou-o com a afiada lâmina. Anrão caiu, sangrando. Num observava, logo atrás, e sabia que seria o próximo. Temia por sua vida. Acabou sendo salvo, porém, pelo grito do soldado que havia recebido ordens de perseguir Joquebede.

— A escrava sumiu!

O oficial e seus outros soldados foram em direção ao colega recém-chegado, deixando de lado os hebreus. Num aproveitou a deixa e carregou para casa seu amigo, que perdia muito sangue. Ao assegurar-se de que os soldados não estavam mais por perto, Joquebede saiu do beco com os filhos e começou a caminhar em direção ao rio Nilo, decidida a salvar seu filho da morte certa.

— Para onde vamos levar meu irmãozinho, mamãe?

— Vamos entregar seu irmão nas mãos de Deus, filha.

Chegando à beira do rio, Joquebede se ajoelhou. O luar iluminava as águas correntes. Ela abriu o cesto e contemplou o doce rosto de seu bebê.

— A senhora não vai jogar meu irmão no rio igual aqueles malvados fizeram, vai?

— Não, claro que não! Mas ele não pode voltar para nossa casa.

— O que a senhora vai fazer, mãe? Ele é só um bebezinho. — Quis saber Miriã, começando a chorar.

— Deus vai cuidar dele por nós. Creia nisso, Miriã.

Docemente, a mãe depositou o cesto no rio, e ele saiu boiando como um pequeno barco seguindo a correnteza. Naquele momento, Joquebede só queria voltar para casa. Não iria conseguir olhar para trás. A dor dilacerava seu coração de mãe. Miriã seguia atrás dela, mas não conseguia tirar os olhos do cesto, cada vez mais longe.

Ao chegarem em casa, encontraram Num tentando estancar o sangue da ferida de Anrão. Joquebede desesperou-se. Quanto sofrimento diante do risco de perder o filho e o marido na mesma noite. Enquanto ela tentava vigorosamente, porém sem sucesso, estancar o sangue que brotava do ventre do marido, Miriã aproveitou para voltar ao Nilo. Ela não aceitava a ideia de abandonar o irmão à própria sorte. Caminhou até localizar o cesto flutuante, que ficara preso entre algumas plantas aquáticas, no meio do rio. Miriã sentou-se no chão e ali ficou, zelando pelo irmão, que aparentemente dormia tranquilo. Ela mesma, iluminada pela luz da lua cheia, acabou adormecendo em alguns minutos. Quando se dera conta do sumiço da filha, Joquebede pediu a Num que fosse atrás da menina. Enquanto isso, ela e a fiel Amália revezariam para cuidar de Anrão.

O sol ia alto quando Miriã despertou. Acordou muito assustada, em meio a pesadelos de crianças sendo jogadas nas águas por soldados. Procurou imediatamente pelo cesto, mas ele não estava mais no mesmo local. A menina levantou-se num sobressalto e seguiu o curso do rio em busca do irmão. Bem perto dali, Henutmire e Yunet se banhavam no rio, na companhia de servas do harém real. A princesa se surpreendeu ao ouvir um choro de bebê, que ecoou também nos ouvidos de Miriã, a poucos metros dali. Percebendo a presença de nobres egípcios no local, a garota se escondeu por entre a densa vegetação que ladeava as águas do Nilo.

— Ouviu isso? Parece um bebê chorando! — disse Henutmire.

A princesa seguiu o som do choro até deparar-se com o cesto, preso na margem do rio. Ao levantar a tampa do cesto e contemplar o rosto do bebê, a nobre ficou encantada com sua beleza e doçura e seu coração encheu-se de compaixão.

— Pelas vestes, parece tratar-se de um filho dos hebreus — apontou Yunet. — Entregue o bebê ao seu pai, senhora. É o melhor a fazer.

— Que absurdo, Yunet! Como eu seria capaz de cometer uma crueldade dessas, e entregar esse bebê ao sacrifício? Essa criança foi enviada a mim pelos deuses. Não vou permitir que nada de mau lhe aconteça! Ele será chamado Moisés, porque das águas o tirei. Vou pedir a minha mãe que me ceda uma das amas de meu irmão Ramsés para alimentá-lo. — A princesa deteve-se por um instante, reflexiva. — Pensando bem, talvez não seja uma boa ideia. Não seria bom descobrirem esse bebê no palácio por enquanto...

Miriã, que acompanhava a cena de longe, aproximou-se.

— Senhora, se me permite. Eu estava andando pela beira do rio e ouvi a conversa. Gostaria que eu fosse lhe buscar uma ama hebreia para amamentar a criança?

—Você conhece esse bebê?

— Não, não conheço — disfarçou a menina —, mas o ouvi chorando. Deve estar com fome.

— Então, vá, por favor! Depressa! Mande a ama me procurar no palácio. Sou Henutmire, a filha de faraó.

***

— Mãe! Pai!

Joquebede e Anrão voltaram-se assustados para a porta. Era Miriã, que entrava eufórica com novas a respeito do irmão. A notícia tão boa fez com que se esquecessem da noite passada em claro — ao menos por parte de Joquebede, que velou pelo marido ferido, que ardia em febre. Os intensos cuidados fizeram a febre ceder, mas foi a chegada repentina de Miriã que trouxe a cura definitiva. Os pais abraçaram a filha, agradecendo a Deus o fato de ela estar viva e bem, assim como seu irmãozinho.

— Bendito seja Deus! — disse Joquebede, entre lágrimas e sorrisos.

—Vamos, mãe! A princesa a espera no palácio!

***

No palácio, a criança chorava sem parar, chamando a atenção de todos.

— Que bebê é esse, Henutmire? — perguntou a rainha Tuya, entrando no quarto da filha.

A princesa contou à mãe o que acontecera na beira do Nilo.

— Mas isso é uma loucura! Seu pai vai matar essa criança!

— Não, não vai! Eu não vou permitir!

A princesa havia sido tocada pela criança e agora percebia a crueldade do decreto de seu pai.

— Existe um decreto ordenando a morte de todos os meninos hebreus! — lembrou-lhe a rainha. — Não há nada que se possa fazer!

O momento foi interrompido pela entrada de uma serva, que anunciava a chegada da ama hebreia. Joquebede entrou logo em seguida, e se emocionou ao rever o filho, mas controlou-se para não deixar transparecer sua alegria. O bebê, porém, não soube dissimular. Assim que voltou aos braços da mãe, parou de chorar e começou a mamar tranquilo.

— Quero que crie esse menino para mim em sua casa. Que o amamente e cuide dele com amor, como se fosse seu próprio filho. Vou lhe pagar um bom salário para que nada falte nem a você, nem à criança.

Joquebede tinha dificuldade para disfarçar sua felicidade, mas seguia preocupada.

— Os oficiais de faraó têm ordem para matar todos os meninos hebreus, senhora. Temo que não seja seguro mantê-lo comigo.

— Não se preocupe com isso. Dou minha palavra de que os oficiais do faraó não irão mais incomodar. Agora pode ir. Que Moisés cresça forte e com saúde!

Henutmire estava decidida. Assim que Joquebede saiu, a princesa dirigiu-se à sala do trono.

— Senhor, meu pai, ontem não tinha nada para lhe pedir como presente de casamento, mas hoje eu tenho!

— Ah, que maravilha! Pois então fale, minha adorada. Peça o que quiser!

— Quero que o decreto que ordena a morte dos bebês hebreus seja imediatamente revogado!

O sorriso abandonou o rosto do faraó, que ficou sério e nervoso. Ele ainda tentou dissuadir a filha, mas a princesa estava convicta.

— O senhor negaria o pedido de sua filha? É a única coisa que lhe peço, meu pai. Já não matou crianças o suficiente?

Seti I viu-se acuado. Sim, havia feito uma promessa à filha no dia anterior. Dar-lhe-ia qualquer coisa que quisesse como presente por suas bodas, e não poderia descumprir sua palavra de pai. Não havia outra possibilidade a não ser atender ao pedido de Henutmire.

***

Alheios ao que se passava dentro do palácio, os escravos hebreus seguiam trabalhando duro, sempre vigiados pelos violentos oficiais do faraó, armados de chicotes e espadas. O hebreu Num estava carregando pesadas pedras quando viu aproximar-se o oficial que quase matara Anrão na noite anterior.

— Onde está aquele hebreu?

— Ele perdeu muito sangue, senhor, e ainda está muito fraco.

— Se não está morto, deveria ter vindo trabalhar! Em breve irei até lá terminar o serviço!

A conversa preocupou Num, que correu à casa do amigo assim que pôde.

— Você tem de fugir o quanto antes, Anrão!

Num comentou com o amigo sobre a existência de uma caravana de escravos que partiria nos próximos dias para trabalhar numa obra longe dali. Sugeriu que Anrão se misturasse a eles para escapar da morte, que seria certa caso caísse novamente nas mãos do cruel oficial egípcio.

Anrão, porém, não cogitava a possibilidade de afastar-se da família. Não iria deixá-la desprotegida, ainda mais agora que seu pequeno estava de volta ao lar.

— Eu prefiro morrer a abandoná-los.

— Se você morrer, Anrão, ficaremos abandonados do mesmo jeito — enfatizou Joquebede, apoiando o conselho de Num. — Prefiro mil vezes tê-lo longe a vê-lo morto. Um dia você voltará. Deus há de nos conceder isso, tenho certeza.

— Fuja com a caravana. Fingiremos que você morreu por conta do ferimento — ponderou Num.

Anrão, entretanto, estava decidido. Não iria de jeito nenhum.

Enquanto tentavam dissuadir Anrão, uma comitiva de egípcios chegava à vila hebreia com grande alarde. Num foi ver do que se tratava. Um escriba adiantou-se e convocou todos os hebreus para um importante pronunciamento.

— A partir de hoje, está revogado o decreto que determina a execução dos bebês hebreus do sexo masculino. Todo menino hebreu passará a ter novamente direito à vida.

A vila explodiu em festa diante do pronunciamento. Que boa notícia! Num correu de volta à casa de Anrão para lhe contar.

— Seu bebê não corre mais risco de morte, Anrão!

Enquanto ele e Joquebede comemoravam com alegria a boa-nova, ouviram batidas na porta. Era o oficial que perseguia sua família.

— Vim buscá-lo, escravo. Estou precisando de homens na obra.

— Se me der mais alguns dias, vou conseguir trabalhar melhor, senhor.

— Que preguiçoso! Não sabia que era indolente!

— E não sou! Mas a ferida ainda não cicatrizou, senhor. Estou fraco.

— Não me interessa. Tem sorte de ainda estar vivo. Levante-se! Você vai comigo agora mesmo!

Anrão obedeceu. Levantou-se e beijou a testa de Joquebede.

— Vai ficar tudo bem. Volto logo mais.

No entanto, como Joquebede previra, Anrão estava fraco demais para trabalhar, principalmente no serviço pesado da construção do templo. Em pouco tempo, sua ferida abriu e voltou a sangrar. Num, preocupado com a vida do amigo, interveio e implorou para que o oficial permitisse a Anrão que retornasse para casa, contudo o egípcio estava implacável. Ordenou ao hebreu que continuasse carregando pedras pesadas. Em casa, sua esposa estava muito preocupada, por isso resolveu ir, com os filhos, ao local em que o esposo trabalhava, levando água e alimento para ele. Porém, tão logo se aproximaram, viram Anrão cair no chão sob o peso da carga que carregava. Joquebede correu na direção do marido, seguida pelos filhos. O oficial também se aproximou.

— Olhe só o fracote! Você não vale nada mesmo — gracejou o egípcio. Impedindo que a família se aproximasse, ordenou que Anrão se levantasse para continuar o trabalho. O hebreu tentou pegar a pesada carga, mas caiu novamente no chão, dessa vez para não se levantar mais.

— Onde está seu Deus, escravo? Quero vê-lo salvar você agora! — provocou o oficial.

Assim que ele deu as costas, Joquebede se apressou em socorrer o marido. Apanhou o jarro d'água que trouxera e se ajoelhou ao lado de Anrão. Com cuidado, verteu a água aos pouquinhos na boca do marido sedento. Sensibilizados, os escravos ao redor pararam de trabalhar. Enquanto olhavam, afastados, formavam uma parede humana que protegia a família dos olhos malignos do oficial egípcio.

— Vou levá-lo para casa! — disse Joquebede. — Por favor, Num, ajude-me!

Anrão, porém, fez um gesto com as mãos e os conteve. Tomando a mão de Joquebede, ele falou, com dificuldade, enquanto sorria emocionado:

— Não precisam me levar a lugar nenhum. Num, prometa que vai cuidar da minha família.

Num assentiu emocionado.

— Sim, senhor, prometo.

Virando-se para a esposa, Anrão prosseguiu.

— Meu amor, minha hora chegou... Ensine nossos filhos a amar a Deus e não deixe que nenhum deles se corrompa.

Joquebede meneou a cabeça positivamente. Emoções diversas pesavam-lhe na alma: reaver o filho para perder o marido... Ser gentilmente tratada pela princesa enquanto o marido era cruelmente maltratado por seu feitor... A vida de escravos. Quando Deus os iria libertar? Até quando sofreriam assim?

As crianças correram em direção ao pai e abraçaram-no. Miriã, que trazia Moisés nos braços, inclinou-o para perto do rosto do pai. Anrão fez um carinho em seu caçula.

— Eu amo vocês. Muito. Muito...

Dito isso, as forças o abandonaram. Anrão fechou os olhos.

QUATRO

O poder da esperança

Enquanto caía o sol, Joquebede mirava o horizonte, à margem do rio. Lembrava-se de tantas histórias de alegria e dificuldade vividas com seu marido. Num a observava em silêncio, do barco, ao lado do corpo de Anrão, que se encontrava enfaixado em panos de linho. Dentro da pequena embarcação, uma trouxa com óleos e essências aromáticas que seriam usados para o sepultamento do outro lado do Nilo, a terra dos mortos. Um pouco mais distante, também à beira do rio, Amália embalava o pequeno Moisés, ao lado de Arão e Miriã. A menina, porém, afastou-se da jovem e correu em direção a Joquebede.

— Mãe, deixe-me ir também sepultar meu pai.

— Vai ser muito triste, filha. Você ainda é uma criança

— Se tenho idade para perder meu pai, também tenho idade para ir ao enterro dele — retrucou Miriã. Desde cedo, tornara-se responsável, e transmitia isso com sua personalidade peculiar.

Joquebede, porém, pediu que a menina ficasse com Amália, ajudando-a a cuidar de seus irmãos menores, e saiu na direção do barco. Assim que entrou, Num fez o barco navegar lentamente, enquanto Joquebede observava os filhos ficando para trás. A inocência da idade não escondia a tristeza que traziam no rosto. Havia algo errado, só não sabiam o que era.

Enquanto Amália voltava com as crianças para casa, Num guiava o barco pelo rio, procurando um lugar digno para sepultar Anrão. À medida que deslizava pelas águas, memórias inundavam o coração do jovem. O rosto da bela Amália voltava à sua mente. Ah, como a amava! E o que o deixava mais feliz era saber que ela também o amava. Rememorava o brilho em seus olhos quando, dias antes, recebera dele um embrulho, enquanto caminhavam juntos pelas ruas do vilarejo. Era um colar de pedras coloridas, que ele mesmo fizera para sua amada. Ela ficou radiante e logo quis colocá-lo. Puxou os cabelos, deixando à mostra seu pescoço perfumado. Num conseguia sentir o aroma novamente. Fechou o colar mas não se afastou de Amália. Ela também não. Então, inclinou-se e envolveu-a num beijo apaixonado.

A vida poderia seguir assim, livre, contente, se não fossem escravos. Se a crueldade dos egípcios não fosse tamanha a ponto de exigir que trabalhassem até à morte. Se...

— Num! — Joquebede gritou, interrompendo os pensamentos do rapaz.

— O que foi?

De olhos arregalados, ela apontava na direção do corpo do marido, quase sem conseguir encontrar as palavras.

— Anrão se mexeu!

— Como!?

— Eu tenho certeza, Num. Ele está respirando. Ele está vivo! Por Deus, ele está vivo!

Num livrou-se do remo e inclinou-se sobre o amigo, sentindo sua respiração. Anrão estava vivo, não havia dúvidas!

— Num, precisamos voltar agora.

— Não, Joquebede, acredite em mim! Precisamos cuidar de Anrão e encontrar um lugar seguro para que ele se restabeleça.

Recuperando o remo, Num voltou a guiar o barco rapidamente. Olhava preocupado em volta. Ninguém poderia desconfiar que Anrão estava vivo. Joquebede tinha a mesma preocupação. Por isso, embora colocasse os braços sobre o marido, deixou-o envolvido na mortalha.

O barco seguiu até a outra margem, onde atracou. Num desceu para buscar um esconderijo, enquanto Joquebede permanecia no barco ao lado de Anrão, que respirava com dificuldade. O rapaz encontrou uma caverna e julgou-a segura o suficiente para abrigá-los. Voltando ao barco, ele e Joquebede transportaram o amigo, ainda coberto pela mortalha, e o colocaram delicadamente no chão da caverna. Embora respirasse, Anrão continuava adormecido. Sua situação demandava todo o cuidado possível. Instalados na caverna, Joquebede pegou um pequeno trapo que levara com o material de embalsamamento e, embebido em água fresca, passava-o sobre o rosto do marido, que foi acordando lenta e confusamente.

— Anrão, meu amor... Pensei que o tivesse perdido para sempre.

O hebreu esboçou um sorriso, que ainda exprimia um pouco de dor.

— Parece que Deus ainda não quis me levar.

Olhando ao seu redor e estranhando o local, ele perguntou:

— Onde estamos?

— Estávamos indo sepultá-lo, meu amigo — respondeu Num. — Deu-nos um belo susto!

— Bom, parece que os planos mudaram — retrucou Anrão, tentando levantar-se.

— Calma, Anrão! Você precisa descansar — deteve-o Joquebede, fazendo-o repousar novamente.

— Todos pensam que você morreu, Anrão. Talvez seja bom que continue assim — disse o amigo.

— Do que está falando?

— Se você voltar, aquele oficial vai acabar matando-o. Mas agora você pode fugir e ninguém saberá de nada. Não haverá represálias por sua fuga. Para todos os efeitos, você está morto.

— Não. Não posso abandonar minha família — insistiu.

Num se virou para Joquebede, buscando nela ajuda para convencer Anrão.

— Sei que será muito difícil para todos — continuou o rapaz —, mas não vejo outra saída. Joquebede, precisamos fingir que ele morreu. Anrão tem de partir, se quiser continuar vivo.

Dividida entre o desejo de ficar com o marido, praticamente ressurreto, e o temor do perigo que ainda pairava sobre a vida dele, Joquebede deixou-se convencer por Num.

— Talvez Num tenha razão. Meu amor, pensei que o tivesse perdido. Nem sei como meu coração aguentou tanto sofrimento. Mas se Deus poupou sua vida e nos trouxe até aqui...

— Está me pedindo pra deixá-la, Joquebede?

— Eu quero você vivo, e se tiver de me sacrificar, se tivermos de nos separar para salvar sua vida, eu farei isso!

Num sugeriu, então, ao amigo:

— A caravana para o alto Egito parte hoje à noite.

— Mas já? — preocupou-se Joquebede. — Anrão está muito fraco, Num. Ele não pode viajar desse jeito.

— É nossa única chance. Não sabemos quando haverá outra — insistiu Num.

— Meu Deus! É muito perigoso. Ele não vai resistir!

— Se ele ficar, ele morre, Joquebede — e virando-se para Anrão, Num disse: — Então, meu amigo, o que você decide? Prefere voltar e morrer ou colocar sua vida nas mãos de Deus?

Os três se entreolharam. O casal estava pensativo.

— Vou deixá-los a sós para discutirem com mais liberdade — disse Num.

Mas não havia muito a discutir. O melhor era que Anrão fosse com a caravana. Apenas assim sua vida e a de sua família não correria perigo.

Joquebede convencia-se de que essa era a melhor escolha. Tratava das feridas no corpo do marido para que sobrevivesse à viagem, mas quando Anrão se levantou e sentiu dor, ela titubeou.

— Se você pudesse esperar pelo menos um pouco mais antes de ir... Não está em condições de viajar, Anrão. Poderia ficar escondido até se recuperar.

— Também não queria que fosse assim, meu amor, mas você ouviu o que Num disse. Não sabemos quando haverá outra caravana.

Joquebede abaixou a cabeça, triste. Não queria que fosse assim. Anrão segurou o fino queixo da esposa e, carinhosamente levantando o rosto dela, procurou consolá-la, consolando também a si mesmo.

— Não existe outra opção, existe?

Joquebede concordou que não. Realmente não havia outra opção. Segurando as lágrimas a duras penas, ouviu o raciocínio de seu marido.

— Num está certo. Não posso correr o risco. Se descobrirem que estou vivo, vão querer vingança. Matarão você e as crianças também.

— Meu Deus, as crianças! — exclamou Joquebede, caindo em si. Esquecera-se delas por um momento. — Elas pensam que você está morto!

— E é bom que continuem pensando assim. Será mais seguro para elas. Ninguém pode saber.

— Como vou guardar esse segredo, Anrão? Nossos filhos estão sofrendo tanto...

— Não temos escolha. É para o bem deles.

Anrão encarou a esposa por um momento.

— Nada acontece sem um propósito, querida, você sabe disso. Deus tem sido a nossa força. Ele sabe o que faz.

— Promete que voltará pra mim? — pediu Joquebede.

— Nunca estarei longe de você, Joquebede. Em meu coração, em meus pensamentos. Eu a amo.

Aninhando a esposa em seus braços, ele continuou.

— Quero que você cuide de nossos filhos e que os ensine a ter fé, está bem? Conte as histórias de nosso povo, não deixe que eles se esqueçam de onde viemos.

— E o que digo sobre o pai deles?

— Que eu sempre os amei muito.

Num entrou na caverna e chamou o amigo. Era hora de partir. Antes que escurecesse levaria Anrão até o local da caravana e, depois, voltaria para buscar Joquebede e retornarem ao vilarejo. Da saída da caverna, Anrão voltou-se para a esposa.

— Confie em Deus, Joquebede. Vai dar tudo certo.

Ela correu em sua direção. Agarrando-se ao pescoço dele, abraçou o marido fortemente, em silêncio. Beijaram-se com amor e pesar. Não sabiam quando teriam oportunidade de se ver novamente.

Após Num e Anrão embarcarem, Joquebede desabou em sua dor. De joelhos, olhou para o alto e exprimiu tudo o que ia em seu coração.

— Ah, Deus! Por quanto tempo o teu povo ainda irá sofrer? Onde está esse libertador? Onde?

***

Era quase noite quando Num e Joquebede atracavam próximo ao seu vilarejo. Sem ter de fingir tristeza, a mulher seguiu para casa. Ao menos a presença dos filhos distrairia sua mente que insistia em pensar em Anrão... distante, ferido, ausente.

Entrando em casa, ela logo encontrou Miriã, acordada e preocupada.

— Mãe! Você demorou tanto...

Sem forças para explicar, Joquebede apenas abraçou a filha. Limitou-se a questionar Amália sobre os outros dois.

— Dormiram. Já os coloquei no quarto.

— Não se preocupe, mãe. Papai está com Deus agora, mas eu estou aqui. Vou ajudar a senhora a cuidar dos meus irmãos.

Emocionada, Joquebede abraçou sua pequena Miriã ainda mais apertado. Sua filha era uma mulher forte.

CINCO

Um novo começo

Amália cumpria seus afazeres de forma concentrada. Tomara sobre si a responsabilidade de ajudar Joquebede no cuidado com os três filhos. "Pobre mulher! Enviuvara tão cedo, bem no dia em que pôde ter de volta nos braços o filho caçula." — Pensava.

— Amália!

Ela virou-se e deparou-se com Num. Não conseguiu esconder o sorriso nem a surpresa.

— Não deveria estar trabalhando, Num?

Não conseguia. Pensava nela o tempo inteiro. Aproveitara uma ordem de seu capataz e foi até o vilarejo para ver sua amada.

— Vai acabar sendo chicoteado por causa disso.

— Se você cuidar de mim depois...

— Você sabe que eu cuidaria — respondeu a jovem, encabulada.

— Encontra comigo hoje à noite?

— No mesmo lugar de sempre?

— Isso. Não se atrase.

Com um beijo rápido, o casal se despediu. Nada como o amor para fazer Amália esquecer-se das obrigações, da vida de escrava. Passou o dia ansiando pelo momento no qual poderia desfrutar da presença de Num com alguma privacidade, longe dos olhares de todo vilarejo. A noite logo caiu, um pouco mais demorada para o casal apaixonado. À beira do Nilo, Num esperava por Amália. Viu-a chegar suave, linda, como se pairasse sobre aquela terra árida. Seu sorriso acalmava o dia, aliviava sua dor. Ele a envolveu em um abraço e a beijou com ardor, pois a amava e a queria naquele instante. Tê-la em seus braços, na noite escura, afastados das crueldades da vida, despertou em seu corpo novos desejos, o que o fez abraçá-la ainda mais forte.

— Pare! Assim não!

— Desculpe, Amália. Você faz com que eu perca a cabeça.

A desculpa não a amoleceu.

— Se gosta mesmo de mim, tem de saber me respeitar!

— Se eu gosto mesmo de você? — Num admirou-se. — Já não lhe dei provas suficientes do quanto a amo?

— Não parece! Não está certo me tocar assim antes do casamento.

— Então vamos nos casar! Pronto!

A resposta a surpreendeu.

— Casar?

— E por que não?

— Casar é coisa séria. Não é uma forma de você conseguir o que quer para depois se cansar de mim.

Num aproximou-se de Amália. As palavras dela não o demoveram.

— Quem disse que eu me cansarei de você? Não me cansaria nunca! Eu a amo, Amália! Você é a mulher com quem eu quero me casar, com quem quero ter filhos, ter uma família. Com quem quero viver a vida toda, até a velhice!

Amália sorriu. Não esperava que aquele dia acabaria com um pedido de casamento.

— Posso considerar esse sorriso como um "sim"?

— Sim.

O jovem a ergueu num abraço. Rodopiaram à luz da lua, refletida sobre o Nilo. A felicidade da moça deixava-a ainda mais bela. Num a beijou, a amou, a desejou e a apertou novamente.

— Ai! — reclamou ele, levando os dedos ao lábio. Ela o havia mordido com força, e ele suspeitava que não fosse porque o desejava também.

— Abusado! Só depois do casamento!

Virou-se e saiu. Ele precisava de limite! Precisava que a respeitasse. Mesmo assim, secretamente Amália sorria, com o coração cheio de alegria. Ela havia encontrado o amor verdadeiro e fora correspondida. No amanhecer do outro dia, correu para contar a boa notícia a Joquebede, que encheu-se de alegria. Enfim, uma notícia realmente boa!

— Que Adonai os abençoe, minha jovem amiga! Que você seja fértil e presenteie Num com muitos filhos! — e em um tom profético acrescentou: — Quem sabe é de seu ventre que virá o libertador de nosso povo!

Amália sorriu. Casar-se com o homem que amava já era a maior bênção que poderia esperar receber.

— Precisamos pensar logo em seu vestido de núpcias, Amália! Se não, nos faltará tempo!

A jovem suspirou. Não possuía economias para comprar os tecidos para uma veste tão especial.

— Não se preocupe, querida. Há um tempo, venho guardado algumas economias. As sobras das benesses que Henutmire tem me enviado para cuidar do pequeno Moisés renderam-me uma boa peça de linho. Ela daria um bonito vestido de casamento.

Enquanto Amália sorria, algumas pessoas cresciam os ouvidos e arregalavam os olhos. Joquebede era sempre observada pelas vizinhas, que a consideravam uma traidora, uma mulher que havia se vendido para os egípcios aceitando os presentes que a princesa enviava para o cuidado de Moisés. Nunca uma hebreia havia sido escolhida para ser ama de leite do palácio. Pelo contrário, puderam apenas contemplar, desoladas, a morte de seus próprios filhos no Nilo. Havia algo de errado, pensavam. Percebendo os olhares de desaprovação mirados em Joquebede, Amália bradou com voz firme e tom grave às invejosas.

— O que foi? Qual é o problema?

— Deixe, Amália — interpelou Joquebede.

— Não, não vou deixar — e virando-se para as outras: — Já estou cansada de vê-las olhando feio para Joquebede. Esta mulher merece muito respeito! De todas vocês! De toda a vila! De todo o povo hebreu! Por causa da coragem de Joquebede, o terror que rondava este lugar acabou. Ninguém mais teve de perder os bebês para o Nilo.

— Não vale a pena, Amália. Vamos embora — decidiu Joquebede, tirando a jovem de entre os olhares maldosos. Não devia explicações a ninguém, mas também não desejava falar sobre o assunto. Para todos os efeitos, era mesmo a ama de leite de Moisés.

★★★

Uma coroa de flores amarela era colocada sobre seus longos cabelos negros. Afinal, chegara o grande dia. Amália iria se casar. Logo mais, encontraria aquele que se tornaria seu para sempre. Joquebede arrumava a amiga em sua casa. Os últimos meses haviam sido de alegria. Moisés já andava, desajeitado e despreocupado. Vê-lo crescer enchia a mãe de alegria e também de tristeza. Mais cedo ou mais tarde, viriam buscá-lo. Espantou o pensamento ruim com a mão. Não permitiria que tristeza alguma nublasse aquele dia.

Amália estava linda. Seu vestido era perfeito, costurado como que para uma princesa. E quem disse que Amália não era uma? Mesmo sendo hebreia, sua beleza e postura encantavam de forma natural. Pena que a mãe morrera tão jovem. Triste destino, morrer no parto. Enquanto algumas perderam os filhos recém-nascidos, outras não tiveram tempo de vê-los. Pronta, penteada e vestida, Amália estava radiante. Não devia nada em formosura a nenhuma mulher da realeza egípcia.

Em uma tenda improvisada à beira do Nilo, Num e alguns poucos amigos do casal esperavam Amália. Ao perceber a noiva se aproximando, as pernas de Num, notadamente fortes e talhadas pelo trabalho incansável na fábrica de tijolos, tremeram. Trocaram olhares, palavras e votos, selando seu compromisso. Em seus melhores sonhos, Num não poderia imaginar que se tornaria esposo de uma mulher tão especial. Agradava-se de vê-la, pura e inocente, ao seu lado. Beijou-a na fronte. Era, agora, seu marido.

Dali, dirigiram-se para a casa em que viveriam. Estavam a sós. Poderiam tocar-se sem temor, sem limites. Num conteve-se e soube fazer daquele momento um memorial. Amava sua esposa com a mesma paixão de meses atrás, mas agora sabia que não precisava de pressa. Tinha-a para si, apenas para si. Tirou com delicadeza o vestido de linho fino, lentamente, permitindo que aquele pano suave delineasse pela última vez o corpo de sua amada, antes de cair por completo no chão e revelasse a mais inocente nudez. Abraçaram-se e permitiram-se àquilo que sempre sonharam. Valeu a pena esperar por aquele momento, e amaram-se como nunca.

SEIS

Reveses

Gravidez. Cólica. Sangue. Aborto. Nilo. Gravidez. Duelo. Sangue. Aborto. Ísis. Dança. Véus. Sangue. Aborto.

As palavras desfilavam na mente de Henutmire, que ardia em febre e delirava.

Lembranças dos últimos meses assombravam sua alma. Nefertari havia nascido. Com muitos presentes, aproximou-se da bebê, sorrindo. Era tão pequena. Pediu para segurá-la em seus braços. Yunet concordou.

— Não é adorável?

Mostrou-a a Disebek. Do outro lado do quarto, Paser sorria orgulhoso, olhando para sua filha. As entranhas de Henutmire moveram-se.

— Estou grávida!

Faraó teria um neto. Henutmire realizaria seu sonho de ser mãe e dar um filho ao amado Disebek. Desde que soubera que seria pai, ficara mais apaixonado do que nunca. Como ela o amava.

Mas aquela tarde não caíra bem. Tonteou. Segurou-se à beira da cama. Sangrava. Henutmire perdia seu primogênito. Hécate, protetora dos partos, não permitira que a gravidez vingasse.

Henutmire, contudo, descansou no amor de Disebek. Creu na promessa de que encheriam o palácio de crianças. Seu ventre encheu-se novamente. Estava grávida mais uma vez. À beira do Nilo, contou-lhe a boa notícia.

— Estou grávida. Teremos um bebê, e este nascerá para presentear-nos, desta vez, com alegria perene.

O palácio festejou, desejando que Ísis a abençoasse.

O tilintar das espadas, contudo, doía-lhe os ouvidos. Fazia calor. Derretia-se apesar do leque. Dobrou-se sobre a cadeira. Sangrava. Perdia o segundo filho. O pai e o marido deixaram as armas e o treino. Correram para socorrê-la.

— Isso não é normal. Parece que os deuses estão castigando a minha filha.

Ela estava fraca porque perdera muito sangue. Olhava atenta para o amuleto que o sumo sacerdote segurava diante de si, representando os órgãos genitais da deusa Ísis, o qual carregaria em volta do pescoço. Com ele, segundo criam, o poder e a magia do sangue de Ísis fluiriam dentro de seu ventre.

Henutmire fortaleceu o corpo e o espírito. Seguiu os rituais. Creu. Engravidou.

Alegrou-se e dançou diante da mãe e das servas. Tonteou. Caiu sobre uma mesa no salão das mulheres. Sangrava. Perdia o terceiro filho.

— Não! — gritou.

Encontrava-se desde então sobre a cama. Fraca, febril e infértil.

— O que minha filha tem, Paser? — perguntou a rainha Tuya.

— Provavelmente algo dentro dela ainda não foi expelido.

— Eu não entendo. Por que os deuses estão permitindo tanto sofrimento?

***

Yunet deleitava-se com os últimos acontecimentos. Disebek ainda a desejava, e o teria a seus pés se as coisas continuassem a sair segundo ela planejara. Não que tivesse algo a ver com o terceiro aborto da princesa. Bem, talvez, indiretamente. Mas dessa vez, apenas a ouvira confidenciar que provavelmente estivesse grávida. Henutmire não contara a mais ninguém da provável gravidez, apenas à sua dama de companhia e amiga de confiança. A notícia encheu Yunet de chateação.

—Yunet, não ouviu o que lhe disse?

— Desculpe, senhora. Cada vez que a senhora se enche de esperanças, meu coração também se anima, mas fico receosa. Não quero vê-la decepcionada de novo.

— Mas dessa vez vai dar certo. Eu tenho certeza. Segui os rituais.

Ingênua. Mal sabia que não era uma questão de deuses. Desde o começo, nunca fora.

Tudo começou com o nascimento de Nefertari. Yunet segurava sua filha no colo quando a princesa e Disebek foram vê-la. A princesa ficou extasiada com a pequena criança. Pediu para segurá-la em seus braços. Yunet concordou.

— Não é adorável? — disse Henutmire, mostrando-a ao marido.

Disebek, porém, mal olhava para a bebê.

— Sim, muito. Parabéns ao casal!

Yunet doeu-se com o desdém do general. Era ele o pai da menina. Quis provocá-lo.

— Por que não a segura em seus braços, meu primo?

— Não tenho jeito para essas coisas. É tão pequena, tenho medo de deixá-la cair — respondeu Disebek, evasivo.

— Que é isso, meu querido? — censurou a princesa. — É bom ir se acostumando. Logo terá de segurar nosso filho.

Então era isso! Henutmire estava grávida. Yunet tentou disfarçar o desgosto como pôde. Ver Disebek rejeitar Nefertari e imaginá-lo feliz com um filho legítimo a enchia de asco. Não se lembrava se fora nesse momento que decidiu dar um fim à gravidez de Henutmire ou se mais tarde, naquela mesma noite, quando convidou o general para encontrá-la no santuário do palácio. Estava com saudades. Precisava certificar-se de que ele ainda a amava. Disebek, porém, não compareceu, fazendo aumentar o ódio de Yunet, que decidira que ele deveria pagar por isso. Já que fizera pouco caso da própria filha, não merecia — pensou — o direito de tomar nos braços o filho que Henutmire ainda carregava no ventre.

Yunet correu para o gabinete de seu marido. Como sacerdote, Paser fazia as vezes de curandeiro. Armazenava ali grande número de ervas e poções, que poderiam trazer cura ou desgraça. Era nesta última que Yunet estava interessada. Dentre os milhares de vidrinhos, encontrou uma poção. Guardou-a junto ao corpo. Encontraria uma ocasião oportuna para ministrá-la a Henutmire. A manhã seguinte mostrou-se ideal. No recinto das mulheres, todas conversavam despreocupadamente, enquanto Henutmire distraía-se com a pequena Nefertari os copeiros chegaram, trazendo o desjejum. Yunet se antecipou: ela mesma serviria a princesa.

— Suco de romã, seu favorito — disse, entregando-lhe o copo que camuflava o veneno e suas intenções.

Bastou chegar a tarde para que Henutmire perdesse o bebê. Yunet manteve-se ao seu lado o tempo todo, solícita. Viu-a sangrar, viu-a chorar, viu-a adormecer sob o efeito dos chás que Paser lhe ministrara. Foi a perfeita dama de companhia até que, enfim, teve a oportunidade de falar com Disebek nos aposentos da princesa, ao pé da cama em que esta dormia.

— Não estou entendendo o motivo dessa preocupação toda!

—Yunet, por favor! Aqui não! Henutmire pode acordar! — respondeu o general.

— Nossa filha nasceu e você não deu a mínima. Nem olhou direito para ela. Aliás, quis até que eu a tirasse, lembra? Agora está aí, triste com o aborto de Henutmire!

— A situação é bem diferente!

— Não se atreva a me desprezar, Disebek! Divirta-se o quanto quiser com a princesa, mas sua mulher sou eu!

Ela estava disposta a fazer o que fosse possível para tê-lo, não importando se tivesse de vê-lo sofrer. Disebek seria seu homem, pai apenas de sua Nefertari. Por isso, não hesitou em pôr novamente, meses mais tarde, mais um pouco de veneno no copo de Henutmire, que estava grávida de novo.

Durante a tarde, pajeou-a ao pátio do palácio, onde o faraó e o general praticavam suas habilidades marciais, numa luta corpo a corpo. As espadas tilintavam a cada golpe e brilhavam à luz do sol forte. Henutmire estava sentada, sob a sombra de Yunet. Curvou-se, ao sentir uma pontada em seu abdômen. Gritou de dor, fazendo o pai e o marido interromperem o treino. Perdia ali o segundo filho.

— Isso não é normal — disse o faraó. — Parece que os deuses estão castigando a minha filha.

Yunet dissimulou. Era cada vez maior o prazer que sentia ao ver Henutmire sofrer. Acompanhava, prestativa, os tratamentos aos quais a princesa se submetia. Viu-a ser atendida pelo sumo sacerdote, que lhe ensinou rituais de fertilidade. A princesa seguia à risca cada instrução, e Yunet dava-lhe seu apoio. Isso até era fácil. Difícil era ver que Disebek se esquivava dela para atender à princesa, a quem realmente amava.

Assim, quando ouviu pela terceira vez que Henutmire estava grávida, encheu-se de enfado. Ela não iria desistir nunca? Precisava sair daquela vida reclusa do palácio. Precisava de outros ares. Por isso, quando a princesa lhe segredou sobre a gravidez, pediu.

— Senhora, posso sair do palácio por alguns minutos?

— Para onde vai?

— Passear pela cidade, ver o Nilo. Gostaria de me distrair.

— Sim, pode ir. Se não fosse pelo repouso, iria lhe fazer companhia.

Yunet tomou a rua com passos decididos. Sabia aonde queria ir. Localizou o velho estabelecimento no qual trabalhara, a Casa de Senet. Queria sentir-se no controle mais uma vez. Pediu ao antigo patrão para se apresentar durante a tarde. Vestiu-se e dançou como antes, alegrou-se como não fazia há tempos. Era bom sentir-se desejada, sentir-se invejada. Ali, era a rainha. Porém, surpreendeu-se ao ver que não era apenas ela que precisava de novos ares. Diante de seus olhos velados, Disebek tomou assento. Estava alheio ao que se passava no local, mas Yunet não. Dançou com mais vigor. As contas de sua roupa retiniram suavemente. Disebek a olhou e a reconheceu. Levantou-se e foi em direção ao velho quarto em que costumavam se encontrar. Não demorou para que Yunet entrasse no quarto também, vitoriosa: derrotara o general do Egito com sua dança sensual.

— O que você faz neste lugar, Yunet?

— O mesmo que você. Estava entediada.

— Você não vale nada mesmo!

Ele, porém, valia muito! Havia ido procurar prostitutas; ele, o genro do faraó! Homem sem valor! Continuava o mesmo! Que a ofendesse, que a ameaçasse! Era um cretino!

Disebek esbofeteou Yunet, pois não aturaria desaforos. Mas ali, no estabelecimento, as regras eram dela. Era a sua casa. Ela, então, revidou, com a mesma intensidade. O general a encarou. O tapa reavivou as memórias do intenso romance que viveram juntos. Disebek puxou Yunet para junto de si. Em vez de outro tapa, um beijo. Sua vitória havia sido definitiva. Após uma tarde de amor, voltou ao palácio apenas para saber que a princesa estava à beira da morte. Sofrera um aborto, perdeu o terceiro filho no mesmo momento em que seu marido estava nos braços de Yunet. Quando soube, a dançarina disfarçou um sorriso. Desta vez o quadro era mais grave. Nem mesmo Paser, com toda a sua habilidade como sacerdote e curandeiro, conseguira fazer a febre ceder. Todos os remédios haviam sido administrados. Todos os deuses haviam sido conclamados. Todos os amuletos haviam sido consagrados e utilizados. Era bem possível que a princesa não sobrevivesse àquela noite.

***

No vilarejo dos hebreus, antes de dormir, Joquebede reuniu suas crianças. Juntos, os quatro oraram a Deus. Antes de colocá-los na cama, beijou cada filho. Moisés e Arão deitaram e logo pegaram no sono. Miriã também se deitou, porém permaneceu inquieta. Joquebede percebeu a agitação e foi até ela.

— Podemos fazer uma oração pela princesa, mãe?

— Pela princesa?

— Sim, mãe. Às vezes eu me lembro dela e de como Deus a usou para salvar meu irmão. Como será que ela está?

Joquebede concordou. Embora fosse filha dos opressores, Henutmire salvara, de fato, a vida de Moisés. O pequeno crescia com saúde. Já havia perdido as feições e trejeitos de bebê.

As duas oraram:

— Deus de amor, tu sondas os corações, provas os pensamentos e sabes de todas as coisas. Agradecemos-te por usares Henutmire para salvar nosso pequeno Moisés. Nós te pedimos, bondoso e poderoso Deus, que a guardes de todo mal e dê a ela uma vida boa e próspera.

***

Algum tempo depois, no palácio...

— Paser? Está acordado, Paser?

O sacerdote egípcio se assustou. Virou-se e encontrou a princesa, em perfeito estado de saúde, como se nada tivesse ocorrido. Zelara pelo sono dela a noite inteira. Temera pelo pior. Porém, agora, a via ali, sentada sobre a cama, bem-disposta. Ele ajoelhou-se e celebrou.

— Milagre dos deuses!

Saiu em disparada pelo palácio, à procura da rainha Tuya. No caminho, encontrou Yunet.

— Mas o que deu em você, Paser?

— É a princesa!

— Ela morreu?

— Não. A filha do faraó está ótima!

Tão feliz estava que Paser mal notou o descontentamento da esposa. Seguiu em seu caminho e, mais adiante, encontrou-se com Tuya e lhe contou a boa-nova. Ambos correram para o quarto de Henutmire e encontram-na sentada na cama, ainda um pouco fraca, mas nitidamente restabelecida daquela que havia sido a pior noite de sua vida.

***

Os dias e meses se passaram e Henutmire se restabeleceu por completo, ao passo que sua alma adoecera. Não conseguir gerar um filho era um peso grande demais para ela. Observava as crianças brincando no palácio, mas a cena, que deveria lhe inspirar e alegrar, feria o seu coração. Não tinha um filho para chamar de seu. Sentia-se seca e sem sentido. Uma mulher incompleta, que não conseguia trilhar o caminho mais bonito de sua existência: o poder de gerar outro ser. Tal tristeza lhe roubava qualquer indício de alegria, tamanha a dor que pesava sobre ela diariamente. As noites já não lhe repunham as energias e nenhuma das facilidades de sua posição e nem as benesses do palácio lhe rendiam qualquer balbuciar de contentamento.

Numa de suas muitas noites insones, decidiu sair do palácio. Não sabia muito bem o que a levava para fora, mas uma voz amarga, vinda de seu íntimo, a guiava na direção do Nilo. No rio, vivera muitas de suas grandes alegrias. Talvez ele também pudesse resolver de uma vez por todas a sua tristeza mais profunda, pensou. Ao chegar às margens, uma dor aguda tomou-a de assalto e a fez caminhar rio adentro. Enquanto as águas a molhavam, sua alma se afundava mais e mais. Sim, concluiu, aquela seria a solução para tanta tristeza. Acabar com a própria vida parecia a única porta aberta à sua frente.

Caminhou até que ouviu um choro de bebê. Olhou para um lado e para o outro e não enxergou nada. Porém, continuava a ouvir aquele choro insistente. Parou em silêncio e lembrou-se de que fora exatamente ali que, anos atrás, havia encontrado o bebê no cesto. Um presente que julgava ter sido enviado pelos deuses. "Moisés. Sim, Moisés." A lembrança a dominava mais que as águas do Nilo. Henutmire voltou a si, subvertendo a densa tristeza em uma leve esperança de rever o menino e, mais do que isso, tê-lo novamente por perto.

Saiu do rio e voltou ao palácio. Naquele resto de noite, Henutmire dormiu como não dormira havia tempo. Seu sono era calmo e reparador, recheado pelas memórias de outrora, com o rosto, o cheiro e o choro do menino. Moisés era seu, seu filho. Como pôde ter se esquecido dele? Havia sido enviado pelo Nilo, o mesmo Nilo que, em sua mais profunda angústia, a lembrara de que ainda havia esperança.

Acordou animada para o novo dia e pediu que um dos oficiais do palácio, o que costumava levar mantimentos a Joquebede, fosse até à casa dela e pedisse que apresentasse o menino no palácio imediatamente.

SETE

Para toda a vida

Joquebede apressou-se para atender ao apelo real. Era um momento tenso para ela, que já pressentia algo ruim. Sabia que o dia chegaria, por mais que evitasse pensar nele.

— Tudo aqui é bonito, mamãe — disse Moisés, encantado com o jardim do palácio.

Henutmire aproximou-se, com os olhos fixos em Moisés.

— Você é Moisés?

A criança ficou um pouco envergonhada e não respondeu. Apenas assentiu com a cabeça.

— Eu o conheci quando ainda era um bebezinho.

Moisés, ainda um pouco intimidado, olhou para Joquebede, como se estivesse perguntando se aquilo era verdade. Joquebede sorriu, confirmando.

— Você se tornou um menino lindo! — continuou Henutmire, fazendo um carinho no rosto de Moisés, que sorriu para ela.

A princesa se levantou e dirigiu-se a Joquebede.

— Obrigada por ter cuidado tão bem de Moisés! Ele está forte, com saúde.

— Graças a sua ajuda, princesa.

— O menino já está grande, já desmamou. Não precisa mais de uma ama.

Joquebede estremeceu. A princesa continuou.

— Quero que Moisés venha morar no palácio. A partir de agora, ele será meu filho.

A hebreia suspirou, desalentada. Não queria crer no que estava ouvindo. Nitidamente nervosa e relutante, abraçava o menino como se a vida de ambos dependesse daquele abraço.

— Senhora, desculpe-me, mas ele é só um menino hebreu, filho de escravo.

Henutmire, porém, mostrava-se irredutível.

— Ele não é um menino qualquer. É especial. Os deuses me deram Moisés, e agora eu entendo que ele deve ser meu filho.

Entre as duas, Moisés não compreendia o que se passava. Com medo, agarrou-se à Joquebede, que continuou a insistir com a princesa.

— Por favor, senhora... Deixe o menino comigo!

— Deve ter se apegado a ele. Eu compreendo — respondeu Henutmire.

— Senhora... Na verdade, Moisés é meu filho!

A princesa assustou-se.

— Seu filho?! Eu cheguei a desconfiar. Então aquela menina é mesmo irmã dele, como eu supus?

— Sim, minha senhora. É a minha filha mais velha, Miriã. Colocamos o bebê no rio para tentar salvá-lo do decreto do faraó.

— Por que não me contou?

Joquebede não conseguiu responder à pergunta. Eram muitos os motivos. Em lágrimas, tentou explicá-los à princesa.

— Tudo o que fiz foi para proteger Moisés. Coloquei-o no cesto sem saber aonde iria parar. Foi Deus que o levou até a senhora. Também foi Deus quem fez com que a senhora me chamasse para amamentá-lo.

Henutmire olhou para o pequeno Moisés, agarrado à Joquebede, assustado. Comoveu-se por ele, e chegou a hesitar por um instante; porém recompôs-se. Ela salvara a vida de Moisés anos atrás, agora, contava com o pequeno para salvar a sua. No limiar da morte, foi a lembrança do menininho que lhe devolveu o sentido e a esperança de viver. Resoluta, disse:

— Lamento muito, Joquebede. Você tem outros dois filhos para cuidar. Eu só tenho Moisés. Se não fosse por mim, ele não estaria vivo.

— E eu serei eternamente grata por isso; mas, por favor, senhora, não separe uma mãe de seu filho!

Aquelas palavras perfuraram o espírito de Henutmire. Ela sabia bem o que era separar-se de filhos; os quais, aliás, nunca teve o privilégio de tomar nos braços. Respirou fundo. Estava determinada a ficar com o menino e a cuidar dele, como se fosse um de seus bebês que não chegaram a nascer. Afinal, mesmo sendo hebreu, fora enviado pelos deuses, por meio do Nilo, conforme cria. Joquebede havia sido muito útil para cuidar do menino até que o desmamasse, mas, agora, já era hora de devolvê-lo.

— A senhora teve piedade de Moisés quando o encontrou naquele cesto — Joquebede disse. — Podia tê-lo entregado ao faraó, mas poupou sua vida por compaixão.

— Sim, e se ele ficar comigo, sua vida será salva mais uma vez. Pense no bem dele! Se continuar com você, será apenas mais um escravo, como tantos outros. Aqui no palácio ele crescerá como um príncipe, rodeado de conforto, riquezas, estudo...

— Mas não terá o amor de sua mãe.

— Terá o meu amor.

Henutmire chamou os guardas que haviam trazido Joquebede.

— Peguem o menino.

— Senhora, por favor! — suplicou Joquebede ao perceber que o filho ficaria mesmo no palácio.

Seu urro, contanto, não comoveu o oficial, que desvencilhou Moisés de seus braços. Tampouco o deteve os gritos e o choro da criança. Outro soldado tomou Joquebede pelas mãos e a conduziu para fora do palácio.

Henutmire seguiu o oficial que levava Moisés. O menino não parava de chorar, muito assustado com a brutalidade do acontecido e, principalmente, por sentir falta da mãe. Sentia-se inseguro, indefeso. Aquele colo que lhe transmitia paz não estava mais lá, não sabia como. Só lhe restava chorar. O coração da princesa pesava, num misto de remorso e felicidade. Doía-lhe despedir Joquebede de mãos vazias, mas alegrava-se por ter o pequeno menino ali. Tomou-o no colo para tentar acalmar seu choro. Enfim, um menino para lhe alegrar a vida. Um menino, segundo supunha, enviado pelos deuses.

Moisés foi se acalmando em seu colo. Trocou o choro pela curiosidade. O luxo do palácio atraiu sua atenção. A princesa percebeu e o colocou no chão. Guiou-o pelos corredores daquele local desconhecido que logo estaria chamando de lar. Não demorou para que Yunet os encontrasse. Pelas roupas, percebeu que se tratava de um pequeno hebreu. Lembrou-se do bebê do rio, anos atrás.

— Venha cá, Moisés — Yunet ouviu Henutmire chamando a criança.

Sim, era o mesmo menino! Sem titubear, foi diretamente à rainha para contar a novidade.

— Como um menino hebreu pode ser adotado por uma princesa egípcia? Esse menino vai morar no palácio, junto com os outros? Henutmire só pode estar louca!

— Como assim? — perguntou a rainha Tuya.

— Isso mesmo. A princesa adotou aquele menino hebreu que encontrou, anos atrás, no Nilo.

Tuya foi tirar satisfações com a princesa.

— Quem é este menino, Henutmire?

— Este é Moisés, meu filho.

— Filho? Este não é o escravo hebreu que você encontrou no Nilo?

— Ele é Moisés, meu filho!

— Pois não conte comigo para esconder essa história de seu pai. Eu duvido que ele aceite essa situação.

— Não quero esconder nada dele. Eu mesma lhe contarei. Os deuses me favoreceram com um menino e eu havia me esquecido disso. Vivi amargurada. Quase adentrei ao mundo dos mortos. Mas os deuses me lembraram do presente que me haviam dado... Moisés. Eu o salvei da morte e ele me salvou também.

Naquela mesma tarde, Henutmire foi ao encontro do pai. Afoita, entrou em sua sala sem ser anunciada, interrompendo uma reunião entre ele e o general Disebek. Seti I inquietou-se, mas, percebendo a ansiedade da filha, permitiu que ela falasse.

— Desculpe, meu pai, mas tenho um assunto urgente, que não pode esperar.

Henutmire contou ao pai e ao marido toda a história de Moisés e como este fora encontrado por ela no Nilo e mantido vivo, apesar do decreto de faraó de que todos os bebês hebreus fossem mortos.

— Boiando no rio? Num cesto? — espantou-se Disebek.

— Exatamente, foi assim que ele chegou até mim.

A rainha Tuya, acompanhada por Paser, entrou na sala. Queria saber o que o faraó diria daquele desatino de sua filha. Os muitos abortos deviam ter prejudicado o seu bom senso.

— Quando foi isso? — perguntou Seti I.

— Há três anos. Quando eu fui amaldiçoada pelos deuses. Punida pela maldade que o senhor fez, mandando matar centenas de bebês hebreus inocentes.

— Eu não admito que você fale comigo dessa maneira!

— Essa é a verdade.

— Tudo o que fiz foi para proteger o Egito e manter o equilíbrio cósmico. Hebreus são vermes! Sujos! Poderiam ter se unido contra nós.

— Deveria ter consultado os deuses para saber se essa era a vontade deles!

— Ora, saia daqui.

— Sairei apenas quando tiver terminado!

Henutmire e Seti se encaram duramente. Os demais, prendiam a respiração. A tensão era palpável e pesava sobre o peito de cada pessoa presente naquela sala. Disebek tentou contemporizar, mas pai e filha tinham olhos e ouvidos apenas um para o outro.

— Uma crueldade horrível! Bebês sendo arrancados de suas mães e atirados no Nilo! Os deuses se revoltaram e secaram o meu ventre!

O faraó fumegou. Estava a ponto de esmigalhar o braço do trono com seus dedos. Tuya interrompeu a conversa de ambos, tentando semear um pouco de racionalidade.

— Talvez ela tenha razão, soberano. Nunca vi o ventre de uma mulher sangrar tantas vezes. Não há como negar que nossa filha sofreu uma maldição! E é prudente, meu esposo, ficar atento quando os deuses se manifestam, para não sofrermos depois as duras consequências da desatenção.

Encontrando apoio na mãe, Henutmire aquietou-se. Continuou a falar, mais calma, mas não menos determinada.

—Vou criar Moisés como um príncipe egípcio. Ele é o filho que os deuses me enviaram pelo Nilo. Creio que o senhor não terá a ousadia de ir contra os deuses. Ou terá?

Seti I ponderou. Não, não queria a fúria dos deuses novamente. Do alto de sua majestade, proferiu sua sentença.

— Eu permito que você fique com o menino hebreu, mas com algumas condições. Ele jamais poderá me dirigir a palavra. Aliás, não poderá se aproximar de mim. E que ninguém ouse comentar sua origem. Essa história de como ele veio parar aqui deve ser esquecida para sempre. Ao ser criado como egípcio, ele próprio deverá esquecer o seu passado.

— Eu aceito as condições — respondeu Henutmire.

Discussão encerrada, Seti I se ergueu do trono. Não tinha cabeça para mais nenhuma reunião. Caminhou em direção à porta, mas deteve-se ali e voltou-se para Henutmire.

—Você está trazendo para este palácio uma criatura de raça inferior que, pela ordem natural das coisas, seria destinada à escravidão. Espero que não pague caro por seu lamentável erro.

Uma espada atravessou-lhe a alma. Henutmire ficou dividida entre a alegria por Moisés e a tristeza pelas palavras do pai. Percebendo sua angústia, Tuya se aproximou e a afagou. Aconchegada nos braços maternos, Henutmire sussurrou.

— Obrigada, mãe. Se não fosse você... Mas eu estou com medo, muito medo.

— Que as lágrimas de Ísis a fortaleçam, minha filha! Você terá de se manter firme. Seu pai fará de tudo para que você desista desse menino.

— Eu não vou desistir. Moisés é um presente dos deuses.

***

Cada brinquedinho jogado pela casa traspassava o peito de Joquebede. Ela não conseguia seguir com a vida. O rosto de seu pequeno filho habitava, dia e noite, suas memórias e seus sonhos. Salvá-lo da morte foi a atitude acertada, não tinha dúvida, mas o preço havia sido alto demais. Conviver com a ausência daquele barulhinho infantil, do risinho de seu caçula era uma morte lenta. Uma ferida aberta sem possibilidade de cicatrizar.

— Não aguento mais isso — falou para si mesma numa manhã de dor mais intensa que o brilhante sol.

Saiu do jeito que estava. Caminhou com passos firmes em direção ao destino que tinha em mente. A razão havia ficado em algum ponto daquele caminho longo. A dor era sua guia. A saudade de seu pequeno bebê era seu horizonte.

Sem que percebesse a distância percorrida, lá estava ela, em frente ao palácio, gritando pela princesa.

— Deixem-me entrar! Preciso falar com a princesa Henutmire! É urgente!

— Escrava atrevida! — afastou-a um dos guardas dos portões do palácio. — Como ousa pronunciar o nome da filha do faraó? Saia já daqui!

— Eu não saio enquanto não falar com a princesa.

— Saia agora! Não me faça agir com violência.

— Pois aja como quiser, mas não conseguirá me demover daqui. Anuncie-me. Mande chamar a princesa!

Percebendo que mulher estava mesmo disposta a tudo, o oficial decidiu anunciar sua presença. Mandou um mensageiro à princesa.

— Uma hebreia chamada Joquebede está no portão e insiste em falar com a senhora.

Henutmire estranhou. Concordou em atendê-la e foi ao seu encontro acompanhada do mensageiro e de outro oficial. Encontrou-a aflita e ansiosa. Com um sinal, pediu que os oficiais se afastassem, mas que não saíssem dali de perto.

— O que você está fazendo aqui? — perguntou.

— Senhora, por favor, eu imploro, deixe-me ver meu filho!

— Ele não é mais seu filho.

— Só preciso de um instante com ele! Meu coração não tem sossego desde que nos separamos.

— Moisés não lhe pertence mais.

— A senhora não pode fazer isso! Moisés foi gerado em meu ventre. Eu o criei, o amamentei... Sofro todos os dias com saudades. Por favor, devolva o meu filho! Nem todo o luxo e a riqueza do mundo vão compensar o genuíno amor de mãe.

— Moisés não terá só luxo e riqueza no palácio. Ele também terá o amor de mãe. O amor de alguém que o salvou e o deixou viver.

Percebendo que a princesa estava irredutível, Joquebede começou a chorar. Henutmire fez um sinal para o oficial que a acompanhava. Ele se aproximou com um saco pequeno e lhe entregou. A princesa depositou-o nas mãos de Joquebede.

— Tome. Aqui tem ouro o suficiente para você viver bem por muitos anos.

— Não quero seu ouro. Só quero Moisés.

— Ele, você não pode ter! Agora saia daqui e não volte nunca mais.

— Senhora, espere...

— Chega de conversa! — virou-se para os oficiais — Retirem essa mulher do palácio imediatamente.

Os guardas tomaram a hebreia pelos braços. Henutmire se aproximou, olhando-a bem nos olhos.

— Se você voltar novamente mando prendê-la, e seus filhos ficarão sem mãe.

Brutalmente lançada para fora do palácio, Joquebede voltou para casa da mesma forma que viera: envolta em dor e desespero. Suas lágrimas não permitiam que enxergasse o chão. Tropeçava em pedras e na tristeza causada pela falta do pequeno filho.

Num e Amália a esperavam em sua casa. Percebendo que as crianças haviam ficado sozinhas, os dois resolveram permanecer ali. Amália a envolveu num longo e profundo abraço, no qual Joquebede se lançou, entregando suas últimas forças. Arão e Miriã observavam, assustados, o sofrimento da mãe, mas nada perguntaram. Mesmo crianças, sabiam o que estava acontecendo. Amália apanhou os dois pela mão e saiu, deixando Joquebede mais livre para derramar o restante de suas lágrimas. Num permaneceu com a amiga,

— Anrão me faz tanta falta. Quanto tempo ainda levarei sem meu marido aqui?

— Talvez para sempre, Joquebede. Nós nem sabemos se ele está vivo.

— Ele está, Num. Perdê-lo seria pesado demais. Nosso Deus é um Deus bom. Anrão está vivo sim, eu sei.

OITO

A revelação

Moisés crescia no palácio, como um legítimo príncipe egípcio. Aprendia acerca de toda ciência disponível. Era cercado de cuidados, e sua educação contemplava todas as áreas, da militar à religiosa, como era de se esperar de príncipes que cresceriam e assumiriam a liderança de todo o reinado. Participava dos ofícios reais e era visto pelo povo como o filho de Henutmire, filha do faraó Seti I.

Além da educação, rodeava-se também de novas companhias. Tinha em Nefertari e em Ramsés, da mesma idade que ele, grandes amigos que o ajudavam a preencher as horas vagas entre os estudos e os rituais do palácio. Dia após dia, as memórias da primeira infância tornavam-se cada vez mais raras e longínquas, até desvanecerem por completo na mente do menino. Acostumou-se àquele contexto e assumira por completo a identidade que lhe fora delegada. Era um príncipe do Egito.

Já para Joquebede, o tempo não lhe apagava a memória, mas amenizava a falta e a saudade. A cada mês, contentava-se com a realidade de que Moisés jamais voltaria. Via-o esporadicamente, nos cortejos reais ou nas visitas que o faraó e seu séquito faziam às construções nas quais os egípcios trabalhavam. Era dia de um desses cortejos, e Joquebede estava agitada e eufórica, terminando de se arrumar. Como será que estaria Moisés? Olhou para Miriã, também agitada. Esta se tornara uma bela jovem que, já arrumada, terminava de ajeitar o desajeitado e adolescente Arão.

— Nem acredito que eu vou ver meu irmão! — dizia o jovem.

— Faz tanto tempo que ele não aparece em público! Deve estar um rapazinho — pensou Miriã.

Num e Amália apareceram na porta, apressando-os.

— O cortejo já vai começar!

— Já estou pronta. Vamos logo, Miriã! Arão, você está ótimo, filho! — comentou Joquebede. No entanto, percebendo a expressão de preocupação no rosto de Num e Amália, perguntou: — O que foi?

— Será que é mesmo uma boa ideia ir até lá? — ponderou Amália.

— É uma ordem, Amália. Não ouviu os oficiais anunciando que toda a população deveria saudar o faraó no dia de seu nascimento? Eu não vou perder essa oportunidade de ver meu filho.

Saíram, então, todos apressados e seguiram na direção do cortejo. As ruas já estavam cheias, afinal, todo o povo, egípcios e hebreus, era obrigado a assistir à passagem da família real e de seus nobres pelas ruas de Pi-Ramsés. Joquebede estava ansiosíssima, como de costume. Não seria a primeira vez em que veria o filho desde que fora forçada a entregá-lo à princesa, mas já havia um bom tempo que não conseguia ver seu menino. Cada segundo aumentava sua ansiedade. Já estava um rapazinho, com certeza.

O cortejo anunciava-se ao longe e percorria lentamente o caminho que daria ali, diante de Joquebede e de seus filhos. Cada passo parecia durar uma eternidade. Com muito esforço e empurrões, Joquebede conseguiu um lugar privilegiado na frente de todo povo, onde conseguiria contemplar o menino com mais clareza. Antes mesmo de o cortejo passar a sua frente, ela ergueu-se o máximo que pôde e avistou Moisés, ainda ao longe.

— Meu menino! Como está lindo! Que saudades, meu Deus...

— Ele é careca! — observou Arão, sem conseguir segurar o riso.

— Deixe de ser bobo, Arão! Esse é o costume deles — defendeu Miriã.

Tomada pelo desespero da saudade, Joquebede perdeu a razão e começou a gritar o nome do filho.

— Moisés! Moisés!

Os que estavam ao redor se assustaram. Num, Amália e Miriã tentaram conter a mulher. Amália confirmou sua suspeita: não fora uma boa ideia ir ao cortejo. Joquebede, porém, não se contentou com o lugar de honra na lateral da rua. Desvencilhou-se de Num, que procurava contê-la, e correu desesperadamente na direção da liteira em que estavam juntos Moisés e a princesa Henutmire.

— Moisés, meu menino!

A princesa Henutmire percebeu a presença de Joquebede e chamou pelos guardas, enfurecida. Ainda assim, Joquebede conseguiu se aproximar da liteira e de seu jovem ocupante.

— Moisés, meu filho, como você está lindo — e, seguido ao comentário, Joquebede lhe acariciou os braços.

Mas o menino gritou, enojado:

— Escrava hebreia! Tire suas mãos sujas de mim!

Henutmire, profundamente abalada, ordenou que os guardas reais afastassem Joquebede de Moisés. A hebreia foi arrastada para longe, sem forças para resistir enquanto a multidão, surpresa, assistia a tudo sem compreender o que se passava. Suas pernas tremiam. Seu próprio menino esquecera-se dela.

Jogada no chão e humilhada, restava a ela o consolo de seus filhos e do casal amigo. Miriã a acompanhou no choro, enquanto Arão era tomado pela dor e pela revolta. Moisés, por sua vez, ficou muito confuso. Havia algo de familiar naquela mulher estranha, mas como poderia ele, um príncipe da corte, conhecer uma escrava? Por que aquela mulher desconhecida aproximara-se? Como sabia seu nome?

Disebek estava mais distante, junto ao faraó, e se acercou. Ao saber do ocorrido, anunciou que mandaria castigar a escrava.

— Não, por favor, não. Está tudo bem agora, podemos seguir — pediu a abalada Henutmire.

Ela apenas queria sair dali, queria que aquele pesadelo terminasse. O cortejo prosseguiu. Yunet assistiu a tudo de longe e ficou satisfeita com a confusão. Ela sabia quem era a escrava.

Joquebede, seus filhos e o casal voltaram para casa em silêncio. A tristeza dominava todos. Ao chegar em casa, Joquebede entregou-se à dor, chorando desesperada.

— Ele se esqueceu da gente, mãe — disse Miriã, abraçando a mãe e também chorando.

***

Logo a noite caiu, agradável, enchendo o céu sobre a casa de Num e Amália de estrelas. A bela moça estava no terraço, admirando o firmamento. Num se aproximou em silêncio.

— Então é aqui que a minha flor do deserto estava se escondendo!

— Seu bobo! Estava sem sono e não queria incomodá-lo.

— Sabe muito bem que não consigo dormir sem você pertinho de mim.

Ele a abraçou, carinhoso, mas percebeu que algo incomodava sua esposa.

— Algum problema, meu amor?

— Estava pensando na dor de Joquebede, separada de Moisés e rejeitada por ele. Como está sofrendo! Não imagino a dor que deve ser perder um filho. Na verdade — sua voz ficou ainda mais triste — não imagino o que é ter um filho. Depois desses anos todos, ainda não consegui lhe dar um herdeiro, Num. Você tem o direito de me rejeitar.

Num ficou sério de repente e olhou bem nos olhos de Amália.

— Eu nunca vou rejeitá-la, está me entendendo? Nunca! Eu a amo e vamos passar o resto de nossas vidas juntos.

— Você merece ter um filho, uma descendência. Eu não tenho o direito de...

Num calou a esposa pousando dois dedos delicadamente em seus lábios.

— Tenha fé, Amália. Quando chegar a hora, Deus nos dará nosso filho. Tenho certeza. Deus disse a Abraão: "Olhe as estrelas e as conte, se puder. Assim será sua descendência!" — apontou para o firmamento — Olhe só quantas estrelas! Acha que vai dar conta? Depois que tivermos o primeiro filho, não vamos parar mais! Falando nisso, não podemos perder tempo! — disse, beijando delicadamente o pescoço de Amália.

Os dois se abraçaram, deitando sob as estrelas que iluminavam seu terno amor.

***

No palácio, o sono de Moisés estava agitado. Pesadelos estranhos apresentavam uma criança sendo arrancada dos braços da mãe. A pequena criança gritava e chorava nos braços do soldado que a carregava para longe. Outro oficial segurava a mãe, que também gritava enquanto era afastada do menino. Moisés acordou assustado, transpirando, perturbado com o estranho sonho. No quarto de Henutmire, Disebek estava intrigado com o que acontecera durante o cortejo.

— Aquela escrava... Você a conhece, não? Ela é a mãe de Moisés, não é?

— Eu sou a mãe de Moisés! — respondeu a princesa, nervosa.

— Não quero aborrecê-la, mas sou seu marido, preciso saber da verdade.

— É ela sim...

— Você tem de estar preparada, Henutmire. Um dia ou outro, Moisés vai acabar descobrindo a verdade sobre a origem dele.

— Os deuses não irão permitir que isso aconteça, Disebek. Jamais! Eu sou a mãe dele, a única que teve e terá!

Para Moisés, porém, bastou acordar para que os acontecimentos do cortejo e do sonho ficassem para trás. Foi logo procurar seus companheiros, Ramsés e Nefertari, para um dia de aventuras infantis pelo palácio. Nefertari, porém, estava ocupada naquele momento. Ouvia a mãe passar-lhe um sermão.

— Você não deve se aproximar tanto de Moisés. Não acho que essa amizade entre vocês seja muito... adequada.

Yunet odiava o menino. Sabia que era filho de escravo. Se pudesse, simplesmente proibiria o relacionamento entre ele e a filha, um relacionamento que, para seu desespero, estreitava-se. O carinho e a amizade entre Moisés e Nefertari ficavam mais fortes a cada dia.

— Por que não, mãe? Moisés é um príncipe! Um menino educado, gentil...

— Ramsés é melhor companhia para você. Dessa amizade, sim, eu faço gosto.

— Não entendo, mãe. Por que não posso ser amiga dos dois?

— Eu sei o que estou falando, minha filha. Moisés não é nada disso que você pensa que é. Não gosto dele e não quero os dois juntos, estamos entendidas?

— Não, não estamos! Não vou deixar de ser amiga dele.

— Nefertari, não me provoque! Não quero saber de vocês dois andando juntos e pronto. E ai de você se me desobedecer.

— Eu gosto do Moisés. A senhora não pode me proibir.

— Posso e vou! Você está proibida de gostar daquele menino. Ele não passa de um...

— Não passa de um o quê? — interrompeu Henutmire. Ela havia se aproximado sem que a outra percebesse.

Yunet ficou paralisada diante do flagrante.

— Vamos, eu quero ouvir. O que você estava falando de Moisés? — continuou a princesa.

— Senhora, desculpe! É apenas zelo de mãe. Nefertari já é uma mocinha e não acho apropriado que ela ande sozinha com um menino, ainda que seja o príncipe Moisés.

— Você disfarça muito bem seu desprezo por meu filho, Yunet.

— Desprezo por Moisés? Eu?

— Acha que não percebo?

A pequena Nefertari deleitava-se com o rumo da conversa.

— O que é isso, princesa! De maneira alguma! Sempre tratei Moisés com respeito, carinho, ele é um menino adorável.

— Mas não é bom o suficiente para sua filha.

— Senhora, por favor, deixe-me explicar. Nefertari tem adoração por Moisés! Gosta dele até demais! Essa é a minha única preocupação. Ela não sabe se controlar. Fica expondo seus sentimentos para o seu filho. Isso não fica bem para uma mocinha! Estava apenas tentando ensinar bons modos. E como não aprende, chego a pensar em proibir essa amizade.

— E como faria isso?

— Ah, princesa! Não faria nada de fato, claro que não! Estava apenas ameaçando para ver se Nefertari toma juízo.

— Sempre fomos amigas, Yunet. Sempre confiei em você.

— E pode continuar confiando. Sou capaz de dar minha vida pela senhora.

— E eu sou capaz de tirar a sua ou a de qualquer outra pessoa que tentar prejudicar meu filho. Não quero mais ouvir você falar de Moisés. Nunca mais.

Yunet resignou-se, mas ardia de ódio por dentro, e pensava em se vingar. Não era apenas Nefertari que adorava Moisés. Com o passar dos anos, a simpatia, valentia e inteligência do jovem príncipe haviam conquistado quase todos na corte. Ramsés, por exemplo, o tinha em alta estima. Ele e Moisés eram inseparáveis e grandes amigos. Buscava incluir o sobrinho, a quem considerava, na verdade, como um irmão, em todas as suas aventuras. Aliás, foi apenas após muita insistência de Ramsés que Seti I permitiu a presença do neto adotivo na viagem à outra margem do rio Nilo.

O faraó era um dos poucos que não haviam se afeiçoado a Moisés. Os trabalhos para a construção de sua tumba, do outro lado do rio, avançavam rapidamente, e o soberano desejava ver de perto o andamento das obras. Assim, programou uma comitiva para a visita, na qual incluiu Moisés apenas depois dos constantes pedidos do filho.

***

Num e Arão estavam trabalhando duro na construção da tumba. O serviço naquele dia consistia em quebrar grandes blocos de pedra com talhadeiras, de forma que pudessem ser encaixados uns nos outros. Num estava ensinando o ofício a Arão e outros rapazes.

— Meu pai era forte assim como você, Num? Lembro-me pouco dele — perguntou Arão.

—Você era muito pequeno quando... quando ele morreu. Mas foi Anrão que me ensinou tudo o que eu sei. Seu pai era o homem mais forte e valente que já conheci! — disse Num, para o orgulho do escravo adolescente.

— Atenção, todos vocês! — gritou um soldado para os hebreus. — O senhor do alto e do baixo Egito, soberano das Duas Terras, amado de Ptah, o faraó Seti I, nos dará a honra da sua presença. Recebam-no com reverência e não olhem diretamente em seus olhos. Aquele que causar qualquer desconforto, por menor que seja, ao glorioso amado de Amon, pode ter certeza de que irá se encontrar com Osíris antes do tempo.

Num liberou o caminho por onde passaria o faraó. Chamou Arão para acompanhá-lo, e este, dispondo-se, acabou esquecendo sua talhadeira no chão. Não muito longe dali, o barco com a comitiva real aportava. Todos desceram da embarcação e seguiam o caminho que levava à tumba do deus-faraó, conforme criam os egípcios. Quando a comitiva real passou pelo canteiro de obras, os escravos pararam de trabalhar em sinal de respeito, de cabeça baixa. Arão levantou levemente o olhar.

— É o Moisés! — disse, assustado.

— Eu sei. Fique quieto, finja que não viu — aconselhou Num.

Nesse momento, o faraó pisou na talhadeira deixada no caminho por Arão e perdeu o equilíbrio, quase caindo no chão.

Arão e Num prenderam a respiração.

— Uma ferramenta largada no meio do caminho?! É inadmissível!

— Perdão, ó amado de Ptah! Mil perdões! O responsável será severamente punido — respondeu o oficial. Virando-se para a massa de escravos, quis saber — Quem foi que largou a talhadeira no chão?

Ninguém respondeu.

— Eu fiz uma pergunta! Se o culpado não se entregar, serão todos castigados.

O nervosismo de Arão fez com que o soldado percebesse algo estranho.

— Foi você?

— Não, fui eu — adiantou-se Num.

O oficial então castigou ferozmente o hebreu, com um chicote. O faraó olhava a cena com ar de aprovação. Moisés e Ramsés achavam graça, rindo disfarçadamente um para o outro.

— Basta — ordenou Seti I, levantando a mão espalmada.

A comitiva seguiu caminho. Num ficou caído com suas costas em carne viva. Arão obteve permissão para buscar um pouco de água para o amigo, no rio. Moisés e Ramsés haviam se afastado da comitiva e começaram a brincar pelo deserto, descendo ao mesmo ponto do rio em que estava Arão.

— Ei, onde é que vai, escravo piolhento? — disse Ramsés.

— Hebreu sebento e fedorento! — replicou Moisés.

Ramsés uniu-se a ele na provocação.

— Hebreu nojento! Hebreu nojento! Hebreu nojento! — gritavam em coro, enquanto encurralavam Arão.

O escravo tentava se desviar, mas os meninos o cercavam. Não suportando mais, Arão explodiu.

— Quem você pensa que é, Moisés? Príncipe? Você é um hebreu tão nojento e fedorento quanto eu! Deveria trabalhar carregando pedra!

— Cale a boca! — replicou Moisés.

— Não calo! Pensa que essa roupa muda seu sangue? Não muda. É sangue de escravo como o meu. Você é hebreu! Se não sabia disso, então fique sabendo.

As palavras de Arão deixaram Moisés sem ação. Ramsés, por outro lado, encheu-se de ódio.

— É mentira! Cale-se, desgraçado! Eu vou matá-lo! — gritou enfurecido, empurrando Arão violentamente.

Disebek se aproximou, acompanhado de dois guardas.

— Poderia mandar matá-lo por se meter com eles, escravo. Coloque-se no seu lugar! Vocês dois, venham comigo! O faraó está aflito atrás de você, Ramsés.

Arão não podia acreditar que o irmão havia se transformado naquele ser cheio de maldade, que se divertia com o sofrimento alheio e humilhava um escravo daquela forma. Mais tarde, em casa, contou o ocorrido à mãe e à irmã.

— Agora ele sabe a verdade — disse o menino, narrando o que acontecera na margem do rio, para surpresa e desespero das duas.

— E agora, meu Deus! Como é que vai ser? — indagou Joquebede.

— Talvez ele nem acredite. Não vai confiar na palavra de um escravo — disse Miriã.

— Desculpe, mãe! Fiquei com muita raiva quando eles começaram a me chamar de sujo, fedorento. O Moisés me odeia, mãe!

— Ele não o odeia, meu filho! Moisés é como um menino egípcio, e não sabe que é seu irmão.

— Não é justo! Papai sempre falava o quanto Deus nos ama, mas não é verdade!

— Não diga uma blasfêmia dessas, Arão! — repreendeu a irmã.

— Se ele nos ama, por que tudo isso acontece? — Arão não aguentou mais e desabou num choro cheio de revolta. Sim, era injusto. Mas poderia ele desconfiar de Deus dessa forma? O simples fato de a vida de seu irmão ter sido poupada e, consequentemente, de todos os outros meninos hebreus, não era uma prova da bondade de Deus? Envergonhou-se. — Perdoe-me, mãe!

— Está tudo bem, filho. Mais cedo ou mais tarde, Moisés iria acabar sabendo. Só espero que ele não se prejudique por isso.

***

No palácio, Moisés e Ramsés conversavam sobre o ocorrido. O filho de faraó tentava convencer Moisés de que o escravo era apenas um mentiroso, mas Moisés resolveu procurar sua mãe.

— É verdade que eu sou hebreu?

— Hebreu? De onde você tirou essa loucura?

— Sou ou não sou?! — o menino quis saber, resoluto e firme.

Henutmire tentava inutilmente disfarçar o nervosismo. Após a insistência do menino, acabou confirmando a verdade.

— E minha mãe, quem é?

— Não sei, não sei. Você é meu filho por vontade divina.

— Fui abandonado, não é?

— Você teve o destino traçado pelos deuses, Moisés, e deve se orgulhar disso.

— Por que a senhora mentiu para mim esse tempo todo?

— Foi por amor! Para poupá-lo. Para você não passar pelo que está passando agora. Não esqueça nunca que eu o amo muito, muito!

— Eu também a amo, mas eu achava... Eu não... Eu queria que a senhora fosse minha mãe de verdade.

— Eu sou sua mãe de verdade, Moisés, num sentido de verdade muito mais profundo. Sou sua mãe, Moisés! — disse Henutmire, acariciando o menino.

Era muito para um garoto digerir. Moisés dirigiu-se aos jardins do palácio. Queria ficar só. Lembrou-se, então, do pesadelo que tivera dias antes. Concluiu que a criança sendo arrancada dos braços da mãe era ele mesmo.

Ramsés se aproximou, e ele revelou o segredo ao grande amigo.

— Meu lugar não é no palácio. É por isso que seu pai não gosta de mim, Ramsés. Está tudo explicado — disse Moisés, contendo o choro.

— Para mim não faz diferença, Moisés. Para mim você é egípcio e pronto, não se fala mais nisso!

Para o hebreu, porém, não era tão simples assim. Ele não conseguia mais ter paz. A cada instante, novas questões assaltavam sua mente. Por que sua mãe o abandonara? Como acabara, entre todos os lugares, no palácio de faraó? Ele pensou que encontraria essas respostas apenas num lugar. Decidiu ir secretamente para o vilarejo dos hebreus. Escondeu-se em meio a mercadorias que estavam sendo levadas para fora do palácio. Ele aproveitou a distração dos carregadores para entrar em um cesto vazio, que foi levado para uma rua no meio do vilarejo.

Moisés teve o cuidado de vestir-se com roupas simples, sem as ornamentações principescas de costume. Não queria chamar a atenção. Começou a caminhar pela rua, um pouco deslocado, observando a pobreza, a vida simples de todos ali. Observou os animais pela rua, as crianças brincando, mulheres conversando. Tudo era muito novo e diferente para ele. Estava procurando pelo menino escravo que encontrara à beira do Nilo.

Enquanto andava a esmo, esbarrou numa moça que carregava um jarro de água.

— Desculpa, moça, eu...

— Moisés!

***

Henutmire estava doida à procura do filho.

— Moisés, onde você se meteu?

Oficiais vasculhavam o palácio em busca do príncipe. Percebendo a movimentação, Ramsés, quis saber do que se tratava. Tão logo foi informado, deduziu que Moisés dera um jeito de ir até a vila em que os hebreus moravam. Aquele escravo idiota à beira do Nilo deixara seu amigo confuso. Subornou então dois soldados para o levarem até a vila. Tinha certeza de que o encontraria lá.

— Você me conhece? — perguntou Moisés à moça, estranhando ser chamado pelo nome.

— Claro! Quer dizer, você é príncipe do Egito. Todo mundo o conhece. Está precisando de alguma coisa?

— Eu? Não. É que... Só estou andando pela cidade, quero ver o povo mais de perto.

— E escolheu justo nosso vilarejo? Os nobres não se importam muito com os hebreus.

— Não deveria ser assim, não é? — sorriu Moisés, constrangido.

A situação deixou ambos sem ação, e após um silêncio desconcertante Moisés despediu-se para partir.

— Por que não me diz realmente o que veio fazer aqui? — falou a moça. — Talvez eu possa ajudá-lo. Está procurando por alguém?

— Não, quer dizer, nem sei o nome dele. É um garoto hebreu que conheci outro dia.

— Acho que sei quem você está procurando. Posso levá-lo até ele agora. Vamos?

— O que está fazendo, Moisés? Resolveu andar com os escravos agora?

Era Ramsés que se aproximara.

— Deixe-me, Ramsés. Eu tenho de resolver isso sozinho.

— Esse povo é traiçoeiro, não pode confiar neles.

— Esqueceu-se de que eu venho desse povo?

— Pode até ter vindo, mas não faz mais parte dele.

— Mas eu preciso saber o que aconteceu! E o meu sonho? Aquela mulher deve ser minha mãe! Aquele garoto deve saber de alguma coisa.

— Se você teve outra mãe, ela o abandonou! Do que você tem falta? Você tem uma família, um palácio cheio de servos para atendê-lo. Mesmo que tenha nascido desse povo miserável, eles o abandonaram. Para que você quer saber dessa gente? Sua mãe é Henutmire e eu sou seu tio!

— Eu só precisava saber por que minha mãe não me quis — confessou Moisés, já quase chorando.

— Mas você nem sabe se ela está viva ou morta.

Joquebede, que voltava para casa acompanhada por Arão, passou por ali e viu Miriã e Moisés juntos. Quase desmaiou de emoção, mas conteve-se e achou mais seguro manter-se um pouco distante.

— Você tem razão. Foi idiotice minha vir até aqui. Vamos embora — assentiu Moisés, desistindo da ideia

Despediu-se da moça, que não sabia ser sua irmã, e retornou com Ramsés e os soldados para o palácio. Joquebede e Arão se aproximaram de Miriã.

— O que Moisés veio fazer aqui? — perguntou Arão.

— Estava procurando por você. Mas não tivemos tempo de terminar a conversa porque o príncipe Ramsés chegou.

— Melhor assim, filha. Deus sabe como gostaria de abraçá-lo e dizer que sou mãe dele. Mas seria muito perigoso, tanto para ele como para nós. Moisés ficaria perdido, confuso, e a princesa poderia querer vingança.

— O príncipe Moisés mora no palácio, cheio de luxo. Não iria querer mesmo saber de uma família de escravos! — disse Arão.

— Eu olhei bem no fundo dos olhos dele e eu vi: nosso irmão tem bom coração — sorriu Miriã.

— Precisamos ter fé em Deus. Ele sabe o que faz — disse Joquebede.

***

No palácio, Henutmire continuava angustiada com o sumiço de Moisés. Sabia que o menino ficara muito abalado com as recentes revelações e temia o que ele poderia fazer, tomado pela emoção. Como precisava desabafar, chamou Yunet para conversar. Nefertari também estava preocupada com o desaparecimento do amigo e, vendo que as adultas dirigiam-se a uma sala reservada para conversarem, escondeu-se a fim de ouvir o que seria dito.

— Eu neguei até onde pude, mas ele me olhou de um jeito que não deu para aguentar. Acabei confessando. Fiz muito mal. Que os deuses o protejam! — desabafou a princesa.

— Não se culpe, senhora. Era fatal que mais dia, menos dia, ele acabasse descobrindo que é hebreu — disse Yunet.

Hebreu? Nefertari não podia acreditar! Ao levar a mão aos lábios, esbarrou em um vaso que caiu e revelou sua presença. Sua mãe ficou furiosa e ameaçou puni-la, mas foi contida por Henutmire.

— Deixe a menina. Nefertari, prometa-me que não vai falar isso para ninguém.

— Prometo. Mas então Moisés não é seu filho?

— Ele é meu filho! E você não sabe de nada.

— Entendeu o que a princesa disse? — reforçou Yunet.

— Mas se ele é hebreu, como é que...

— Nem mais uma palavra sobre isso! E agora saia daqui! — ralhou a mãe.

— Como vai ser quando todos souberem sobre Moisés? — perguntou Henutmire, angustiada, após a saída da menina. O segredo fugia de seu controle.

Suas dúvidas não duraram muito. Moisés retornara com Ramsés ao palácio. A princesa, ao ver o filho, abraçou-o aliviada, entre lágrimas e sorrisos, mas o menino mantinha a ideia fixa na mente.

— Mãe, eu sonho de vez em quando que sou separado de uma mulher. Acho que é a minha mãe. Você sabe quem ela é?

— Eu? Não, nunca soube — mentiu Henutmire.

— Como eu vim parar no palácio?

— Você foi um presente dos deuses, Moisés. O Nilo trouxe você numa cestinha até mim. Eu o encontrei nas águas sagradas. Foi o momento mais feliz da minha vida.

— Então como sabe que sou hebreu? Não podia ser egípcio?

— Você estava coberto por um manto hebreu. Mas isso não fazia diferença. Naquele momento você se tornou meu filho e eu me tornei sua mãe.

— Por que nunca me contou? Por que escondeu isso de mim?

— Não queria que duvidasse, que ficasse dividido. Eu o amo, filho. Não contei a verdade porque não queria que você sofresse. Será que você poderia me perdoar?

Moisés a olhou, tão fragilizada. Refletiu sobre as circunstâncias que o levaram até ali e como aquilo só poderia ser mesmo uma dádiva dos céus. Abraçou novamente a mãe, num gesto reconciliatório.

NOVE

Paixão e guerra

Ramsés e Moisés cresciam cada dia mais fortes e unidos. Em pouco tempo, já treinavam com os soldados do exército real, destacando-se por suas habilidades com espada, arco, lanças e escudos. Os príncipes eram guerreiros exemplares e se arriscavam na linha de frente das batalhas. Foi assim durante uma das mais ferozes guerras do império, travada contra os hititas, um poderoso povo vizinho ao Egito. Ramsés e Moisés tinham cerca de 30 anos. Uniram-se aos milhares de soldados que tomaram o campo de batalha, liderados pelo general Disebek. Este já era um homem maduro, mas ainda muito forte e vigoroso.

O exército hitita não ficava atrás dos egípcios em poderio militar. Eram lendários guerreiros, que usavam carros de guerra pra três soldados. Carregavam escudos de bronze retangulares e usavam capacetes cônicos, que protegiam o pescoço dos combatentes. No campo, a batalha era violenta, mas os egípcios levavam vantagem. Seti I observava a luta de um planalto. Dentre todos os soldados, conseguia visualizar o neto adotivo. Impressionava-se com o seu desempenho, empunhando bravamente suas armas, matando muitos inimigos e salvando a vida de seus compatriotas diversas vezes. Por fim os egípcios obtiveram a vitória e os poucos sobreviventes inimigos bateram em retirada. A volta para casa foi gloriosa. O exército egípcio foi recepcionado com uma grande festa, celebrada pelo povo nas ruas. Seti I ia à frente do cortejo, seguido por Disebek, Ramsés e Moisés. Atrás deles vinham a cavalaria, os arqueiros, os mercenários núbios e a infantaria. Apesar das marcas e ferimentos de batalha, todos estavam felizes com a vitória. O povo saudava seus heróis com grande emoção.

Em meio à multidão estava Miriã, sorrindo, orgulhosa pela glória do irmão caçula. Acenava para ele. Arão também assistia ao cortejo, do alto do andaime em que estava trabalhando. Dava os retoques finais em uma estátua do deus egípcio Amon. Havia se casado com Eliseba, que estava grávida do quarto filho do casal. Aos 33 anos, o forte homem já era pai de Nadabe, Abiú e Eleazar. Perto dele estava Num. Seus cabelos levemente grisalhos indicavam que já estava perto de meio século de vida. Tornara-se capataz dos escravos hebreus, porém, não viera a ser pai.

Após saudar o exército, Miriã continuou seu trajeto e chegou à construção, trazendo água para os escravos.

— Viram os grandes heróis passando? Daqui a pouco, vão estar se fartando de tanto comer! — comentou Arão, despeitado.

O oficial Apuki, que supervisionava a obra, se aproximou.

— Vocês aí! Estão querendo levar umas chibatadas? Voltem ao trabalho!

— Até os animais precisam beber água! — desafiou Miriã.

— Que bebam quando eu disser que podem!

— Se depender de você, eles morrem secos.

— Mulherzinha insolente! Saia daqui antes que eu perca a paciência e lhe dê o que merece!

— Não se pode perder algo que nunca se teve.

— Olhe que corto essa sua língua, escrava!

Num se colocou na frente de Miriã, protegendo-a.

— Já estamos voltando ao trabalho, senhor. — E, virando-se para a hebreia, disse: — Por favor, Miriã. Não se meta em encrenca.

Miriã assentiu e foi embora, ainda lançando desafiadores olhares de raiva para Apuki. Foi para a casa que habitara desde a infância. Vivia com a mãe. Aproximava-se dos 40 anos, mas nunca se casara. Passava os dias ajudando Joquebede no cuidado com os sobrinhos e com a casa. Sua cunhada, Eliseba, trabalhava nos campos de trigo. Os meninos ficavam ali, com a tia e a vó. A vida era dura e difícil, mas eles eram felizes. A mesa não era farta como gostariam, mas sempre havia o bastante e eles agradeciam cotidianamente a Deus pelo alimento.

No final do dia, Arão e Eliseba passaram na casa de Joquebede para buscar seus filhos a fim de irem para sua própria casa, descansar. Arão, porém, não perdeu a oportunidade de amolar a irmã. Estava, mais uma vez, tentando casá-la.

— Pensou naquele assunto, Miriã?

— Que assunto?

— Como, que assunto? Zelofeade quer conhecê-la. Preciso dar uma resposta para ele.

Miriã era uma bela mulher, atraindo pretendentes, apesar de não estar mais na idade de se casar. Muitos deles eram homens viúvos, que haviam perdido a esposa num parto ou no trabalho pesado. Miriã lembrou-se de Hur. O ourives fora provavelmente o único homem que ela amara. Eram jovens, e ela o acompanhava com os olhos pela vila. Não entendia, porém, por que ele se vestia como egípcio, inclusive pintando os olhos. "Esse já está comprometido, filha. Vai se casar com uma egípcia", explicou-lhe a mãe, à época. Miriã calou-se resignada. Em pouco tempo, Hur mudou-se para o palácio. Sua exímia habilidade como artesão o promovera ao serviço real. Casou-se e tivera um filho, Uri. Assimilou, como poucos hebreus, a cultura egípcia.

— Quer parar com essa mania de querer me arrumar marido! — disse Miriã, voltando a si.

— Qual o problema de conhecer o moço? É um rapaz tão bom, trabalhador, honesto.

— E quem disse que eu quero conhecer esse sujeito?

— Filha! Só conhecer, não custa nada — contemporizou Joquebede.

— Dê graças a Deus que ainda tem esse pretendente! Na sua idade, não vai ser fácil desencalhar! — provocou Arão.

— Chega! Não vou ficar aqui ouvindo tolices.

Miriã saiu pisando firme. Quando abriu a porta da casa, deparou-se com Num e Amália, esfuziantes.

— Estou grávida!

Finalmente, depois de muitos anos, Amália esperava um bebê. Deus ouvira suas orações. Num seria pai. Já era tempo. Ele não precisaria mais contentar-se com os filhos de Joquebede, criados a muito custo na ausência de um pai. A lembrança da morte de Anrão fez Amália entristecer-se. Nascer, viver e morrer como escravo: esse seria o destino que aguardaria o filho por quem ela esperara tanto tempo. Compartilhou com Num suas preocupações.

— Não se desespere, meu amor. Até nosso bebê nascer, o libertador de Israel já terá vindo nos resgatar. É promessa de Deus para o nosso povo — disse Num, encorajando-a.

***

Os guerreiros foram recebidos em uma grande e rica festa no palácio, repleta de toda sorte de iguarias raras, dançarinas e música. As mulheres agradeciam aos deuses pelo retorno dos homens, sãos e salvos. Yunet, porém, preferiu aproximar-se de Disebek.

— Que bom que não perdeu nenhum pedaço — sussurrou. Apesar dos anos, continuava sedutora.

— Sei bem que pedaço meu a interessa, Yunet — respondeu o general, com um sorriso malicioso.

Olhou-a. Os anos fizeram-lhe bem. Sabia disso intimamente, nos encontros fortuitos e ardentes que mantinham vez por outra no palácio. Porém, bela mesmo era Nefertari. Reconhecia os contornos da mãe no rosto da moça. A jovem atravessava o salão com os olhos penetrantes e na companhia de Karoma, sua dama. Corria na direção de seus dois amigos de infância, dando-lhes um duplo abraço caloroso.

— Não fazem ideia do que é ficar aqui sem saber o que está acontecendo!

— Confesse que não conseguiria viver sem mim! — disse Ramsés, cheio de sorrisos.

— Confesso que não conseguiria viver sem os dois! Seus malucos! Não entendo como podem ter prazer nessas guerras! Por que não mandam apenas os soldados para a linha de frente?

— E ganharíamos uma recepção tão calorosa se não corrêssemos nenhum risco? — brincou Moisés, saboreando aquele momento de honrarias.

Karoma ladeava Nefertari, mas estava desinteressada na conversa. Observava o jovem soldado Ikeni, do outro lado da sala. Tinha pouco mais de 20 anos, era valente e destacava-se no exército. Ganhara o respeito e a confiança de Disebek, que o elogiava pela bravura. Quando o jovem soldado passou perto de Karoma, um arrepio percorreu a espinha da moça e a fez fechar os olhos. "Que belo rapaz", pensou.

O ourives Hur também estava no salão com seu jovem filho Uri. O rapaz observa os olhares fúlgidos do pai para a princesa Henutmire. Desconfiara que não havia sido apenas a riqueza do palácio que fizera de seu pai um amante da cultura egípcia.

— Pai, ouça o que eu estou dizendo. É melhor esquecer-se dela antes que...

— Não sei do que você está falando — interrompeu Hur, disfarçando e recompondo-se.

— Sabe muito bem. Essa sua atração pela princesa pode acabar mal. Além de filha do faraó, ela é casada com o general.

— O que sinto pela princesa é apenas amizade e admiração.

— Sei... Então, por favor, tome cuidado com seus intensos olhares de amizade e admiração.

Disebek ignorava a atração de Hur por sua esposa. Aliás, pouco se importava. Seu interesse estava, no momento, totalmente concentrado em uma das jovens.

***

Moisés andava de um lado para o outro em seu quarto. Já não podia mais esconder seu amor por Nefertari. De forma atabalhoada, ensaiava como declarar-se à bela egípcia.

— "Não é de hoje que eu a amo..." Não, não. Melhor assim: "Eu amo você, e não é de hoje..." Ou então: "Lembra quando a gente era criança, e..." Hum... "Lembra-se da gente criança? Pois é, o amor começou lá, e só fez crescer..." Não, crescer, não. "E só fez aumentar a cada dia..." Que horror! "Nefertari, você para mim é como o ar que eu respiro..." Parece melhor. "Nefertari, você é tudo pra mim..."

Ramsés entrou no quarto, apressado.

— Mandou me chamar, Moisés?

— Sim, mandei. Eu preciso conversar com você porque estou querendo um conselho.

— Também tenho um assunto para falar, e acho que o meu é mais urgente. Posso falar primeiro? — perguntou Ramsés.

— Fale.

— Bem, vou direto ao ponto. Estou apaixonado por Nefertari e não aguento mais esconder. Eu queria que você fosse o primeiro a saber.

— É engraçado — disse Moisés, chocado.

— Como, engraçado?

— Bem, eu agradeço a confiança, e vou retribuir, sendo sincero.

— Não estou entendendo... "Engraçado", "sincero." Que conversa é essa, Moisés?

— Sabe o que é que eu acho?

— O quê?

— Você pressentiu que eu ia me declarar para Nefertari e resolveu se adiantar.

— O quê? Você também...

— Você sabe, Ramsés! Você sempre soube. Não se faça de fingido. Achou que um hebreu não se atreveria a competir com o futuro faraó do Egito? Pois eu quero.

Ramsés irritou-se.

— Ah, quer competir? Está certo. Aceita um duelo?

— Um duelo pela mulher amada? Pode ser.

— Você está falando sério, Moisés? — Ramsés não acreditava no que ouvia.

— A ideia foi sua. Não gosto que me façam de bobo!

— Assim você me ofende.

— Assim você me magoa — respondeu Moisés.

Ambos olharam-se. Cresceram como irmãos. A situação era tensa, mas o carinho que sentiam um pelo outro era mais forte. Acabaram se abraçando fortemente.

— Esqueça o que eu disse. Não vamos estragar nossa amizade. Vá lá e declare-se para Nefertari — disse Ramsés.

— Não, Ramsés. Pensando bem, será melhor para nós três se você falar com ela, por várias razões. Estou falando sério e sendo sincero — respondeu, penosamente.

Ramsés concordou com o olhar e partiu.

Moisés jogou-se na cama. Era difícil abrir mão dos seus sentimentos por Nefertari. Mas, no fim das contas, ele não teria chance mesmo. Poderia ser o filho da princesa, mas Ramsés era o herdeiro do trono. O legítimo. Ele, Moisés, não passava de um hebreu adotado. Sabe-se lá de quem teria nascido. Por mais que sua mãe tivesse lhe dito a vida inteira que era um presente dos deuses, não passava de um hebreu. Nefertari merecia coisa melhor.

Enquanto pensava, ouviu batidas à porta do quarto. Devia ser Ramsés, pensou, com a data do casamento.

— Posso entrar?

Moisés levantou-se, assustado. Era Nefertari.

— Claro, entre.

A jovem deslizou para dentro do quarto e fechou a porta atrás de si. Parecia séria. Suas mãos tremiam. Moisés examinava-a, admirando a beleza da moça e também curioso com sua visita.

— Queria lhe dizer uma coisa, Moisés, algo que já deveria ter dito há muito tempo. Eu amo você, Moisés. Sempre amei, e quero você para mim — declarou-se a jovem, temendo não ser recíproco aquele sentimento tão intenso dentro de seu peito.

Moisés ficou em choque, paralisado pela emoção. Não sabia se aquilo era apenas mais um torturante sonho ou a mais bela realidade.

DEZ

Amores reprimidos

Vê-la ali, deslumbrante em seu vestido branco, era atemorizante até para um experimentado e laureado combatente como ele. Em seus olhos delineados de preto, o verde de sua íris destacava-se ainda mais. Perto de Nefertari, Moisés não passava de um menino assustado, ainda mais quando ela se lançou nos seus trêmulos braços.

— Eu temi tanto por sua vida, tanto que não podia esperar um segundo a mais para dizer o quanto o amo. Eu o amo desde quando éramos pequenos, mesmo sem entender ao certo o que era amor.

Em Moisés os sentimentos misturavam-se, angustiando-o. Desvencilhou-se delicadamente de Nefertari. Olhou-a nos olhos como quem quisesse dizer sem palavras que também a amava apaixonadamente, mas virou-se para não ser denunciado por suas emoções. Fingiu que todo aquele afeto era coisa da infância compartilhada. Nefertari percebeu como o amigo se esquivava. Ela, angustiada, foi até ele, virou-o pelo braço obrigando-o a olhá-la novamente nos olhos.

— Você está fugindo de mim! Eu que sempre achei que fosse correspondida. Achava que tinha um carinho especial por mim. Então é só amizade? — perguntou, deixando aflorar todo seu comportamento intempestivo. Chorava lágrimas de raiva e tristeza.

— Sim, acho que sim — respondeu Moisés, virando novamente o rosto para esconder seu desespero.

Nefertari não aceitava as explicações. Procurava em seus olhos o que ele queria esconder.

— Engraçado. Suas palavras dizem uma coisa, mas sua voz e seus olhos dizem outra. Qual será a verdade?

— Não quero estragar a nossa amizade.

Perdendo a paciência, Nefertari agarrou-o pela túnica. Suas lágrimas, agora, eram espessas e seu rosto enrubescia.

— O amor jamais estragaria uma amizade.

Moisés virou o rosto, dando as costas para ela. Ficaram em silêncio por um tempo. Nefertari não se conformava, tinha certeza do amor de Moisés.

— Você é uma amiga muito especial, fomos criados quase como irmãos. Acho melhor deixarmos as coisas como sempre foram — desconversou.

— Não acredito no que está me dizendo. Acho que mente. E mente para si mesmo — disse, deixando Moisés sozinho em seu quarto, atordoado com as memórias de Nefertari, por algum tempo ali, tão sua.

Não conseguia parar de pensar na moça. Amuado em seu quarto, lembrava-se especialmente da recepção de Nefertari a ele e a Ramsés quando de sua chegada da guerra contra os hititas. Entre brincadeiras dos três amigos, recordava-se das palavras de Nefertari, de que não viveria sem os dois. Disse-as olhando fixamente para ele.

A lembrança dos olhos da moça que amava o perturbava, assim como a lembrança de que a rejeitara. Sem conseguir mais conter-se, derrubou, enraivecido, os móveis do quarto e desabou num frágil choro.

Para Nefertari a rejeição de Moisés doeu mais do que qualquer coisa. Seu orgulho havia sido dilacerado, seu coração amante foi feito em pedaços e a certeza de uma vida feliz ao lado do homem que amava, desfeita. De volta ao salão principal do palácio, foram os braços consoladores de sua serva Karoma que a recepcionaram. Nos ombros da serva, Nefertari chorou copiosamente.

— Foi isso. Abri o meu coração e fui rejeitada.

Quem chegava no mesmo instante era sua mãe, Yunet. Estava irritada com Disebek. Ela havia levado Henutmire ao jardim para que a princesa flagrasse o marido aos beijos com uma dançarina. Segundos antes, o general e a jovem beijavam-se com ardor enquanto as mãos calejadas dele deslizavam com paixão pelo corpo da dançarina seminua. Algumas roupas pelo chão e o general havia perdido a noção do tempo. Até que a voz de sua esposa o acordou do êxtase. Rapidamente, como numa guinada estratégica no campo de batalha, ele desvencilhou-se da dançarina, sentou-se num dos bancos do jardim e, com a mão na testa, fingiu-se confuso, como se acabasse de despertar de um estado de sonambulismo. Ridículo.

A esfarrapada desculpa não convenceu a princesa, já ciente da forte disposição do marido à infidelidade. Ainda mais naquele estado, todo desalinhado. Depois de despejar sua indignação, a princesa voltou para seu quarto deixando Yunet e Disebek sozinhos. A mulher de Paser ria da situação constrangedora que havia causado, mas o general irritou-se e ameaçou revelar a todos quem era Yunet. Mera dançarina, funcionária de um prostíbulo. Lembrou-a do que acontecia a mulheres como ela.

—Você já imaginou? A mulher de um sacerdote, dama da princesa, adúltera. Vai ser expulsa do palácio e ficar sem nada. Sem contar que vai perder o seu lindo narizinho. Ou você se esqueceu de que o nariz decepado é o castigo das adúlteras? Isso não irá comprometer só a sua beleza não. Ou você também se esqueceu de que os mutilados não entram no mundo dos mortos? Sua alma vai ficar vagando atrás de um corpo — ameaçou com desdém.

Por isso, quando Yunet chegou ao salão do palácio e ouviu a filha contando sobre sua decepção, tratou de tripudiar. Era a forma de espantar, um pouco, a humilhação que acabara de passar.

— Isso é o que dá ser oferecida. Que coisa mais vulgar, Nefertari. Quem mandou se declarar para um homem. Bem feito!

Irritada, Nefertari rebateu.

— Sobre ouvir atrás da porta, a senhora me pareceu dar bons conselhos. Já sobre amor, o que entende dele? Nada! Não pode me dar lição de moral. Deixe-me em paz.

— Esqueça esse hebreu maldito de uma vez por todas! — gritou Yunet, juntando todas as suas raivas do dia.

Nefertari aproximou-se, e encarando a mãe a poucos centímetros de distância, falou em voz baixa, mas firme.

— Pois fique a senhora sabendo que eu amo o maldito hebreu. Enquanto a senhora nunca amou ninguém.

Dirigiu-se a passos firmes para seu quarto. Atravessou o caminho de Disebek, que se dirigia apressado para o quarto dele. Lá, o general encontrou Henutmire andando impaciente, com as mãos na cintura, de um lado para o outro, tentando assimilar o que havia acontecido. Como é comum aos corações enciumados, criava hipóteses e roteiros elaborados para a possível infidelidade do marido. Percebendo que estava prestes a entrar em território perigoso, Disebek optou pela estratégia da doçura.

— Vamos conversar?

— Nós não temos nada para conversar — respondeu a esposa, impaciente.

— Por favor, me ouça.

— Fale e saia.

Assumindo um tom de humildade, Disebek começou a se explicar.

— Se há uma coisa que eu aprendi no exército foi reconhecer os meus erros para depois corrigi-los. Depois de tantas batalhas, se sobrevivi e cheguei a general é porque aprendi muito bem as lições. Eu sei que eu tenho sido um marido negligente, até mesmo um mau marido, mas hoje, definitivamente, isso acabou.

Henutmire mantinha os braços cruzados e a cabeça baixa. Com delicadeza ele aproximou-se e levantou o queixo de sua esposa. Encarou seus tristes olhos.

— Eu entendo a sua raiva, meu amor, mas hoje no jardim eu realmente estava sozinho. Eu juro por todos os deuses. Como é que você pode afirmar o contrário se não me viu com ninguém? — embargou a voz, num cinismo teatral a ponto de cair num choro compulsivo.

A princesa o olhou com vergonha de si e da desconfiança que teve do marido. Estava totalmente desarmada e seus olhos marejavam. Os dois se abraçaram e se beijaram com desejo, como há muito não faziam. Disebek era um excelente estrategista.

***

Na vila dos hebreus o dia despontou ensolarado. Enquanto trabalhavam e aguardavam uma fornada de pães, Miriã e Amália conversavam descontraídas, mesclando risos e lamentos. Com elas estava Leila, esposa de Uri, nora de Hur. Esta parabenizava Amália pela gravidez, desejando que Deus abençoasse a criança no ventre da amiga e que esta trouxesse muitas felicidades para a família.

— Obrigada, Leila. Esperei tanto por essa bênção. Cheguei a pensar que nunca teria filhos.

— Está vendo? Deus tem o tempo certo para todas as coisas. Não podemos perder a fé — respondeu Miriã.

— Falando nisso, Miriã, será que podemos ter fé de que você um dia irá se casar? — perguntou Amália provocando riso em Leila e irritação na primogênita de Joquebede.

Sempre que o assunto era casamento, Miriã desconversava e culpava a falta de um homem certo.

— Se bem que você está certa em escolher com cuidado, Miriã — disse Leila, desfazendo o sorriso descontraído. — Veja o meu caso. Uri abandonou a nossa fé, adora os deuses que o faraó ordena e vive como egípcio no palácio. Sou casada, mas vivo abandonada.

Era difícil para ela viver sozinha na vila enquanto o marido trabalhava com o pai na ourivesaria do palácio. Ele renegara sua tradição e sua fidelidade ao Deus de Abraão, Isaque e Jacó. Uri queria que a esposa e o filho, Bezalel, fossem viver com ele no palácio, mas Leila não aceitava a ideia de viver longe de seu povo e, principalmente, de seu Deus. Aturava as ameaças de divórcio de Uri, que, ainda por cima, desejava levar o filho para viver consigo à sombra de faraó.

Miriã sabia que não era apenas Leila que sofria no casamento. Judite, que se aproximava, esposa do truculento capataz Apuki, padecia ainda mais. Seus únicos momentos de paz eram quando o marido não estava em casa. Quando retornava, Apuki tinha explosões de raiva e a agredia, esbofeteando seu rosto na frente dos filhos pequenos. Era difícil para ela esconder as marcas da surra quando caminhava pela vila com os cestos que usava para colher grãos. Assim como era dolorido, mais do que os tapas do marido, ter na mente os olhinhos assustados dos filhos enquanto ela estava no chão, chorando. Sentia-se maldita, uma proscrita, tal como Apuki a chamava, por sua origem hebraica.

— Por Deus, Judite! Apuki a machucou de novo!? — indignou-se Miriã, ao perceber as feridas no rosto da amiga.

Judite sorriu sem graça e sem conseguir responder, fugindo.

— Está vendo? Leila, infeliz; Judite, maltratada, e você querendo que eu me case? — disse Miriã à Amália.

— Mas seu pai e sua mãe se amaram profundamente. E veja como eu sou feliz com Num. Os meus dias seriam escuros como a noite se eu não tivesse o amor do meu marido. Você também pode viver isso.

Miriã suspirou profundamente. Por um segundo arrependera-se de ter concordado com Arão em conversar com Zelofeade. O pensamento fez com que se lembrasse de que era hora de levar um pouco de água ao irmão e a outros hebreus que trabalhavam pesado em uma construção. Despediu-se das companheiras e seguiu caminho. Algo em seu íntimo lhe dizia que sua missão era muito maior do que casar-se e ter filhos. Mesmo sem saber o que era, sua fé lhe dizia que Deus havia de lhe mostrar, em breve.

Zelofade, no pátio de obras, ignorava tudo o que se passava no coração de sua pretendente. Trabalhava alegre sobre o andaime ao lado de Arão.

— Obrigado, Arão! Só quero uma chance de conhecer sua irmã.

— Não vai ser fácil conquistar Miriã, já vou logo avisando.

— Quando ela perceber que minhas intenções são sinceras, tenho certeza de que vai me ouvir.

— Assim espero! Já está mais do que na hora de Miriã se casar.

De longe, Miriã vinha com o jarro de água, servindo os trabalhadores quando ouviu a voz grosseira e repugnante de Apuki, que supervisionava o trabalho dos escravos ali. O soldado egípcio surrava um velho homem.

— Não vou mais aturar a sua incompetência! Está sempre atrasando o serviço!

— Misericórdia, senhor! Não faço por mal — pedia o velho.

— Por que não morre logo de uma vez, seu infeliz? Uma boca a menos para o soberano sustentar — berrava, enquanto se preparava para mais outra chicotada.

Miriã, num ímpeto de coragem, colocou-se na frente do escravo ancião.

— Vai ter coragem de bater em um homem dessa idade? — desafiou.

— Ora, saia da minha frente, ou vai levar umas chibatadas você também!

— É verdade. Esqueci o quanto é covarde, Apuki. O quanto gosta de bater em mulher — ironizou, deixando-o com os olhos cintilantes de ódio.

— Sua vadia! Como ousa? Vou acabar com sua raça miserável! — urrou, levantando o chicote, pronto para descê-lo sobre Miriã.

Arão viu a cena e prontamente desceu do andaime, a fim de socorrer sua irmã. Zelofade, assustado, permaneceu estagnado onde estava.

— Miriã!

Apuki açoitou Miriã, sem misericórdia. Desferia golpes nela e no velho escravo. Os dois gemiam e tinham as costas gotejando em sangue. Mesmo com o castigo, Miriã levantou-se diante de todos, com força e determinação. Em seus olhos, a certeza de que o Deus Vivo que vingaria o seu povo era maior do que a dor e a vergonha.

***

Em um dos salões do palácio, Yunet pintava as unhas da princesa Henutmire. Nos pensamentos da dama de companhia estavam as aprazíveis memórias da vingança da noite anterior. Para ela, o fim do casamento entre Henutmire e Disebek era apenas uma questão de tempo depois do flagra no jardim do palácio.

— Está tudo bem, senhora? — perguntou, quase irônica, enquanto pintava as unhas da princesa num tom verde-esmeralda escuro.

— Tudo ótimo!

Yunet achou estranha a entonação tão feliz, mas aliviou-se também por perceber que Disebek não havia contado à princesa nada sobre o caso dos dois.

— Que bom! Trouxe uma nova mistura de hena com ingredientes especiais. Essa cor vai ficar linda na senhora!

— Capriche, Yunet! E depois me prepare um banho com leite e mel. Faz tempo que tenho descuidado de minha pele.

— Fico feliz que esteja tão bem-disposta. Aconteceu alguma coisa especial?

Como quem confidencia algo, Henutmire abaixou o tom de voz e sussurrou:

— Tive uma noite maravilhosa com meu marido! Ele foi tão ardente, tão arrebatador... Acho que Disebek se apaixonou novamente por mim!

Yunet não conseguiu segurar o nervosismo ao ouvir tal comentário. O tiro havia saído pela culatra. O que deveria estremecer a relação entre o casal os uniu. Distraiu-se em sua irritação e borrou as unhas da princesa.

— Cuidado! — advertiu.

— Desculpe, minha senhora.

— Não se preocupe, Yunet. Estou tão feliz hoje que nada pode me aborrecer!

— Que os deuses a conservem assim — disse Yunet, incomodada e cheia de raiva.

Sua senhora, pelo contrário, irradiava alegria. Finalmente seu casamento parecia caminhar para a paz e harmonia prometida pelos deuses. Disebek, porém, não queria confiar sua sorte aos deuses. Preferia tramar estratégias para não perder sua mulher. Foi até a sala de Paser para lhe fazer um pedido especial.

— Se Henutmire perguntar, confirme que sou sonâmbulo.

— Pode deixar. Ainda digo que é um caso grave. O que é verdade. Ficar andando pela noite sem a proteção dos deuses... Sabe-se lá o que pode acontecer! — gracejou com cumplicidade.

Eles se entreolharam e soltaram uma irresistível gargalhada. Interromperam o riso apenas quando Nefertari chegou, tensa, à procura de seu pai. Paser percebeu os sinais emocionais da filha. Havia dias que estava triste, e assim que o general deixou a sala, quis saber o que estava acontecendo.

— Conheço a minha menina. Sei quando esses lindos olhos brilham como o deus Rá no céu ou quando estão nublados, como agora. Não quer aliviar o coração com seu velho pai?

— Meu coração está em pedaços.

— Moisés?

— Como o senhor sabe?

— Não preciso consultar os deuses para saber o que acontece com a minha filha. O que houve?

— Declarei-me e ele não me quis.

Paser afagou a filha, oferecendo seus ombros para as lágrimas de Nefertari, que escorriam espessas.

— A minha mãe disse que eu fui vulgar, me oferecendo como uma qualquer.

O sacerdote se irritou com aquilo.

— Não diga isso. Nunca mais diga isso. Não há nada de vulgar em oferecer o que de mais precioso um homem pode receber de uma mulher. Um amor puro e sincero vale muito mais do que todo o ouro na tumba de um faraó.

— Então por que ele me rejeitou?

— Não sei. Sempre acreditei que Moisés fosse apaixonado por você, assim com Ramsés sempre esteve aos seus pés.

— Gosto de Ramsés, mas o que sinto por Moisés é diferente. É como se o Nilo me envolvesse e me levasse em direção a ele, entende? É mais forte que a minha própria vontade — compartilhou Nefertari, sentindo o nó subir-lhe à garganta novamente.

— Vocês três cresceram juntos... No fundo, sempre tive receio dessa amizade. Sempre pressenti uma difícil e dolorosa ruptura.

— O que quer dizer?

— Minha filha, os dois rapazes nutrem um sentimento profundo por você, mas também um pelo outro. Será que Moisés não está sacrificando seu amor para favorecer aquele que considera como um irmão?

— Será? Mas não faz sentido!

— Dê tempo ao tempo. E vamos pedir aos deuses para que tudo se ajeite, está bem? — aconselhou com doçura o pai.

Nefertari aninhou-se nos braços do pai, pensando em tudo o que acabara de ouvir. De certo as palavras do sacerdote lhe esclareciam algumas coisas. Afinal, se o que acabara de ouvir fosse verdade, significava que Moisés não a rejeitava, mas, amando-a, sacrificava-se por amor também a Ramsés. Em contrapartida, sua angústia crescia, já que tal ato de abnegação por parte de Moisés só fazia com que ela o amasse mais.

No pátio do palácio, Moisés treinava, vigorosamente, saltando de um lado para o outro com sua espada, quando foi surpreendido por Ramsés. O príncipe sonhava em se casar com Nefertari. Desde seu retorno da guerra, era a formosa jovem que habitava seus pensamentos todo o tempo. Apesar de amá-la desde sempre, sentia que era chegado o momento de cortejá-la, pedir sua mão, e fazer de Nefertari princesa do Egito. Assim, sabendo do gosto dela por presentes luxuosos, Ramsés encomendara ao ourives do palácio, Uri, um caríssimo tabuleiro de senet, feito com pedras preciosas. Acabara de voltar da oficina com o presente em mãos.

— Aí está você, Moisés! Venha ver que magnífico presente eu encomendei para Nefertari.

— Não, Ramsés — respondeu Moisés, espada em punho, assaltando um inimigo invisível.

— Só queria lhe mostrar.

— Não quero ver, não quero ouvir, não quero saber nada em relação a você e a Nefertari, está bem? — insistiu Moisés, continuando o seu treinamento como se não houvesse ninguém conversando com ele.

— Mas ainda somos amigos, não somos?

— Claro — respondeu Moisés, irritado, desejando, na verdade, espetar em Ramsés a espada.

— Está bem, entendo. Desculpe-me. Então vou deixá-lo aqui treinando. Até mais. — despediu-se Ramsés, com um sorriso no rosto, ansioso por entregar o presente para Nefertari.

***

A conversa com o pai havia feito bem a Nefertari. Ela distraia-se jogando senet com Karoma. Estava ainda com o semblante anuviado, pensando em tudo que estava acontecendo em sua vida. Moveu suas peças no tabuleiro, caindo na casa das águas.

— Bem apropriado. Até no jogo estou me afogando — divertiu-se com seu sofrimento.

Karoma sorriu solidária e compreensiva.

— Tudo vai se ajeitar, senhora.

As duas conversavam quando Ramsés entrou sorridente com um embrulho nas mãos. Sua empolgação era evidente. Seu nervosismo também. Ordenou, rispidamente, que Karoma saísse. Precisava falar a sós com a princesa. Observar a arrogância de Ramsés só deixava Nefertari mais certa a respeito da diferença entre os dois príncipes.

Ramsés se aproximou com o pacote nas mãos, sentando-se no lugar que Karoma ocupava pouco antes. Pegou uma das peças do velho tabuleiro de Nefertari e a analisou detidamente.

— Desde que éramos crianças que você tem esse velho tabuleiro de senet.

— É verdade. Os desenhos já estão até gastos.

Ramsés parecia um menino ansioso e, sem conseguir conter-se mais, entregou o pacote para Nefertari, todo feliz.

— Presente? Mas não é meu aniversário nem nada!

— Vamos! Pegue!

Nefertari pegou o pacote, desembalando-o. Um novo e lindo tabuleiro de senet estava dentro do embrulho. Todo feito de faiança, uma pedra azulada, de tonalidade azul forte, com incrustações. As peças eram de marfim, e as varetas, de madeira fina. Nefertari olhava o novo tabuleiro como uma criança que acabava de ganhar um novo brinquedo e saltou, cheia de felicidade, no pescoço de Ramsés, que a segurou forte pela cintura, ficando a centímetros de distância do rosto dela.

— Obrigada! — ela disse.

— Gostou mesmo? — ele perguntou, sussurrando e olhando-a dentro dos olhos.

Nefertari, percebendo o clima, afastou-se delicadamente de Ramsés, sem desfazer o abraço.

— Muito. Só não sei o que fiz para merecer um presente tão rico como esse.

— Não é o que você fez, mas o que você pode vir a fazer — e já sem se conter, continuou, emocionado. — Eu a amo, Nefertari, sempre a amei. Um dia eu serei o faraó do Egito, e meu desejo é que você seja a minha rainha.

— Não sei o que dizer — respondeu Nefertari, perplexa.

— Eu entendo, não deve ser fácil se imaginar a grande esposa real, a rainha do Egito. Mas eu prometo que irei amá-la para sempre, nessa e na outra vida, e farei de você a mulher mais feliz dos dois mundos.

Ramsés tagarelava com a voz emocionada, segurando o rosto de Nefertari entre as duas mãos. Tentou beijá-la, mas a moça o impediu.

— Ramsés, desculpe-me. Eu não esperava por isso. Nós dois sempre fomos tão amigos. Acho que preciso de um tempo.

— Tempo?

— Não vamos acelerar as coisas.

Surpreso com a resposta, Ramsés tentou disfarçar seu desapontamento. Ele tinha um conceito muito elevado sobre si. Era belo, o príncipe do Egito, o futuro faraó. Qualquer mulher faria qualquer coisa para casar-se com ele.

— Claro, você tem o tempo de que precisar. Não vamos a lugar algum, não é mesmo?

Aliviada, Nefertari assentiu com a cabeça. Como a última palavra tinha de ser dele, Ramsés continuou.

— Mas, caso pense rápido, sabe onde me encontrar — disse dando um beijo carinhoso no rosto de Nefertari e saindo em seguida.

A moça precisava de ar. Colocou o tabuleiro sobre o assento e foi passear pelas alamedas do palácio. Queria estar sozinha. Pensava em Moisés e Ramsés, mas tinha ainda mais certeza em seu coração de que era Moisés quem amava. Saiu do palácio e ladeava o rio Nilo quando avistou Moisés, que também caminhava sozinho, pensativo. Vê-lo causou-lhe raiva. Para ela, tudo seria tão simples se ele apenas admitisse seu amor e enfrentasse Ramsés para tê-la. O caráter sempre abnegado de Moisés, que fazia com que ela o amasse, também lhe torturava. Mesmo hesitante, continuou na direção dele.

— Nefertari?

A jovem o respondeu com um soco no peito.

— Você é um tolo, um idiota, um cretino... um... um... um engano dos deuses! — disparou, enquanto Moisés defendia-se das mãos delicadas de sua amada.

— Que foi que eu fiz?

— O que foi que você fez? Você é um covarde, está me entendendo, Moisés? Pode se achar muito bravo com uma espada, uma lança, mas é um frouxo quando se trata de amor!

— Ei! Calma aí!

— Calma? Calma? Quer saber? Eu odeio você! — desnorteava-se a jovem, consumida em raiva, amor e dúvidas.

Moisés conseguiu segurar os pulsos agitados de Nefertari. Era como se interrompesse com as mãos uma onda de furor. Emoções explodiam naquele momento, contidas havia tanto tempo. Olhos nos olhos, um corpo grudado ao outro, a respiração entrecortada. Nefertari ainda tentou mais um golpe.

— Eu odeio você — sussurrava a jovem, com o rosto coberto de lágrimas.

Eles não podiam mais evitar. Beijaram-se apaixonadamente, como desejavam há muito tempo. Mas o beijo ardente que habitava os sonhos de Moisés e de Nefertari durou pouco. Caindo em si, Moisés se lembrou dos sentimentos de Ramsés pela moça, dos planos que ele tinha de se casar com ela, e se sentiu confuso, culpado. Afastou-se bruscamente.

— Não, Nefertari.

— O que foi?

— Isso nunca deveria ter acontecido.

Para Nefertari tudo era muito nebuloso. O amor que sentia por Moisés era abafado pela covardia do príncipe de não assumir seus sentimentos por ela. Por outro lado, a impossibilidade de ficar com o homem que amava acendia nela uma paixão intensa, comum aos amores reprimidos. Beijar-lhe, depois de ter sido rejeitada, fazia com que se sentisse tola e esperançosa ao mesmo tempo. Apesar de não ter a confirmação do amor de Moisés em palavras, a tinha pelo desejo do beijo de então.

— Por quê? Eu amo você e agora sei que sente o mesmo por mim. Vi nos seus olhos, senti nos seus lábios. Você me ama, sei que me ama.

— Não, por favor, foi um erro.

Com sentimentos tão contraditórios de ambas as partes, era natural que tanta paixão renegada se transformasse em ódio com velocidade. Ainda mais para Nefertari, cujas emoções sempre eram intensas.

— Do que está falando? Foi você quem me beijou! — e continuou, cada vez mais irritada. — É por causa de Ramsés, não é?

— Não tem nada a ver com Ramsés — mentiu Moisés.

— Então não sou atraente o suficiente para você? — perguntou Nefertari com cinismo.

— Não diga isso. Você é uma mulher linda! Qualquer homem seria abençoado por tê-la em seus braços.

— Tudo bem! Talvez você tenha razão. Mereço um homem que seja grato aos deuses por ter uma mulher como eu! Não se preocupe, não vou incomodá-lo mais! — concluiu Nefertari.

Saiu decidida a não mais se humilhar para ter o amor dele. Enquanto dirigia-se ao palácio, a história com Moisés foi se tornando coisa do passado. Não se rebaixaria mais por um homem que não a queria. Tomou uma resolução definitiva sobre sua vida. Num dos salões do palácio, a música enchia o ambiente, acompanhada do aroma de incenso. As mulheres moviam-se sensualmente ao ritmo da dança do ventre. Nefertari encontrou sua dama, Karoma, divertindo-se com a dança. Chamou-a num canto e contou-lhe sobre o beijo, seguido de outra rejeição por parte de Moisés.

Ramsés entrou apressado na sala, procurando pela irmã, mas não a encontrou. Nefertari adiantou-se, ofereceu sua ajuda. Mostrou-se sedutora. Ramsés sorriu. Encontrá-la fora ainda melhor.

— Aceita uma partida de senet, em meu novo tabuleiro? Podemos jogar no jardim, mais à vontade.

Por um instante Ramsés flutuou com o convite, mas logo se preocupou. Pela manhã, quando declarou ao pai seu desejo de se casar com Nefertari, fora repreendido. O casamento do príncipe deveria atender aos interesses do Egito, e não a sentimentos pessoais. Ramsés deveria se casar com a filha do sumo sacerdote Waset, para trazer estabilidade tanto no alto quanto no baixo Egito. Com os inimigos hititas tramando contra o território, era fundamental manter o reino unido. Para Seti I, o amor era uma tolice. Pensava que com tão pouca idade Ramsés não poderia reconhecê-lo. O príncipe do Egito, no entanto, não acataria assim tão fácil as ordens do pai. Amava Nefertari profundamente, e daria um jeito de convencê-lo de seu casamento com a jovem. Tentando se distrair dessa preocupação, aceitou o convite.

— O que vamos apostar? — perguntou Ramsés, sugestivo.

— O que você quiser.

— Você fala isso porque sempre ganha.

— Quem sabe a sua sorte não mudou.

Ambos se dirigiram ao jardim e começaram a jogar. Tudo fazia parte do plano de vingança de Nefertari contra Moisés. Perdera propositalmente.

— Parabéns, príncipe. Você ganhou. O que vai querer como prêmio?

— Um beijo seu.

— Só um beijo? Desistiu de ter-me como sua rainha? Eu aceito, Ramsés.

O príncipe ficou atônito. Não esperava essa resposta. Sua reação foi tomá-la nos braços e beijá-la apaixonadamente. Vencida no jogo e também no amor, Nefertari se deixou ser beijada, sem qualquer emoção. Mais do que nunca, Ramsés precisava convencer o pai a concordar com seu casamento com Nefertari. Não repousaria os pensamentos até encontrar uma boa tática para esse fim.

À noite a família real reunia-se na sala do trono para o jantar. Com exceção do faraó, que era servido no trono, os demais membros da família sentavam-se em pequenas mesas dispostas no amplo espaço de audiências. O menu da noite era composto de frutas, pães e aves assadas, servido pelos servos.

Cada um degustava sua refeição em silêncio, mergulhado em seus próprios pensamentos. Henutmire preferiu puxar conversa com o irmão, que ocupava a mesa ao lado da sua.

— Ramsés, soube que você foi me procurar.

— Fui. Preciso de sua ajuda. É caso de vida ou morte, minha irmã.

— O que você aprontou dessa vez? — perguntou Henutmire, rindo-se do exagero de Ramsés.

— É sério, Henutmire! Preciso de sua ajuda. Estou louco de amor por Nefertari. Creio que sou capaz de morrer se não tiver essa mulher como minha esposa. Ela aceitou meu pedido de casamento, mas nosso pai, não! Você tem de me ajudar a convencê-lo.

Admirou-se com a confissão do irmão.

— E o que você quer que eu faça?

— Fale com ele. Você é a única pessoa que o faraó escuta.

— Está bem, eu vou tentar, mas você conhece nosso pai. Duvido muito que ele aceite seu casamento com a filha de uma dama que não tem terras nem riquezas para oferecer.

— Não me importo. O Egito já tem riquezas suficientes. Promete que vai falar com ele?

— Prometo.

Erguendo os olhos, Henutmire percebeu a chegada de seu filho. Estava atrasado para o jantar. A princesa não pôde deixar de notar seu semblante abatido.

— Você reparou em nosso filho, como está triste? — comentou com o marido, com quem dividia a mesa. — O que será que aconteceu?

Sem tirar os olhos da comida, o general respondeu.

— Talvez a sua resposta esteja no pedido que seu irmão lhe fez.

Henutmire fitou o filho. Após o jantar, seguiu-o até o quarto. Entrou sem pedir licença.

— Não adianta me pedir para sair. Não vou, pelo menos não até saber o que você tem.

— É coisa minha, mãe. Fiz algo muito errado que preciso consertar.

— É Nefertari, não é?

Moisés surpreendeu-se. Como a mãe poderia saber? A moça lhe havia dito alguma coisa? — pensou.

— Ela não contou nada — disse a princesa —, mas não é difícil adivinhar.

Era visível aos olhos de Henutmire que seu filho era apaixonado por Nefertari, assim como Ramsés. Porém, diante do pedido que o irmão lhe fizera minutos antes, à mesa de jantar, supunha que ele havia conquistado a moça.

— Esse é o problema, mãe. Nefertari e eu nos beijamos. Ela me ama, mas Ramsés quer se casar com ela.

Por essa revelação, a princesa não esperava. Tampouco conseguia entender por que seu filho desistiria desse amor. Se ambos se amavam, que ele lutasse, ainda que fosse contra o futuro faraó do Egito. Entretanto, a lealdade de Moisés ao amigo falava mais alto.

— Eu não deveria ter beijado Nefertari, mas foi mais forte do que eu.

Henutmire entendeu. Pelo menos, transmitiu essa impressão. Mesmo assim, não iria interceder pelo irmão junto a Seti I. Seria trair seu próprio filho.

A noite instalava-se no palácio. Antes de se recolher, Paser escrevia em papiros, em seu gabinete. Fazia-o com dificuldade, tendo de ouvir a esposa, que tagarelava. Nefertari havia contado à mãe sobre o pedido de casamento de Ramsés, e Yunet falava sem parar sobre o assunto, animada. Ambiciosa, era tudo o que sonhara para a filha: o casamento com o príncipe do Egito.

— Eu sabia! Sabia que Osíris iria me ajudar, que Ísis iria abençoar esses dois. Agora Nefertari vai ser rainha! Já pensou? Minha filha, a grande esposa real. Soberana do alto e do baixo Egito. Você tem ideia do que isso significa, Paser?

Sem muita empolgação, Paser respondeu.

— Sim.

— Como "sim"? Estamos falando de Nefertari ser a rainha e você responde dessa forma?

— Que forma?

—Você é um acomodado! Não vai chegar a lugar nenhum desse jeito.

— Não quero chegar a lugar algum. Estou exatamente onde gostaria de estar.

— Pois você devia ser mais ambicioso! Há anos é um mero sacerdote. Tem de pensar alto! Você será o pai de uma rainha. Tem de ser o sumo sacerdote! Quando Nefertari for rainha, tenho certeza de que...

— E será que ela quer ser rainha? — interrompeu Paser.

— Claro que sim!

— Pois eu não tenho tanta certeza. Se você quer saber minha opinião, prefiro a felicidade de minha filha a um casamento por interesse. Ela tem de se casar com o homem que ama.

— Paser! Que mulher em sã consciência recusaria ser a rainha do Egito?

— Só quero que você saiba que se ela mudar de ideia, eu apoiarei.

Era demais para Yunet. Com dedo em riste, disse, ameaçadora.

— E eu o matarei. Não ouse apoiar Nefertari nos devaneios dela. Eu sei muito bem dos planos que Nefertari tinha com aquele hebreu sujo, mas os deuses me ouviram. Ramsés será o marido de Nefertari.

***

Apesar dos açoites de Apuki, era o coração de Miriã que mais sangrava. Voltando para casa com passos curtos e lentos sob o sol escaldante do Egito, a jovem hebreia lembrava-se de seu pai contando sobre as promessas de Deus para o seu povo. Chorava baixinho por cada humilhação que os hebreus sofriam. Como era possível que os servos do Deus Vivo fossem escravizados, humilhados e sofressem tanto nas mãos de um povo pagão que adorava a deuses estranhos, aborrecendo ao Senhor dos Exércitos? Chegou em casa em silêncio. Sua mãe, conhecedora da personalidade da filha, já previa algum desastre. Assustou-se ao ver as manchas de sangue na roupa de Miriã.

—Você está ferida! O que aconteceu?

— Aquele maldito feitor...

— Apuki? Por que ele fez isso?

— Por quê?! Porque ele pode, porque tem prazer em humilhar, em ferir! Porque não somos nada para eles! Nada! Não somos nada!

Joquebede abraçou-a. O aconchego do colo da mãe abrandou as paredes que Miriã construíra para represar seus sentimentos. Chorou copiosamente de revolta, de vergonha, de dor.

— Minha filha, vou cuidar desses machucados e você vai ficar bem.

— Não, mãe. Só vou ficar bem quando nosso povo for livre. E esse dia vai chegar, sei que vai. Deus não se esqueceu de nós. É só uma questão de tempo, eu sei.

—Você me faz lembrar tanto seu pai.

— Sinto tanta falta dele, mãe, tanta... Se estivesse vivo, tenho certeza de que as coisas seriam diferentes.

Sua mãe limpou o sangue que havia secado nas costas da filha. Aplicou-lhe unguentos, fez curativos. Sentindo-se melhor, Miriã foi buscar sua lira. Os últimos acontecimentos deixaram-na nostálgica. Mais do que isso, seu coração ansiava pelo lar prometido pelo Deus de Israel aos hebreus. Um lugar que nunca conhecera, mas do qual, ainda assim, sentia saudades. Ainda mais em tempos tão difíceis.

Enquanto Joquebede tecia, Miriã passou a dedilhar a pequena harpa. As notas fluíam tristes de seus dedos. Era o coração que cantava. Uma oração ao Deus de Israel.

Ouça o meu canto, o meu pranto, ó Senhor!
O meu grito de dor.
És o meu abrigo,
És quem me conduz.
Minha esperança,
Meu Deus, meu amigo.
Minha paz,
Minha luz.

A casa mergulhou em absoluto silêncio até que chegasse Arão. Vinha irritado. De uns tempos para cá, Moisés resolvera visitar as construções, deixando Arão inquieto. Para piorar, Joquebede sempre queria saber do caçula.

— Você viu Moisés? Como ele estava?

Sem conter a irritação, Arão respondeu:

— Por que se preocupa, minha mãe? Claro que está bem! É um príncipe do Egito! Chegou como se fosse o dono do mundo, deu suas ordens e foi embora. Para ele, valemos menos que a areia de suas sandálias.

Viu a irmã e lembrou-se do recente acontecido das chibatadas. Resolveu mudar de assunto.

— Zelofeade está aí fora.

— Quem? — perguntou Miriã, dissimulando.

— Você sabe quem, o amigo de quem eu falei. Ele ficou preocupado com o que aconteceu hoje cedo e queria saber se você está bem.

— Pode dizer que estou ótima, obrigada.

— Filha! Não vai receber o rapaz? — protestou Joquebede.

— Não estou em condições de receber ninguém.

Sendo sempre uma boa anfitriã, Joquebede ignorou a má vontade de Miriã. Jamais deixaria o rapaz esperando do lado de fora. Sob os protestos da filha, pediu que o moço entrasse.

Zelofeade entrou de banho tomado, roupa limpa, bem penteado e com uma vergonha que mal conseguia disfarçar. Apresentações feitas, foi convidado para cear com a família. Todos sentados à mesa, o silêncio era constrangedor. Zelofeade sem saber onde colocar as mãos, Miriã com cara de poucos amigos, Arão perplexo com a atitude da irmã. Joquebede tentou quebrar o gelo.

— Aceita uma água, Zelofeade?

Sem saber o que responder, ele primeiro negou, mas como o silêncio constrangedor pesou novamente, resolveu aceitar.

Miriã queria se livrar da presença da visita e resolveu usar uma estratégia infalível. Foi buscar a água para Zelofeade, por ordem da mãe, e na hora de servi-lo, o molhou por inteiro.

— Desculpe-me, sou tão desastrada — disse Miriã, cínica, fingindo-se consternada.

— Não tem problema — respondeu Zelofeade tentando mostrar-se gentil.

— Vou pegar um pano para você se enxugar.

Miriã pegou então um pano sujo com fuligem preta, manchando toda a roupa do convidado. Conhecendo Miriã, Joquebede e Arão entreolharam-se, entendendo a estratégia da moça. Meneavam a cabeça em desaprovação ao mesmo tempo em que tentavam evitar o riso com as peraltices de Miriã.

— Gosta de crianças, Zelofeade? — perguntou Miriã, preparando o golpe final.

— Claro! Quero ter muitos filhos com a ajuda de Deus!

— Eu também, mas, na minha idade, temo que não seja mais possível essa grande bênção.

Era o que faltava para desistir. Zelofeade se levantou, despedindo-se.

— Bom, tenho de ir! Ótima noite.

Zelofeade saiu com Arão. Miriã ficou sorrindo com mais uma vitória.

ONZE

O duelo

Sob o belo sol que despontava em Pi-Ramsés, Disebek e o príncipe Ramsés treinavam com espadas no pátio do palácio. Ramsés não conseguia esconder sua felicidade, sorria radiante enquanto lutava com o general.

— Continua em ótima forma, estou gostando de ver! — observou Disebek.

— Obrigado.

— É impressão minha ou este ar de felicidade não se deve à perícia na luta, mas sim aos amores?

Ramsés abriu um sorriso enquanto desferia um golpe no ar.

— É uma mistura, em doses iguais.

Moisés chegava para o treinamento diário, atrasado e triste. Soubera por Ramsés que Nefertari havia aceitado casar-se com ele. Estava alegre pelo amigo, porém sabia que a moça aceitara o casamento por vingança. Embora estivesse certo de que tomara a melhor escolha, doía-lhe saber que Nefertari o considerava um covarde.

Moisés substituiu o pai no treino e começou a lutar sem qualquer ânimo. Tão diferente de Ramsés, cheio de energia. Disebek observou.

— O que é isso, Moisés? Acorde! Se fosse para valer, você já estaria morto.

— Dormi pouco, estou cansado.

— Numa batalha o cansaço é um dos piores inimigos a se vencer — Disebek reuniu seus pertences e despediu-se. — Bem, preciso ir. Tenho uma audiência com o faraó. Vocês dois, continuem o treino.

Aproveitando a saída de Disebek, Moisés pediu para parar um pouco, estava sem vigor. Seu corpo fraco denunciava as emoções conturbadas. Ramsés preocupou-se e intuiu alguma coisa.

— Você está estranho. O que há?

Moisés hesitou, mas sem conseguir mais esconder sua culpa, desabafou.

— Eu dei um beijo em Nefertari.

Ramsés recebeu a confidência como uma estocada de espada em seu peito. Seus olhos cegaram-se de ódio e decidiu perguntar novamente para se certificar de que não se tratava de uma alucinação.

— O quê?

— Encontramo-nos por acaso, na beira do Nilo. Eu não resisti.

Ramsés encarou Moisés, muito sério, em silêncio. Sabia que, depois daquele dia, o destino de ambos seria indelevelmente marcado. Mal ouviu Moisés continuar a falar.

— A culpa foi minha, Ramsés. Estou muito arrependido. Espero que possa me perdoar. Foi um impulso, mais forte do que eu.

Sem palavras, Ramsés avançou com sua espada sobre Moisés, num golpe violento que pretendia ser fatal. A honra do futuro faraó do Egito havia sido maculada. Só a morte de Moisés o salvaria do escárnio e da humilhação. De alguma maneira, Ramsés intuía o amor de Nefertari pelo hebreu, o que o deixava com ainda mais ódio. Ele não deixaria que nada — nem o faraó, nem o reino e muito menos Moisés — ficasse entre ele e Nefertari.

—Ei, pare com isso! — defendia-se Moisés, tentando evitar o confronto. — Vamos conversar!

— Sem conversa! — gritou Ramsés, furioso.

Continuava a desferir golpes. Moisés viu que não haveria escapatória a não ser defender-se. O duelo entre os dois era de morte. Entenderam que não haveria mais espaço para ambos no mesmo palácio. A raiva cegava Ramsés e afetava-lhe os reflexos. Moisés acertou-lhe um golpe que não conseguiu prever e nem evitar.

Moisés desesperou-se. Havia atingido o amigo e filho do poderoso faraó. Abatido no chão, o príncipe sentia uma dor lancinante em sua perna direita, causada pelo corte da espada de Moisés. Uma incisão profunda e certeira que o fazia perder sangue em grande quantidade e muito rapidamente.

Moisés olhava para aquela cena com desespero; sabia que não havia sido um acidente, um movimento ao acaso. Havia ferido propositalmente aquele a quem chamava de irmão por estar fora de si, enraivecido. No fim das contas, era atingi-lo ou ser atingido. Todos esses pensamentos o paralisavam. Chacoalhou a cabeça, como que procurando encontrar uma boa ideia em meio à multidão de imaginações e sentimentos despertados. Sua primeira atitude foi instintiva. Aproximou-se de Ramsés, para pedir-lhe perdão. No entanto, o que encontrou nos olhos do filho do faraó foi um ódio que nunca havia visto antes.

— Fique longe de mim! Suma daqui! — urrou Ramsés, ferido.

Era preciso socorrer o futuro faraó do Egito com urgência. Moisés gritou por ajuda, chamando a atenção dos guardas do palácio, que rapidamente levaram o príncipe ferido para os seus aposentos. Enquanto era carregado, Ramsés lançou a Moisés um olhar ainda mais cortante que a lâmina de sua espada, tão profundo que fez o jovem hebreu temer por sua vida.

Em seu gabinete, Paser nem desconfiava do que estava acontecendo naqueles mesmos minutos. Em sua rotina matinal, arrumava os frascos, mudava utensílios de lugar e, como de costume, repreendia seu estabanado auxiliar, Simut, pela desorganização.

— É a milésima vez, Simut, que eu lhe mostro onde colocar cada coisa. Não encontro nada no lugar, nunca. É uma perda de tempo. Preste atenção, e veja se aprende de uma vez!

Moisés então entrou correndo, sem fôlego, tropeçando nas palavras, quase sem conseguir se fazer entender.

— Ramsés está ferido, largue tudo aí e venha. Foi na perna, um corte na perna, corte grande... Venha comigo, rápido!

Paser, assustado, quis saber o que estava acontecendo. Não havia tempo. Moisés só conseguia expressar seu mais profundo desejo naquela hora.

— Por favor, sacerdote, eu lhe imploro! Salve o meu irmão!

O sacerdote correu aos aposentos de Ramsés, carregando suas ervas, seus amuletos e suas rezas. Moisés não sabia o que fazer. Optou por refugiar-se em seu quarto, onde o pai, minutos depois, o encontrou.

— Pelos deuses, Moisés, o que aconteceu?

Dirigia-se à audiência com o faraó e vira Ramsés, que sangrava muito, sendo carregado por soldados. Ouviu, com todas as letras, o príncipe do Egito chamando seu filho de traidor, covarde. Disebek quase podia sentir o perfume de Nefertari nessa história. Destruidora de corações, como a mãe. Porém, precisava entender o que havia acontecido e, como estrategista, prever os passos a tomar para que Moisés não fosse condenado à morte.

— Ramsés o chamou de covarde, traidor. Que história é essa? O que aconteceu afinal? Por que ele está falando essas coisas?

— Foi um acidente, eu juro!

— Vocês lutam desde crianças. Estão acostumados a fazer isso. Como é que ele foi ferido?

— Não queria machucar Ramsés! Nunca faria isso! Ele ficou provocando. A coisa saiu do controle.

— O que mais saiu do controle, Moisés? — perguntou retoricamente, e continuou. — Isso não vai acabar bem, filho.

Moisés tentou descrever o duelo. Disebek ouvia cada palavra dita. Tentava sorver as entrelinhas e compreender bem todo o cenário. Precisaria do máximo de argumentos para evitar que o faraó Seti I condenasse seu filho sumariamente. Concluiu que o melhor seria ele mesmo entregar a notícia ao soberano. Após escutar o desabafo de Moisés, seguiu para a audiência com o faraó, e contou-lhe o que havia acontecido naqueles últimos minutos.

— Como assim, ferido? — perguntou o faraó após ouvir o relato.

— Foi um acidente durante o treino, senhor. Paser já está cuidando dele.

— E como ele foi ferido?

Disebek escolhia, rapidamente, o melhor jeito de narrar a história, sem revelar muitos detalhes que pudessem condenar o filho. Aprendera na vida que, em certas situações, omitir era a melhor solução quando a verdade representava um risco. Tuya adentrou a sala do trono. Estava ciente do acontecido e acreditava que Disebek necessitaria de todo o reforço possível para conter a fúria de faraó.

— Senhor, depois podemos cuidar disso, agora o importante é que Ramsés...

O faraó percebeu que seu general engasgava muito e o interrompeu com fúria.

— Quem feriu o futuro faraó do Egito, Disebek? Quero que o culpado seja punido!

Percebendo que não poderia fugir à verdade dessa vez, Disebek baixou a cabeça e falou, quase num sussurro.

— Foi Moisés, senhor — admitiu, deixando faraó extremamente irritado.

— Eu matarei Moisés com minhas próprias mãos!

— Não foi proposital, soberano — tentava explicar.

— Como quer me convencer de que não foi proposital se todos sabem que, desde que Ramsés colocou na cabeça a insana ideia de se casar com Nefertari, os dois vivem se desentendendo?

— Independente de qualquer coisa, Moisés tem adoração por Ramsés. É certo que foi um acidente — tentou interceder Tuya.

— Você não entende nada de armas, Tuya! Ramsés e Moisés treinam juntos desde crianças, são guerreiros experientes. Claro que não foi acidente! Sempre soube que um dia Moisés iria mostrar quem é de verdade! Só não imaginava que fosse tentando matar meu filho!

Henutmire chegou a tempo de ouvir a última frase do pai. Havia acabado de saber sobre a confissão de Moisés, angustiado e implorando aos céus para que Ramsés não morresse. Ela resolveu interceder junto ao faraó também.

— Meu pai, por favor. Moisés está arrasado, está se sentindo péssimo! Ele ama Ramsés como a um irmão, jamais faria nada contra ele de propósito.

— Pois comece a pedir aos deuses pela cura de Ramsés ou Moisés irá pagar muito caro por isso! — irado, o soberano deu a audiência por encerrada.

O corte na perna de Ramsés era realmente profundo. Paser, com um pano úmido, tentava estancar o sangue que escorria sem parar. Simut estava ao seu lado, fazendo os últimos preparativos para a cirurgia. Limpava tesouras, pinças, agulhas, dispunha linhas, panos, tiras de linho.

— Prepare as ervas para o emplastro. Umedeça-as com a água sagrada do Nilo, não a confunda com água normal. Acrescente um pouco de mel — ordenava Paser.

— Sim, mestre.

O ajudante macerava as ervas no pilão, vertendo sobre elas um pouco da água sagrada e do mel. Paser pegou uma tira de linho e, umedecendo-a com óleo, envolveu nela a perna de Ramsés, a fim de estancar o sangue.

— É mesmo necessário? — perguntou Ramsés ao perceber o que seria feito.

— Infelizmente, sim. Que Sekhmet lhe dê forças para suportar. Por favor, príncipe, abra bem a boca — orientou o sacerdote, logo em seguida colocando um tecido grosso na boca de Ramsés, para que o príncipe mordesse durante o procedimento. A dor era brutal, mesmo para um guerreiro.

Uma vez feita a cirurgia, restava apenas esperar. A febre ardia na fronte do príncipe. Tuya foi velar seu filho, enquanto Paser e o faraó, no santuário do palácio, intercediam juntos aos deuses. Realizaram oferendas e todos os rituais em busca de uma manifestação mística, uma determinação cósmica que pudesse curar o futuro faraó do Egito.

Nefertari estava ansiosa para ver Ramsés. Seguiu, resoluta até o quarto do príncipe. Encontrou-o muito fraco, com a mãe ao seu lado.

— O que veio fazer aqui? — indignou-se Tuya. Não deixou que a moça se aproximasse do filho.

— Só queria ter notícias de Ramsés.

— Graças a você meu filho está à beira da morte. Está satisfeita? Seu jogo duplo só poderia terminar em tragédia, Nefertari. Não se brinca com o coração de dois homens como você fez. Dois guerreiros. Agora, saia daqui! Fora!

Moisés também decidiu visitar Ramsés logo após a cirurgia. Precisava saber como ele estava e aplacar um pouco da culpa que sentia. Porém, mal adentrou os aposentos de Ramsés, o filho do faraó olhou-o com fúria. Com a pouca força que lhe restava no corpo, gritava, enraivecido.

— O que você está fazendo aqui? Saia já! Traidor! Assassino!

Seti I e Paser, acompanhados de alguns oficiais, retornavam de suas imprecações no santuário e flagraram a reação de Ramsés diante de Moisés. O faraó ficou perplexo e rapidamente ordenou que os oficiais detivessem Moisés.

— Tinha certeza de que este dia iria chegar, hebreu. Só não poderia imaginar que seria capaz de algo tão baixo. Você será julgado por atentar contra a vida do futuro faraó do Egito e colocar em risco a ordem cósmica! — declarou o faraó.

***

Arão não estava bem. Passava seus dias cada vez mais deprimido com a situação de sua família. Indignava-se com a fé da mãe e da irmã, crentes de que Moisés, um dia, voltaria, veria seu povo e o ajudaria. A situação do hebreu ficou pior ao visitar sua esposa na plantação. Grávida de muitos meses, Eliseba ainda trabalhava duro ao lado de muitos homens, mulheres e crianças em uma extensa plantação de trigo, dourada sob o sol intenso do Egito.

—Você não devia continuar trabalhando — disse Arão, preocupado.

— Está se mexendo, sinta só — interrompeu Eliseba, colocando a mão do marido em seu ventre.

Por um instante Arão alegrou-se como havia muito não fazia, ao sentir o movimento do bebê, mas logo seu semblante caiu novamente.

— Mais um filho para virar escravo.

— O que é isso, Arão?

— Deus dá os filhos e depois se esquece deles.

— Pare de falar assim. É blasfêmia!

O feitor da plantação aproximou-se e repreendeu Arão, mandando-o voltar para seu trabalho na obra.

— Não acha que está na hora da Eliseba descansar? A barriga já está pesando — respondeu o hebreu.

— Ela é forte. Acho que está na hora é de seus filhos começarem a trabalhar também.

Seu pensamento voou na direção dos três meninos, na casa de sua mãe. Naquela manhã, Miriã acordara reflexiva, como que intuindo tudo o que haveria de acontecer para mudar a sorte de seu povo. Sensível à filha, Joquebede perguntou:

— Que carinha é essa, Miriã? Alguma coisa a preocupa. O que é?

— Fiquei me lembrando das histórias que o papai contava sobre as promessas de Deus para o nosso povo. Ontem, quando vi aquele homem de idade sendo tão humilhado, senti uma revolta, uma tristeza. Não era o plano de Deus que sofrêssemos desse jeito.

— Claro que não! O Senhor fez uma aliança conosco, com todo o povo de Israel.

— Uma aliança que foi esquecida pela maioria de nós. Não vejo mais as pessoas buscando a Deus. Pelo contrário, são tantos os idólatras. Hebreus adorando a deuses estranhos, abandonando a fé. Ah, como isso deve entristecer o coração de Deus.

— É por isso que existe tanto sofrimento, filha. Deus não pode agir e nos tirar dessa escravidão se o povo não se voltar para Ele.

Algumas casas abaixo, Leila estava entretida em seus afazeres. Quem a visse, não imaginaria que era esposa de um ourives do palácio. Humilde, mantinha-se fiel ao seu Deus e ao seu povo. Não admitia que Uri seguisse os passos do pai, Hur, cultuando aos deuses egípcios. Por isso, protegia Bezalel, que brincava no quarto ao lado, das influências de Uri.

Uma batida inesperada à porta de sua casa. Era Hur, seu sogro. Chegou sorridente, cheio de saudades do neto.

— Como vai, Leila?

— Bem, e o senhor?

— Posso ver meu neto?

— Claro, entre.

Hur Abraçou o pequeno com o coração pesado. Uri lhe contara sobre a última discussão que tivera com a esposa, da decisão que tomara de se divorciar de Leila se ela não aceitasse ir morar com ele no palácio, e da resolução de, neste caso, tirar Bezalel dela. Hur ouviu tudo com tristeza, lamentando-se pelo neto. Questionava se Leila não estaria certa em manter-se fiel ao Deus de Israel.

Bezalel pulou no colo do avô, cheio de saudades e logo saíram para brincar. Voltaram depois de algum tempo, e Hur pediu a Bezalel para deixá-lo a sós com a mãe.

— Estou triste com a decisão de Uri de se divorciar, mas respeito sua decisão, Leila.

— Obrigada, senhor. Sei que morar no palácio seria melhor para Bezalel, mas ser fiel a Deus é mais importante do qualquer conforto. Bezalel entenderá isso mais tarde.

O velho concordou com a cabeça. Havia algo mais queimando no coração de Hur. Antes de deixar o palácio, soubera da situação de Moisés. Notícias como essas corriam rápido na boca de nobres e servos. Incerto se deveria levar informações sobre Moisés ao vilarejo, sentiu que os céus confirmavam sua decisão quando, ao sair da casa na nora, encontrou Joquebede sentada em frente à sua casa. Distraía-se, cuidando dos três netos.

— Como vai, Joquebede?

— Shalom! Fazia tempo que não o via por aqui, Hur.

— Pois é, gostaria de visitar meu neto com mais frequência, mas com minhas obrigações no palácio...

— A família é o que temos de mais importante, meu amigo.

— Tem razão. Será que podemos conversar um instante? Mas não aqui, na rua.

— Claro. Venha, vamos entrar — respondeu Joquebde. Pediu ao neto mais velho, Nadabe, que cuidasse dos irmãos pequenos.

Hur entrou na velha casa. Saudou Miriã e foi objetivo.

— Tenho algo a lhes contar.

Joquebede afligiu-se. Só poderia ser Moisés.

— Houve um incidente hoje no palácio. Moisés se envolveu numa briga com o príncipe Ramsés e foi preso. Ele vai ser julgado pelo faraó.

— Isso quer dizer que meu irmão pode ser condenado à morte? — perguntou Miriã, passando a mão no colo, angustiada.

— Sim, pode ser que isso aconteça.

Ao ouvir sobre a possível sentença do filho Joquebede sentiu suas pernas enfraquecerem e precisou ser amparada para não desmaiar. Recuperou-se rapidamente, quando decidiu:

— Quero ir ver meu filho.

Já quase arrependido de ter dado a notícia, Hur tentava convencê-la de que aquilo era impossível, Miriã também tentava dissuadir a mãe. Entrar no palácio seria extremamente arriscado.

— Por favor, leve-me até lá, Hur! Eu lhe imploro!

— A senhora não pode fazer nada para ajudar Moisés, mãe — tentou dissuadi-la Miriã.

— Se algo de ruim acontecer a Moisés, não quero que ele morra pensando que foi abandonado. Ele precisa saber que eu o amo e que sempre o amei. Você não entende, Miriã? Não posso viver sem ter a chance de abraçar meu filho uma última vez e dizer que sou a mãe dele. Não posso.

— Mãe, entendo o que a senhora está sentindo, mas se for descoberta, vão matá-la! Sem contar que Hur também será castigado por tê-la ajudado. Quer isso na sua consciência?

Não queria. Batidas à porta interromperam seu pensamento. Era Judite, esposa do soldado Apuki.

— Miriã, vim desculpar-me em nome de meu marido pela agressão que você sofreu...

Joquebede, no entanto, não ouviu as palavras de Judite. Estava prestando atenção em suas roupas. Apesar de a moça ser hebreia, vestia-se como as egípcias por causa do ofício de seu marido: vestido longo e branco, peruca de cabelos negros e lisos na altura dos ombros, adornos nos pulsos e no pescoço, os olhos marcados de preto. Joquebede sorriu por dentro. Tivera uma ideia.

— Não deixe a moça plantada na porta da casa, filha. Entre, Judite. Fique à vontade — sem rodeios, pediu à visita — Judite, minha querida, você se importaria de me emprestar suas roupas?

Pouco tempo, depois Hur e uma desajeitada egípcia caminhavam silenciosos entre os corredores do palácio. A noite já havia caído, fazendo o movimento diminuir, e por conta do incidente da manhã, tudo estava mais deserto do que o habitual. Joquebede acomodara-se como pôde nas roupas de Judite, e havia combinado com Hur que o acompanharia até sua oficina. De lá, seguiria sozinha em direção à prisão, que ficava em um cômodo anexo ao palácio.

Apesar do nervosismo de ambos, tudo aconteceu como planejado. Próximo a sua oficina, Hur indicou a Joquebede o caminho à prisão. Com uma cesta de frutas nas mãos, a mulher seguiu corajosa em sua decisão. À porta do corredor que conduzia à cela em que estava Moisés, apresentou-se aos guardas como uma serva do palácio com ordens da princesa Henutmire para levar frutas ao príncipe. Os soldados autorizaram sua entrada no local.

Porém, no interior da cela, estava justamente a princesa, que consolava Moisés.

— Tenho muito medo de que ele morra, mãe.

— Nem pense numa coisa dessas. Os deuses não vão permitir, meu filho.

— Por quê? Por que simplesmente não baixei minha espada e deixei que ele me matasse? Que falta faço nesse mundo? Não sou egípcio, não sou hebreu, não sou nada! Parece que nasci apenas para causar sofrimento àqueles que amo.

— Seu avô marcou o julgamento para amanhã.

— Era a oportunidade que ele queria para se livrar de mim. O faraó nunca me aceitou como neto. Ele sempre me olhou com desprezo, como se eu fosse uma mancha suja em seu reino. E talvez ele tenha razão.

Enquanto conversavam, a hebreia entrou apressada, sem saber da presença de Henutmire ali. Deteve-se. A princesa não gostou da súbita visita da mulher, que acreditava se tratar de uma serva. Levantou-se e aproximou-se dela, para saber o que queria. Horrorizou-se ao ver que era Joquebede quem estava ali.

DOZE

Na cela

O choque deixou Joquebede e Henutmire paralisadas. A tensão tomou conta do ambiente, e Moisés, que estava de costas para a porta da cela, onde as duas mulheres se entreolhavam, percebeu algo estranho no ar.

— O que foi, mãe?

— Pedi frutas para você, meu querido, e a serva veio trazer! — respondeu a princesa, tentando disfaçar sua tensão. Num sussurro, voltou-se para Joquebede: — Saia daqui antes que mande prendê-la!

Moisés virou-se para olhar o que estava acontecendo. Seus olhos cruzaram-se com os de Joquebede. O príncipe estranhou a expressão daquela serva e ficou intrigado.

— Pode ir! Obrigada! — ordenou Henutmire, pegando o cesto de frutas frescas.

Joquebede hesitou por um instante. Conseguira enfim chegar perto do seu filho após tantos anos, mas a situação não lhe permitia outra escolha. Saiu da cela com a cabeça baixa. Henutmire se voltou para Moisés sorrindo, tentando esconder seu nervosismo.

—Você não deve ter se alimentado direito, achei que seria bom comer algo fresco. Tome essas frutas — disse, sorrindo. — Agora tenho de ir. Preciso conversar com seu pai sobre a melhor maneira de ajudá-lo. Mas eu volto, está bem?

Com o olhar triste e abatido, Moisés observou sua mãe indo embora. Preocupava-se com a sorte de Ramsés e temia pela sua no julgamento no dia seguinte.

No corredor, fora da cela, Henutmire perseguiu Joquebede.

— Ei! Você!

A hebreia ficou petrificada de pavor. Sentiu Henutmire se aproximando e ouviu sua voz num tom baixo, quase imperceptível aos oficiais da prisão.

— Como ousa vir até aqui?

— Perdão, princesa. Tinha de ver meu filho.

— Ele não é seu filho — rosnou, elevando a voz. Olhou para os guardas para certificar-se de que não chamara a atenção. Tentou se controlar — Uma palavra minha e acabo com sua vida agora mesmo! Como conseguiu entrar? Quem a ajudou?

— Ninguém. Consegui enganar os guardas e entrei.

—Você teve ajuda de alguém de dentro do palácio! Como saberia que Moisés estava preso? Preciso saber quem é essa pessoa!

— Foi por acaso, senhora. Ouvi uns guardas falando. Entrei sozinha.

Henutmire percebeu que a hebreia estava mentindo.

— Fique sabendo que se tentar se aproximar novamente de Moisés eu mando matar você e quem a ajudou! Entendeu bem?

Joquebede assentiu com a cabeça.

— Agora vá embora antes que eu mude de ideia.

A escrava ensaiou seguir seu caminho, mas deteve-se.

— Senhora. Antes de ir, quero lhe dizer que sou muito grata por Moisés ter crescido conhecendo o amor de mãe, mesmo que não tenha sido o meu.

As palavras tocaram o coração de Henutmire. Ela se reconhecia no sofrimento de Joquebede. Ambas estariam sempre ligadas como mães, amando um mesmo filho.

— Vou embora, mas antes preciso saber: o que vai acontecer com ele? — perguntou a hebreia, com desespero no olhar.

— Eu não sei. O julgamento será amanhã.

— Moisés pode morrer?

Henutmire assentiu em silêncio.

— Misericórdia, Senhor! — disse Joquebede, levando a mão ao coração.

— Ore ao seu Deus. Só um milagre poderá salvar Moisés. Agora vá embora e não se esqueça do que falei. Fique longe daqui.

Assim que a escrava se afastou, Henutmire suspirou, aliviada. Quem sabe o que teria acontecido se ela não estivesse na cela, ao lado do filho? Além de todas as preocupações que a assaltavam nas últimas horas, ainda teria de lidar com a intrusão de Joquebede em sua vida?

Sentia-se esgotada. Saiu da prisão rumo ao palácio. A escuridão da noite só fazia pesar ainda mais seu coração de mãe. Entrando em seus aposentos, encontrou o marido, também aflito com o destino do filho.

— A mãe de Moisés esteve hoje na cela.

Disebek alarmou-se.

— Como uma escrava miserável conseguiu entrar no palácio?

— Ela negou, mas certamente teve ajuda de alguém de dentro — respondeu Henutmire.

Disebek ficou indignado. Se o faraó descobrisse, certamente a cabeça do general estaria em jogo. Era responsável pela segurança do reino, tanto no campo de batalha como dentro das quatro paredes do palácio.

— Ah, se descubro esse traidor... Não só o mato como decepo sua cabeça para que o desgraçado não possa usufruir de seu corpo no outro mundo!

Mal o sol despontou, Disebek foi à cela de Moisés. Encontrou o filho abatido. Não conseguira dormir um só minuto durante a noite.

— Ramsés? Como ele está? — perguntou Moisés, angustiado.

— Continua em estado grave.

— Nunca vou me perdoar se ele morrer. Nunca.

— Eu e sua mãe fizemos de tudo para adiar o julgamento, mas o faraó está irredutível. Um oficial virá buscá-lo em breve — disse Disebek, desanimado.

— Não se preocupe comigo, pai. Cometi um erro e tenho de pagar por isso. Peço perdão. Não queria envergonhá-lo dessa maneira.

— Você não me envergonhou. Você é um grande guerreiro, meu filho, não merecia o que está acontecendo. Quero que saiba que tenho muito orgulho de ser seu pai e nada vai mudar isso.

— Também tenho muito orgulho de ser seu filho.

— Não importa o que aconteça, seja forte.

— Eu serei.

Realmente o quadro de Ramsés não era dos melhores. Nenhum dos esforços de Paser parecia surtir efeito. Henutmire e Tuya acompanhavam as orações do sacerdote, ao lado da cama do príncipe.

— Olhe, mãe, a febre cedeu um pouco — disse a princesa, tocando com as mãos a testa do irmão.

— Parece que sim. Mas ele não está nada bem. Por que não acorda?

— Mãe, eu sei que você está por conta de Ramsés agora, mas eu a imploro, pelo amor de Ísis! Você precisa ajudar Moisés. Esse julgamento não pode acontecer! Meu pai quer que ele morra!

— Não temos mais o que fazer, Henutmire. O julgamento já vai começar. Sinto muito, sei como ama Moisés, mas o fato é que Ramsés está desse jeito por causa dele.

Henutmire perdia as esperanças. Saiu com a mãe rumo ao harém. Como tais, não tinham permissão para participar da audiência. Do lado de fora do quarto, escondida, Nefertari esperava por uma ocasião para ver o príncipe sem ser enxotada. Adentrou o aposento assim que as nobres o deixaram.

— Pai? Como ele está? — disse ela a Paser, que preparava um líquido à base de ervas que seria dado ao doente.

— Nada bem. Agora está nas mãos dos deuses.

— Posso ficar um pouco sozinha com Ramsés? Não tive chance desde que ele se feriu.

— Claro. Vou ao santuário fazer minhas orações e já volto — disse, despedindo-se com um beijo carinhoso.

A jovem aproximou-se de Ramsés, desacordado, e sentou-se à beira do leito.

— Ramsés, queria tanto que nada disso tivesse acontecido! Foi tudo minha culpa. Eu me declarei para Moisés e ele me rejeitou. Foi mais honrado do que eu, e tudo por lealdade a você, a quem ele tem como irmão.

O príncipe continuava desacordado. Nefertari continuou.

— Amo vocês dois, mas era a ele quem eu queria, e acabei provocando tudo isso. Se pudesse voltar no tempo! — confessou, em meio a lágrimas.

Ramsés permanecia de olhos fechados, sem reação.

— Éramos tão unidos, não éramos? E agora você assim, e Moisés prestes a ser condenado! Vocês não podem me deixar sozinha, está entendendo? Não podem!

Apenas o inflar do peito de Ramsés indicava que ele ainda estava vivo. Nefertari estava desconsolada, mas era necessário desabafar, ainda que fosse para um moribundo. Chorava baixinho, apegada ao amigo quando seu pai voltou.

— Melhor ir agora. Ramsés precisa descansar.

Nefertari levantou-se e saiu do quarto. Não percebeu quando Ramsés abriu um dos olhos e a observou indo embora.

Na sala do trono, tudo estava pronto para o julgamento, que seria conduzido com grande solenidade. Estavam presentes membros do conselho do faraó, chefes militares, sacerdotes e escribas. Seti I entrou no recinto com pompa, com as indumentárias tradicionais para desempenhar a função de juiz.

— Meu soberano, como está Ramsés? — perguntou Disebek antes que Seti I subisse ao trono.

— Piora, melhora, torna a piorar. Está nas mãos dos deuses, general. Mas uma coisa é certa. Hoje a justiça será feita.

— Perdão por dizer-lhe isto, mas permita-me lembrar que foi por obra dos deuses que Moisés veio parar no palácio.

— Não esteja tão certo disso. Pode ser que sim como pode ser que não — respondeu o faraó, contrariado com as palavras de Disebek.

Todos tomaram seus lugares. Preparando-se para tomar notas, com seu material nas mãos — paleta, papiros e tinta — o escriba real sentou-se ao lado do trono, de pernas cruzadas. Os demais escribas também estavam a postos.

— A vítima do crime em julgamento, o príncipe Ramsés, meu filho, não se encontra em condições de comparecer em razão de seu estado grave. Com o poder de que fui investido, decidi que o julgamento será efetuado sem sua presença. Que entre o réu! — ordenou o soberano.

Moisés entrou na sala, amarrado, acompanhado por um oficial e pelo jovem soldado Ikeni. Ele caminhou lentamente pelo corredor ladeado por oficiais do governo, porém o fez de cabeça erguida. Foi colocado em frente ao trono, olhando séria e firmemente para o avô.

— O réu é acusado do gravíssimo crime de atentar contra a vida do futuro faraó do Egito. Trata-se também de um atentado contra a ordem cósmica. Ele será agora julgado por mim e pelo meu conselho. Se condenado, sofrerá a pena de morte por decapitação — o faraó fez uma pausa solene. Sentiu a tensão pesar no ar. — O réu e Ramsés foram criados como irmãos. Era grande a amizade entre eles, pelo menos da parte de meu filho. Os dois são guerreiros brilhantes, exímios, e por isso mesmo não acredito que o réu tenha ferido a vítima por imperícia. Ele golpeou Ramsés intencionalmente, com o intuito claro de matá-lo. Por que, podemos perguntar, se eram tão amigos? A resposta é fácil: por inveja, um dos piores, dos mais perigosos e dos mais traiçoeiros sentimentos humanos. Darei agora a palavra ao réu, para que exerça seu direito de defesa. O réu tem a palavra.

Moisés olhou lentamente ao redor, para todos os presentes. Voltou a encarar o faraó.

— Não tenho nada a dizer.

— Como assim, não tem nada a dizer? Não vai se defender?

— Não, soberano, não vou. Creio que nesta sala ninguém lamenta mais do que eu o que está acontecendo com meu irmão Ramsés. Mas, realmente, além disso, não tenho nada a dizer — respondeu Moisés sereno, sem provocação.

— Por quê?

— Porque acredito que nada que eu diga poderá alterar a sentença.

— Está insinuando que este julgamento é uma farsa?

Antes que Moisés pudesse responder, a porta da sala se abriu. Dois homens entraram amparando Ramsés, e vinham acompanhados de Paser e Simut. O príncipe estava fragilizado e pálido, e caminhava com dificuldade. Foi levado em direção ao trono e tomou lugar ao lado de Moisés.

— O que significa isso? — indignou-se o faraó, erguendo-se do trono. Ele não era o único que se espantara.

— Eu fiz o que pude para evitar, meu faraó, mas o príncipe insistiu! Não houve jeito, ele fez absoluta questão de vir — explicou Paser.

Moisés e Ramsés se olharam, muito sérios. O filho de faraó voltou-se então para Seti I, respirou fundo, reuniu forças e proclamou:

— Senhor das duas terras, meu pai... Não profira a sentença antes de ouvir o que eu tenho a dizer.

TREZE

Ausência de esperança

Joquebede saíra do palácio desnorteada. Dirigiu-se ao Nilo, ao mesmo ponto onde deixara o cesto com o bebê Moisés muitos anos antes. Recordou-se de tudo que acontecera naquela noite. Profundamente emocionada, olhou para o céu estrelado e orou com fervor e emoção.

— Deus, tu és o meu socorro! Protege meu filho! Eu suplico! Protege meu filho!

Seu retorno para casa trouxe alívio e alegria para Arão e Miriã, que a esperavam angustiados. Ela contou tudo o que se passara no palácio.

— Moisés está em grande perigo. O irmão de vocês pode morrer amanhã. Temos de orar muito. Só Deus poderá socorrê-lo agora.

Joquebede estendeu as mãos para os filhos, mas Arão se recusou a orar com elas. Não tinha mais nada a ver com seu irmão. Tampouco com Deus. Este poupara a vida de Moisés, levando-o para o palácio, mas não fizera nada para impedir que suas três crianças fossem convocadas para trabalhar nos campos, ao lado da mãe, prestes a dar à luz. Se ainda cresse em Deus e resolvesse orar, não seria por Moisés, mas sim por seus filhos.

— Eu tenho mais o que fazer, mãe, do que orar pela vida de alguém que nunca se preocupou com a nossa! Para mim, tanto faz se ele vai morrer ou não!

— Arão! — bradou Joquebede. — Lembre-se dos ensinamentos de seu pai! Não podemos perder a fé! Moisés não vai morrer! Deus não o levou quando o deixamos no rio, e não vai levá-lo agora! Vamos orar por seu irmão!

— Vou embora — disse, dando as costas e partindo.

— Pobre Arão. Um homem sem fé é um homem sem esperança — lamentou a mãe.

— Você conhece Arão, mãe. É tudo da boca para fora. No fundo, ele tem Deus dentro de si.

No dia seguinte, Arão conduzia a família à carroça que levaria os escravos para o campo. No caminho, via o medo brilhar nos olhos de seus três filhos.

— Estou com medo, pai. E se fizermos tudo errado? Vamos receber chibatadas? — choramingou Eleasar, o caçula.

— Escutem bem: ninguém aqui vai receber chibatadas. Sua mãe e o ancião Eldade estarão lá. Eles vão explicar o que terão de fazer. Sejam corajosos e obedientes que vai dar tudo certo, está bem? — disse o pai em tom amoroso.

As palavras tranquilizaram as crianças. Diante da carroça, Arão ajudou a esposa a subir. A gravidez já estava avançada e ela tinha alguma dificuldade para se locomover. Eliseba sentiu uma pontada na barriga, mas sorriu para o marido.

— Está tudo bem. Pode deixar que cuido dos nossos meninos.

Na plantação de trigo, o ancião Eldade ensinou as crianças a cortar os feixes, tirar as espigas e colocá-las nos cestos.

— Não precisam se preocupar, vocês vão aprender direitinho! Vai dar tudo certo.

— Eldade, obrigada por cuidar deles — disse Eliseba.

— Pode deixar que, comigo, estão em boas mãos!

Eliseba sorriu agradecida, mas logo seus lábios se contraíram numa expressão de dor. Uma pontada forte na barriga a fez cair de joelhos, soltando um grito. Os trabalhadores a socorreram. Muito sangue corria por suas pernas. Nas obras do templo, Num e Arão conversavam enquanto montavam andaimes.

— Estou achando você muito preocupado e desatento, Arão. O que está acontecendo?

— Moisés vai ser julgado hoje — confessou, num sussurro.

— Julgado?!

— É... E muito provavelmente condenado.

— Por quê?

— Ele feriu o príncipe Ramsés com a espada durante um treino — disse, olhando rapidamente em volta, vigilante.

— Quando foi isso?

— Ontem. Ninguém está sabendo disso por aqui. E nem deveria, porque...

A conversa foi interrompida pela chegada de Eldade, ofegante.

— Arão, corra! Eliseba vai dar à luz, a criança está nascendo!

— Nascendo? Mas não está na hora, ainda faltam algumas luas!

— O problema é justamente este! Ela não está nada bem. Está perdendo sangue! Venha comigo, rápido!

— Ande, Arão, vá! — reforçou Num.

Arão descia do andaime, transtornado, quando o feitor Apuki barrou seu caminho, segurando-o pelo braço.

— Você não vai a lugar algum. Volte já para o trabalho! Ou prefere morrer? — gritou o feitor, com ódio no olhar.

— Se quiser me matar, mate-me. Mas faça isso quando eu voltar, porque agora irei ver minha mulher — desafiou Arão, recolhendo o braço que Apuki segurava.

O feitor ficou sem ação por um instante frente à inesperada ousadia do escravo. Arão percebeu seu atrevimento e tentou contemporizar.

— Ela precisa de mim, senhor. É minha mulher, a mãe dos meus filhos.

Foi a deixa para Num intervir.

— Arão é um ótimo escravo, senhor. O melhor. Por favor, deixe-o socorrer a mulher.

Apuki olhou em volta. Todos os escravos haviam parado de trabalhar e esperavam sua reação. Os olhares eram de revolta e expectativa. Antes que Apuki se manifestasse, Num adiantou-se.

— Agradeça, Arão. E vá.

— Obrigado, senhor — disse, hesitante. Afastou-se rapidamente com Eldade.

A situação deixou Apuki perdido e ferido em sua autoridade. Passou a agredir ainda mais os escravos, punindo-os sem razão e obrigando-os a trabalhar ainda mais pesado.

Pouco depois chegou Amália, também grávida, trazendo água para os trabalhadores.

— Você não devia estar aqui, carregando água — sussurrou Num.

— Já melhorei dos enjoos.

— Vá embora logo, pois o demônio do Apuki ficou furioso com Arão e está descontando em todo mundo.

— Furioso com Arão? Por quê?

— Eliseba passou mal, parece que corre risco de perder o bebê. Arão largou o trabalho e foi atrás dela.

— Meu Deus, coitada da Eliseba! Vou avisar Joquebede e Miriã!

Chegando ao campo, Arão encontrou a esposa deitada no chão, contorcendo-se em dores e sendo ajudada por outras escravas, entre elas, uma parteira. Seus filhos estavam em volta, angustiados.

— Deus, tem misericórdia de mim! — gritava Eliseba, que chorou ao ver o marido chegar. — Arão! Graças a Deus!

— Vai dar tudo certo, meu amor!

— Por favor, Eldade, tire os meninos daqui! — pediu a mulher

— Não, mãe! Eu quero ficar! — choramingou Nadabe.

— Faça o que estou pedindo, filho! Eu vou ficar bem!

— Venham, crianças — disse Eldade, levando-os.

Eliseba estava com muitas dores e sentia medo.

— Você é forte, já deu à luz três crianças lindas, saudáveis — dizia Arão, tentando encorajá-la.

— Nunca senti tanta dor assim antes — respondeu, contorcida pelo sofrimento.

Uma escrava idosa aproximou-se.

— Deixe que nós cuidamos dela! Vamos salvar essa criança.

Arão se afastou e juntou-se aos filhos. Os gritos de Eliseba eram cada vez mais altos e desesperados. As mulheres faziam o possível para ajudá-la.

— O que vai acontecer com ela, pai? — perguntou Nadabe.

— O seu irmãozinho está nascendo, filho.

— Mas por que ela grita tanto? E aquele sangue todo?

— É que esse bebê está meio apressado, resolveu nascer um pouco antes da hora. Mas vai dar tudo certo. Vamos esperar aqui, juntos — Arão tentava disfarçar seu nervosismo.

— Confiem em Deus! — disse Eldade.

— Que Deus, Eldade? Confio é na força de minha esposa! Na garra que ela tem para viver! Deus nunca nos ajudou em nada! — desabafava o homem quando foi interrompido pelo som de um bebê chorando. — Nasceu! O bebê nasceu!

Correu com os meninos em direção a Eliseba.

— É um menino! — disse a parteira, entregando o bebê à mãe.

— Que o Senhor seja louvado! Olhe o nosso filhinho! — sorriu Eliseba, fraca. As crianças corriam em volta, fazendo festa.

— Como é lindo! — disse Arão, encantado.

— Quero que ele se chame Itamar. Nosso filho será um homem justo e honrado. Cuide bem dele, Arão... — Eliseba sentiu as forças a deixarem e desmaiou.

— Eliseba! Acudam aqui! — desesperou-se o marido.

Nesse momento chegaram Joquebede e Miriã, alertadas por Amália. O sol já ia baixando no horizonte. Joquebede tomou o neto no colo, diante do desespero do filho. Miriã acolheu os sobrinhos que, após o desmaio da mãe, assustaram-se e começaram a chorar. Arão tomou a esposa nos braços e voltou para a vila, carregando-a. Eliseba continuava desacordada. A família seguia logo atrás. Chegaram à vila já de noite; quando se aproximaram da casa de Arão, porém, encontraram-na em chamas.

— Mas o que é isso? — gritou o homem, em desespero.

— Senhor, tenha misericórdia! — clamou Joquebede, carregando o recém-nascido Itamar no colo.

Os vizinhos tentavam, em vão, conter o fogo, que já havia tomado toda a casa.

CATORZE

O veredito

A surpresa pela presença de Ramsés causou comoção na sala do trono. Seti I ficou abalado, em parte irritado com a interrupção do julgamento e em parte preocupado com a saúde do filho.

— Meu filho, é uma imprudência descabida ter vindo aqui no seu estado! Volte imediatamente para o quarto! Levem-no! — ordenou.

Paser e Simut dirigiram-se hesitantes em direção ao príncipe, mas foram interrompidos por um gesto enérgico de Ramsés.

— Eu irei, meu pai, assim que houver falado o que necessito falar. Creio que, como vítima do suposto crime, tenho o direito de estar aqui — disse com firmeza, apesar da fraqueza e das dores que o atormentavam.

— Majestade, já que o príncipe veio, vamos ouvi-lo — interferiu Disebek.

— Fale — disse o faraó, visivelmente contrariado.

— Serei breve. Quero apenas declarar que Moisés é inocente.

O espanto foi geral.

— Como, inocente?

— Ele não teve culpa de nada. Se alguma culpa houve, foi minha.

— Eu ouvi você gritar que ele tentou matá-lo! Chamou-o de traidor, de assassino! E agora diz que ele não tem culpa de nada? O que significa isso? — bradou o faraó, levantando-se do trono mais uma vez.

— Eu falei movido pela raiva, pelo ciúme. Nós dois amamos a mesma mulher. Fui eu quem transformou o treino de espadas em duelo. Moisés apenas se defendeu para não morrer — respondeu Ramsés. Virou-se em seguida para Moisés — Eu não poderia mais viver em paz se, por minha culpa, por falsidade minha, o meu amigo e irmão fosse executado por um crime que não cometeu.

Moisés quase não conseguia conter sua emoção. Seti I, por sua vez, não podia acreditar que estava prestes a perder a chance de livrar-se do desafeto.

— Senhor das duas terras, meu pai. Eu peço, suplico em nome da verdade e da justiça, em nome da deusa Maat, que Moisés seja declarado inocente — disse.

O imenso esforço físico e mental roubaram as últimas forças do príncipe, que não conseguiu mais suportar-se em pé e desmaiou. Paser, Moisés e Disebek conseguiram ampará-lo. Os soldados, acompanhados do sacerdote, carregaram-no de volta a seus aposentos.

— Que o réu seja levado enquanto me reúno com o conselho, para decidirmos sobre a sentença — determinou o faraó.

Moisés teve então as mãos novamente atadas e foi levado de volta à cela. Disebek percebeu o momento propício e aproximou-se de Seti I, que saía da sala.

— Confesso ter ficado surpreso com a aparição do príncipe e ainda mais com a defesa que fez de Moisés.

— Foi sem dúvida algo inesperado — respondeu o faraó, sem virar-se para o general.

— Imagino como deve estar se sentindo, aflito pela saúde do filho, enquanto o neto está...

— Moisés não é meu neto! Nunca foi e nunca será! — interrompeu Seti I, detendo o passo. Elevou o tom de voz, calando todos que conversavam na sala. O constrangimento fez-se sentir. O faraó percebeu, recompôs-se e virou-se para Disebek. — Você estava dizendo...

— Na qualidade de conselheiro do faraó gostaria apenas de sugerir que o filho de Rá não permita que sentimentos pessoais impeçam um julgamento justo — respondeu Disebek, após um instante de hesitação.

No harém, todas estavam muito nervosas e aflitas por notícias do julgamento. Henutmire era a mais abalada. Caminhava de um lado para o outro, perdida.

A rainha Tuya, não aguentando mais o suspense, retirou-se e foi até o quarto de Ramsés ver como seu filho estava. Chegando lá, deparou-se com o leito vazio.

— Pelos deuses! Onde está meu filho?

Mal terminou de falar quando Paser entrou, acompanhado dos oficias e do príncipe desacordado. O sacerdote explicou à rainha o que ocorrera, deixando-a contrariada.

— Ele não está em condições de se levantar! Vocês tinham de tê-lo impedido!

— Perdão, minha rainha, mas o príncipe Ramsés não nos deu escolha. Ele arriscou a vida para inocentar Moisés.

— Inocentar? — perguntou Tuya, surpresa.

— Ele afirmou diante de todos que Moisés nunca teve intenção de feri-lo, que foi um acidente. Disse que foi ele quem atacou primeiro, e que Moisés apenas se defendeu.

— E por que Ramsés atacou Moisés?

— Parece que foi por ciúmes de uma mulher — respondeu Paser, desconfortável com o que acabara de dizer. Afinal, tratava-se de sua filha.

— Nós sabemos muito bem quem é, Paser. Nefertari.

— Coisa de jovens. Ela não teve intenção, minha rainha — amenizou o sacerdote.

— O que importa agora é que você cuide de meu filho. Ele tem de ficar bem, está entendendo, Paser?

— Claro, minha soberana, farei tudo que está ao meu alcance. Só temo que o esforço tenha agravado a situação dele.

Tuya retornou transtornada ao harém para dar a notícia às demais. Henutmire ficou exultante com as boas-novas.

— Então quer dizer que acabou? Meu filho não vai morrer?

— Calma, Henutmire. O faraó está reunido com o conselho para dar a sentença — respondeu Tuya.

— E Ramsés, como está?

— Desmaiou depois de tanto esforço. O que o seu irmão fez foi uma loucura!

— Ele quis salvar o amigo, mãe. Agiu certo.

— Melhor você não se animar tanto, minha filha. Ainda não sabemos qual será a decisão sobre o destino de Moisés. E Ramsés só piorou com essa imprudência.

Yunet entrou no recinto, acompanhada por Nefertari.

— Já saiu o veredicto, senhora? — perguntou Yunet.

— Ainda não. Mas pelo menos agora há uma esperança. Ramsés inocentou Moisés diante do conselho.

— Como assim, inocentou?

— Ele foi à sala do trono depor a favor de Moisés — respondeu Tuya.

— Naquele estado? Ramsés está melhor? — perguntou Nefertari, emocionada.

— Muito pelo contrário, Nefertari. Talvez Moisés escape, mas você ainda pode ter a morte de meu filho para carregar em seu coração no julgamento de Osíris — respondeu, amarga, a rainha.

Moisés aguardava na cela. O jovem Ikeni bateu à porta para avisá-lo que a sentença já estava definida e que ele era chamado à sala do trono. O soldado amarrou novamente as mãos do príncipe e o escoltou até o local. Seti I e todo o alto comando do Egito o aguardavam.

— O faraó do alto e baixo Egito, filho de Rá, vai proferir a sentença — anunciou o escriba real.

A tensão era grande entre todos os presentes, à espera do que diria o faraó.

— Eu, o soberano do Egito, o senhor das duas terras, o amado de Ptah declaro o réu inocente.

Murmúrios de alívio eram ouvidos na sala. Disebek sorria, sem disfarçar sua imensa felicidade.

— Obrigado, soberano — disse Moisés, sério e calmo.

— O julgamento está encerrado! — afirmou o faraó.

Dirigiu um olhar pleno de ódio para Moisés. Não era a sentença que gostaria de ter proferido. Retirou-se da sala em seguida, acompanhado por sua guarda pessoal.

— Estou muito feliz, meu filho. Os deuses, mais uma vez, o protegeram — disse Disebek, abraçando Moisés.

A notícia foi recebida com alívio e alegria no harém. Todas comemoram, com exceção de Yunet, que se esforçou para esconder sua decepção. Moisés rapidamente dirigiu-se ao quarto de Ramsés, que estava desacordado. Não havia mais ninguém no recinto e ele aproximou-se do leito e contemplou o amigo por algum tempo, emocionado.

—Você salvou minha vida. Eu também faria tudo para salvar a sua. Trate de ficar bom logo, ouviu bem? A vida não teria mais graça sem você, meu irmão.

Henutmire, que procurava pelo filho por todo o palácio, desde a notícia de sua absolvição, imaginou que ele estaria com Ramsés. Entrou no quarto e viu Moisés segurando a mão do amigo.

— Meu filho! Por Hórus foi feita a justiça! Tanto pedi por você que a poderosa Ísis me atendeu!

Moisés abraçou a mãe, sem conseguir esconder a tristeza que sentia em seu coração.

— Estou preocupado com Ramsés, minha mãe.

— Ele vai ficar bem. Paser sabe o que faz.

— E se não ficar? Atentei contra a vida dele duas vezes, mãe. Na primeira, quando o feri com a espada. Depois, fazendo-o se levantar para me salvar da morte! Ele, que está à porta do mundo dos mortos. Por quê? Para quê?

— Porque ele o ama! Porque vocês cresceram como irmãos!

—Vi nos olhos do faraó o quanto ele deseja minha morte, o quanto ficou frustrado por seu próprio filho ter me inocentado.

— Esqueça isso.

— Como posso esquecer? Tive uma mãe que não me quis, um avô que nunca me aceitou. Meu irmão pode morrer por minha causa e Nefertari... Nem o amor da mulher que eu desejo poderei ter.

Henutmire não sabia mais o que dizer. Apenas abraçou o filho.

QUINZE

Investigação

Arão olhava desolado para o montão de entulho em que sua casa havia se transformado. A noite fora intensa. Muitos hebreus da vila, especialmente os homens, tentaram bravamente aplacar o fogo, mas tudo fora em vão. As altas chamas dançavam diante da frágil tentativa dos hebreus de controlar o incêndio, o qual vencera. Consumira todos os bens de Arão e de sua família, bem como o ânimo e a esperança que lhe restavam.

Graças a Deus, a família estava bem. Eliseba já havia acordado. O bebê Itamar mamava vorazmente, alheio à tristeza e à frustração que invadia a vida de seu pai. Passaram a noite na casa de Joquebede.

— Nem sei nem por onde começar, Num.

Ambos seguiam para mais um dia de trabalho.

— Arão, minha casa é pequena, mas você e sua família podem morar comigo.

— Obrigado, mas vamos ficar com a minha mãe.

Não sabia o que pesava mais: se era a tragédia da noite anterior ou se a tragédia de sua vida inteira de escravo. As memórias trouxeram-lhe o rosto cínico do feitor. Tinha certeza de que Apuki era o autor do incêndio. Quem mais desejaria incendiar sua casa? A fúria avolumou-se em seu peito. As coisas não ficariam assim. O egípcio iria pagar caro pelo que fizera, asseverou.

— Acalme-se, Arão. Você vai colocar sua família em risco se fizer alguma coisa contra Apuki. Ele já mostrou do que é capaz.

Arão refletiu e concordou com o amigo. Odiava o feitor, odiava a situação de seu povo, estava bem perto de odiar a seu Deus, mas amava sua família. Era o maior bem que ainda lhe restava, e não iria colocá-la em risco. Seria o melhor pai que seus filhos poderiam ter, o pai que ele mesmo não teve a chance de conhecer. Prometeu a Num que não faria nada de que viesse a se arrepender no futuro.

Mas não era nada fácil estar ali, diariamente, olhando nos olhos daquele que teria sido o protagonista de uma das piores desgraças de sua vida, tendo colocado em risco, inclusive, sua esposa e seus pequenos filhos.

— Olha o que você me prometeu — lembrava-o Num, sussurrando-lhe com cuidado.

— Está difícil... está difícil... — respondia Arão.

***

— O que foi, Disebek? Por que essa inquietação toda?

O general andava de um lado para o outro no quarto, diante de Henutmire. Apesar da absolvição de Moisés, algo ainda o incomodava.

— Preciso descobrir como aquela escrava conseguiu entrar na prisão e chegar até a cela de Moisés.

— É mesmo necessário?

— Claro que sim. Houve uma grave falha de segurança.

— Ela não vai mais incomodar, não se preocupe.

— O problema não é só esse. Alguém no palácio ajudou aquela mulher, e deve ser punido exemplarmente para que o fato não se repita. Dessa vez foi uma escrava, amanhã pode ser qualquer um, trazendo algo bem mais perigoso do que frutas.

Na verdade, o general sentia-se vencido. Fora ludibriado por uma mulher, por uma escrava, por uma hebreia. Seu orgulho de soldado havia sido ferido. Precisava contra-atacar. Em sua mente, formulava uma estratégia.

— Como é mesmo o nome da hebreia? Jequi... Joca...

— Joquebede.

Henutmire percebeu o que se passava na cabeça do marido. Ele não descansaria enquanto não resolvesse aquela charada.

— Faça sua investigação, Disebek, mas tome cuidado para Moisés não desconfiar de nada.

Disebek assentiu. Já tinha claro em sua mente quais seriam seus próximos passos. Mandou convocar todos os escravos hebreus que trabalhavam no palácio. Precisava descobrir o traidor. Mas também era necessário afastar Joquebede de uma vez por todas da sua vida familiar. Com ela, todos os segredos do passado,bem como os incômodos do presente,iriam embora de vez.

Convocou um de seus homens de confiança. Deveria encontrar Joquebede e, com a maior discrição possível, dar um fim a ela. Trabalho limpo, sem deixar rastros. O homem assentiu. Em vez de ir à vila, optou por dirigir-se a uma das construções em que os hebreus trabalhavam. Se fosse à vila, pensou, jamais encontraria a mulher. Os hebreus eram traiçoeiros, segundo pensava. O melhor mesmo seria falar com os feitores. Estavam mais perto dos escravos, ouviam-nos conversar.

Foi às imediações de um dos templos em construção. Avistou lá um feitor que conhecia.

— Apuki!

O feitor alegrou-se em rever o soldado. Vinha trajado de roupas civis, sem a couraça que os oficiais costumavam carregar no peito. Estava acompanhado de outro oficial, também à paisana. Os três caminharam por entre os andaimes enquanto conversavam.

— Preciso da sua ajuda — começou o soldado. — O general Disebek está procurando por uma mulher, uma hebreia. Chama-se Joquebede.

Apuki deteve o passo, franziu os olhos. O nome não lhe era estranho. De qualquer forma, o que o general do Egito poderia querer com uma escrava hebreia?

— Joquebede o desagradou de alguma forma. Fui encarregado de dar um fim a ela.

Sobre o andaime, Arão quase derrubou o cesto que trazia nas mãos. Empalideceu ao ouvir o fim da conversa. Desmontou do andaime e foi ao encontro de Num.

— O que é que houve? — perguntou o amigo.

— Oficiais egípcios estão atrás da minha mãe para matá-la!

— O quê?! Você deve ter ouvido errado.

— Impossível. Eu os ouvi dizer o nome dela. Ele saiu daqui e vai em direção à vila.

— Se você sair agora, Apuki irá atrás.

O feitor ainda caminhava pela obra acompanhado do oficial. Percebeu a agitação de Arão. Encarou-o e, por um instante, lembrou-se de uma cena doméstica, dias atrás. Chegara em casa e encontrara roupas de hebreus no chão. Judite, sua esposa, não quis lhe dizer de quem eram as vestes. Foi necessário forçá-la. "Emprestei minhas roupas a Joquebede", disse a mulher, chorosa.

— Lembrei-me de quem é Joquebede — sorriu o feitor, dirigindo-se ao oficial egípcio.

Explicou-lhe como chegar à casa dela. Iria se vingar de uma vez por todas da insolência daquela família. O oficial dirigiu-se mais do que rápido à vila, seguindo as instruções de Apuki. Este se deleitava ao pensar no sofrimento de Arão e Miriã.

— Não dá mais. Preciso arrumar um jeito de sair daqui — confidenciou Arão a Num. Estava cada vez mais inquieto com o que havia ouvido do oficial, e desesperou-se ao vê-lo sair. Sua mãe estava correndo perigo de morte e ele continuava ali, sem saber o que fazer.

— Será que você não entendeu mal? Por que um oficial egípcio iria querer matar Joquebede? — perguntou Num.

— Entendi muito bem, Num! Eles disseram o nome dela! E deve ser culpa de Moisés! Minha mãe se arriscou muito indo ao palácio para ver o filhinho egípcio.

— Pelo visto ele se livrou das acusações.

— E agora que está livre, aproveitou para denunciar minha mãe.

— Ele mal sabe quem é a mãe dele! Como iria denunciar Joquebede?

— Alguma coisa aconteceu e eu preciso descobrir antes que minha mãe pague por isso.

Arão esperava por uma desatenção de Apuki para deixar a obra. Observava-o andando por entre os andaimes. Quando outro escravo, mais adiante, cometeu um deslize qualquer, Apuki deteve-se, a fim de puni-lo. Era a deixa de que Arão precisava. Saiu em disparada de sua plataforma e dirigiu-se desesperadamente para a casa de sua mãe, Joquebede.

Ele estava certo. Sua mãe corria risco de morte. Os soldados de Disebek já postavam-se à porta da casa dela.

— É aqui que mora Joquebede? — indagou.

Miriã abriu a porta. No interior do casebre, Joquebede conversava com Eliseba, conservando o pequeno Itamar em seus braços. A presença do egípcio à porta calou-as.

— Eu sou Joquebede — respondeu a senhora. — Em que posso ajudá-lo?

— Preciso que nos acompanhe imediatamente.

Miriã tentou intervir. Não poderiam chegar assim, arrancando as pessoas de suas casas. Se eram mesmo oficiais, o que faziam vestidos à paisana?

O soldado, porém, não estava ali para conversar, nem para dar explicações. Livrou-se de Miriã com um safanão. Viera apenas para buscar Joquebede. Com o caminho livre, puxou a senhora pelo braço, levando-a para fora da casa.

Ziguezaguearam pelas ruelas das vilas. Joquebede orava a cada passo. Chegaram, por fim, às margens do Nilo, onde um barco os aguardava.

— Entre no barco — ordenou o oficial.

— Aonde vocês estão me levando? O que farão comigo? — quis saber a hebreia, desesperada.

— Você logo saberá.

Joquebede obedeceu. Ao fazê-lo, foi tomada por uma paz inexplicável. À medida em que o barco navegava pelo Nilo, lembranças afluíam em sua mente. Naquele deserto, ela dera à luz a Moisés. Naquelas águas, depositou seu menino, para reavê-lo logo depois. Aquele rio havia recebido suas lágrimas mais doídas pela morte de Anrão, mas também refletiu seu sorriso mais cheio de esperança ao vê-lo vivo. Naquelas cavernas, deram o último beijo, o último abraço, fizeram a última declaração amor, trinta anos atrás. Onde estaria Anrão agora?

Aquele lugar era um memorial de vida e esperança para Joquebede. Enquanto se lembrava de tantas coisas, balbuciava orações de gratidão a Deus pelo cuidado cotidiano e também miraculoso do qual ela havia sido alvo tantas e tantas vezes, bem como sua família. O barco chegou à outra margem do Nilo. O egípcio tirou-a da embarcação e a fez acompanhá-lo deserto adentro. Depois de alguns minutos, o oficial deteve-se.

— Aqui está bom.

Joquebede caiu no chão, exausta. Antes de levantar-se, fitou os olhos do oficial.

— Este lugar me traz muitas lembranças...

— Já esteve aqui antes? Esta região é onde ficam as tumbas, a terra dos mortos.

Joquebede apontou para a reentrância na rocha, que formava a pequena gruta.

— Ali veio ao mundo um filho meu, muito amado, protegido por Deus.

— Sei... Esse deus invisível de vocês. Um deus encabulado, com vergonha de aparecer. Não dá para senti-lo nem tocá-lo — comentou, em tom de deboche.

— Não o vemos, mas ele nos vê. Não o tocamos, mas com fé sentimos sua presença. Ele está aqui, neste momento, vendo tudo.

— É mesmo? E será que esse deus invisível pode livrá-la da morte? Porque é aqui que você morrerá, onde nasceu seu filho. Aqui ficarão sepultadas suas lembranças de uma vez por todas.

Joquebede ajoelhou-se de cabeça baixa. Sua oração era inaudível aos ouvidos do oficial.

***

Henutmire não conseguia ficar em paz sabendo que Joquebede estava às portas do mundo dos mortos, e que seu fim fora encomendado por seu próprio marido. É certo que sua presença muito a incomodava, entretanto, Joquebede era a genitora de Moisés. Se não fosse por ela, Moisés não teria chegado aos seus braços. Matá-la seria grave demais.

Disebek parecia estar em paz, como se nada estivesse acontecendo. Até a tranquilidade de seu marido a incomodava profundamente. Henutmire não se conteve.

— Não é possível! Você tem de impedir que essa tragédia aconteça!

— Achei que fosse ficar satisfeita! Não a entendo, Henutmire.

— Não quero Joquebede no meu caminho, mas matá-la, isso não! É um fardo pesado demais para se carregar!

— Vai ser melhor assim. Essa mulher ainda iria nos causar muitos problemas.

— De quem você estão falando?

Moisés entrara no quarto, sem que percebessem. Ambos se entreolharam, mudos. Moisés já havia percebido que algo estava errado com seus pais.

— Não é nada, meu filho — disfarçou Henutmire, abraçando-o. — Fiquei irritada com uma serva que quebrou um objeto meu, e seu pai decidiu mandá-la embora do palácio, mas achei desmedida a decisão dele. Foi só isso.

— Que objeto?

— Não interessa, não é nada demais. Nem sei por que estamos perdendo tempo falando nisso — irritou-se Disebek. Parecia impossível desvencilharem-se de Moisés. Optou por mudar de assunto. — Teve alguma notícia de Ramsés?

— Estou indo lá agora fazer uma visita — respondeu, mas percebia que os pais queriam fugir do assunto. Achou melhor não insistir.

— Faça isso, meu filho! — enfatizou a mãe. — Tenho certeza de que a sua presença só vai fazer bem a ele.

Assim que Moisés saiu do quarto, Disebek suspirou aliviado. Henutmire, contudo, continuava incomodada com o destino de Joquebede. Virou-se para o marido.

— Nosso assunto não se encerrou, Disebek. Você tem de dar um jeito e impedir que matem Joquebede!

— Vou tentar resolver. Pode ser tarde demais, mas tentarei o que for possível.

Disebek saiu do quarto e foi procurar Ikeni, um soldado de sua confiança. Explicou-lhe o ocorrido e deu-lhe a tarefa de impedir a morte de Joquebede. Ikeni sabia onde os soldados costumavam fazer as execuções e dirigiu-se o mais rápido que pôde ao deserto do outro lado do Nilo.

Encontrou o soldado com a espada erguida para desferir o golpe fatal.

— Pare! Pare imediatamente.

O egípcio olhou para trás e viu Ikeni aproximando-se, afoito.

— O que aconteceu? Você está louco? Estou aqui em nome do general Disebek, cumprindo ordens diretas dele.

— Ele mesmo me enviou aqui para que revogássemos suas ordens.

— Como assim? Não estou entendendo.

Ikeni apontou para Joquebede, prostrada no chão.

— Ele mandou levar a hebreia novamente para a vila, viva.

— Eu não acredito — irritou-se. Dirigiu-se para Joquebede e bradouo: — Levante-se, mulher. Vamos embora daqui.

Joquebede ergueu suas mãos aos céus. Seu Deus invisível estava ali, como cria. Ele ouvira sua oração. Ela o agradeceu com o coração cheio de esperança e contrição. Ela confiava em Seus desígnios e sabia que, mesmo que fosse para morrer, isso estaria debaixo de sua vontade soberana.

***

Moisés percebera, mais do que nunca, que precisava de um contexto para se entender. Apenas saber que era hebreu não bastava. Perguntava-se de onde vinha, qual seria sua história real, quem seria sua família de sangue. Essa preocupação, deixada de lado por anos a fio, tornara-se nos últimos dias algo de suma importância para o jovem príncipe. Sua resposta poderia estar bem ali, diante dele, na face assustada de seu pai.

Moisés voltava da visita a Ramsés. Ainda pensava no que ouvira no quarto de seus pais e na escrava que entrara em sua cela.

Resolveu procurar o pai, e o encontrou no pátio de treinamento. Disebek examinava algumas espadas que reluziam à luz do sol e as experimentava quando Moisés entrou.

— Sabia que iria encontrá-lo aqui.

— Estou separando algumas espadas para consertar.

— Sempre pensando nas batalhas e nas armas!

— Eu não seria um bom comandante se não fosse assim. Vamos treinar um pouco? Faz tempo que não lutamos juntos.

— Não, na verdade eu vim aqui para conversar.

— Sobre o quê?

— Fiquei sabendo que o senhor está fazendo uma investigação no palácio.

Disebek reagiu com surpresa e tentou evitar que transparecesse sua preocupação de que escondia algo. Algo que Moisés estava a caminho de descobrir.

— Investigação?

— Sim, meu pai. O senhor quer saber quem é a serva que me levou frutas na cela. Por que essa mulher é tão importante? Quem era ela?

— Ainda não sei, mas descobri que ela não era serva do palácio.

Moisés estranhou. Seria uma invasora? O que ela iria querer com ele? Percebeu que o pai estava desconfortável com aquele assunto, mas não entendia o porquê de tanto segredo.

— O senhor já tem alguma pista?

— Ainda não.

— Acredita que alguém do palácio a ajudou entrar?

— Chega, Moisés! Fique fora disso — Disebek irritou-se. Não percebia, entretanto, que quanto mais fingia, mais instigava seu filho a querer descobrir a verdade. Estratégias não davam conta de esconder todos os segredos. — Você é um príncipe do Egito, Moisés. Não tem que se preocupar com uma escrava hebreia.

— Se é só uma escrava hebreia, por que é tão importante? O que o senhor está tentando encobrir? Aquela mulher é minha mãe de sangue?

A pergunta feita de supetão deixou o ambiente estranhamente silencioso, e Disebek desarmado. Sabia muito bem qual era a resposta para a pergunta mais importante da vida de Moisés naquele momento.

— E então, pai? O senhor não respondeu minha pergunta. Quem era aquela mulher na minha cela? Uma invasora, uma escrava hebreia ou bem mais do que isso?

O general estrategista, acostumado a grandes batalhas, a tomar decisões difíceis, a raciocinar rapidamente estava, naquele momento, diante de uma das situações mais difíceis de sua vida. Um dilema. Contar a verdade ao filho ou desviá-lo de uma vez por todas dessa história.

— Moisés, as investigações apontaram que era uma escrava qualquer, querendo aproximar-se de um príncipe do Egito, em nome de algum favor. Só isso.

— Mas se era só isso, meu pai, por que tanto mistério?

— Porque eu não queria que se soubesse, em todo palácio, que aconteceu uma falha tão grotesca em nossa segurança, da qual sou diretamente responsável.

— E por que não me disse isso logo?

— Quanto menos gente sabendo, melhor. E também já decidi o que fazer em relação a isso. Vou punir severamente o oficial responsável pela guarda no momento em que a escrava entrou. Quanto à sua mãe de sangue, quero conversar contigo juntamente com tua mãe, agora.

Disebek saiu caminhando em direção ao seu quarto sem olhar para trás. Tentava ganhar tempo para preparar-se para o contra-ataque. Moisés o seguiu, também em silêncio. No caminho, o general pediu que um oficial procurasse por Henutmire e lhe dissesse para ir imediatamente aos seus aposentos, pois ele a esperava com urgência.

Poucos minutos depois de Disebek e Moisés chegarem ali, Henutmire entrou ofegante. A gravidade com a qual fora chamada deixou-a temerosa.

— O que aconteceu?

— Moisés está com a ideia fixa de saber quem é a mãe dele. Acho que chegou a hora de lhe contarmos a verdade — respondeu Disebek.

Henutmire sentou-se em sua poltrona, como se um vento forte a houvesse atirado lá. Desconhecendo a conversa que Moisés tivera com o pai, fora pega de surpresa.

— Disebek! — suspirou Henutmire, em tom de alerta, sem conseguir esconder o medo na alma e a palidez da face.

Moisés interrompeu.

— Minha mãe, vocês já esconderam de mim essa verdade por tempo demais. Eu preciso saber quem sou e de onde vim. Sou grato e o serei eternamente a vocês pela vida que me deram e por quem sou. Mas tenho um vazio dentro de mim que só poderá ser preenchido com essa informação...

— Sua mãe morreu, Moisés! — gritou Disebek, abruptamente. Sentindo-se no controle da situação, acalmou-se. — Sua mãe morreu há alguns anos. Durante muito tempo, procuramos por ela, até descobrir que havia morrido.

Moisés ficou abalado, absorvendo o impacto daquela informação. Quase sussurrando, perguntou:

— Morreu? Mas morreu como?

— Disseram que ela ficou muito doente, parece que tinha a saúde frágil. Não sabemos bem ao certo.

— Quando foi isso? Faz muito tempo?

— Alguns anos já.

— Mas quem era ela?

— Era uma escrava como outra qualquer, filho. Acho que se chamava... Como era mesmo o nome dela? Nem me lembro para falar a verdade.

Moisés ficou extremamente abalado por um instante, mas recompôs-se rapidamente. Apesar da pretensa tristeza, estava grato por ter recebido a resposta que procurava. Não era o que queria ouvir, mas entendeu que era o melhor que seus pais poderiam ter-lhe feito.

— Foi bom saber. É melhor assim.

— Bem, como eu havia dito, o responsável pela guarda da cela será punido, para exemplo de todos. E creio que a dúvida de quem é ou deixa de ser a tal serva que entrou em sua cela é secundária.

— Lamento pelo chefe da guarda, meu pai. Mas concordo que a punição é necessária.

Assim que Moisés saiu, Disebek sentou-se ao lado de Henutmire e a abraçou apertadamente. Os dois sentiam-se esgotados. Era o melhor que podia ter feito naquele momento e, julgou, havia se saído bem melhor do que imaginara.

— Henutmire, acho que finalmente essa história está encerrada.

— Sim, Disebek, por Osíris. Eu achei que você diria tudo para Moisés.

— Eu o trouxe aqui para ganhar tempo e pensar em alguma resposta que o fizesse parar com essa procura.

— E quanto a Joquebede, Disebek?

— Eu lhe disse que resolveria e já resolvi. Ela já está livre e a salvo.

— Obrigada.

— Mas acho que você ainda vai se arrepender... podia ter se livrado desta mulher para sempre.

Moisés saiu dali com o coração como que suspenso. Obtivera a resposta que procurava, mas não a que queria. Seria tão bom se soubesse algo sobre suas raízes. Aquilo, de alguma forma, havia lhe aplacado a tensão do momento, mas ainda lhe mantinha refém de um mistério que dialogava com o vazio que sentia dentro de si.

***

Joquebede chegou em sua casa e encontrou Miriã, Eliseba, Num, Amália e as crianças, todos aflitos, orando por sua vida. Arão se negou a unir-se a eles na oração, e caminhava nervosamente para lá e para cá.

— Mãe! — gritou Miriã.

Todos se voltaram para a porta e entre murmúrios de graças a Deus correram para abraçá-la.

— Estou viva, meus amores, graças ao bom Deus que sabe de todas as coisas.

— Se sabe de todas as coisas, por que permite que soframos tanto? — interrompeu Arão.

— Seja grato, Arão. Se não fosse ele, eu não estaria aqui.

— Bom, se está tudo bem, é hora de irmos! — interpelou Num.

— Não querem comer conosco? Fiquem. Temos muito que agradecer hoje — disse Miriã.

— Muito obrigado, Miriã. Acho que precisam ficar juntos, ouvir o que aconteceu, agradecer a Deus e sentirem-se em família — respondeu Amália, acompanhando Num para irem embora.

— Obrigada a cada um de vocês. Suas orações me sustentaram. Nosso Deus é bom e cuidadoso. Soube que Moisés também não foi condenado. Hoje é dia de libertação e gratidão — completou Joquebede.

Nisso chegou o ancião Eldade, que trabalhava nas plantações ao lado de Eliseba. Trazia consigo três rolinhas abatidas, que logo chamaram a atenção das pessoas presentes na casa.

— Um amigo que estava me devendo um favor as deu para mim — explicou-se. — Trouxe-as para a senhora Joquebede. Ouvi dizer que havia desaparecido, quis vir vê-la com os próprios olhos para ter certeza de que está bem mesmo.

— Quanta gentileza, Eldade. Tem certeza de que quer se desfazer das rolinhas?

— Claro. Eu nem sei prepará-las...

As mulheres sorriram e pegaram as aves da mão do ancião. Todos perceberam que Eldade estava oferecendo cuidado demais para Joquebede. Arão também percebeu e não gostou nada.

— Não precisa se preocupar, Eldade. Minha mãe tem como se alimentar. Não precisa destes cuidados.

— Claro, Arão. É que o dia de hoje foi especialmente difícil e achei que ela poderia precisar de mais atenção.

— Se precisar, eu mesmo cuidarei dela, Eldade, como sempre fiz. Obrigado, boa noite.

Miriã, percebeu a hostilidade do irmão.

— O senhor não quer ficar e comer com a gente?

Arão seguia determinado em despedir Eldade.

— Ele está com pressa, não é? E as rolinhas não são tantas assim.

As moças riram baixinho mais uma vez. Eldade, percebendo a irritação de Arão, despediu-se e foi embora.

Arão virou-se irritado para os parentes.

— É isso mesmo? Impressão minha ou esse sujeito veio arrastar as asas para cima da minha mãe?

— Qual o problema, Arão? — disse Miriã.

— Sua mãe é viúva e tem todo direito de se casar novamente — completou Eliseba.

— Enlouqueceram? Minha mãe não quer se casar com ninguém! — exclamou Arão.

A mulher riu gostosamente.

— Obrigada, meu filho! Pelo menos em alguma coisa nós dois concordamos essa noite! Agora deixem de bobagem e venham me ajudar com essas aves.

DEZESSEIS

Amor que faz sofrer

— Paser, trate de me trazer alguma coisa para comer agora. Estou faminto.

Paser e seu servo Simut arregalaram os olhos.

— Pelos deuses, o príncipe Ramsés acordou!

A febre fizera o príncipe refém havia alguns dias. Desde sua aparição inesperada no julgamento de Moisés não se levantara mais da cama. Todos no palácio estavam muito apreensivos com o estado de saúde do príncipe herdeiro. O próprio sacerdote Paser havia se ocupado de acompanhá-lo a cada minuto, certificando-se de que o melhor estava sendo feito. O faraó havia dado ordens expressas de que seu filho fosse bem cuidado e o visitava todos os dias. Os prenúncios não pareciam bons, até que Ramsés surpreendesse o sacerdote e seu auxiliar pedindo algo para comer.

— Meu príncipe, que alegria vê-lo restabelecido! — celebrou Paser. — Simut, sirva-lhe alguma coisa! Meu príncipe, vou agora mesmo avisar os outros, especialmente seu pai!

— Não.

O sacerdote deteve-se em sua agitação.

— Não? Como não?

— Não quero que ninguém saiba que estou melhor nem que me recuperei.

— Mas não há como, príncipe. Todos estão muito preocupados e ansiosos por alguma boa notícia. Isso não é justo e nem correto.

— Paser, é uma ordem. Confie em mim. Tem minha palavra de que não o colocarei em risco por causa disso. Mais uma coisa: por favor, peça para Nefertari vir aqui, mas não diga que acordei.

— Mas, senhor... Você sabe que a rainha Tuya não gosta que minha filha o visite.

— Minha mãe não precisa saber. Quero que Nefertari venha aqui agora. Chame-a, Paser.

O sacerdote saiu para cumprir o desígnio do príncipe. Estava contrariado, mas devia obedecer para o seu próprio bem. Foi até o harém e chamou Nefertari.

— Filha, estive pensando, creio que sua voz possa fazer bem ao príncipe. Por que não vai vê-lo? — justificou-se Paser.

A jovem estranhou, mas obedeceu. Enquanto se encaminhavam ao aposento de Ramsés, a rainha Tuya encontrou-os.

— Aonde vai, Paser?

— Levar Nefertari para ver Ramsés, senhora. Creio que a voz dela poderá lhe fazer bem.

A rainha ficou contrariada. Diante de Nefertari, reafirmou que não gostava que a moça fosse ver seu filho.

— Eu mesma irei vê-lo — decidiu, proibindo a jovem de acompanhá-los.

Ao ouvi-los entrando, Ramsés fingiu-se de doente. Não gostou de receber a visita da mãe em vez da visita da amada. Deitado, simulava-se febril e delirante. Tuya ficou impressionada e triste pelo estado do filho.

— Pelos deuses, como sofro em vê-lo assim, meu filho!

Percebendo que a rainha ficara mesmo sensibilizada com sua atuação teatral, Ramsés começou a sussurrar o nome de Nefertari. Fingindo que despertara de um delírio, pediu que a própria mãe chamasse a filha de Paser para ir vê-lo.

A rainha cedeu e mandou que Paser chamasse a moça. Nefertari nem bem entrou no quarto e Ramsés, mesmo fingindo-se de doente, abriu um sorriso.

— Nefertari, como eu a amo.

— Que bom vê-lo um pouco melhor, Ramsés — alegrou-se, aproximando-se de seu leito.

— Não estou melhor. É que sua presença me traz todo o bem de que preciso.

— Não exagere — sorriu a moça, com ternura.

Ele fingiu um esforço colossal para aproximar-se do ouvido de Nefertari.

— Assim que eu melhorar, quero passear com você à beira do Nilo.

A rainha não gostou daquilo. Já bastava. Nefertari fizera o que fora chamada a fazer e podia ir embora. Tuya agradeceu sua presença e a dispensou. Ramsés, no entanto, não havia acabado. Estava satisfeito com sua atuação tão convincente. Com os olhos semicerrados e fingindo uma respiração ofegante, pediu à rainha que fosse chamar o faraó. Desejava falar com ele, quem sabe, uma última vez.

A rainha saiu apressada. Paser, que permanecia no quarto do príncipe, não se agradava da atitude de Ramsés. Preocupava-se, sobretudo, com o desdobramento daquela dissimulação. Se descobrissem, ele mesmo seria prejudicado. Porém o príncipe divertia-se com tudo aquilo e mostrava-se totalmente seguro do que estava fazendo, ainda que apenas ele entendesse aonde queria chegar.

Ouvindo passos que se aproximavam, Ramsés lançou-se mais uma vez sobre o leito e retomou seu papel de moribundo.

— Ramsés, meu filho. Até quando os deuses nos punirão com você neste estado? — disse o faraó ao entrar no quarto.

— Meu pai... Estou muito doente. Não acho que os deuses nos favorecerão desta vez. Sinto-me muito, muito fraco — respondeu, pontuando as palavras com uma respiração pesada.

Paser assistia àquilo tudo imóvel, com medo de esboçar alguma reação que denunciasse a falácia de Ramsés. Revirava os olhos por dentro. Era nítido que os demais acreditavam no engodo.

— Não fale assim, meu filho. Estamos fazendo tudo para que os deuses nos ouçam.

— Se eu sair dessa situação, meu pai, queria que atendesse a um pedido meu.

— Peça o que quiser, meu filho.

— Quero escolher, eu mesmo, minha futura esposa. Não gostaria que isso me fosse imposto.

Seti I desgostou-se do pedido. A escolha da futura rainha era prerrogativa sua, como faraó, e não de um jovem apaixonado.

— Por favor, meu pai.

Tuya, percebendo a agonia do filho e o endurecimento do coração do marido, interveio.

— Por favor, atenda ao nosso filho. Nós nem sabemos se ele sobreviverá. Anime-o, consentindo com seu pedido.

O faraó suspirou.

— Prometo que repensarei e considerarei o seu pedido, Ramsés.

Tendo dito isso, o casal saiu do quarto, deixando Ramsés a sós com Paser. O sacerdote, por um instante, deixou sua subserviência de lado e questionou o príncipe.

— O que você está tentando fazer, Ramsés? Isso é muito arriscado.

— Estou certo do que estou fazendo, Paser. Quero e vou me casar com sua filha.

A notícia de que o príncipe não mais dormia correu pelo palácio. Moisés apressou-se a ir vê-lo. Encontrou-o dormindo. Uma pena, pois desejava muito conversar com ele. Mesmo assim, contou-lhe as notícias que tivera sobre seus antepassados. Aproximou-se do leito do amigo e falou-lhe, em voz baixa.

— Descobri que minha mãe hebreia está morta. É estranho, nem cheguei a conhecê-la e agora ela simplesmente não existe mais! Acho que nunca vou saber o que realmente aconteceu — olha desolado para o amigo, que continua adormecido. — Se você estivesse bem, na certa ia dizer que nada disso interessa, que é melhor mesmo esquecer meu passado. Você não sabe como eu iria ficar feliz em ouvir as suas bobagens agora, Ramsés. Você faz falta, meu irmão.

Sentiu os olhos marejarem. A voz embargou. Eram tantas as perdas que acumulara nos últimos dias, não suportaria perder o irmão. Virou-se para trás, Paser havia percebido sua comoção. O príncipe levantou-se, comunicando ao sacerdote que voltaria no dia seguinte.

— Sim, faça isso. Não perca as esperanças, meu príncipe.

Moisés assentiu com a cabeça e saiu. Percebendo-se a sós com Paser, Ramsés levantou-se novamente. Estava ficando muito bom nisso!

— Pelos deuses, Ramsés! Não tem cabimento uma coisa dessas! Acha justo deixar seu amigo fazendo papel de bobo? Seus pais, todos? O que pretende com isso?

O príncipe ria, despreocupado.

— Já lhe falei, Paser. É o único jeito de garantir meu casamento com sua filha. Pense na felicidade dela. Nefertari vai ser minha rainha.

O sacerdote não gostava nada daquilo. Temia a fúria de faraó, assim como temia a fúria dos deuses. Eles certamente ficariam ofendidos por não terem recebido a gratidão do príncipe.

— Agradeço sua preocupação, Paser, mas sei o que estou fazendo. Bem, chame Nefertari, por favor. Meu plano está funcionando.

Paser assentiu, submisso. Além do faraó e dos deuses, certamente se indisporia com sua filha.

— O príncipe quer vê-la, Nefertari.

A moça prontamente atendeu. Seguiu o pai até o quarto de Ramsés. Estava feliz por vê-lo melhorar; pelo menos havia acordado daquele estado de hibernação. Isso, porém, não era o suficiente para fazê-la esquecer Moisés. Encontrava-o nos corredores fortuitamente, e sentia-o se esquivar. Seu coração doía, mas sabia que o melhor a fazer era deixá-lo seguir seu caminho. Quanto a ela, seu destino era tornar-se a esposa de Ramsés.

Entrou no quarto do príncipe, sentou-se ao lado dele. Ramsés fingiu um sorriso débil. Tomou as mãos de Nefertari entre as suas.

— Gostaria de passear com você à beira do Nilo, amanhã cedo.

— Passeio? — a moça assustou-se. — Mas não é muito cedo para isso?

— Tenho certeza de que se puder admirar o Nilo ao seu lado me sentirei ainda melhor.

— O que acha, pai? — virou-se para Paser. — Ramsés está em condições de sair?

Paser procurava qualquer ocupação para não ter de participar da farsa do príncipe. Preferia desaparecer a ter de mentir para a filha. Viu Ramsés dizer-lhe com os olhos, atrás de Nefertari, o que deveria responder.

— Um pouco de ar fresco pode até fazer bem.

Nefertari não se deu por convencida.

— Ramsés, tem certeza de que está bem para isso?

— Foi a paixão que sinto por você que me trouxe de volta do mundo dos mortos. Foi por você que voltei. Tenho certeza de que esse passeio me fará muito bem.

— Ramsés, exagerado...

Paser revirava os olhos.

— Eu sempre a amei e sempre vou amá-la, Nefertari, não importa o que aconteça.

— Está bem. É melhor eu ir agora, você ainda precisa descansar.

—Tem razão. Ai, acho que você quebrou alguma coisa no meu peito.

— Pelos deuses, o machuquei?!

— Um pouquinho. Se me der um beijo, melhora.

— Seu bobo! Se ficar brincando assim não vou ao passeio amanhã!

— Ah! Agora sim você machucou meu pobre coração. Não vou resistir, por favor! Não faça isso comigo que vou piorar novamente!

Nefertari riu. Eles se encontrariam no dia seguinte. Assim que Nefertari saiu, Paser atreveu-se mais uma vez a convencer Ramsés a parar com aquela farsa. Já imaginava aonde teria de ir para sustentar as mentiras do príncipe.

— Não estou nem um pouco à vontade em mentir para minha filha. Isso sem falar no faraó e na rainha, que estão apavorados com medo de perdê-lo.

— Só mais um pouco, Paser. Tenha paciência.

— Olhe só sua perna, Ramsés! A ferida está cicatrizando perfeitamente, não há como esconder! Vamos logo contar a verdade e acabar com isso!

— Cale-se, Paser. Eu não estou lhe pedindo que guarde segredo. Isso é uma ordem. Uma ordem!

O sacerdote resignou-se.

— Sim, senhor. O senhor é soberano para ordenar. Só quero que fique claro que os desdobramentos disso podem ser muito ruins para todos nós, inclusive para o senhor.

— Isso é problema meu, Paser. E este assunto está encerrado. Peça ao seu servo Simut que se certifique de que tudo esteja pronto para meu passeio com Nefertari amanhã.

No outro dia, Ramsés acordou ansiosíssimo pelo passeio. Tudo estava pronto, como ordenara. No ponto de encontro dos nobres havia uma bela tenda erigida ao lado do rio. Poltronas ladeavam uma rica mesa de refeições, preparadas com esmero pelo cozinheiro real. Arranjos de flores, penas coloridas e almofadas faziam daquela tenda um local aconchegante, um ponto de contraste com a aridez que a rodeava.

Nefertari dirigiu-se ao local de encontro à beira do Nilo um pouco antes. Aquelas águas profundas, em contraste com a amplidão do deserto, a acalmavam. Sentia o curso de sua vida serpentear como o grande rio. Sua mãe Yunet era a maior entusiasta de sua relação com o príncipe Ramsés. Desde muito cedo, a mãe aproximava Nefertari de Ramsés e os incentivava de todas as formas possíveis a estarem e ficarem juntos. O problema era que tudo isso não havia sido suficiente para dar conta do amor que nascera no coração de Nefertari por Moisés. Ela se encontrava numa das curvas mais agudas de sua vida, tendo de alimentar um sentimento pequeno e frágil por Ramsés, em vistas de uma relação funcional e de expectativas alheias.

O príncipe chegou e a conduziu à tenda.

— Então, Nefertari, não foi uma boa ideia virmos aqui hoje?

— Foi sim. Está um dia tão lindo!

Diante de ambos, sobre a mesa, estava um banquete de frutas e sucos fartos em cores e sabores.

— Será que essas delícias todas irão lhe fazer bem? Você ainda está convalescendo.

— Seu pai me permitiu sair da dieta só por hoje. Prometo que não vou abusar — sorriu o príncipe, feliz com a preocupação de Nefertari em relação a ele. A moça lhe sorriu de volta. Ramsés a olhou um instante com profundo amor e admiração. — Daria minha vida aos deuses para manter para sempre esse sorriso nos seus lábios.

— Não diga isso, nem brinque com sua vida! Já basta o que passamos nos últimos dias.

O príncipe aproveitou a preocupação de Nefertari. Retomou sua encenação, com uma leve expressão de dor no rosto. Pousou as mãos sobre a perna ferida, apoiada sobre almofadas.

— Está doendo? — preocupou-se Nefertari.

— Um pouco...

— Não é melhor voltarmos? Não quero que piore novamente. É melhor deixar meu pai cuidar de você.

— Já lhe falei: só você é capaz de me curar.

— Não está jogando muita responsabilidade em cima de mim?

— Sinto muito, mas meu coração já não me pertence mais. Olhe só, nem posso andar! Estou literalmente jogado aos seus pés!

Dentro do palácio, Moisés fora visitar o amigo. Fazia isso diariamente, mas naquela manhã encontrou o leito vazio. Apenas Simut, servo de Paser, encontrava-se no quarto.

— Simut?

O servo virou-se, assustado.

— Príncipe Moisés? Desculpe, eu estava tentando arrumar aqui e...

— Onde está Ramsés?

— Foi dar um passeio às margens do Nilo — respondeu o servo, sem raciocinar sobre o que estava dizendo. Recolhia seus pertences para ir ao encontro de Paser à beira do Nilo.

— Mesmo? Então ele melhorou para sair assim?

— Ah, ele já está bom há muito... — calou-se, lembrando que deveria suportar a farsa de seu soberano. — Quer dizer, está muito melhor, mas ainda encontra-se fraco.

Moisés não percebeu o ato falho do servo.

— Que susto! Por um instante, cheguei a pensar que... Deixe pra lá. Vou atrás dele!

Moisés saiu, radiante e foi procurar Ramsés. Sabia que o amigo adorava acomodar-se às extensas margens do Nilo. Enfim, uma boa notícia em meio a tantas intempéries dos últimos dias. De longe, Moisés enxergou a tenda, rodeada por servos. Correu em sua direção e percebeu que era mesmo Ramsés que estava embaixo dela. Paser percebeu a chegada de Moisés e foi em sua direção.

— Paser, soube que Ramsés melhorou.

— Sim, meu senhor.

— Quero dar-lhe um abra... — antes de terminar a frase, Moisés percebeu que Nefertari estava com Ramsés. Silenciou de súbito.

Viu ambos sorrindo. Nefertari alimentava Ramsés com pequenos figos.

Titubeou em aproximar-se mais. Sabia o que aquilo significava e por mais que seu instinto dissesse que deveria ir até lá, ao menos para abraçar o irmão, também sabia que a cena afetaria e magoaria em muito o seu coração.

DEZESSETE

Desejo e ciúme

Era difícil esconder o ciúme que sentia. Mesmo assim Moisés tentava disfarçar, diante de Paser, seu mal-estar ao ver Ramsés e Nefertari juntos. Pareciam tão à vontade um com outro. Bebericavam taças de vinho, riam por coisas banais, olhavam a deslumbrante paisagem e as cores refletidas pelo sol sobre o espelho d'água.

— Você não ia falar com eles? — perguntou o sacerdote.

Melhor não. Ao mesmo tempo em que ficava feliz por ver Ramsés melhorar, depois de vê-lo tão perto da morte, ressentia-se ao ver a bela Nefertari abrir aquele sorriso tão luminoso a Ramsés e não a ele. Foi embora irritado e apressado. Chegou ao palácio e dirigiu-se até a sala em que realizava seus treinamentos militares. Sentia uma revolta explodindo dentro de si.

Apanhou a espada e cortava o ar, como se atingisse um inimigo imaginário. Como se estocasse o próprio Ramsés. Cada vez mais perdia o controle sobre suas emoções, ao mesmo tempo em que os golpes no vazio eram mais violentos. Desferiu sobre um cavalete um furioso movimento de espada, repartindo a peça em duas partes. Ergueu sua espada com raiva e por pouco não atingiu o soldado Ikeni, que entrara assustado na sala.

— Senhor?

Moisés se deu conta de que estava fora de controle. O rosto completamente banhado de suor e lágrimas. A pele avermelhada, os olhos esbugalhados, sentindo toda adrenalina de um campo de batalha. O barulho havia chamado a atenção de Ikeni.

— Desculpe-me, Ikeni. Está tudo bem.

À beira do Nilo, Ramsés preparou-se para o próximo ato de sua encenação. Fingiu não estar se sentindo bem. Colocou uma mão sobre a perna ferida e a outra na cabeça, como se estivesse tonteando.

— Eu estava resistindo bem, mas a dor piorou muito — disse, desabando, como se desmaiasse.

Nefertari se apavorou e pediu por socorro. Paser correu para acudi-lo. O sacerdote já estava cansado das mentiras de Ramsés, mas fora obrigado pelo príncipe a participar dessa encenação.

— Não se preocupe, ele vai melhorar — disse secamente à filha chorosa e genuinamente preocupada com a saúde do príncipe.

Ramsés foi levado rapidamente ao palácio por Paser e Nefertari. Simut logo se uniu ao grupo, assustado. Deitaram-no no quarto do príncipe. Paser impediu que a filha entrasse.

— Fique aqui, filha. O príncipe precisa descansar. Vou cuidar dele — ordenou Paser.

Lá dentro, assim que as portas se fecharam, Ramsés saltou efusivo.

— Você viu, Paser? Finalmente estou conquistando o coração de sua filha!

O sacerdote o olhou com reprovação. Simut permanecia espantado.

— O senhor quase me enganou — sorriu o assistente, desconcertado por sua ingenuidade.

— Ele sabe como convencer bem, não Simut? — ironizou Paser.

— Sou capaz de qualquer coisa por Nefertari. Em breve, poderemos marcar o casamento.

Nefertari dirigia-se ao harém quando apalpou o pescoço e lembrou-se do colar que trazia ao pescoço, com o amuleto do olho de Hórus. Queria entregá-lo ao amigo, para dar sorte. Voltou-se, então, para o quarto de Ramsés.

Lá dentro, Paser meneava a cabeça. Não gostava da ideia de ter a filha casando-se com alguém com o caráter reprovável de Ramsés.

— Não gosto nada da ideia de enganar minha filha dessa maneira!

— Mas é para o bem dela. Faço por amor, pode ter certeza.

— É só uma mentirinha, mestre — tentou conciliar Simut.

— Uma mentirinha que está indo longe demais! Isso tem de parar! — censurou o sacerdote.

Nefertari entrou tão logo o pai concluiu a frase e se deparou com Ramsés caminhando normalmente enquanto debatia com seu pai. Assustou-se e, como não fora notada, permaneceu imóvel.

— Isso irá parar quando eu achar que tem que parar — dizia Ramsés ao sacerdote.

— Não é certo continuar enganando Nefertari, seus pais, Moisés. Estão todos preocupados com você, príncipe. E olhe como está. Caminhando normalmente. Cheio de saúde — continuou Paser.

A moça não conseguiu mais esconder-se.

— Ramsés, o que significa isso? — interferiu.

Ao vê-la, os homens se entreolharam, constrangidos.

— Eu posso explicar — adiantou-se Ramsés. — Eu estava realmente mal, mas seu pai me serviu um chá de ervas... Diga a ela, Paser.

O sacerdote olhou a filha envergonhado, enquanto tentava confirmar a versão do príncipe, mas sem sucesso.

—Você melhorou imediatamente com a graça de Sekhmet? Vocês estão pensando que eu sou o quê? Uma idiota? E o senhor, meu pai, como pôde compactuar com a encenação de Ramsés? — disparou a jovem, enraivecida por ter sido enganada e acreditar que Ramsés estava doente.

— Vamos conversar, Nefertari. Tenho certeza que você vai entender — dizia o príncipe.

— Chega! Não quero ouvir mais nada! Vocês me viram sofrendo, chorando e me fizeram de boba! São todos uns mentirosos! Mentirosos e insensíveis! — gritou, saindo furiosa do quarto do príncipe.

Precisava achar respostas para os seus sentimentos. Dirigiu-se ao harém, buscando algum consolo no ombro de sua fiel serva e amiga Karoma. Moisés também buscava respostas. Esperava descobri-las ao lado de sua mãe. Dirigiu-se ao suntuoso cômodo da princesa, porém, em vez de encontrar Henutmire, flagrou Yunet revirando joias e perfumes. Yunet sentia profunda inveja da riqueza e poder que sua senhora possuía e gastava horas ali, provando fragrâncias, experimentando peças de linho, brincos, joias e maquiagens.

— Estava procurando minha mãe — abordou Moisés.

— Ela não está. Aproveitei para arrumar as coisas dela. A princesa gosta de tudo muito limpo e organizado — disfarçou Yunet.

Era só o que lhe faltava. Ser surpreendida pelo nobre que mais desprezava. Yunet olhou-o. Parecia vulnerável. Aproveitou a oportunidade para feri-lo.

— Sinto muito que sua mãe de sangue esteja morta.

Moisés ficou surpreso. Yunet sorriu por dentro. Havia mordido a isca.

— A senhora Henutmire me contou — continuou.

— Sim, claro. Obrigado, mas acho que esse assunto já está resolvido — Moisés tentou encerrar a conversa.

— Pode parecer que sim, mas sei como você deve estar se sentindo. Também fui rejeitada pela minha mãe. Não gosto de falar no assunto porque me deixou muitas feridas. Resta um vazio que parece não poder jamais ser preenchido. Não é assim que se sente?

— Para falar a verdade, nem sei direito o que sinto — Moisés era evasivo.

— Claro. Você não teve sequer a oportunidade de conhecer sua mãe, saber quem era, de onde veio... Mas será que não tem outros parentes? E seu pai? Talvez tenha até irmãos de sangue! Hebreus que podem estar passando por necessidades, sofrendo, até mesmo doentes! — continuava Yunet, insuflando o rapaz.

— Não tinha pensado sobre isso.

— Tem razão! Para que pensar? Afinal de contas, são apenas escravos, e você é um príncipe! Melhor esquecer mesmo. Remexer nessas coisas só poderá trazer dor e decepção. Viva sua vida e deixe esse passado para trás. Azar deles se não tiveram a mesma sorte que você, não é mesmo? — Yunet recuou estrategicamente, deixando Moisés perturbado com seus pensamentos.

O rapaz saiu do local e decidiu ir até a oficina do ourives Hur. De origem hebraica como ele, o artesão era a ponte mais segura entre egípcios e hebreus.

— Príncipe! O senhor por aqui? Veio fazer alguma encomenda?

— Não, Hur. Na verdade, só queria conversar um pouco. Está muito ocupado?

— De modo algum. Só estranhei porque é raro que venha à oficina. No que posso ajudar?

— As pessoas não comentam, mas você sabe que eu fui adotado, não sabe?

Hur assentiu, cauteloso em relação ao rumo que a conversa teria.

— Procurei-o porque somos do mesmo povo, Hur. Somos hebreus que vivem como egípcios.

— Sim, mas no meu caso foi uma questão de escolha. Graças a minha habilidade na confecção de joias, fui chamado pelo faraó e decidi abandonar as crenças dos hebreus para viver no palácio. Já no seu caso, foram os desígnios dos deuses que o tornaram um príncipe.

— Eu sei... Mas confesso que às vezes me incomoda quando visito as obras e vejo aquelas pessoas escravizadas enquanto eu vivo no luxo e no conforto.

— Não é culpa sua, príncipe. As coisas são desse jeito, sempre foram — ponderou Hur.

— Sei que não tenho como acabar com a escravidão. Somente o faraó teria poder para tanto. Mas sinto-me responsável de alguma maneira — lamentou Moisés, mudando levemente o foco da conversa. — Meus pais me contaram que minha mãe hebreia faleceu há alguns anos. Foi muito estranho descobrir que a mulher que me trouxe ao mundo está morta. Talvez eu devesse ter me preocupado com ela antes, mas essa notícia mexeu comigo. Fico pensando que ela pode ter adoecido de tanto trabalhar, sem comida, e eu não fiz nada.

— Não há porque ficar se culpando. Foi a vontade dos deuses — consolou Hur, cada vez mais preocupado com o destino que a conversa teria.

— Pode ser. Mas talvez eu tenha outros familiares numa situação ruim e me sinto no dever de ajudá-los.

— É bastante louvável, príncipe. Mas como fará para descobrir isso?

— É o que vim lhe pedir, Hur. Preciso descobrir se ainda tenho algum parente vivo e quero que você me ajude a encontrá-los — pediu Moisés.

O artesão estremeceu com o pedido. Moisés percebeu, mas insistia em contar com sua ajuda. Hur, porém, esquivava-se.

— E se por acaso conseguirmos encontrar esses parentes, o que pretende fazer?

— Ajudar. Acho que é minha obrigação ajudar essas pessoas. Talvez com mantimentos, não sei. Mas tenho de fazer alguma coisa.

Hur tentou convencer Moisés a deixar o assunto para trás e lembrou que sua busca poderia causar problemas com o faraó. O ourives não queria mais meter-se em confusões. Desde que o guarda da cela de Moisés fora punido com a morte por ter deixado Joquebede entrar, Hur procurava manter distância da família hebreia.

— Sabemos muito bem que meu avô nunca me aceitou como neto justamente por conta das minhas origens — lembrou Moisés.

— E como acha que ele reagirá quando souber que o príncipe está justamente querendo se aproximar dessas origens?

Moisés pesou as palavras de Hur, considerando-as. Percebia que sua curiosidade poderia abalar de vez a estremecida relação com Seti I.

— Você viveu bem até aqui sem saber de nada, não é? Aceite meu conselho, príncipe. Foram os deuses que o guiaram até a vida que tem hoje, e não seria bom aos olhos deles querer mudar as coisas.

Talvez o ourives tivesse razão. Moisés deixou Hur em sua oficina. Iria pensar a respeito.

***

Na vila, Joquebede retirava água no poço e deixava se capturar por tantas lembranças. Pensava em Anrão e no desejo do marido de ver os filhos livres. Parecia um sonho tão distante. Lembrava do carinhoso esposo com saudades que lhe apertavam a alma. Estava tão entretida que nem percebeu Num chamando-a.

— Shalom!

— Shalom! — sorriu Joquebede ao velho amigo.

— Fico feliz por ter terminado tudo bem com Moisés — assuntou Num.

— Anrão se sacrificou tanto pelo filho. Deus não iria deixar que Moisés morresse sem reencontrar o pai.

— Você ainda acha que Anrão sobreviveu?

— Claro que sim — disse Joquebede, cheia de confiança.

— Mas já se passaram tantos anos.

— Ele está vivo, Num, eu sei.

— E se não estiver?

— Meu marido sempre foi um homem de palavra. Eu creio que um dia ele voltará como prometeu que faria.

Num sorriu, sem querer magoá-la. Mas não tinha a mesma convicção. Despediu-se e foi em direção à obra, para mais um dia de trabalho duro ao lado de Arão.

Por mais que tentasse se controlar, o filho de Joquebede ainda estava furioso com o feitor de obras, Apuki. Não tinha dúvida de que ele era o responsável pelo incêndio que consumira sua casa. Arão tramava em como se vingar de Apuki pelo que fizera à sua família.

Joquebede permanecia mergulhada nos pensamentos ao lado do poço até que Miriã chegou para ajudá-la.

— Pensei que com o tempo ia melhorar, mas minha saudade só faz crescer — disse Joquebede, referindo-se a Moisés.

— Às vezes me pergunto por que Deus salvou meu irmão e depois nos deixou separados. Afinal, o que Ele pretende com isso? Sinto falta de Moisés.

— E eu então? Tudo o que mais queria era poder chegar perto de Moisés, conversar, um pouquinho que fosse, mesmo ele não sabendo que sou sua mãe — Joquebede parou bruscamente. Tivera uma ideia: — Eu não posso, mas você pode, Miriã!

— Eu?

— Sim! A princesa não irá reconhecê-la. A única vez em que ela a viu você ainda era criança.

— E com que pretexto eu iria conseguir me aproximar dele?

— Hur pode ajudar. Já sei. Você se casa com Hur!

Miriã ficou olhando a mãe, perplexa com o que acabara de ouvir.

***

Logo após a descoberta de Nefertari, não havia mais como esconder a recuperação de Ramsés. O príncipe estava transtornado com a forma como as coisas caminharam. Indignava-se com a ideia de que Nefertari pudesse odiá-lo depois daquilo, e descontava toda a sua irritação em Paser.

— Se o príncipe me permite, acho que temos algo mais urgente a fazer. Devemos contar toda a verdade ao rei — sugeriu o sacerdote.

Ramsés congelou.

— Pelos deuses. Meu pai não vai me perdoar.

— Não temos escolha. É meu dever assumir as minhas responsabilidades diante do soberano.

Ramsés assentiu.

— Será melhor que eu mesmo fale com o faraó. Venha comigo.

Ramsés chegou à sala do trono, na qual Seti I deliberava sobre questões militares com o general e genro Disebek. A rainha Tuya os acompanhava. Surpreenderam-se ao ver o príncipe em bom estado de saúde.

— Os deuses me favoreceram, pai. E claro, os cuidados de nosso grande sacerdote, não é mesmo Paser?

— Com a ajuda dos deuses o príncipe está em perfeita saúde, meu soberano — disse, constrangido, o sacerdote diante de mais uma mentira do jovem príncipe.

Aquele era um motivo de grande celebração. Seti I ordenou que se realizasse uma comemoração pelo restabelecimento de seu herdeiro.

Disebek, porém, não parecia tão convencido assim. O cunhado estivera à beira da morte no dia anterior, e agora andava totalmente restabelecido, sem sequer precisar de apoio. Percebeu Paser desconfortável. Virou-se ao sacerdote e comentou em voz baixa.

— É realmente espantosa a recuperação do príncipe. Parabéns por seus esforços, Paser! Confesso que não sabia que tinha tanto poder junto aos deuses.

Logo a notícia da recuperação de Ramsés correu o palácio. Celebraram com comidas e bebidas na sala do trono e com orações e oferendas no santuário. Nobres e servos se uniram em agradecimento aos deuses pela recuperação do herdeiro do faraó.

Moisés estava aliviado. Ainda apavorava-se com a possibilidade de perder o irmão por culpa sua, mas vê-lo restabelecido encheu-o de alegria.

— Confesso que cheguei a perder as esperanças — admitiu Henutmire ao filho.

Disebek, por sua vez, não se deixava convencer.

— Uma coisa é certa: a súbita melhora dele foi inacreditável. Dá até para desconfiar.

Ramsés aproximou-se da família ladeado dos pais. Vinham do santuário, onde haviam feito oferendas aos deuses. Pediu para falar com Moisés por alguns momentos.

— Vão aonde? — quis saber a rainha Tuya.

— Segredo de irmãos — sorriu Ramsés, fazendo mistério, enquanto abraçava Moisés. Guiou-o até o quarto de Moisés. Tinha algo importante para contar e um pedido para fazer.

— Vou lhe contar um segredo. Fingi que estava morrendo — riu, como se confidenciasse uma peraltice.

Moisés ficou confuso. Por alguns dias acreditara que o golpe que havia acertado em Ramsés poderia mesmo tê-lo levado à morte. Desesperou-se com a ideia de ser o causador da morte do príncipe e sofreu muito, assim como todos no palácio. Irritou-se.

— Isso não é coisa que se faça com pessoas que gostam de você! Não gostei.

Ramsés não gostou de ser repreendido.

— Você quer me dar uma lição de moral?

— Não, nem adiantaria — Moisés disse, a fim de evitar a discussão.

Foi o melhor a fazer, porque Ramsés não estava ali para discutir. Explicou que a encenação foi uma tentativa de atrair a atenção de Nefertari. Seu plano quase teria dado certo se não fosse ela ter descoberto a farsa.

— Preciso de sua ajuda, Moisés. Quero que me ajude a reconquistar Nefertari.

Moisés tonteou. Ainda estava tentando digerir a informação de que todo o sofrimento pelo qual passara nos últimos dias havia sido desnecessário, consequência dos caprichos do príncipe voluntarioso. Agora mal conseguia acreditar que tendo prejudicado sozinho todas as suas chances com Nefertari, vinha pedir que ele — justamente ele! — unisse o casal.

— Ramsés, eu que quero lhe pedir algo. Por favor, deixe-me fora desse assunto.

O príncipe ainda tentou convencê-lo.

— É a minha felicidade que está em jogo, Moisés. Não se esqueça que se você está aqui, vivo, deve isso a mim, que o salvei quando estava a um passo da decapitação.

— Vai me cobrar isso agora?

Como o apelo emocional não dera certo, Ramsés apelaria agora para sua autoridade.

— Você vai fazer o que estou pedindo, Moisés. Vai me ajudar a conquistar Nefertari — exigiu.

DEZOITO

Crime encomendado

Nefertari caminhava sozinha pelas margens do Nilo, triste, pensando em tudo o que acontecera desde sua declaração de amor a Moisés. A briga entre os príncipes, a ferida quase mortal em Ramsés e, agora, a descoberta que se tratava de uma dissimulação. Havia passado noites e noites chorando e pedindo aos deuses para que Ramsés não morresse — e também fazendo preces para que Moisés não fosse executado como castigo, claro — e ele fingira-se de doente o tempo todo apenas para comovê-la. De um jeito egoísta; um caráter que lhe causava grande repulsa.

Moisés estava à sua procura. Devia a vida a Ramsés e havia se comprometido com o príncipe em ajudá-lo a reconquistar Nefertari. Ao vê-la caminhando ao lado daquelas águas, aproximou-se com um pouco de receio, por conhecer os sentimentos que Nefertari causava nele. Chamou a amiga com delicadeza.

Sem disfarçar a alegria em encontrá-lo, a jovem se jogou em seus braços, em prantos. Fazia muito que precisava chorar daquele jeito, e não encontrara nenhum ombro amigo. Não queria conversa com o pai, que apoiara a farsa do príncipe. Sua mãe, por outro lado, defendia o herdeiro ao trono com unhas e dentes, unicamente interessada no que lucraria com o casamento da filha.

— Você soube o que Ramsés fez? Não entendo como ele foi capaz de algo tão horrível. Enganou todo mundo! E pensar no quanto sofri, quanto chorei, quanto orei aos deuses por ele, enquanto ele se divertia com aquela farsa.

Péssimo começo, pensou Moisés. Procurou contornar a situação, sem magoar Nefertari, mas sem descumprir o que prometera a Ramsés.

— O que Ramsés fez foi errado, mas não acho que tenha sido por diversão.

— Ele brincou com os meus sentimentos, Moisés! Brincou com os nossos sentimentos. Se não fosse por tudo o que aconteceu, eu e você estaríamos juntos, felizes. Você se sacrificou por um amigo que o traiu. Traiu a você, a mim e até aos pais.

— E eu não o traí quando beijei você, mesmo sabendo que ele a amava? Você conhece Ramsés, sabe que ele tem um jeito meio torto de conseguir o que quer, mas o amor que sente por você é verdadeiro.

O assunto fez Nefertari perder, mais uma vez, o controle de suas emoções.

— E o amor que você sente por mim, Moisés? Pelo menos uma vez eu queria ouvi-lo falando a verdade. Confesse! Confesse que me ama de uma vez por todas. Quero ver se tem coragem.

O príncipe fechou os olhos. Não era o rumo que ele queria ter dado à conversa. Nefertari, no entanto, tinha aquele dom de desestabilizá-lo. Olhou a moça, olhos ansiosos à espera de uma resposta. Não conseguia mais disfarçar.

— Está bem! Eu a amo, Nefertari! Amo você mais que tudo, mais que minha própria vida. Eu a amo, escutou bem? Amo você.

Arrependeu-se do ato falho. Já não tinha chances de apanhar as palavras que saíram de sua boca e pousavam como pássaros no coração de Nefertari.

— Se me ama tanto assim, por que não luta por esse amor?

O príncipe abriu seu coração, como raras vezes o tinha feito. Falou sobre as angústias que o assaltavam, principalmente após os últimos tensos dias. Devia fidelidade a Ramsés, a quem considerava um irmão. Em nome disso, renegaria seu amor por Nefertari. Falou ainda sobre o período na prisão e os fantasmas sobre sua origem que passaram a lhe atormentar e lhe angustiar a alma. Descobrira que a mãe de sangue havia morrido, mas seu coração agora estaria comprometido em descobrir sua história com o povo hebreu.

— Não sou digno de você e não posso magoar Ramsés. Por mais que ele tenha agido errado, é meu irmão. Não quero fazer mal às pessoas que amo — concluiu Moisés.

Nefertari compreendia suas razões, mas não concordava com a posição do príncipe. Achava-o covarde de submeter-se às vontades de Ramsés e abrir mão de seu amor por ela. Voltou ao palácio, frustrada, mas levemente feliz por ter ouvido Moisés confessar que a amava.

Chegando ao harém, encontrou o local abarrotado de arranjos de flores. As mulheres conversavam animadas sobre aquele extravagante pedido de desculpas. Yunet era a que mais se impressionava, contentíssima com o amor do futuro rei do Egito por sua filha.

— E você ainda não viu as joias — disse outra mulher, mostrando a Yunet as caixas com joias caríssimas que estavam sobre a mesa.

Nefertari, porém, estava de poucas palavras. Logo deduziu que se tratava de agrados de Ramsés, mas mesmo assim resolveu perguntar.

— De onde vieram essas flores?

— De Ramsés, filha! O príncipe adora você! Olhe só que joias lindas vieram com as flores! — exibia Yunet, encantada.

— Ramsés? Se ele pensa que pode me comprar com flores e joias, está muito enganado! — virou-se para as servas que organizavam os arranjos: — Levem tudo de volta.

Yunet não se conformou com o comportamento intempestivo da filha. Com um gesto, deteve as servas.

— Parem! As flores ficam, e as joias também!

As servas ficaram suspensas, sem saber a quem obedecer. Nefertari, porém, não estava para brincadeiras. Atirou ao chão um arranjo.

— Levem agora ou eu mesma jogarei tudo no lixo! Não quero ver Ramsés nunca mais.

Fixou a mãe com raiva. O clima tenso enrijeceu-se mais com a chegada da rainha Tuya, que ouvira a última frase de Nefertari.

— Mas o que está acontecendo aqui? Por que não quer mais ver meu filho?

A moça baixou os olhos. Enrubesceu por ter sido surpreendida pela rainha, mesmo assim, não voltou atrás em sua declaração.

— Porque ele é um mentiroso, senhora.

— Olhe como fala de meu filho!

Sem erguer os olhos, Nefertari prosseguiu em sua defesa.

— Mas é isso mesmo que ele é, senhora. Ramsés fingiu esse tempo todo que estava doente, mas não estava. Ele brincou com os meus sentimentos e enganou todo mundo.

Não havia mais nada a ser dito. Ainda mirando o chão, Nefertari deixou o aposento. Gostaria, na verdade, de deixar aquele palácio, aquela vida toda. Sentia-se ferida e humilhada pelos pais e pelos dois amigos.

Tuya, por sua vez, não ignorou o desabafo de Nefertari. Ela conhecia o filho e sabia bem que ele, obstinado, seria mesmo capaz de tal atitude. Se fosse mesmo verdade o que a jovem dissera, Ramsés teria ido longe demais. O faraó cogitara tirar a vida de Moisés e ela passara noites em vigília, clamando aos deuses pela vida do filho, tudo em vão? Resolveu tirar a história a limpo.

Encontrou-o no quarto, conversando com Simut. O servo acabara de lhe contar sobre a reação de Nefertari. A rainha interrompeu a discussão sem cerimônias.

— Ramsés!

— Agora não, mãe! — respondeu, sem virar-se. Estava indignado ao saber que Nefertari recusara todos os presentes.

Tuya cedeu.

— Você vai conversar comigo agora sim! É verdade que você mentiu para todos nós sobre sua doença?

Simut encolheu-se em seu canto. Não queria ter culpa no assunto, embora houvesse participado de algumas encenações do príncipe. Procurou deixar o quarto o mais rápido que pôde. Ramsés, porém, pareceu não se abalar com a acusação.

— Claro que não é verdade. Quem inventou isso?

— Foi Nefertari quem me contou. Você realmente foi capaz de me deixar chorar todas as noites sobre seu leito, de me deixar pensar que estava à beira da morte? Você estava fingindo o tempo todo?

O jovem prendeu a respiração. Detestava esse confronto direto. Por que todos tinham de repreendê-lo nos últimos dias? Preferiu amolecer o coração da mãe, mostrando-se arrependido.

— Mãe, me perdoe! Não queria magoá-la. Estava louco de amor, louco por Nefertari, tudo o que fiz foi por amor a ela. Queria conquistá-la, fazer com que ela sentisse minha falta, que se comovesse, que se apaixonasse por mim.

— Seu pai vai ficar muito furioso quando souber disso.

Ramsés desesperou-se. O pai não o perdoaria, e ainda acabaria de vez com as chances de se casar com Nefertari, ainda que ela o aceitasse de volta.

— Não, mãe, pela luz de Rá! Não conte ao meu pai! Ele irá me matar se souber. Eu juro, mãe, por todos os deuses, pela minha vida após a morte: não fiz por mal. O que tem de mais uma loucura de amor?

Aquelas palavras comoveram Tuya. Poderia, sim, perdoar uma atitude imatura do filho.

— Eu o perdoo, meu filho. Mas saiba, Ramsés, que seu pai jamais aceitará esse casamento. Mesmo que aceite, Nefertari está muito decepcionada. Ela não quer mais vê-lo, muito menos se casar.

— Sempre consigo tudo o que quero, mãe. Ela vai ser minha, por bem ou por mal.

A rainha assentiu. Conhecia o gênio voluntarioso do filho, era o mesmo que dominava seu marido e fizera dele o faraó tão poderoso que era. Preocupava-se apenas com essa natureza ser mais forte que seu filho. Tamanha obstinação poderia trazer-lhe problemas.

Saiu do quarto deixando o príncipe sozinho. A noite caíra sobre o Egito, e Ramsés aproximou-se da janela para contemplar as estrelas. Um rangido na porta o fez virar-se. Era Yunet.

— Desculpe-me se estou perturbando, príncipe.

— Não está. Entre.

— Antes de tudo quero dizer que pedi muito aos deuses por sua recuperação, e fiquei muito feliz em ser atendida.

— Obrigado.

— E agora estou rezando para que o príncipe se entenda com Nefertari.

— Sua filha não é nada fácil. Soube o que ela fez com as flores e com os presentes que eu mandei.

— Às vezes temos de preparar o terreno antes de ocupá-lo.

— O que quer dizer com isso?

Yunet aproximou-se com um leve sorriso nos lábios.

— Eu sei como você poderá conquistar definitivamente o amor de Nefertari.

Na cabeça de Yunet um plano perfeito desenhava-se.

***

Joquebede também traçava planos para sua filha: Miriã se casaria com Hur e, vivendo no palácio, se aproximaria de Moisés.

— Mas que ideia maluca é essa?! — perguntou Arão, perplexo.

Ao redor da mesa, a família jantava. Miriã contara da absurda ideia de Joquebede.

— Falei para nossa mãe! Não tem o menor cabimento — desabafou.

— Se não quer casar, pode fingir que é noiva dele. Já é o suficiente para entrar no palácio e aproximar-se de Moisés — propôs Joquebede.

— A senhora nem sabe se Hur vai aceitar — questionou Arão, cada vez mais perplexo com a ideia. — E, suponhamos que o Hur aceite — continuou, olhando para Miriã — você vai se sujeitar a esquecer o seu povo e ir morar naquele palácio vivendo como uma egípcia pagã?

— Claro que não!

— Não seria tão fácil — comentou Eliseba. — Para um egípcio se casar com um, hebreu o faraó tem de libertá-lo primeiro, e só fará isso se o hebreu declarar que adora aos deuses a quem eles servem.

Arão não sabia mais por que insistiam na ideia de aproximarem-se de Moisés. Irritado, levantou-se da mesa.

— Quando é que isso vai parar? Moisés não é mais da nossa família há muito tempo!

Deixou a casa da mãe e seguiu para a casa de Num. Que enfado era não ter mais seu lar e ter de aturar as insanidades de Joquebede, que parecia nunca parar de pensar em Moisés.

No terraço de Num, os filhos de Arão estavam deitados, olhando as estrelas no céu. Num contava-lhes histórias sob o olhar orgulhoso de Amália.

— E Deus prometeu a Abraão que teria tantos descendentes quanto as estrelas no céu!

O primogênito Nadabe olhou para o céu, impressionado.

— É muita gente!

— Nós já fazemos parte dessa descendência — emendou Num. — Olha lá! Eu sou aquela estrelinha ali!

— Eu sou aquela bem grandona— apontou Abiú.

— E eu sou qual? — perguntou, inocente, o pequeno Eleazar.

— Aquela lá no alto, a mais brilhante. Deus também prometeu que um dia daria uma terra só para nós. Uma terra boa, fértil, onde tem muito leite e mel.

— Então um dia não vamos mais ser escravos?

— Sim, Nadabe. Essa foi a promessa de Deus. Ele tem uma aliança com o nosso povo.

Arão chegou em silêncio e ouvia a história.

— E onde fica essa terra que tem mel? — questionou Abiú.

— Em Canaã. O lugar que o Senhor escolheu para o nosso povo viver. Deus vai mandar alguém para nos libertar.

— Meu pai diz que Deus se esqueceu de nós.

— Deus jamais esquece seu povo e suas promessas, Nadabe. Quando Abraão já era um homem idoso, muito velhinho, Deus avisou que ele teria um filho.

Amália gostava dessa história. Assim como Sara, um dia achou que jamais teria filhos, mas agora estava grávida. Fez questão de apresentar a matriarca aos meninos.

— A mulher dele, Sara, também tinha idade avançada e não poderia mais gerar filhos.

Num concordou.

— Eles esperaram muito, mas muito tempo mesmo e nada de Sara engravidar. Por isso, ela achou que Deus tinha se esquecido do que prometeu. Ela então quis dar uma mãozinha para Deus e falou para o marido ter um filho com sua escrava. Abraão e Sara não souberam esperar. Mesmo assim, Deus foi fiel e cumpriu a sua palavra. Sara engravidou e nasceu Isaque.

Arão achou que bastava de tais histórias e interrompeu, surpreendendo a todos, que não tinham notado sua presença.

— Hora de dormir, meninos. Sua mãe e sua avó estão esperando.

— Ah, pai, deixe a gente ouvir mais histórias — pediu Nadabe.

— Não são histórias que vão fazer vocês ficarem de pé amanhã para trabalhar. Vamos! — respondeu Arão, ríspido.

Amália ofereceu-se para levar os meninos, deixando Arão e Num a sós. Sensível, Num percebeu que o amigo não havia gostado nada que tivesse contado as histórias do povo hebreu para as crianças, mas justificou-se.

— As histórias do nosso povo são o que nos mantém unidos e com fé, Arão.

— Não quero que meus filhos cresçam com ilusões.

— Não são ilusões, são promessas de Deus! Era a vontade de seu pai que você passasse a nossa fé para seus filhos, Arão. Vocês são a herança dele nessa terra.

Arão ficou um instante em silêncio. Olhou para o céu.

— Acha mesmo que nosso futuro pode ser tão belo quanto o céu sobre nossa cabeça?

— Acho sim. Um dia seremos livres, teremos nossa própria terra e nossos descendentes brilharão tanto quanto essas estrelas!

— Já perdi as esperanças, Num.

***

As estrelas sobre o eirado de Num deram lugar a um belo sol que aquecia toda Pi-Ramsés. Moisés dirigia-se a uma das construções. Desde que Ramsés adoecera, tornou-se responsável pelo faraó de acompanhar de perto a edificação de templos e palácios, que eclodiam por toda a cidade. Sua liteira atravessou a rua do comércio, e foi notada por Nefertari que, na companhia de Yunet e Karoma, passeavam pelo mercado, olhando tecidos, joias e especiarias. O príncipe seguiu seu curso, alheio ao grupo de mulheres. Nefertari o acompanhava com os olhos, mas a voz da mãe tirou-a de sua distração.

— Você nem imagina como estou feliz por você ter aceitado dar uma volta conosco, filha. Nada melhor do que fazer compras para afastar a tristeza. Olhe só que tecido maravilhoso!

Yunet falava alegre, mas olhava frequentemente em torno como se esperasse alguma coisa. Paser estava a alguns passos adiante das mulheres, acompanhado de dois auxiliares. Os homens levavam baús com ouro, prata e tecidos. Um pouco atrás do grupo, um oficial egípcio entrava em um beco e juntava-se a um bandido líbio, que tinha o rosto coberto por um tecido escuro. O oficial apontou ao homem quem era Paser e o que deveria fazer com ele. Saindo do beco, o oficial encontrou o príncipe Ramsés, escoltado por dois oficiais. Fez-lhe sinal de que estava tudo certo, conforme o combinado.

Ramsés estava ansioso. Yunet lhe garantira que aquele plano era caminho certo para o coração de Nefertari. Paser caminhava distraído sem perceber que o bandido lhe seguia com um punhal. Yunet, que não perdera o marido de vista, esperou o momento certo para atrair a atenção da filha.

— Por Ísis! Um assalto!

Nefertari olhou ao redor e deparou-se com o homem que investia contra seu pai. Correu em direção aonde vira Moisés, enquanto gritava por ajuda. Ramsés aproximou-se com os oficiais que os acompanhava. Não esperava, porém, que Moisés, ouvindo os gritos de Nefertari, saltasse da liteira e corresse em direção a Paser.

No chão, rendido e dominado, Paser colocava as mãos sobre o rosto, atemorizado. O bandido erguia os braços, pronto para desferir uma punhalada final.

DEZENOVE

A vila dos hebreus

Na rua principal do comércio, o tempo parecia congelado. Paser, deitado a centímetros do punhal que o bandido segurava. Nefertari, aflita, correndo em direção ao pai. Ramsés, com os oficiais, indo ao socorro do sacerdote. Uma multidão de egípcios e hebreus em torno, assistindo à cena.

O salto de Moisés sobre o bandido tirou a cena da inércia. Com reflexos rápidos, o príncipe lutou com o líbio, livrando Paser da morte. Corpo a corpo em combate intenso, Moisés mostrou-se um guerreiro bem treinado, porém o hábil bandido conseguiu fugir. Sem pensar, Moisés seguiu em seu encalço, acompanhado dos oficiais que ladeavam Ramsés.

O líbio corria desesperado, sob sol escaldante, esbarrando em pessoas pelo caminho, virando barracas, derrubando objetos, assustando animais e causando gritaria dos comerciantes. Logo atrás vinha Moisés, aproximando-se rápido, sem sequer perceber para onde estava indo.

Em desespero, o bandido optou por embrenhar-se na vila dos hebreus. Subia em terraços, descia e pulava de um telhado para outro. Moisés perseguia-o pela rua, mas com olhos fixos nos movimentos do líbio. Sem perceber por onde ia, o príncipe esbarrou-se em uma mulher hebreia, fazendo com que os pães no cesto que ela carregava, recém-saídos do forno, voassem pelos ares. Gentil, Moisés parou um instante para socorrer a senhora que acabara de derrubar.

— Desculpe! A senhora está bem?

Joquebede ergueu os olhos e mal pôde acreditar que tinha o filho diante de si. Há algum tempo sentia que em breve esse encontro aconteceria, mas não imaginara que seria assim.

— Não se machucou? — perguntou novamente Moisés, ajudando-a a se levantar.

Sem conseguir proferir palavra, Joquebede apenas assentiu com a cabeça. O choque atrasara Moisés, que logo foi alcançado pelos oficiais egípcios. Ao lado deles, o príncipe continuou em perseguição ao líbio.

Miriã e Amália permaneciam boquiabertas diante da cena que acabavam de presenciar. Acudiram Joquebede, ainda perplexa, enquanto louvavam a Deus por Seus desígnios.

Em uma rua afastada, o oficial aliado a Ramsés capturou o bandido, imobilizando-o no chão

— Fiz tudo que você mandou! — sussurrou o líbio. — Quero minha recompensa!

— Quieto. Disfarce. Ninguém pode saber que o príncipe Ramsés está envolvido nessa história.

— O que vão fazer comigo?

Ao perceber a aproximação de Moisés e dos outros dois oficiais, o egípcio não pensou duas vezes: cortou a garganta do bandido com a espada. Moisés encontrou apenas o corpo, aos pés do oficial. Não gostou nem um pouco do que viu.

— Por que fez isso, soldado?

— Sinto muito, senhor! Ele resistiu à prisão.

— Como, resistiu? Ele estava dominado, aos seus pés.

— Era um homem perigoso, senhor. Desculpe se tomei a decisão errada, mas achei que ele poderia fugir de novo e fazer mal a alguém novamente. Merecia ser punido pelo que fez.

Contrariado, Moisés assentiu.

— Tudo bem. Podem voltar para o palácio. Levem o corpo.

Já mais calmo, Moisés olhou em volta dando-se conta de onde estava. Era a vila dos hebreus. Lugar que sonhava em conhecer desde que descobrira suas origens. Tomou uma decisão na hora.

— Não volto para o palácio agora. Deixe-me um dos soldados.

O príncipe então caminhou pela vila, curioso e extasiado. Acostumara-se a ver os hebreus apenas nas construções. Ali na vila, via-os em sua rotina própria, principalmente as mulheres e as crianças. E todos, sem exceção, olhavam para o príncipe, estupefatos. O que estaria tal autoridade fazendo na vila dos escravos?

A simplicidade rude das casas e das roupas chamou a atenção do nobre. Contrastava profundamente com o luxo com o qual era cercado no palácio. Sorriu para algumas crianças que brincavam em meio à poeira da rua. Teria sido uma delas, anos atrás? Em qual daquelas casas teria nascido? Alguns daqueles olhos curiosos que os fitavam seriam de uma irmã, prima, parenta?

Na casa de Joquebede, Eliseba entrou esbaforida contando a novidade.

— Moisés? Andando aqui em frente de casa? — perguntou Joquebede, desacreditada.

— Até acenou para o Itamar! — contou a nora.

— Bendito seja Deus!

— Será que ele veio nos procurar? O que ele falou? O que vocês conversaram? — quis saber Miriã. Tinha mil dúvidas, mas prosseguiu sem dar tempo para respostas. — Certamente ele está nos procurando, mãe!

— Moisés não sabe quem somos, filha. Se soubesse, teria falado na hora que esbarrou em mim. Ele também não iria ficar comentando com qualquer um sobre sua origem.

— Agora... é estranho Moisés não ter ido logo embora, não acham? — argumentou Miriã, encafifada.

— Estranho mesmo — concordou Eliseba. — Quando ele passou por aqui, parecia curioso. Olhava tudo em volta.

— Será que ele está querendo saber mais sobre nós? Sobre seu povo? — indagou Joquebede. Algo lhe dizia que a resposta à sua própria pergunta era afirmativa.

***

Na rua do comércio, Nefertari abraçou o pai, preocupada e feliz pelo pior não ter acontecido. Ramsés, por sua vez, pegou o baú caído no chão e se aproximou para ajudar Paser a se levantar.

— Ramsés? O que está fazendo aqui? — perguntou o sacerdote.

— Soube que ia fazer oferendas ao deus Amon e achei melhor trazer oficiais para protegê-lo. Você não pode sair sem segurança quando vier trazer tesouros ao templo, Paser. O bandido deve ter desconfiado da riqueza que tem nesse baú.

— Se não fosse por Moisés, meu pai teria sido morto — interrompeu Nefertari, causando ciúmes em Ramsés.

— Eu também teria corrido atrás daquele desgraçado e salvado seu pai, mas minha perna ainda não permite.

Comovida pela ajuda de Ramsés, Nefertari lhe sorriu.

— Obrigada por ter se preocupado com meu pai.

— Depois de tudo o que ele fez por mim, era o mínimo que eu poderia fazer. Fico feliz em ajudar.

O grupo seguiu para o templo. Yunet afastou-se da filha e acompanhou o passo do príncipe. Ramsés estava irritado pela intromissão de Moisés no plano. Era para ele ter sido o herói, e não Moisés. Yunet o tranquilizou. Afinal, apesar de o plano não ter saído exatamente como o planejado, o príncipe já tinha a gratidão da jovem por sua solicitude, calculada, com Paser.

O príncipe queria ter certeza do sucesso de seu plano. Alcançou pai e filha mais adiante e dirigiu-lhes a palavra colocando as mãos sobre seus ombros.

— Faço questão de mais uma vez pedir perdão aos dois — virou-se para a moça. — A você, por ter mentido — e olhou para o sacerdote — E a você, Paser, por tê-lo forçado a mentir.

Paser agradeceu. Nefertari encarou Ramsés, mantinha o olhar baixo. O príncipe continuou.

— Às vezes erramos tentando conseguir o que desejamos — dirigiu-se à Nefertari — E você sabe o que eu desejo, com todas as minhas forças.

— Eu não gosto de mentira — respondeu a moça — sobretudo, detesto ser enganada. Nunca mais faça isso.

— Prometo. Perdoa-me?

Ainda ressentida, mas grata pela ajuda de Ramsés ao pai, Nefertari assentiu com a cabeça e com um sorriso. Aliviado, o príncipe tomou suas mãos e as beijou. Enquanto a moça seguia adiante com o pai, Ramsés virou-se para Yunet, que contemplava e aprovava a cena.

***

Em seu trono, Seti I já sabia do que havia se passado na rua do comércio. Encontrava-se em audiência com Disebeke o oficial envolvido no incidente.

— Vocês conseguiram capturar o bandido que atacou Paser?

— Ele está morto, senhor. Resistiu à prisão e tive de matá-lo — respondeu o oficial.

— E Moisés?

— O príncipe ficou na vila dos hebreus.

Disebek preocupou-se com a novidade. Virou-se para o oficial.

— Como assim, na vila dos hebreus? O que ele ficou fazendo lá?

— Ele disse apenas que voltaria mais tarde.

Percebendo a insatisfação do general, Seti I dispensou o oficial e dirigiu-se ao chefe do exército egípcio.

— Que interesse Moisés teria na vila?

— Ele anda perguntando muito sobre sua família de sangue ultimamente.

— Não gosto disso. Vai chamar a atenção das pessoas. Não quero que ninguém comece a comentar que tenho um neto adotivo. Ainda por cima, hebreu! — pensou por um instante. — Se bem que não seria nada mau se ele resolvesse ficar por lá. O lugar de Moisés é no meio dos escravos, não no palácio.

Disebek ficou em silêncio diante da fala do faraó, mas não conseguiu disfarçar seu desagrado. Resolveu então procurar Henutmire. Não sabia mais o que fazer em relação ao filho, e imaginava que somente a esposa poderia interceder por Moisés junto ao faraó. Dirigiu-se ao harém.

— Viu minha esposa? — perguntou o oficial a Karoma.

— Não, comandante. A princesa disse que iria dar um passeio com Hur.

— Passeio? Com o ourives?

O general não conseguiu disfarçar a contrariedade. O que sua esposa, a princesa, estaria fazendo com Hur? O que poderia haver de tão interessante naquele ourives de origem hebreia para sair em passeio com ele?

De fato ambos estavam às margens do rio Nilo, sob a tenda dos nobres. Henutmire estava reclinada sobre o sofá, e admirava a paisagem. Sentia-se feliz na companhia de Hur, a quem considerava um amigo.

— Não me canso de admirar o Nilo.

Hur tentava disfarçar todo o nervosismo de ter a princesa ao seu lado. Sem desgrudar os olhos dela, concordou.

— É bonito mesmo.

— E pensar que as cheias, que tornam nossas terras férteis, vêm das lágrimas de tristeza de Ísis com saudade de seu marido.

— Até em seus infortúnios os deuses nos favorecem. Sem as águas sagradas do Nilo, sequer existiríamos.

— É verdade. E o Deus dos hebreus, Hur? Esse Deus sem rosto, invisível, como ele é?

— Faz tempo que me afastei dessa fé, mas sei que Ele não gosta de dividir sua adoração com nenhum outro deus.

— Que interessante. Aqui no Egito servimos a tantos deuses. O Deus de Israel poderia até ser mais um.

— Os hebreus não o adoram como os egípcios adoram seus deuses.

— Não? E como fazem?

— Não existem rituais, rezas prontas. O relacionamento se dá através da fé.

— Fé? Como assim? Não entendo.

Hur aproximou-se para explicar-lhe.

— É a certeza de que vamos receber o que esperamos, mesmo sem nenhum indício de que vá acontecer. Isso é fé.

— Você assimilou tanto a nossa cultura que às vezes esqueço que é hebreu. Assim como Moisés.

Hur incomodava-se quando o assunto era a origem hebraica de Moisés. Arrependia-se de ter ajudado Joquebede a entrar na cadeia do palácio, e o fato de Moisés tê-lo procurado dias depois, pedindo ajuda para descobrir quem eram seus parentes, o deixara inquieto. Entendeu que seria um bom momento de ter Henutmire como sua aliada, a fim de não se meter em mais confusões.

— Princesa, Moisés está resoluto em descobrir informações sobre sua família hebreia. Dias atrás, procurou-me pedindo ajuda para encontrar seus parentes. Consegui dissuadi-lo, pelo menos por enquanto, mas ele não vai desistir.

A princesa afundou-se sobre o sofá.

— Por Ísis! Por que meu filho insiste nessa busca? O que falta a Moisés? Será que não fui uma boa mãe pra ele?

— Não diga isso! — Hur agitara-se. Não deveria ter tocado no assunto e chateado Henutmire. — A senhora é uma mulher maravilhosa! Não tem por que se martirizar desse jeito!

— Obrigada, Hur. Faz-me muito bem poder contar com sua amizade em tempos tão complicados para mim.

— Estarei sempre ao seu lado, princesa.

Disebek os viu ao longe e anunciou-se. Sabia que precisava de tato com a esposa. Henutmire andava irritadiça, enciumada do marido, preocupada com Moisés. Ainda assim não conseguiu conter completamente o ciúme ao ver a esposa com Hur e pediu para que o ourives se retirasse.

— Fui eu que o convidei para me fazer companhia, Disebek. Está aqui como amigo, não como artesão.

— Como quiser, Henutmire, mas tenho um assunto de família para tratar com você.

— Pode prosseguir, já disse que Hur é um amigo. Do que se trata?

— Moisés. Ele está na vila dos hebreus.

— O quê? Mas, como?

— Um malfeitor tentou atacar Paser. Por sorte Moisés estava passando e saiu em perseguição ao bandido pelas ruas da vila.

— Por Ísis! Como está meu filho? Ele se feriu?

— Não. O ladrão foi morto por um oficial, tudo se resolveu, mas Moisés não retornou ao palácio.

Henutmire ficou angustiada e Hur pressentiu que era hora de ir embora. Disebek abraçou a esposa. Tinham de ficar unidos pelo bem da família.

A família de Paser também procurava união. Pelo menos era essa a intenção dele ao se aproximar de Nefertari para desculpar-se por tê-la enganado com Ramsés. Após quase perder o pai pela manhã, a jovem não considerava a possibilidade de permanecer zangada com ele.

— Não sabe como estou aliviado, Nefertari. Não tem ideia de como foi doloroso ter de mentir para minha filhinha. Você me perdoa mesmo?

— Claro, pai. Se perdoei Ramsés, como poderia não perdoá-lo? Se há um homem que jamais me magoaria intencionalmente é o senhor.

O sacerdote saiu em defesa do príncipe. Agira errado, mas, com isso, demonstrou que era capaz de qualquer coisa para ter o amor de Nefertari. Isso, porém, não tranquilizava a moça.

— Esse amor que ele diz ter por mim às vezes me assusta, sabia?

— É o jeito dele. Ramsés é muito intenso, controlador, mas é um bom rapaz. De qualquer forma, escute seu coração e deixe que a deusa Hathor a guie em sua escolha. Você não é obrigada a nada, pelo menos por enquanto.

— Se estão falando do casamento, ela é obrigada sim!

Yunet entrara no gabinete de Paser. Se havia alguém que não prezava pela paz familiar, era ela. Olhou com impaciência para o marido e a filha.

— Não esqueça que Ramsés é o herdeiro do trono do Egito. Se ele não a tiver, você não será de mais ninguém.

— Isso é um absurdo! — redarguiu Nefertari.

Paser, no entanto, tinha de concordar com a esposa nesse ponto. Ramsés não aceitaria um não como resposta.

VINTE

Um sonho revelador

Moisés ainda estava entorpecido com as lembranças do estranho encontro na vila dos hebreus. Passara a noite pensando em quem seria a mulher na qual esbarrara enquanto perseguia o ladrão ali. Tinha convicção de que era a mesma pessoa que o havia visitado na cela, levando-lhe frutas. Por que ela teria aquele ar tão íntimo e familiar? Sua cabeça dava voltas quando as secas e curtas batidas na porta de seu quarto lhe chamaram a atenção. Era a princesa Henutmire, que sem dizer uma só palavra, lançou-se em seus braços, abraçando-o com força e certo desespero. Depois de alguns segundos em silêncio, ela quis saber sobre os últimos acontecimentos.

— Soube que esteve às voltas com um bandido que tentou assaltar Paser.

— Está tudo bem, mãe, a não ser pelo bandido, que acabou morto por um oficial.

— E por que ficou tanto tempo na vila? Ainda está querendo encontrar parentes por lá, não é?

Moisés negou com os lábios o que seus olhos revelavam. Abraçou a mãe, deixando-a mais tranquila, refugiada em seu peito. Porém, sua cabeça não conseguia parar de pensar naquele local, tão carente de tudo, em que os hebreus viviam, e nem nas costas marcadas do povo oprimido pelos chicotes de faraó, as quais acostumara-se a ver nas construções que visitava constantemente.

Pouco tempo depois o príncipe hebreu caminhava até a sala de Paser. A cada dia, a amizade entre o sacerdote e o filho adotivo da princesa se fortalecia. O episódio da intervenção de Moisés, salvando Paser das mãos do assaltante, reforçava ainda mais a admiração que o sacerdote nutria por ele.

— Quando vi aquele punhal na mão do bandido, pensei que havia chegado minha hora. Estou lhe devendo nada menos do que a vida — sorriu, em agradecimento.

Moisés sorriu também, mas foi ao ver que Nefertari chegava à sala do pai. Sua beleza iluminava o rosto do jovem, que disfarçou seu contentamento e rapidamente deixou o local.

— Bem, eu vou indo. Só vim mesmo saber se estava tudo bem.

Paser notou como ele e a filha haviam se tratado de forma fria. Quis saber o que havia acontecido.

— É, pai, agora vai ser assim. Não pretendo passar a vida implorando por amor. Chega, não é bom para saúde.

— Tem razão, filha. Você ainda tem muita vida pela frente. Trate de ser feliz.

— Feliz? Acho que sou imune à felicidade — sorriu, resignada.

Paser acariciou a cabeça da filha, preocupado com seu abatimento, fazendo que uma lágrima teimosa escorresse de seus belos olhos. Nefertari estava determinada a esquecer Moisés. Ainda mais depois de ter seu orgulho ferido após diversas investidas e declarações. Sentia-se rejeitada e queria apenas seguir adiante.

Ao sair da sala de Paser, Moisés continuou sua caminhada matinal pelo palácio à procura de algo que nem ele mesmo sabia o que era. Passou pelos corredores decorados com requinte. Ganhou o pátio, passou diante de soldados que treinavam golpes com suas espadas na sala de treinamento até que viu, entre eles, o leal e bom oficial Ikeni. Aproximou-se do rapaz com um pedido. Precisava descobrir quem era a misteriosa, porém familiar, mulher hebreia que não lhe saía dos pensamentos. Necessitava compreender por que aquela senhora havia se vestido como egípcia e ido até sua cela levar-lhe frutas. O que ele não contava era com a indiscrição de Disebek, que estava por ali e ouviu, escondido, toda a conversa. Sem saber o que fazer, o general resolveu contar à esposa sobre os planos do filho, indo apressado em direção aos aposentos de Henutmire.

— Mas ele me garantiu que havia desistido de procurar a outra família e parecia tão sincero — decepcionou-se a princesa.

— Pois não desistiu. Moisés se esbarrou com a tal Joquebede na vila dos hebreus quando estava perseguindo o bandido.

— Por Osíris! Então ele já descobriu tudo? Já sabe que ela é a mãe de sangue? — desesperou-se Henutmire.

— Ainda não. Mas pelo visto é uma questão de tempo. Ele se lembrou de que ela é a tal serva hebreia que fora até a cela quando ele estava preso — continuou o general Disebek, explicando ainda que Moisés havia combinado com Ikeni de retornar à vila dos hebreus no dia seguinte à procura de Joquebede.

Os dois se entreolharam, confusos e temerosos. Precisavam tomar uma decisão rápida.

***

Enquanto Moisés planejava retornar à vila dos hebreus, Uri, filho de Hur, procurava convencer a esposa e o filho de irem morar com ele no palácio de Faraó. Para a moça, era uma escolha difícil. Era ir ou ficar sem seu pequeno, uma vez que Uri era firme na decisão de divorciar-se dela e ficar com a criança. Pensou que talvez houvesse uma chance de viverem bem no palácio, pelo menos por alguns dias, até se reconciliarem e viverem em família novamente por lá.

Leila arrumava algumas mudas de roupa. Resolveu ir com o marido à casa de Joquebede para despedir-se. Uri aproveitou o encontro para passar notícias de Moisés.

— Tenho um assunto um pouco desagradável para lhe dizer. Disseram a Moisés que a mãe dele, a mãe de sangue, está morta.

Joquebede escutava em silêncio.

— As coisas se complicaram depois da sua visita à cela, quando Moisés estava preso. Houve uma investigação para tentar descobrir quem a ajudou a burlar a segurança.

— Espero que Hur não tenha se prejudicado por minha causa — interrompeu Joquebede.

— Ninguém desconfia que foi o meu pai que ajudou, mas o oficial responsável pela guarda acabou sendo executado.

A hebreia lamentou que tudo aquilo tivesse ocorrido. Não imaginava que seu desejo de acercar-se do filho poderia ter custado a vida de outra pessoa.

— Moisés descobriu que a mulher que lhe visitara era uma hebreia, e ele desconfiou que fosse a mãe dele. Por isso a princesa e o comandante inventaram essa história de que a mãe dele morreu. O problema é que agora Moisés cismou de saber se tem irmãos ou se o pai está vivo — dizia Uri.

Joquebede não sabia se ficava feliz ou triste com aquela última informação. Algo havia despertado dentro do filho, e sua esperança era que a curiosidade dele o trouxesse novamente para o lado do seu verdadeiro povo.

***

Já estava entardecendo e Apuki chegou em casa, deixando sua esposa Judite apreensiva. Ela recolhia alguns brinquedos dos filhos e rapidamente se desculpou com o marido pela bagunça da casa. O feitor egípcio estava, entretanto, estranhamente de bom humor. Ajudou a recolher alguns brinquedos pelo chão e anunciou que sairia com alguns amigos. Iria se divertir; afinal, a obra que havia supervisionado estava terminada e, no dia seguinte, o próprio faraó iria até o canteiro de construção.

— Eu serei coberto de glórias pelo faraó! O soberano ficará impressionado com o meu trabalho — comemorava enquanto se perfumava e vestia uma roupa limpa.

Apuki saiu e foi até à Casa de Senet, o famoso estabelecimento frequentado por soldados e sensuais dançarinas. Queria beber, jogar, se divertir e relaxar para o dia seguinte.

Ele não sabia, porém, que havia uma emboscada preparada contra ele. Arão teimava em prejudicar o feitor pelo incêndio de sua casa. Pensara até em sabotar a construção, mas Num interveio, pois o plano colocaria não apenas Apuki em risco, mas todos os escravos hebreus que trabalharam na obra. Tinha uma ideia que seria muito mais eficaz: tratava-se de Isabel, uma bela hebreia que trabalhava como dançarina na Casa de Senet. Isabel perdera o marido após ter sido açoitado furiosamente por Apuki. Ela poderia ajudá-los num plano que prejudicasse o feitor egípcio. Arão gostou da ideia.

À noite, perto do estabelecimento, Arão dava as últimas orientações a Isabel. Ela aceitara rapidamente a proposta e, já dentro do local, passou a monitorar o feitor que bebia com cautela. Não era muito tarde quando Apuki despediu-se dos colegas e foi pagar pelo consumo dos amigos. Nesse momento Isabel se aproximou, usando toda sua sedução.

— Ah, mas já vai embora?

— Infelizmente, tenho de ir.

— Por quê? Ainda é tão cedo. Poderíamos nos divertir um pouco juntos, que tal?

— Não me tente, mulher. Tenho compromisso amanhã cedo. Quem sabe, outra hora.

— Estou tão carente de uma boa companhia. Não me acha bonita? — insinuou-se, enquanto deixou que suas pernas escapassem do vestido, evidenciando suas curvas sensuais e perfeitas.

— Linda. Até a deusa Ísis deve invejar a sua beleza — concordou, sem tirar os olhos das pernas de Isabel.

— Então por que não fica comigo esta noite? Faço tudo o que você quiser — disse, sussurrando em seus ouvidos.

Apuki parecia um animal diante de um pedaço de carne. Atendendo aos apelos de Isabel, virou copos e mais copos de cerveja até ficar totalmente embriagado. O feitor e Isabel foram para um dos quartos do local, onde a moça deu início a um jogo de desejo. As horas corriam ligeiras pela madrugada.

***

Naquela noite quem também se divertia era Ramsés e Nefertari. O filho do soberano do alto e baixo Egito levou a amiga até a sala do trono, vazia. Lá acendeu algumas tochas, fazendo cara de traquinagem.

— Tem certeza de que podemos ficar aqui? O rei não vai se zangar? — Nefertari estava um pouco assustada.

— Onde está a corajosa Nefertari que um dia nos ajudou a pegar pó de mico no gabinete do sacerdote? Não se lembra?

A moça riu ao se lembrar como ele e Moisés espalharam o pó no harém e todas passaram dias se lavando e esfregando a pele até ficar vermelha.

— Mas meu pai bem que ficou desconfiado com o sumiço do frasco. Eu não tinha ideia do que pretendiam quando ajudei vocês! — ria, divertindo-se com a leve conversa.

Ramsés sorriu, mas olhou sério para o trono.

— Tudo isso me pertence por herança, Nefertari. Não acha que o futuro rei tem permissão para entrar na sala e sentar em seu futuro trono? — disse Ramsés, enquanto seguia até o trono e assentava-se. Nefertari o olhou com admiração. Ele ficava muito bem como soberano.

— Terei muito orgulho quando me tornar o rei do Egito, mas nada disso me fará feliz se não tiver você ao meu lado — insinuou, deixando a filha de Paser constrangida e contrariada.

— Já conversamos e você prometeu que...

— Não se preocupe! Tomei uma decisão e não vou mais pressioná-la.

— Não?

— Você é livre para fazer o que quiser, para casar com quem tiver vontade. Amo-a demais para forçá-la a qualquer coisa. Meu sonho é tê-la ao meu lado, aqui, mas só se você desejar isso tanto quanto eu.

Nefertari espantou-se com Ramsés. Não parecia o mesmo jovem controlador e obstinado que conhecia desde a infância. Não que Ramsés houvesse mudado. Ele passara algumas horas em conversa com Yunet, que lhe falou sobre como poderia tentar seduzir a filha. Atento, seguia os conselhos da pretendida sogra.

— Está falando sério, Ramsés?

— Claro que estou! Iria mentir sentado no trono do soberano das duas terras? Você é importante demais para mim, Nefertari. Não quero perdê-la. Se não puder tê-la como minha amada esposa, pelo menos que a tenha como uma querida amiga.

Nefertari ficou desconfiada com as palavras de Ramsés.

— Amiga?

— Isso você não pode me negar, pode? Olhe que somos cúmplices de muitos crimes desde crianças! Se me recusar sua amizade, ponho pó de mico nas suas roupas!

— É claro que podemos ser amigos. Mas se ousar botar esse pó nas minhas coisas, juro que não o perdoarei! — gargalhou.

Ramsés propôs que fossem até a cozinha real onde poderiam roubar alguns doces. Ela gostou da ideia. Nada a deixava mais feliz que aquela velha sensação de infância e suas peraltices que lhe elevavam a adrenalina. Lá divertiam-se numa brincadeira que desarmava as resistências da bela Nefertari em relação a Ramsés. O plano dele — e de Yunet — estava dando certo.

Não muito longe dali, Moisés já havia se recolhido em seus aposentos. Queria descansar para o dia seguinte quando visitaria a obra com o rei e tentaria encontrar a misteriosa mulher hebreia. Dormiu mergulhado nas ideias e sonhou, como já havia sonhado outras vezes. Porém, o que antes lhe aparecia como silhuetas disformes e palavras cheias de eco foi ganhando cada vez mais nitidez. As imagens ganhavam um sentido. Era um menino pequeno, de três anos, no colo de um oficial que olhava para uma mulher, aos prantos. A criança era ele, que gritava desesperado enquanto outro soldado afastava a mulher de sua presença. Ele esticava suas pequenas e frágeis mãos em direção à mulher, que tentava, com todas as forças, agarrá-las. Dessa vez ele conseguia reconhecer alguns detalhes dos olhos, cheios de doçura. Das mãos brancas. Da boca que o chamava pelo nome. "Moisés, meu filho", enquanto ele continuava a gritar "Mamãe, mamãe."

Moisés saltou da cama, molhado de suor. Olhou em volta, como se pudesse recuperar as imagens de seu sonho revelador. Apanhou seu saiote e uma leve blusa de linho e saiu apressado do quarto, ainda sem ter muita certeza de onde iria. Caminhou instintivamente até um jardim próximo. Parou por ali, diante das flores e plantas, angustiado e pensativo em relação ao rosto desfocado da mulher a quem chamara de mãe, cujas imagens lhe apareceram sobrepostas como um perturbador quebra-cabeças. Era difícil voltar às memórias daquele menino de três anos, arrancado das mãos da mulher que o tratara com tanto afeto. Que o lançava para o alto, em brincadeiras infantis e rolava pelo chão da casa, rindo com suas peraltices. Que casa era aquela? Quem era aquela mulher? Por que foi arrancado de suas mãos, mesmo gritando para permanecer no aconchego do peito materno? Dúvidas e lembranças o apunhalavam na solidão daquele jardim. Achou melhor procurar o sacerdote Paser. Mais do que um religioso, Paser era um mestre no qual Moisés tinha plena confiança para expor suas inquietações. Entrou com singeleza no gabinete, onde o sacerdote estudava alguns papiros.

— Queria conversar um pouco — iniciou o príncipe, tentando organizar as ideias em formas de palavras.

— Claro, do que se trata? — dispôs-se Paser.

— É sobre uns sonhos que tenho tido...

— Huuum, sonhos são muito importantes. Vamos, me conte!

— Não sei exatamente se é um sonho. São imagens confusas que se repetem desde que sou criança. Às vezes, tenho a impressão de que podem ser lembranças.

— Diga mais e deixe-me julgar.

— Eu me vejo num lindo jardim, com uma mulher de quem gosto muito. Tudo parece bem até que sou arrancado dos braços dela e fico muito triste. Quer dizer, eu vejo uma criança que fica triste, mas não sei se essa criança sou eu — narra Moisés, tentando se concentrar e lembrar o máximo de possíveis detalhes.

— Pode ser que sim, pode ser que não. Continue, o que mais acontece? — interessou-se o sacerdote.

—Vejo sempre essa mulher sorrindo para mim. Às vezes há outras crianças brincando por perto e sei que sou íntimo delas, mas não sei quem são.

— Como é essa mulher? — quis saber Paser.

— Nunca vejo o rosto. Fica tudo muito confuso, as imagens se misturam. Numa hora é de muita tristeza, noutra, de muita alegria. O que isso significa, Paser? — lamentou Moisés.

Paser considerava tudo, ora fazendo pequenas anotações, ora coçando a ponta do queixo em busca de respostas. Abriu um papiro empoeirado que estava numa prateleira e deteve-se por alguns momentos, o estudando. Moisés esticou o pescoço. Então? Achou alguma coisa?

— Aqui nesse papiro temos registrados alguns sonhos e as interpretações de sacerdotes seguidores de Hórus. Mas não estou achando nada que... Espere.Você vê água nesses sonhos?

— Água? Sim.Vejo crianças rindo e brincando no rio. O que significa?

— Caso um homem se veja submergindo no rio, isso é bom: significa purificação de todos os males. Está vendo? Não há com que se preocupar — leu Paser.

Moisés continuava desconfortado.

— Mas isso não explica tudo. Serão sonhos mesmo ou lembranças?

— Que tipo de lembranças seriam, se você não reconhece as pessoas que vê?

— A mulher da qual sou separado, ela não pode ser minha mãe de sangue? Não podem ser coisas que vivi antes de chegar ao palácio?

— Moisés, entendo sua curiosidade sobre suas origens, mas acho que você está se deixando sugestionar — sugeriu o sacerdote. — Não creio que se trate de lembranças. Pode não ser nada de mais, na verdade. São só os seus pensamentos perturbando-o.

O hebreu pesava cada perspectiva. De fato, tudo aquilo poderia ser sim consequência de sua extrema inquietude nos últimos tempos. De sua vontade de conhecer sua real história. Paser interrompeu seus pensamentos.

— Sabe o quanto gosto do príncipe e, se me permite, vou lhe dar um conselho. Deixe o passado em seu lugar. Não faz bem ao equilíbrio do universo querer mudar a ordem das coisas. Soube que o rei não ficou nada contente com essa sua incursão na vila dos hebreus.

— Não foi premeditado. Estava perseguindo o ladrão...

— Mas ficou mais tempo do que necessitava, não ficou?

Moisés assentiu.

— Esqueça isso tudo! Pense na senhora Henutmire! Para que insistir em algo que só pode trazer dor e sofrimento à mulher que o criou com tanto amor e carinho?

— Talvez o sacerdote tenha razão. Estou vendo coisas onde não há nada.

— Tenho certeza de que esses sonhos não têm nada a ver com seu passado — tranquilizou Paser.

Moisés sorriu, timidamente, em agradecimento, e se preparava para sair quando Nefertari chegou repentinamente. Estava toda coberta de farinha e condimentos da cozinha real, com cara de criança travessa. Moisés a achou encantadora, toda lambuzada. Ela riu, não conseguindo disfarçar a alegria e pôs-se a tagarelar com o amigo, explicando o que havia ocorrido.

— Lembra, Moisés, de quando éramos crianças e assaltávamos a cozinha escondidos?

— Claro que me lembro. O cozinheiro ficava doido quando descobria a bagunça!

— Pois é! Eu e Ramsés fizemos como nos velhos tempos. Comemos tudo que encontramos até não poder mais! — gargalhou.

Moisés, que até então achava graça, fechou subitamente o semblante, enciumado à menção de Ramsés. Já Paser tentava censurá-la, mesmo se divertindo com todo o relato da filha.

—Vocês... Isso é coisa que se faça, na sua idade? — riu o sacerdote.

O príncipe, emburrado, despediu-se e saiu carrancudo. Paser e a filha entreolharam-se. Sabiam bem o motivo.

— Por que o provocou? — perguntou Paser.

— Eu não fiz nada! — disse, com um sorriso por ter aprontado mais uma, e beijando o pai no rosto.

***

Na Casa de Senet, Apuki urrava e corria atrás de Isabel como um cachorrinho atrás de um pedaço suculento de carne. A porta do quarto repentinamente se abriu e duas bailarinas entraram, com seus rebolados sensuais, deixando ainda mais eufórico o feitor egípcio. Esbaldava-se atrás das meninas, completamente embriagado até que, quase amanhecendo, não resistiu mais a tanta cerveja e caiu desmaiado ao lado da cama.

Na casa de Num, ele e Arão conversavam sobre como estaria o plano com Isabel. Arão estava ansioso e cogitou ir até a Casa de Senet dar uma espiada.

— Sossegue, Arão. Se Apuki vê-lo por lá, vai desconfiar.

Apesar de ter participado na elaboração do plano, Num sentia-se culpado.

— Aos olhos de Deus, não devíamos pagar o mal com o mal — continuou.

— E devemos retribuir como? — indagou Arão. — Por acaso você acha que se levarmos pães e bolos para Apuki, ele vai ficar bonzinho? Vai nos tratar com mais gentileza, é isso? Deixe de ser tolo, Num! Deus não está nem aí para nós, e Apuki merece!

Num o olhou com consternação enquanto Amália despertou com a conversa. Arão percebeu que já era muito tarde para estar ali, despediu-se e voltou para casa. Teria de levantar cedo no dia seguinte. Ao voltar, porém, encontrou a esposa Eliseba acordada e preocupada com o sumiço do marido.

— O que o senhor estava fazendo até essa hora na rua? Esse seu ar de satisfação é de quem estava aprontando — ralhou.

Arão achou graça do ciúme da mulher e explicou o que estava tramando e como pretendia prejudicar o feitor na obra que seria inaugurada no dia seguinte.

— Tinha de me vingar de Apuki. De quebra, ainda vai sobrar para aquele arrogante do Moisés.

Joquebede, que havia despertado com o barulho, ouviu a última frase do filho e quis saber o que aprontava Arão. Àquela altura, ele só colecionava amarguras e ressentimentos.

— O que Moisés fez contra você, meu filho?— questionou com firmeza.

— Ah, minha mãe! Sempre foi o queridinho, com todo mundo preocupado com ele. Moisés pra cá, Moisés pra lá. A senhora e Miriã só pensam em Moisés, só falam de Moisés o tempo todo! — reclamou Arão deixando Joquebede indignada com o desabafo.

— Não é verdade! Sempre amei meus três filhos do mesmo jeito! — defendeu-se.

— A senhora pôs sua vida em risco e diz que ama a todos nós?! Por causa do meu querido irmão a senhora sequer pensou que poderia deixar seus outros filhos órfãos, seus netos sem avó! Ele é mais importante que toda sua família!

— Não diga isso, eu...

— Cresci sem meu pai porque ele também se sacrificou por Moisés! Por causa dele ficamos sozinhos. Moisés matou meu pai!

Todos ficaram em silêncio por um instante, diante de tão doloridas palavras. Eliseba pensou em interceder, mas percebeu que de nada serviria.

— Tudo que eu e seu pai fizemos, teríamos feito por qualquer um de vocês. Sinto muito se você apagou as coisas boas da memória, meu filho, se só sobraram mágoas e ressentimentos. Um dia, você também amou muito seu irmão — disse com firmeza e pausadamente.

Arão ficou mexido com aquelas palavras, levantou-se e deixou a casa. Andou pela rua, já deserta. Não tinha aonde ir, não tinha mais sua casa. Caminhou por alguns minutos até encontrar uma pequena mureta, contra a qual se encolheu, como uma criança assustada. Chorou ao lembrar-se de tantas cenas de sua infância. Eliseba o encontrou pouco tempo depois. Sentou-se ao seu lado, em silêncio, e o abraçou acolhedoramente. Era o que Arão precisava para verter em forma de lágrimas a mágoa presa em sua garganta.

VINTE E UM

Uma visita inesperada

O sol nascendo sobre Pi-Ramsés fez com que as coberturas de palha de trigo resplandecessem também na vila dos hebreus. Judite estava inquieta com o sumiço de Apuki e andava aflita pensando no que poderia ter acontecido ao marido. Ignorava que ainda estava na Casa de Senet, adormecido.

Num, Zelofeade e Arão chegaram lá e encontraram o feitor embriagado e desfalecido. Isabel sorriu ao ver os amigos.

— Espero que o maldito caia em desgraça para sempre — festejou a prostituta.

Arão e os companheiros levantaram o feitor e o levaram até o local de obras. Passaram entre outros escravos, que olhavam a cena com curiosidade e riso. Apuki começava a despertar, mas ainda estava sob o efeito da incrível bebedeira da noite anterior. Trocava as palavras. Trançava as pernas. Festejava e dançava, às gargalhadas. Cantarolava canções ininteligíveis. Um oficial se aproximou, assustado com a cena. Sabia que em pouco tempo o próprio faraó estaria ali e Apuki não podia continuar naquele estado. Num, arrependido, quis intervir. Pediu ao oficial para ajudar o feitor e o levou até uma vasilha cheia de água. Mergulhou nela a cabeça do egípcio seguidas vezes, até que Zelofeade anunciou que o faraó estaria chegando em pouco tempo.

Seti I já estava de saída para visitar a obra. Moisés, o arquiteto daquela construção, iria junto com o faraó e, de acordo com o plano que traçara com Ikeni, de lá seguiria até a vila dos hebreus em busca de informações sobre sua família. Não contava com a interferência do pai, que dissera a Ikeni para impedir aquela visita. Moisés resolveu contar a Ramsés sobre o plano. O príncipe tentava demovê-lo da ideia quando a princesa Henutmire chegou, cheia de insegurança. Afagava a mão do filho adotivo como se fosse a última vez que o veria.

— Não esqueça que eu o amo muito. Posso ter errado às vezes, mas foi sempre por amor. Você sabe, não sabe?

— Sei, mas... Por que está falando isso agora? — estranhou o comportamento de Henutmire.

— Necessidade boba de mãe... — disfarçou.

Moisés sorriu afetuosamente e beijou a testa de Henutmire, que o segurou aflita pelos braços, abraçou-o e o beijou no rosto. Depois viu Moisés desaparecer pela porta, indo encontrar-se com o faraó. Permaneceu ali, no quarto do filho, sentindo a angústia lhe assaltar o peito.

A comitiva real logo partiu do palácio e, em pouco tempo, chegava ao local das obras. Moisés e Seti I eram conduzidos em liteiras carregadas pelos servos. No séquito também seguiam cerca de vinte soldados, que faziam a segurança, alguns outros funcionários carregando alimentos e abanadores que aliviavam o forte calor que começava a fazer na região.

Moisés ia descrevendo o cuidado na construção daquele santuário.

— Por seu esplendor, todas as pedras são de arenito ou de calcário, com encaixe perfeito para formação dos pilares. Na capela do santuário foi usado granito. Nas pontas, os obeliscos estão revestidos por uma liga de ouro e prata. Quanto aos baixos relevos foram esculpidos e pintados pelos melhores artistas do reino. As estátuas para o culto, como o faraó poderá ver, foram executadas em ouro e decoradas com lápis-lazúli.

— Perfeito! Belo trabalho, parabéns! — reconhecia Seti I.

— Obrigado, senhor. Fico muito feliz com sua aprovação. Gostaria de falar com o feitor responsável? — agradeceu Moisés.

— Sim, mande chamá-lo. Ele também merece elogios — assentiu o faraó, deslumbrado com a construção.

Apuki, porém, ao perceber seu lastimável estado, quis se esconder, envergonhado. Estava atrás de um monte de pedras quando Num e Zelofeade o encontraram e avisaram que o faraó o procurava. O feitor ficou apavorado e caminhou, ao lado de Num e Zelofeade, trôpego, às vezes se apoiando nos escravos. O pânico o fazia tropeçar ainda mais. Arão assistia à cena não conseguindo disfarçar seu contentamento. Apuki caminhava cabisbaixo, desviando o seu olhar de Seti I, que não entendia o que estava acontecendo. O faraó olhou para Moisés e, em tom de cobrança, quis saber o que estava acontecendo.

Apuki, que se mantinha com pouco equilíbrio e olhando para o chão.

— Ele acordou meio indisposto, não está passando bem — tentou ajudar Num.

— Deixe que ele responda, e se afastem — ordenou, irritado, Moisés.

Apuki permaneceu ali, oscilando ligeiramente, em silêncio, paralisado pelo medo. — Ele está embriagado! — reconheceu faraó, indignado.

Moisés se enfureceu.

—Você bebeu, Apuki? É isso?

Todos permaneciam em silêncio, aguardando a resposta do feitor que olhou em volta, para o céu, para o chão e começou a gemer baixinho, um gemido que logo se transformou num choro, como se fosse uma criança apavorada.

Perplexo, Seti I se voltou para Moisés, furioso.

— Mas o que isso significa?

O choro de Apuki era constrangedor. Moisés não sabia o que explicar ao soberano Seti I que estava perplexo com o desleixo do feitor e a falta de controle do príncipe hebreu, responsável maior por aquela importante obra.

— Levem essa criatura daqui! — ordenou o faraó, olhando com indignação para Moisés. —Você deveria escolher melhor seus subordinados.

Moisés tentava encontrar explicações enquanto a triste e cambaleante figura do feitor era levada por Num, Arão, Zelofeade e outros escravos.

— Perdão, senhor. Depois vou averiguar exatamente o que houve. Podemos visitar a obra? Os detalhes que mencionei são...

— Não. Outro dia. Quero voltar ao palácio — respondeu de péssimo humor o faraó, sentindo-se exposto e envergonhado, algo que ele não tolerava.

Moisés assentiu, com reverência, ainda atordoado com a bronca que levara e com a situação de seu feitor. Já Arão comemorava a humilhação de Apuki e de seu irmão.

Após toda a celeuma, Moisés continuou sua inspeção sozinho. Admirou todo o trabalho realizado pelos escravos. Chamou Num, que ficou apreensivo, achando que lhe sobrariam também broncas.

—Você é o chefe dos escravos, não é isso?

— Sim, senhor.

— Quero lhe dar os parabéns pela conclusão da obra.Você e os demais hebreus fizeram um excelente trabalho.Agora cuide de Apuki que depois me acerto com ele.

— Muito obrigado, senhor — respondeu baixinho e lisonjeado com o elogio.

De lá, o príncipe hebreu, ao lado do jovem soldado Ikeni, seguiu para visitar a vila dos hebreus outra vez. Não havia nada mais importante do que conhecer suas próprias origens. Os dois caminhavam por uma rua que levava até a vila. Ikeni estava apreensivo. Lembrava-se bem dos olhos do general Disebek que o escrutinaram na noite anterior.

— Senhor, desculpe-me falar, mas é um pouco arriscado ir à vila dos hebreus sem uma escolta adequada. O senhor é um príncipe, não pode ficar se expondo assim, ainda mais naquele lugar.

—Você é a escolta de que preciso, Ikeni. Mas por que tem tanto receio de ir à vila?

— Só estou pensado no bem-estar do príncipe.

—É apenas uma vila de escravos.Acha que eles são imundos,inferiores,desprezíveis?

— Não, claro que não.

— Seria natural se você tivesse aversão aos escravos estrangeiros, afinal é um egípcio. Pode falar, não tenha medo — tentou deixar à vontade seu escudeiro.

— Não me importo com eles, na verdade. Estou sim preocupado, mas é com a sua segurança.

— Não deveria se importar comigo também. Nas minhas veias corre sangue hebreu. Sabe disso, não sabe? — provocou Moisés, deixando o soldado constrangido e calado.

— O senhor é um príncipe do Egito — rompeu o silêncio Ikeni, procurando as palavras mais acertadas.

— Por mais que eu more no palácio, que vista roupas de príncipe, que tenha vencido guerras para o soberano Seti I, nada pode apagar o que sou de verdade. Eu até tentei negar isso para mim mesmo durante muito tempo, mas é o que sou: um hebreu — respondeu Moisés, apertando os passos e seguindo com determinação até a entrada da vila.

Assim que o príncipe e seu soldado irromperam pelas ruas de terra batida e casas pequenas, os escravos se alertaram com a nobre visita. Mulheres cochichavam entre si. Idosos os fitavam, temerosos, e crianças apontavam com espanto as roupas imponentes e espadas que traziam em suas cinturas.

Miriã e Amália estavam assando pão num forno coletivo.

— Queria ser uma mosquinha para saber o que está acontecendo lá na construção — disse Miriã, sorrindo ao imaginar a presença de Moisés e toda a pompa que uma visita do faraó exigia.

— Acho que você já vai saber — disse Amália, apontando, com um movimento de seus com os olhos, a inesperada presença do príncipe.

Ao ver o irmão diante de si, ela rapidamente aprumou-se. Suas mãos suavam de tensão. Dirigiu-se a Moisés.

— O que o traz aqui, meu... meu príncipe?

Moisés a olhou com empatia e recordou de seu rosto, na última vez em que esteve por ali.

— Não era você que estava aqui outro dia?

— Sim, era eu.

— O seu nome, qual é?

— Miriã — disse nervosamente.

— Preciso encontrar aquela senhora que estava com você quando nos esbarramos. Sabe quem ela é?

— Aquela senhora? Ela é... é minha mãe — gaguejou Miriã, já se atrapalhando com o avental, com as mãos cheias de massas de pão.

Moisés sorriu outra vez com o jeito atabalhoado da moça e pediu que ela o levasse até Joquebede. No caminho perguntava sobre os irmãos da jovem, sobre o pai.

— Meu pai infelizmente já morreu. Tenho mais um... isso, mais um irmão — explicava, tentando não se trair com as explicações enquanto o guiava até sua casa.

***

No palácio, Henutmire estava aflita com o que já sabia estar acontecendo. Seus pensamentos a atormentavam. Imaginava o filho cercado pelos hebreus, descobrindo sua origem. Imaginava-o deixando o palácio para viver com sua mãe verdadeira. Resolveu buscar informações. Primeiro procurou Ramsés, que estava na sala de treinamentos, desferindo golpes de espada pelo ar, em rodopios sinuosos e perigosos.

— Pelos deuses, Ramsés, pare um pouco com essa espada. Se você sabe de alguma coisa, me fale! Moisés não lhe contou nada? O que ele está pensando em fazer? Espero que não seja nenhuma maluquice.

— Ah, minha irmã, quantas vezes vou precisar repetir? Está tudo bem, ele não me falou nada! Agora me deixe treinar, pode ser? — respondeu enfadado, deixando Henutmire apreensiva.

Precisava tomar um banho e um ar. Claro que ele sabia o que estava acontecendo. Moisés era seu confidente. Os dois se gostavam como se irmãos fossem e a felicidade do hebreu era importante para Ramsés, exceto no que dizia respeito à Nefertari. Após ter tomado o banho e já descansado do treino, Ramsés caminhava pelos corredores do palácio quando avistou, no jardim, Nefertari e Karoma que tagarelavam amenidades. Aproximou-se das jovens e convidou a amiga para uma despretensiosa caminhada.

Nefertari estava mais à vontade com Ramsés e sua promessa de que não insistiria mais no caso de amor entre os dois. Gostava da companhia do amigo e se divertia também, vendo-o de certa forma envolvido por ela.

— Um passeio não vai cansá-la. E podemos levar o tabuleiro de senet.

— Senet? — arregalou os olhos, gostando da ideia.

—Vamos. Não aceito o não como resposta — sorriu Ramsés estendendo as mãos.

Nefertari riu e assentiu. Segurou na mão do príncipe e saíram eufóricos para mais algumas horas de diversão. Caminharam para o local de que mais gostavam, o ponto de encontro dos nobres, às margens do Nilo. Acomodaram-se ali, cada um com sua vareta do jogo.

— Sua vez de jogar! — advertiu a jovem.

Ramsés pegou as varetas, mas antes, fez uma prece aos deuses.

— Que Hórus guie minhas mãos e me traga sorte nessa jogada! — disse em voz alta, arrancando risos da amiga.

— Ramsés, assim não vale!

— Nefertari, você já está ganhando. Olhe quantas peças me restam. Só estou pedindo aos deuses!

A moça apanhou as varetas e sorriu ao ver o número que havia dado. Contou quatro casas e moveu sua peça, enquanto Ramsés levava as mãos à cabeça, como se lamentasse pela iminente derrota.

— Não! Por que, Hórus? Por que me abandonaste? — fingiu clamar aos céus e, virando-se para a amiga, continuou: — Está vendo, nem implorando aos deuses eu consigo ganhar de você!

— Casa das águas, volte ao início. São as regras do jogo, Ramsés — disse Nefertari, fingindo inclemência.

— Tudo bem, eu encaro a minha derrota com o que me resta de dignidade.

— Não seja dramático! Você ainda tem uma peça, vai desistir? Reconheço que seria uma grande virada, mas tudo é possível.

Ramsés percebeu a chance de usar aquela situação do jogo como uma analogia ao que sentia e vivia. Mudando a intensidade de sua voz, fitou Nefertari, deixando-a encabulada.

— Desistir? Não, Nefertari. Você sabe que não sou de desistir. Pelo menos de coisas que são realmente importantes pra mim.

Ela percebeu, e continuou sua jogada, como se nada tivesse entendido.

— Minha vez de jogar.

Ramsés segurou a mão dela, a olhou nos olhos, e continuou.

— No senet eu já perdi, Nefertari. Mas preciso saber se tenho chance de ganhar em outra coisa. Diga-me: você esqueceu Moisés?

— Que pergunta é essa? Nós três sempre fomos amigos — disse, na defensiva.

O príncipe continuou, de forma firme e decidia. Olhava-a com olhos pedintes de atenção. Nefertari sentiu-se invadida e desconfortável. Levantou-se, guardando as peças apressadamente.

— Se você não quer mais jogar, vamos embora.

Ramsés percebeu que era hora de recuar e soltou a mão da amiga. Percebeu ali, nos olhos fugidios dela o quanto a moça ainda amava Moisés.

— Desculpe. Como você disse, nós três sempre fomos unidos e falávamos de tudo uns para os outros. Não me dei conta de que isso tinha mudado. Perguntei como amigo, não tinha intenção de pressioná-la. Desculpe novamente — fingiu arrependimento, deixando Nefertari confusa e sentindo-se culpada.

— Tudo bem, Ramsés. Eu que peço desculpas. Claro que não devemos deixar que nada atrapalhe nossa amizade. Eu só...

— Não precisa dizer mais nada. Do jeito que falei parecia mesmo que estava pressionando você. Mas já lhe disse e repito: você é livre para se casar com quem quiser.

— Sério mesmo? — questionou a moça, procurando verdades em suas palavras.

Ramsés mantinha sua atuação, mesmo sofrendo muito para parecer compassivo e tolerante.

— Claro.

— Obrigada, Ramsés. Você tem sido muito carinhoso comigo.

Os dois voltaram ao palácio, caminhando vagarosamente até o harém. A rainha Tuya encontrou-os nos corredores e dirigiu-se ao filho.

— Ramsés, seu pai está à sua procura.

— Não vai cumprimentar Nefertari, minha mãe?

Tuya olhou Nefertari com frieza e, sem sorrir, fez uma leve deferência, um aceno desdenhoso.

— Como vai?

Nefertari ficou constrangida, mas tentou ser gentil e respeitosa.

— Que os deuses lhe sejam benéficos, minha rainha.

— O faraó o aguarda — continuou Tuya.

— Daqui a pouco irei vê-lo.

— Não se faz o senhor do Egito esperar, Ramsés — recriminou a rainha.

— Já disse que irei em seguida, minha mãe.

Tuya não gostou da maneira que Ramsés a enfrentou, lançou um olhar duro sobre Nefertari e seguiu seu caminho, demonstrando contrariedade.

— Ramsés, você não devia ter enfrentado a rainha dessa maneira. Ela ficou com a impressão de que era minha culpa você não atender imediatamente as ordens do rei. Sua mãe vai me odiar se agir assim — disse, retomando o fôlego após a tensão.

— Sou leal a minha mãe e ao meu pai, Nefertari. Mas também sou leal às pessoas que me são caras. Não permitirei que ninguém, seja quem for, destrate você na minha frente — respondeu firme e tentando impressionar.

Os dois caminharam timidamente até a entrada do harém e lá Ramsés despediu-se da amiga. Aquele tempo entre os dois deixara-a ainda mais confusa. O jovem príncipe do Egito era um homem extremamente bonito e forte. Qualquer mulher em todo reino gostaria de estar na pele de Nefertari. Ela sabia bem disso.

Ramsés, por sua vez, continuava seu paciente plano de sedução. Suspirava ainda mais, a cada vez que tocava a macia pele de Nefertari. Era como se um universo de afetos surgisse dentro de si.

***

Enquanto Seti I esbravejava pelo palácio ora com Tuya, ora com Disebek, sobre o lastimável estado de seu oficial na construção, longe dali, na casa de Apuki, o feitor continuava completamente embriagado. Os filhos pequenos o olhavam com curiosidade, enquanto ele, geralmente indócil e violento, fazia declarações de amor à esposa Judite.

— Por Ísis, a deusa do amor, eu sou um homem muito feliz por ter você como esposa.

— Você não está bem mesmo — meneava a cabeça a esposa.

— Eu a amo, Judite — dizia, ora rindo, ora aos prantos.

***

Após a caminhada, Miriã apontou a pequena casa onde viviam.

— Chegamos.

Amália se despediu da amiga e foi em direção à sua casa enquanto Miriã conduzia Moisés e Ikeni até a humilde sala. O príncipe olhava tudo ao redor. A mesa de madeira envelhecida e gasta. Os vasos com alguns cereais. A pouca comida. A escuridão, dada à falta de amplas janelas.Era tudo tão diferente do palácio, mas, estranhamente, tudo tão pessoal. Tão familiar.

— Mãe, olha quem está aqui! O príncipe Moisés! Ele quer falar com a senhora! — chamou Miriã, tentando domesticar a emoção que lhe trazia vontades de gritar e balançar os braços pela casa.

Os olhos de Moisés brilharam ao se encontrar com os de Joquebede. A mãe também sentiu o impacto da súbita visita, mas manteve-se em prudente equilíbrio, mesmo com os olhos molhados como se houvesse todo um Nilo dentro de si.

— Quanta honra, meu príncipe! E o que o senhor deseja dessa humilde serva?

Moisés sentia aquela emoção que inundava a casa.

— Bem, eu vou direto ao ponto. Lembrei-me que... que a senhora foi me visitar na prisão. Fingiu ser egípcia, arriscou sua vida. Por quê? O que a senhora foi fazer lá?

Ikeni mal respirava. Temia o que viria a seguir. Temia o brilho nos olhos de Joquebede. Apavorava-se com o que aqueles lábios fossem revelar.

No interior da casa, sem que ninguém percebesse, outro soldado antecipava-se. À pedido de Disebek, um oficial invadira a casa e tinha feito Eliseba de refém com uma espada. A esposa de Arão mantinha-se em silêncio, embalando seu bebê, para que não despertasse à atenção enquanto, do quarto, podia se ouvir a conversa que vinha da sala.

— Por favor, me diga. Quem é a senhora afinal? — indagava Moisés com toda a esperança do mundo represada em seu peito.

Todas as expectativas do mundo ressoavam dentro do peito do príncipe do Egito. Aquele povoado, sabia institivamente, era o dele. Aquele pedaço longe dos suntuosos corredores palacianos, com suas alamedas, praças com fontes de água, colunas marmorizadas e estofados aveludados. Era ali, na humilde vila dos hebreus, em cada rosto sofrido, nas casas simples, naquele jeito de falar tão deles que ele sentia latejar algo dentro de si. Uma saudade ainda não reconhecida.

— Então, senhora, estou aguardando sua resposta — insistiu Moisés, aflito com o silêncio e com a tensão de Joquebede, que mantinha-se cabisbaixa, evitando que seus olhos se encontrassem novamente com os do filho ou mesmo com os de Miriã, que esperava pela revelação. Não havia melhor momento nem lugar para isso, pensava.

— Eu fui sua ama de leite, príncipe — disse de forma quase automatizada.

— Minha... ama de leite?

— Sim, fui chamada ao palácio pela sua mãe, a princesa Henutmire, para amamentá-lo.

— A senhora sabe quem é minha mãe de sangue?

— Não, não sei.

Moisés sentiu uma imensa frustração. Estava certo que ali tudo seria revelado. Olhava para Miriã que parecia também confusa com tudo o que ocorria.

— Não tem nem ideia? Mas a senhora sabia que eu era filho de hebreus, não sabia?

— Sim. Na época me contaram que o senhor foi encontrado num cesto no rio Nilo e que a princesa o adotou — continuava, como se tivesse ensaiado um roteiro de respostas.

— Mas então, por que invadiu o palácio quando eu estava preso? Por que correr um risco tão grande somente pra me ver? — questionava, não encontrando sentido algum.

No quarto, Bakenmut se inclinava para ouvir cada palavra de Joquebede, sem baixar a espada sobre o pescoço de Eliseba.

— Fui contratada pela princesa para ser sua ama de leite e acabei me afeiçoando. Quando o período da amamentação terminou, fui dispensada e nunca mais o vi. Até que... que soube que o senhor estava preso e corria risco de vida — continuava Joquebede, enquanto as palavras teimavam para sair. Respirou mais outra vez e, forte como era, prosseguiu. — Não sei o que me deu, achei que tinha de vê-lo para me despedir. Mas foi um erro. Soube que um oficial foi morto por causa disso e me arrependi muito.

— Soube? Mas soube como? Como a senhora consegue informações internas do palácio? — desconfiou Moisés.

Joquebede ficou tensa e achou que iria se complicar com as explicações.

— Senhor, peço desculpas, mas não gostaria de prejudicar mais ninguém. Isso realmente importa?

— Não, não importa. Pensei que pudesse me ajudar a descobrir algo sobre minha família hebreia — tentava arrancar mais alguma coisa.

— Sinto muito decepcioná-lo, de coração. Mas se me permite, gostaria de lhe pedir que não tivéssemos mais nenhum contato. Nunca mais. Não quero complicações para mim e minha família.

Moisés assentiu e sorriu de forma acolhedora. Pensou, por um momento que sua presença estivesse constrangendo Joquebede, pela forma seca que ela passou a lhe tratar. Não seria sem motivos. Era evidente que alguém da família real só poderia causar um sentimento de repulsa naquele local. Despediu-se cordialmente da família e partiu junto com Ikeni, que demonstrava alívio pela forma como as coisas foram encaminhadas.

Tão logo saiu, Miriã levou as mãos à cabeça. Não entendia o que tinha acontecido com sua mãe.

— Mãe! Por quê? Por que mentiu pra ele? Por quê? — desesperava-se Miriã, sacudindo a mãe atordoada.

Joquebede desatara, enfim, todas as lágrimas aprisionadas dentro de si. Caiu de joelhos na sala, num gemido perturbador. O oficial saiu do quarto com Eliseba e o pequeno Itamar nos braços. Miriã ficou em choque.

— Sua mãe disse o que tinha que dizer e se alguma de vocês se meter com o príncipe novamente vão se ver com a minha amiga aqui — sorriu ameaçadoramente, apontando a lâmina de sua espada.

Miriã entendeu então o motivo da mãe ter agido daquele jeito. As três mulheres se abraçaram enquanto o soldado deixava a casa, satisfeito por ter atendido às ordens de seu general e ansioso pela recompensa que receberia por seu serviço.

Moisés não quis mais realizar nenhuma busca na vila dos hebreus. Seu desapontamento era enorme e ele foi embora do local, margeando o Nilo até as proximidades do palácio. Pouco tempo depois Arão chegou à sua casa apressado, acompanhado de Zelofeade. Encontrou as três chorando muito e imaginou que estavam daquele jeito por culpa do irmão.

— Mãe? O que aconteceu? O que aquele desgraçado fez? Eu sei que ele esteve aqui!

— Nada, Arão, ele não fez nada! — disse Miriã, tentando acalmar o irmão.

— Como assim? E por que vocês estão desse jeito?

— Moisés queria saber da mãe hebreia — continuou a explicar Miriã, contando tudo o que havia acontecido e como o oficial havia ameaçado a família para que não contassem nada ao príncipe.

Arão olhava para a esposa e o filho transtornado com o perigo a que foram expostos.

— Maldito! Minha esposa e meu filho podiam ter morrido por causa dele! Moisés só traz morte e sofrimento para a nossa família! Deus devia ter deixado o desgraçado se afogar no Nilo! — desabafou.

Joquebede, que chorava copiosamente, levantou-se de uma só vez com fúria e gritou para que Arão se calasse.

— Chega! Para! Ele é seu irmão! E ele é meu filho, meu filho! — voltou a chorar.

Sem resistir mais tanta pressão, correu pela porta, batendo-a atrás de si. Saiu sem destino. Precisava encontrar um pouco de paz. Foi até a margem do Nilo próxima à vila dos hebreus. Ficou ali, se lembrando de quando colocara o cesto naquelas águas. A cada lembrança de seu filho Moisés, mais chorava. No Nilo, mas já bem perto do palácio, Moisés olhava as águas platinando enquanto as duras recordações lhe atormentavam, como no dia que após ofender o escravo Arão junto com Ramsés, chamando-o de hebreu nojento e fedorento, recebeu como resposta a revelação de que ele também tinha o sangue hebreu. A partir dali, sua vida revirou-se. À beira do rio ele estava agora arrependido pela arrogância infantil. Queria apenas um colo para repousar sua cabeça. Um colo genuinamente materno.

VINTE E DOIS

O castigo

— Já perdi a conta do tempo que estou lhe esperando.

Na sala do trono o faraó Seti I ralhava com seu filho.

— Perdão, pai. Não vou mentir, eu realmente me distraí. Mil perdões. Algum problema urgente?

— Urgente, não: sério. Muito sério. Ramsés, você parece não ter ainda percebido que será o futuro rei do Egito.

— Eu não esqueço disso, nunca.

— Então o problema é ainda mais grave do que eu imaginava. Porque continua a se comportar como um adolescente irresponsável — disse o faraó, impaciente com o filho.

— Creio que... — tentava se explicar quando foi drasticamente interrompido por seu pai.

— Ouça antes de falar. Não vou nem mencionar novamente a farsa da doença, com que nos fez acreditar que estava à morte. Vou me ater apenas ao fato de você passar seus dias passeando, namorando, enfim, ignorando seus deveres para com o reino. Deveres de príncipe, de herdeiro do trono.

Ramsés assentiu, impaciente e envergonhado com a repreensão.

— Torno a pedir perdão, pelo que vou dizer. O soberano não está sendo justo. Eu tenho procurado...

— Não me venha com desculpas! Nem tente me enrolar porque não conseguirá. Pense bem no que eu disse e trate de mudar o comportamento. Entendeu? — bradou outra vez o faraó, fazendo sinal para que saísse de sua presença.

Ramsés sorriu, constrangido, disfarçando mal sua contrariedade enquanto seu pai lhe colocava regras e fazia exigências. Deixou a sala do trono bronqueado com aquela conversa e caminhava pelos corredores palacianos quando cruzou com Moisés, que havia chegado também do Nilo. Os dois estavam inquietos, cada um com seu motivo.

— E então, como foi lá na vila? — puxou conversa Ramsés.

— Não foi, não deu em nada. Quer dizer, foi horrível. E na obra também foi péssimo — respondeu com um pouco de má vontade e querendo continuar seu caminho.

Ramsés também precisava desabafar e os dois foram conversar nos aposentos de Moisés.

— Você tinha toda razão, fiz muito mal em insistir nessa busca idiota! — choramingava Moisés.

— Mas a mulher não falou mais nada? Você só conseguiu saber isso?

— Não, não. Consegui saber também que além de não ser minha mãe, ela não quer mais me ver pela frente, com medo dos egípcios. Mas gostava muito de mim, sabe, quando me deu de mamar — ironizou a má sorte.

— Ela conheceu sua mãe de sangue? — quis saber Ramsés.

— Não. Mas, por favor, não quero falar mais nisso — esquivou-se.

—Talvez seja bom falar mais um pouco, para desabafar, desentupir — sugeriu Ramsés, com empatia.

Moisés lhe retribuiu o sorriso.

— Sabe a sensação que eu tenho? A de que estava voando, lá em cima, bem no alto, no céu azul da fantasia, e de repente perdi as asas e desabei, dando de cara com a realidade.

Ramsés aplaudiu, brincando.

— Bonito! Bem, pelo menos serviu para virar poeta. Não chega a ser dos melhores, mas é um bom começo.

Não havia espaço para dramalhões entre os dois.

—Vai brincando, vai. Mas sabe de uma coisa? Por um lado foi bom, acho que fui curado pelo tranco.

— Ótimo! A noite está chegando, amanhã será um novo dia com um novo Moisés!

— Espero que sim. Chega de procurar pelas raízes.

— É isso aí! Esqueça as raízes e vê se agora dá mais valor para as folhas e para as flores.

— E o poeta sou eu... — disse Moisés, em tom sério, para depois gargalhar ao lado do amigo.

A noite chegou estrelada, num céu límpido e extremamente belo. Na vila, Arão desculpava-se com Joquebede pela conversa áspera de algumas horas antes. A mãe continuava imersa em um mar de pensamentos revoltos e apenas assentiu, sem demonstrar nenhuma emoção. Olhava para a porta de casa como se Moisés fosse atravessá-la repentinamente. Não comia e nem conversava.

Arão também estava distraído e nem percebeu quando os filhos foram à casa de Num. Gostavam de deitar no telhado, ao lado do amigo, olhar as estrelas e ouvir suas histórias. Num falou sobre como Jacó havia trabalhado sete anos por Raquel e fora enganado por Labão, que lhe dera a filha mais velha, Lia. As crianças o enchiam de perguntas e riam com a forma engraçada que Num contava a tradição.

Na casa de Apuki, o feitor despertava com uma tremenda dor de cabeça.

— Quero um copo d'água — gritou do quarto, assustando Judite que dobrava alguns panos na cozinha.

Apuki segurava a cabeça, que parecia bambear.

— Pensei que não ia se levantar nunca — disse a esposa, lhe servindo a água.

— Fale baixo. Ou melhor, não fale nada. Sua voz parece um tijolo na minha cabeça — reclamou Apuki, que se encolheu sobre um banco tentando se lembrar do que tinha acontecido nas últimas vinte quatro horas.— Estou meio tonto. Não consigo me lembrar de nada.

— Pelo que me contaram, você recebeu bêbado o faraó lá na obra, e chorou feito criança diante do soberano — narrava Judite, mal disfarçando a satisfação em contar ao marido o papelão que ele fez.

— Você está inventando isso! É mentira! — indignou-se, fazendo menção de esbofeteá-la, mas ainda zonzo, preferiu continuar sentado.

— Só se os outros inventaram — continuou Judite, virando-se e abrindo um sorriso enquanto Apuki começava a se preocupar e se lembrar, em pequenos trapos de memória, a imagem de Seti I, indignado, de Moisés,perguntando-lhe se havia bebido, e do sorriso leve de Arão. As imagens pareciam que iriam explodir sua cabeça. Baixinho e assustado, sussurrou para si mesmo.

— Eu fiz isso? Sou um homem morto...

No palácio, Henutmire venceu sua ansiedade e foi procurar Moisés. Queria saber sobre o seu dia e tentar obter alguma informação sobre sua ida à vila dos hebreus. Não podia, porém, revelar que sabia dos planos do filho: ele não poderia desconfiar que os pais haviam descoberto sua visita.

Moisés desconversou, mirando sua tristeza pelo que havia acontecido na obra, com o feitor bêbado e a repreensão de seu avô.

— Não ligue para o seu avô. No fundo, ele sabe do seu talento.

— Se sabe, não faz nenhuma questão de demonstrar.

Henutmire percebeu nos olhos de Moisés a tristeza que ele tentava esconder.

— É só isso mesmo, filho? Tenho achado você tão pensativo ultimamente. Sério, distante.

— Não se preocupe, eu estou bem. É só impressão sua, mãe.

Os dois se olharam constrangidos por não poderem conversar abertamente sobre o que realmente os preocupavam naquele momento.

— Que bom, então. Eu vou indo. Se precisar de qualquer coisa, estou sempre disponível para você — disse a princesa, levantando-se para deixar os aposentos do filho.

— Obrigado. Mãe... — o príncipe se virou — quero que saiba que aqui, dentro do meu coração, a senhora é a minha mãe de verdade, a única que eu tive. Não pense que não a amo, porque a amo demais, e sempre a amarei. Sou muito grato por tudo o que fez por mim.

A princesa correu aos braços do filho e o abraçou com força. Era tudo o que precisava ouvir.

No dia seguinte, mal o sol invadira o palácio, o faraó estava de pé, cheio de disposição para o dia. Seti I preparava-se para visitar, junto a Ramsés, a tumba que havia sido erguida para o filho. Acertava com Moisés a punição que Apuki receberia por seu desdém.

— Resolva esse assunto, Moisés. E investigue se a obra foi bem executada. A responsabilidade é toda sua! — ordenou o faraó.

— Sim, senhor — assentiu o príncipe hebreu.

Ele e Ramsés caminharam juntos pelos corredores que levavam até a sala do trono.

— Não sei como você aguenta, Moisés. Meu pai parece que está sempre esperando uma oportunidade para julgá-lo mal.

— Já estou acostumado. Quando era pequeno, eu não entendia, mas depois que descobri minha origem, compreendi o porquê de tanta rejeição.

— Isso é injusto, você é egípcio! Não gosto de elogiá-lo para não ficar se achando um deus, mas você sempre demonstrou bravura nas batalhas e não há arquiteto melhor em todo o Egito.

— Não precisa exagerar. Só prestei mais atenção nas aulas de cálculos enquanto você ficava de olhos nas jovens damas.

Os dois se entreolharam, confidentes, e riram com as lembranças e tantas traquinagens já aprontadas. Nefertari, que vinha com Karoma, encontrou os dois amigos pelo corredor e juntou-se à conversa.

— Conheço bem quando estão com essas caras. Deviam estar falando bobagens.

— Você sempre nos julgando mal — respondeu Moisés.

— E logo nós dois que sempre fomos rapazes tão bem-comportados, não é, Moisés? — completou Ramsés.

Os dois riam enquanto Nefertari divertia-se também com aquelas conspirações masculinas. Era gostoso estar com eles, apesar de todo o conflito que sentia em relação aos dois rapazes. Moisés e Ramsés também não conseguiam disfarçar o amor que sentiam pela moça.

— Fico feliz que tenhamos conseguido manter nossa amizade por tanto tempo — disse Nefertari.

Ramsés e Moisés concordaram, tentando manter alguma sobriedade.

— Bom, então vou deixá-los com seus assuntos pessoais — sorriu a jovem, despedindo-se com Karoma e deixando-os embasbacados e suspirantes.

— Ela sempre teve esse efeito sobre nós — falou Ramsés.

— Qual? De nos deixar apalermados? — gargalhou Moisés.

***

Arão e Zelofeade se desentendiam sobre Num. Arão estava ainda contrariado com o amigo, e considerava que tinham de ter causado mais problemas a Apuki. Já Zelofeade acreditava que não deveriam se vingar, antes ser pacientes e ter fé.

— Num é um homem correto, não estava defendendo ninguém. Ele só queria evitar que você passasse dos limites.

— Sei muito bem até onde posso ir — resmungava Arão.

— Sabe sim — comentou, sarcástico. — É o Num que lhe coloca freio. Se não fosse por ele, você já teria se metido em muito mais encrencas. Nem sei se estaria vivo.

Os dois ainda debatiam sobre o dia anterior quando viram Apuki chegar, com cara de quem não estava nada bem. Estava mais nervoso, com uma feição preocupada. Num os advertiu.

— O infeliz está morrendo de medo.

Arão, olhando para Apuki, completou.

— Que morra. Seria ótimo se ele caísse duro aí, agora.

Assim que o egípcio entrou no canteiro, todos os escravos pararam de trabalhar e o olhavam com curiosidade, de forma instintiva.

— Que foi? Estão me olhando por quê? — indignava-se o feitor. — Querem levar umas chibatadas? De volta ao trabalho, todo mundo! Bando de vagabundos! — esbravejou, tentando recuperar a arranhada imagem e escondendo sua vergonha.

Arão aproveitou para fazer as pazes com Num e se desculpou pela forma ríspida com que se trataram no dia anterior. Num lhe deu tapinhas nas costas, aceitando a reconciliação. Foi quando uma comitiva, com Moisés sobre uma liteira, chegou. Ikeni o acompanhava, junto com outros oficiais.

Moisés desembarcou e mandou que Apuki fosse chamado. O feitor se apresentou diante do príncipe, cheio de vergonha e medo.

— Explique-me o que foi aquilo.

— Príncipe, eu... Na verdade, aquilo... Para ser franco, eu nem sei. Nunca me aconteceu antes. Acho que foi na alegria, pela vinda do faraó... Na véspera, eu exagerei na comemoração. Estava muito feliz com... — atrapalhava-se todo.

— O que você fez é imperdoável — censurava Moisés.

— O príncipe está certo! Imperdoável, claro, imperdoável! Mas pelo amor dos deuses, peço que me perdoe — suplicava Apuki, cada vez mais nervoso com o que viria a seguir.

— O faraó ficou indignado. Pediu que você fosse punido com rigor.

Apuki sentiu um frio correr-lhe a espinha. Temeu por sua vida.

— Piedade, piedade! Foi uma fraqueza humana. Um deslize inadmissível, mas ainda assim humano. Piedade, o faraó há de compreender. Ele é Hórus na terra, o deus dos céus. Filho de Ísis e Osíris. Concebido na... — tagarelava sem parar.

— Ora, cale-se! — impacientou-se o príncipe.

— Calo, claro! A boca... eu calo — respondia, pateticamente o feitor.

Ikeni o olhou com firmeza.

— Você poderia ser executado pelo que fez.

— Eu sei perfeitamente... Executado, poderia... — continuava, enquanto seus joelhos batiam de medo.

— Mas terá sua vida poupada — completou Moisés.

— Minha gratidão será eterna, infinda, maior que o deserto — aliviou-se o feitor ao ouvir aquelas palavras.

— Dê-me este chicote — ordenou Moisés, apanhando das mãos de Apuki o instrumento que ele tanto jactava-se em portar e com o qual punia inclementemente os escravos.

Apuki se encolheu, amedrontado enquanto Arão olhava a cena eufórico e sussurrava aos ouvidos do amigo Num:

— A coisa está ficando melhor do que eu pensava.

O feitor fechou os olhos, envergonhado diante dos trabalhadores da obra, de Moisés, Ikeni e todos os oficiais. Tentou lançar um último olhar suplicante ao príncipe, mas percebeu que seria em vão. O castigo era iminente e seria dolorido.

Moisés repassou o chicote a Ikeni e deu a ordem: dez chibatadas. Seu soldado apanhou o chicote nas mãos e assentiu, mesmo desconfortável com a situação. Burocraticamente, começou o castigo em Apuki.

Cada golpe abria vergões avermelhados nas costas do feitor, que se contraía em dor e humilhação. Diante dos escravos e dos oficiais egípcios, ele sentia o ardor na pele e uma revolta e raiva quase incontroláveis pela exposição pública.

Após os dez fortes golpes nas costas, Moisés levantou a mão e mandou que Ikeni de detivesse:

— Já basta — virou-se para o feitor. — Já pode ir.

Apuki levantou-se com dificuldade. Tentou erguer a cabeça e manter sua postura altiva, mas os vergões nas costas o faziam se dobrar. Moisés ordenou que Apuki fosse suspenso daquela obra, mas pediu a Ikeni que dissesse aos escravos que continuassem respeitando e obedecendo ao feitor.

— Quero que fique claro de que o que houve aqui não deve ser comentado; cada um guarde apenas para si, como exemplo — disse, em tom grave.

A seguir, chamou Num para que lhe explicasse sobre a obra e o material empregado na construção do templo. Olhava tudo com admiração e aprovação.

Apuki foi para casa, abatido e irritado. Entrou com dificuldades pela porta e sentou-se, pensativo, num tamborete. Judite estranhava ele ter retornado tão cedo.

— Você foi castigado, não é? — deduziu.

— Cale a boca. Chega de perguntas — berrou, irritado.

— Estou cansada da sua grosseria! Se foi castigado, fez por merecer — reagiu Judite, numa coragem até então desconhecida da hebreia.

Apuki não aceitou o enfrentamento e, mesmo com dores, levantou-se e desferiu uma bofetada no rosto da esposa, que bambeou e quase caiu. Judite o olhou com ódio e repulsa. O feitor desabou após o esforço desmedido e exigiu que a mulher o ajudasse em suas feridas.

— Antes, peça desculpa — exigiu ela.

Apuki a olhou indignado; considerava que suas ordens deveriam ser cumpridas de imediato. Sentiu sua autoridade sendo questionada, o que nunca havia admitido. Porém, fragilizado pela surra e humilhação, baixou a cabeça e desculpou-se. Judite percebia ali que seu marido não era imbatível e que ela poderia enfrentá-lo. Que, talvez, pudesse romper aquele ciclo de violência e abuso. Foi até o quarto, apanhou alguns pedaços pequenos de tecido para usar como compressa. Fez um chá com ervas e colocou emplastros sobre as feridas de Apuki, que resmungava de dor.

— Para você ver o que os escravos sentem quando você os maltrata — sorriu Judite, com certa satisfação, ao ver o arrogante marido ali, alquebrado.

— Não me provoque. Esse é o meu trabalho. E eu não sou um escravo. O que não sei é como vou encarar aqueles miseráveis de novo. Quanta humilhação. Era melhor que o príncipe tivesse mandado me matar — choramingava, ao mesmo tempo que soltava pequenos gritos de dor a cada toque de Judite.

— Pois eu acho que ele foi benevolente, perto do que você fez com o faraó — concluiu.

VINTE E TRÊS

O Nilo lembra seus mortos

Num, Arão e Zelofeade observavam uma grande caravana de escravos que chegavam para a próxima grande obra.

— São do alto Egito. Ouvi dizer que o faraó mandou trazer mais homens para construir um novo templo — dizia Num olhando aquela triste fileira de escravos.

Eram aproximadamente uns vinte escravos hebreus, a maioria jovem. Envelhecer sob o jugo da escravidão exigia muita força física e mental. Boa parte dos escravos perecia sob os castigos ou pedras nos canteiros de obras. O grupo recém-chegado foi conduzido até a vila, onde passaria aquela noite. O destino final seria do outro lado do rio Nilo, num vilarejo próximo, onde construiriam um novo templo.

Entre eles, havia um homem mais velho, que agia com liderança, incentivando os outros escravos. O feitor que guiava a caravana os liberou para que se banhassem no Nilo e os escravos foram até as águas se refrescar do escaldante calor e da longa caminhada. O escravo líder tomou um demorado banho. Parecia íntimo daquele local, daquelas águas. Após sair, dobrou os joelhos às margens do rio e orou silenciosamente.

— Bendito seja Deus que me fez voltar — suspirou, cheio de esperança.

***

Naqueles dias, a esperança parecia não fazer acepção entre nobres e escravos. No campo, o velho Eldade suspirava seu afeto por Joquebede. Tantos anos sozinha, vivendo para os filhos e, agora, os netos. Pensava em desposá-la, mas sabia que mais de vinte anos depois, ela só pensava no marido Anrão.

Já no palácio, a jovem Karoma confidenciava à Nefertari o que sentia pelo soldado Ikeni.

— Às vezes acho que ele gosta de mim, mas não toma nenhuma iniciativa — emburrava.

— Ele é tímido, Karoma. Talvez caiba a você dar o primeiro passo — animava Nefertari, conversando com a amiga no jardim enquanto passarinhos gorjeavam canções.

— O primeiro? Já dei tantos que, se der mais um, caio direto no colo dele! Todos no palácio já perceberam meu interesse — riu a serva.

— Ah, que exagero! Você é sempre tão discreta, Karoma. Ele nem deve ter percebido.

— É porque também sou tímida — admitia, devolvendo à princesa uma bateria de perguntas sobre suas expectativas em relação a Moisés e a Ramsés. — Aqueles dois são mesmo loucos pela senhora. Por Isís, se eu tivesse a mesma sorte!

Perto dali, na oficina de Hur, era Uri que gracejava com o pai o indisfarçável e perigoso amor que o ourives tinha pela princesa Henutmire.

— Não sei como a princesa não percebe, porque está tão na cara que o senhor é perdidamente apaixonado por ela!

— Está mesmo? — recompôs-se Hur, tentando evitar o jeito abobado e suspirante.

— Sim. E o senhor precisa esquecer esse amor. Arrumar outra mulher para se casar. Ainda é jovem, um bom partido. Faria qualquer mulher feliz.

— E quem falou que eu quero me casar? Estou muito bem assim — desconversou.

— Não sente falta de uma esposa? Faz tantos anos que minha mãe morreu.

— Claro que sinto. Mas não o suficiente para me casar com qualquer uma. Habituei-me a viver sozinho, totalmente dedicado ao faraó...

— ... e à princesa... — provocou Uri.

— Sim, e à princesa, por que não? Ela merece toda a minha dedicação. Antes você me apoiava, Uri. Dizia até que não existe amor impossível.

— É verdade. Até eu perceber que o senhor pode se machucar muito com essa história. Tome cuidado, pai. Nosso coração muitas vezes nos leva para caminhos perigosos.

***

Yunet andava inquieta. Estava feliz pelos progressos da filha com Ramsés, mas ela mesmo sentia-se estagnada em sua história. Achava, em parte, que alguns dos seus insucessos eram devido a sua aparência. Mesmo o reflexo do espelho dizendo que ainda era uma mulher deslumbrante, os anos lhe roubavam o frescor que tanto atraía os homens, como o próprio Disebek. Num repente de inquietação foi até o gabinete de Paser pedir que lhe fizesse alguma loção para disfarçar o efeito dos anos sobre sua pele. Não achou o marido, mas encontrou seu prestativo auxiliar.

— Eu acho que tenho exatamente o que a senhora precisa!

— Mesmo?

Simut sorriu, triunfante, e segredou.

— É uma fórmula secreta que estou desenvolvendo, mas a senhora precisa me prometer que não vai contar a ninguém.

— Ela funciona?

— Ainda estou testando, não está totalmente aprovada.

— Pois eu quero experimentar. Se você conseguir me deixar mais bela e jovem, terá uma boa amiga para sempre! E você sabe que me ter como amiga é um privilégio para poucos — disse, assertiva.

— Sim, senhora. Tenho criado coisas bem interessantes. Seu marido, com todo o respeito, às vezes é muito tradicional, tem medo de novidades. Mas eu já consegui até curar o príncipe Ramsés com minhas fórmulas — disparou a tagarelar Simut, narrando suas habilidades.

Yunet o interrompeu com desinteresse.

— E o produto de beleza? Já teve algum resultado?

— Como eu disse, apenas testes. Muito positivos, por sinal, mas ando estudando bastante, lendo papiros e fazendo consultas. Estou chegando a uma fórmula capaz de rejuvenescer uma mulher trinta anos!

— Trinta? — espantou-se.

— Pelo menos uns dez eu garanto — achou melhor consertar, Simut.

— Dez... Não tenho nada a perder! Quando podemos começar o tratamento?

— Amanhã mesmo terei a fórmula pronta — animou-se Simut, sentindo-se importante.

***

Como havia planejado, Seti I foi com o filho Ramsés e o sacerdote Paser visitar as obras nas tumbas. Entraram na antessala, um ambiente fascinante, com paredes quase totalmente cobertas por desenhos e por textos em hieróglifos. As imagens retratavam variadas cenas da vida do faraó, como se fossem sua biografia desenhada sobre as rochas. Eram reproduções de Seti I fazendo oferendas para os deuses, lutando em batalhas; a mumificação do corpo do rei do Egito sendo preparada por Anúbis, o faraó em sua sala do trono; suas esposas ao redor e outras impressionantes e realistas imagens. Dois escravos liam nos papiros as informações e desenhavam as ilustrações sobre as paredes. Haviam diversos papiros enrolados, num canto.

—Vocês podem se retirar.Voltem apenas quando sairmos, para continuar o trabalho — ordenou Paser aos escravos, deixando assim o ambiente ainda mais intimista.

Ramsés olhava tudo com curiosidade juvenil e encanto enquanto Seti I explicava, animado.

— Os desenhos e textos se referem a passagens da minha vida, e também a minha entrada e existência no mundo dos mortos.

— Eu sei — assentiu Ramsés.

— Quando as paredes das diversas salas estiverem prontas, serão colocados os móveis, as joias, os alimentos, a cerveja, o vinho... — enumerava.

Enquanto Seti I e Paser foram em outra direção, observando cada detalhe, Ramsés caminhou até um tamborete onde repousavam alguns papiros. Abriu um e se espantou com a imagem.

— O que significa isso aqui? Bebês sendo atiradas no Nilo?

Paser e o faraó trocam um rápido olhar, desconfortáveis por Ramsés ter visto aquilo.

— Eu falei que era para levar estes papiros de volta para o palácio, para que fossem guardados em local seguro — reclamou Seti I a Paser.

— Perdão, meu soberano, falha minha, eu realmente me esqueci — lamentou, envergonhado, o sacerdote.

Seti I tomou o papiro da mão de Ramsés e o entregou a Paser, falando com dureza.

— Trate de não se esquecer novamente.

Paser assentiu, constrangido. O príncipe, porém, não fez caso da bronca do pai.

— Eu continuo sem resposta. O que significa crianças sendo jogadas no Nilo? Nenhum escriba me falou disso nas aulas, nunca.

— Fizeram bem — desconversou seu pai. — Certas coisas se fazem necessárias para a manutenção do equilíbrio cósmico. E chega deste assunto — irritou-se o faraó, não querendo mais conversa e saindo, em passos largos.

Paser olhou aflito para Ramsés. Hesitou, como se quisesse dar-lhe explicações, mas preferiu seguir o faraó. O retorno foi num constrangedor silêncio. Seti I não falava sobre o assunto. Paser mantinha-se ao lado do soberano, evitando trocar olhares com Ramsés que permanecia com as imagens dos bebês sendo atirados ao rio em sua memória, e também com as palavras do pai, que dissera que tudo que ali estava narrava momentos da vida do faraó.

Assim que chegaram ao palácio e entraram na sala do trono, o general Disebek encontrou-os. Indagou como tinha sido a visita.

— Muito boa! Ótima! Está tudo correndo conforme planejado — respondeu Seti I secamente.

— Uma linda obra! Digna da majestade real — completou Paser.

Disebek olhou para o príncipe que parecia carregar todas as perguntas do mundo por detrás de seu olhar.

— Que seriedade é esta, meu príncipe? — brincou.

— Pois é, general. Estou com uma pergunta aqui entalada, sem resposta. Vi num papiro a imagem de bebês sendo atirados no Nilo. O general sabe me explicar do que se trata?

— Trata-se de um assunto encerrado! Não ouviu o que eu disse lá na tumba? — irritou-se Seti I, respondendo antes do general.

— Para mim não está encerrado, porque infelizmente eu...

— Infelizmente é muito comum que, quando me alegro, algo venha perturbar a alegria e acabar com ela — bufou outra vez faraó, saindo do recinto apressado.

Paser rapidamente seguiu seu soberano, deixando apenas Disebek e Ramsés na sala.

— E então, comandante? Quanto aos bebês jogados no rio? Hebreus, naturalmente.

O general o olhava com aflição. Não havia mais como esconder do príncipe o horror vivenciado ali anos antes.

— Vejo que o assunto é delicado, para não dizer perigoso — ironizou Ramsés enquanto Disebek assentiu, evitando encarar o príncipe. — Eu vinha pensando nisso, ao voltarmos da tumba, e agora, de repente, as peças se encaixaram. Algo me diz que o passado de Moisés tem a ver com esses bebês afogados. Estou certo?

Disebek constrangeu-se ainda mais. Era evidente que Ramsés juntava as peças de forma acertada.

— O seu silêncio é muito eloquente, general. Vamos ver se continuo acertando. Moisés não foi abandonado pela mãe hebreia coisa nenhuma! Ao ser posto num cesto, e o cesto colocado no Nilo, foi para que escapasse da morte. Não é mesmo?

Disebek resolveu falar.

— Ramsés eu... Este assunto do sacrifício de bebês, como seu pai falou, o melhor é... — embananava-se com as palavras e rompendo o perturbador silêncio.

— E pensar que Moisés, coitado, passou esse tempo todo se atormentando em busca da verdade, pensando ter sido desprezado pela mãe — continuava sua oratória.

Ouvir suas próprias conclusões em voz alta o faziam concatenar melhor as ideias. Como se realmente montasse um grande mosaico onde a verdade era algo feio demais. Disebek apenas arregalava o olho, espantado com a perspicácia do príncipe e receoso com o que ele faria com aquela informação.

— Por favor, se acalme e pense. Os bebês foram sacrificados por decreto do rei. É melhor que Moisés não saiba disso. Porque se...

— Como assim, "melhor"? Para ele continuar pela vida afora atormentado, sem saber da verdade, pensando que foi abandonado pela mãe? — indignou-se o príncipe do Egito, interrompendo o comandante.

— Dos males o menor. Se Moisés descobrir que...

Disebek interrompeu sua fala ao perceber que Moisés havia entrado na sala. Mas já não havia como recuperar as palavras que ressoavam pelo ar.

— Se eu descobrir o quê? — inquietou-se Moisés.

***

Eldade chegava do campo trazendo os netos de Joquebede.

— E aí, meus queridos, muito cansados? — brincou a avó com as crianças.

— Seus netos não se cansam nunca. Parece que para eles tudo é brincadeira — gracejou Eldade, querendo ser simpático. Num impulso de coragem, disse, meio baixinho, meio envergonhado: — É sempre um grande prazer revê-la.

— Também fico feliz em vê-lo gozando de boa saúde, Eldade. E sou muito grata pelo cuidado que tem tido com meus netos. Agora, se me dá licença, preciso entrar — respondeu protocolarmente.

Eldade percebeu que seria dispensado e teve outro rompante de coragem.

— Posso entrar um instante?

— Como? — estranhou a hebreia, deixando Eldade constrangido com seu pequeno ímpeto.

— Desculpe, é que... Será que posso beber um pouco d'água? Se não for incomodar, claro.

— Ele tem muita sede, sabe, vó? — tentou ajudar Nadabe, enquanto os irmãos riam da timidez do amigo que tentava se aproximar de Joquebede.

— Mas não quero realmente incomodar! Posso voltar outra hora, quer dizer... Não sei se tem água... — atrapalhava-se.

— Que bobagem! Claro que posso lhe oferecer água. Entre, por favor. Vamos meninos — assentiu Joquebede.

Todos entraram e Joquebede notou uma movimentação estranha na penumbra de uma casa um pouco mais distante. Estranhou e achou que estava sendo observada. De fato, o homem havia acompanhado toda a conversa dela com Eldade e saiu apressado, como se estivesse irritado com aquilo e também como se não quisesse ser identificado. Tratava-se do escravo ancião que viera com a caravana do alto Egito.

Ele saiu pelas ruas da vila dos hebreus e deteve-se um pouco mais adiante ao ver Arão, Zelofeade e Num, que chegavam do trabalho. Olhou-os atentamente e, assim que Zelofeade ganhou seu caminho e Arão entrou na casa de Joquebede, perseguiu Num que caminhava sozinho até sua casa, onde Amália já lhe esperava.

Num caminhava por uma rua quando percebeu que estava sendo seguido. Olhou para trás e não reconheceu ninguém. Apertou os passos, preocupado. Poderia ser algum desafeto, algum egípcio querendo prejudicá-lo. Ficou com medo e andou ainda mais rápido, olhando seguidas vezes para trás. Percebeu o vulto que se movia pelas sombras. Deu outros passos velozes até chegar diante da porta de sua casa. Quando ia empurrá-la para entrar sentiu a mão pesada sobre seus ombros. Olhou para trás, imaginando o pior.

— Anrão? — espantou-se Num.

VINTE E QUATRO

Milagre sob o céu estrelado

Era estranho rever o amigo após tantos anos. Números que nem cabiam mais entre os dedos. Vinte? Vinte e cinco anos de separação? Num não sabia dizer.

— Não se assuste, sou eu mesmo, Anrão. Um pouquinho mais velho — exibiu o mesmo sorriso de décadas antes.

— Louvado seja Deus! Meu amigo, nem sei o que dizer — respondeu Num, em choque. Lançou-se num abraço saudoso, demorado e emocionado. Rever Anrão era ver um milagre. Ele esperançava que o amigo estivesse vivo, mas depois de tantos anos longe, já começava a desacreditar.

— Está tudo bem com você?

— Fora o cansaço e o peso dos anos, tudo ótimo. Ainda dou para o gasto — emocionava-se Anrão também.

— Joquebede já sabe?

— Ainda não. Por favor, não fale nada para ela por enquanto. Nem para ninguém. Quero conversar primeiro com você, só nós dois e... — dizia Anrão quando Amália chegou, trazendo consigo um jarro d'água fresca.

Num tentou disfarçar seu nervosismo com aquele encontro e pediu alguns minutos à esposa.

— Estou terminando um assunto aqui.

Amália sorriu para Anrão, sem reconhecê-lo, e entrou na casa estranhando o jeito do marido.

— E você? Pelo visto está casado — sorriu Anrão.

— É, estou, muito bem casado — assentiu, orgulhoso.

— Amália? — quis saber.

Num balançou afirmativamente a cabeça. Os dois se entreolharam carinhosamente, como se os anos não tivessem apagado o afeto que sentiam um pelo outro. Uma amizade verdadeira.

— Preciso voltar para caravana antes que sintam minha falta. Pode me encontrar mais tarde? Ali no fim da rua, na primeira hora da noite. Pode ser? — sugeriu Anrão.

Num concordou e os dois se abraçaram outra vez, despedindo-se.

Após tanto tempo Anrão queria agir com cautela, para não ferir os sentimentos de ninguém e nem expor sua família a riscos. Havia tanto para perguntar depois de anos de afastamento, mas ele poderia esperar por mais algumas poucas horas.

Amália estava ressabiada com o jeito do marido. Parecia que tinha visto uma assombração.

— Você está estranho.

— Eu? Por quê? — tentou recompor-se Num.

— Por que eu não sei. Quem era aquele homem, lá fora? Era bem esquisito — desconfiou Amália.

— Um antigo companheiro de trabalho, ou melhor, de sofrimento. Estava no alto Egito, voltou agora — respondeu ligeiro. Logo passou a falar sobre o que havia acontecido com Apuki na obra, desviando a atenção da mulher que se surpreendeu ao saber sobre o feitor.

Amália sugeriu que visitassem a casa de Joquebede, como geralmente faziam. Num estava reticente, mas acabou aceitando os apelos da esposa.

Coincidentemente, na casa de Joquebede as conversas também iam da surra levada pelo feitor diante de todos até a chegada de uma caravana de escravos vindos do alto Egito. Ao ouvir sobre esse último fato, Joquebede largou a tigela que carregava nas mãos, fazendo com que a peça de barro se estilhaçasse no chão.

— Caravana? — perguntou, agachando-se e recolhendo os cacos, com a ajuda de Arão e Miriã, que nem perceberam o espanto da mãe.

— Sim. Fazia algum tempo que não chegava nenhuma — continuou Arão.

— É tão triste ver nosso povo escravizado assim, sendo levado pra lá e pra cá para servir os egípcios como se fossem animais. Será que foram obrigados a deixar sua família? — compadeceu-se Miriã.

— Você aproximou-se de algum escravo que veio nessa caravana? — perguntou Joquebede a Arão.

— Ainda não. Dependendo da obra que me enviarem, talvez conheça algum. Por quê?

— Por nada. Curiosidade — disfarçou.

Joquebede nunca perdeu a esperança de rever seu marido e, instintivamente, pressentiu que ele estaria entre o grupo de escravo. Pouco tempo mais tarde, Num e Amália chegaram para visitá-los.

— Shalom! — saudou, festiva, Amália. Logo foi levada para a cozinha por Miriã, Joquebede e Eliseba, com o pequeno Itamar no colo, que tagarelavam sobre a sopa de legumes que estava quase pronta. Num permanecia disperso e viu nas crianças uma forma de disfarçar sua inquietude.

— Quando vocês vão lá em casa de novo ouvir minhas histórias?

— Hoje não, porque tem sopa! — explicou Nadabe, jogando-se nos braços do amigo.

Todos riram com o pequeno garoto.

— Quer dizer que vai trocar as histórias de Num por um prato de sopa? Vem cá que eu vou lhe mostrar o que acontece com quem faz isso — divertiu-se Arão, rolando com o filho pela sala, brincando de luta. Abiú e Eleazar gostaram do alvoroço e juntaram-se à brincadeira.

Aqueles instantes de diversão não foram suficientes para afastar de Num os pensamentos sobre Anrão. Joquebede percebeu nos olhos do amigo sua inquietação. E deduziu que, assim como ela, ele também sabia sobre a recente chegada dos escravos do alto Egito.

***

Na sala do trono, Moisés indagava o pai e o amigo.

— Se eu descobrir o quê?

— Não era para você saber, mas vou falar — começou Ramsés, deixando Disebek tenso.

O herdeiro do trono de faraó falava arrastado, pensando nas palavras mais acertadas. Percebeu o desconforto do general e pensou no problema que causaria para a família dele e de sua irmã.

— O rei não tem investido quase nada em sua tumba. Ele se nega a construir algo imponente e suntuoso, digno de um príncipe do Egito. Nós insistimos e ele saiu daqui irritado — mentiu Ramsés.

— Ah, é isso? Não se preocupem, não faço a menor questão — desdenhou Moisés, sem desconfiar de nada.

Disebek ficou aliviado com a estratégia de Ramsés.

— Está bem, filho, mas eu não gostei e continuo achando que você merece todas as regalias de um príncipe.

— Obrigado, mas podem esquecer esse problema. E por falar no rei e em tumba, como foi a visita à tumba do Faraó?

— Foi bem, foi ótimo. E como foi lá na obra? — respondeu Disebek, devolvendo a pergunta a Moisés.

— Tudo resolvido. Puni o feitor pela bebedeira. Vim aqui justamente para dizer isso ao soberano. Volto mais tarde.

— Que tal um treino? — sugeriu Ramsés.

Moisés aceitou de pronto o desafio e os dois jovens partiram animados.

Disebek também partiu em direção aos aposentos da princesa, precisava falar para a esposa Henutmire sobre os últimos acontecimentos. O general sabia que era questão de tempo, e talvez pouco, para que Ramsés tagarelasse sobre sua descoberta. Precisava de uma estratégia para conter o desastre iminente.

— Ah, por Osíris! Ele não ousaria! — perturbou-se a princesa.

— Como não, Henutmire? Os dois são amigos. Se fossem irmãos, não seriam mais chegados um ao outro.

— Pois então temos que dar um jeito de isso não acontecer. Justo agora que Moisés desistiu de procurar a família? Eu não vou deixar Ramsés plantar outra suspeita na cabeça do meu filho. Não vou mesmo! — disse, pensando em como impedir o irmão de contar aquela horrível história.

O faraó também estava azedo com aquela situação. Para Seti I, aquele dia deveria ser de alegria. As tumbas eram magníficas e isso o deixara feliz. Porém a amizade do filho Ramsés com o hebreu Moisés era algo que causava repugnância ao soberano. Lamentava a sua esposa o fato de Henutmire ter adotado Moisés. Justificava-se pela matança dos bebês, como sendo algo necessário para manutenção da ordem cósmica.

— Nenhum egípcio foi ferido! Só não estampei o decreto nas paredes de todos os templos do Egito porque Henutmire choramingou suplicando que não o fizesse. Ficou insistindo que a decisão real teria provocado a ira dos deuses em seu ventre. Mimamos demais nossa filha, Tuya, demais! — resmungava sem parar.

Condescendente, Tuya tentava acalmar o faraó e animá-lo.

— Acho que tenho algo que lhe dará prazer, meu marido.

Seti a encarou com curiosidade enquanto Tuya foi até a porta e pediu que os servos trouxessem as bandejas com frutas, vinho e um manjar. Em seguida, a esposa real chamou uma jovem muito bela, escolhida por ela no harém. A moça entrou radiante na presença do faraó, que ficou hipnotizado por seus atributos.

— Então, minha surpresa está ao seu gosto? — perguntou Tuya enquanto a jovem sorria, cheia de empatia. Seti I estava encantado.

— Muito!

— Vou deixá-los com a bênção da deusa Hathor — disse Tuya, retirando-se.

O faraó se aproximou da jovem, tocando seu rosto, cheio de desejo e pressa.

***

Depois do treino de espadas, Moisés e Ramsés foram se banhar no Nilo. Mergulhavam, deixando o corpo se refrescar do suor e cansaço dos exercícios. Ramsés lembrava, saudoso, de quando os dois eram apenas meninos naquelas águas. Por tantas vezes o Nilo havia sido o caudaloso confidente de tantas conversas animadas. De tantas confissões secretas, de juras de fidelidade e amizade.

— Lembra-se do dia em que você descobriu que era hebreu? — lembrou Ramsés, observando o sol se pôr sobre aquelas águas que pareciam sem fim.

— E dá para esquecer? — assentiu Moisés.

— Nós viemos conversar exatamente aqui — continuou Ramsés, batendo as mãos nas águas.

— Foi, lembro perfeitamente. E você me disse uma coisa que jamais esquecerei.

— O quê?

— Falou que era como se eu fosse seu irmão de sangue, e que nada nem ninguém poderia mudar isso.

Ramsés sorriu, passando o braço pelo ombro de Moisés. Os dois ficaram em silêncio por alguns instantes, olhando o silencioso curso das águas.

— Nós três nos divertíamos muito — disse Moisés, lembrando das peraltices deles e de Nefertari.

— Já que você falou em nós três, colocando Nefertari na conversa, sob o risco de ser repetitivo, mas sendo sincero, quero declarar que eu não desisti dela — anunciou Ramsés, esperando a reação do amigo.

— Obrigado por ser sincero. E com igual sinceridade digo que entre suas muitas belas qualidades, há um defeito grave: o de querer sempre tudo, como uma criancinha. Quer Nefertari, quer as servas, quer as damas, quer... — divertiu-se Moisés.

— Todo mundo quer tudo, meu irmão. O que acontece é que uns assumem e outros não. Uns podem e outros não — gabou-se o herdeiro do trono.

— Acho aconselhável mudar de assunto — riu Moisés.

— Também acho. Mas mudando sem mudar, e que ninguém nos ouça, eu tenho a maior curiosidade de conhecer a Casa de Senet. Espero que essa conversa fique entre nós — segredou Ramsés.

— Vai ficar, não se preocupe — respondeu Moisés, meneando a cabeça.

— Um oficial me disse que as mulheres da Casa de Senet são belíssimas e levam os homens a prazeres inimagináveis. Já pensou? Sem falar no prazer especial de fazer algo proibido.

— Pois é, algo proibido. Se isso cai nos ouvidos do faraó, já viu — recriminou.

— Sabe qual é o seu problema grave? Você é muito certinho, quadradinho, comportadinho, chatinho — ralhou, em tom de brincadeira.

Moisés riu e despediu-se de Ramsés, sem lhe dar muita atenção.

***

No gabinete de Paser, Simut se atrapalhava com os rolos de papiro. Procurava a receita ideal para a fórmula encomendada por Yunet e queria impressionar a esposa do chefe.

— Fórmula para dor de dente, será? Não, ela também não está tão velha ao ponto de perder a dentadura. Tem de ser algo que ajude a desamassar as fuças... Vamos lá, deus Toth! Estou contando com sua iluminação para me ajudar a criar a fórmula mágica mais maravilhosa que o Egito já viu. Inspire-me, por favor!

Falava sozinho, fazendo uma grande bagunça com os papiros e os ingredientes.

— Hum... Talvez se eu misturar isso aqui com aquilo... e mais aquilo outro... e esse negócio aqui... É isso! Acho que pode dar certo! Se conseguir, terei todas as mulheres do palácio aos meus pés. Quem não vai querer uma fórmula para ficar mais jovem? Não sei como nunca pensei nisso antes...

Continuava seu monólogo. Juntou diversos ingredientes e os colocou numa mesma tigela. A mistura provocou uma reação química, enchendo de fumaça o local.

Paser chegava neste momento e se assustou com o que viu.

— O que está acontecendo aqui? — bronqueou com o desastrado assistente.

Simut, estabanado, tentava ajeitar toda a bagunça, o que só criava ainda mais desorganização. Explicou sobre o pedido de Yunet.

— Mas o que ela lhe pediu? E por que não veio a mim?

— Ah, coisas de mulher, mestre...

— Como assim, coisas de mulher? Desde quando você entende algo desse assunto? E o que você tem com as "coisas" de minha esposa, Simut?

— Calma, mestre! Com todo respeito! A senhora Yunet só me procurou porque queria fazer uma surpresa para o senhor. Ela quer ficar mais jovem para seu amado marido. Se ela quer ficar mais atraente, só pode ser para o senhor, não acha?

Paser gostou do que ouviu e, mesmo ressabiado de que a esposa quisesse ficar bonita mesmo para ele, pôs-se a ajudar seu simpático e atrapalhado assistente. Buscou os papiros corretos e separou os ingredientes, as ervas. Quis ser prático.

— Não quero que desperdice meus ingredientes especiais. E tome cuidado com esses papiros.

— Obrigado, mestre. O que acha se eu acrescentar algum ingrediente para acender um foguinho em sua senhora?

— Está falando de...?

Simut assentiu, deixando escapar um levado sorriso.

— Bom, um afrodisíaco não seria mal. Acho melhor eu ajudá-lo com isso.

Depois de um tempo trabalhando, a poção ficou pronta.

— Pronto. Agora temos de deixar descansar por uma noite até que a erva fique bem macerada no resto da mistura — orientou o sacerdote.

— Será que não tem de botar mais nada, mestre?

— Não, Simut. Usei tudo que os papiros recomendam sobre a beleza da pele da mulher. Uma mistura assim é algo delicado. Temos de dosar bem para não ter resultados inesperados.

— Mas e se tiver alguma coisa que nunca foi usada? Podemos fazer uma grande descoberta, senhor — animava-se Simut.

— Escute bem o que vou dizer: estamos fazendo uma fórmula para ser usada na minha mulher, não vou assumir riscos desnecessários com ela, entendeu? E depois, esse tipo costuma ter um efeito mais na mente do que na prática.

— Como assim?

— Mulheres são muito suscetíveis quanto à aparência, meu rapaz. O creme não precisa fazer muita diferença. O efeito acontece se dissermos que fez diferença, entendeu?

— Não.

— Não interessa! Amanhã faremos as orações à deusa Hathor e o creme estará pronto para ser usado. Agora vamos, disse, fechando o gabinete.

Simut o seguiu contrariado, mas pouco depois retornou, sorrateiro. Acendeu uma lamparina.

— Prometi dez anos e serão dez anos — disse, enquanto procurava algo nas prateleiras até que se deteve no pote especial que Paser o havia mandado guardar em segurança.

***

Já anoitecia e, na casa de Apuki, Judite tratava de suas feridas. Via o marido repousar e sentiu uma enorme tristeza. Aqueles anos todos juntos. Onde tinha ido parar aquele homem doce que a conquistara? Trocava os emplastros pensando em como haviam chegado àquela situação conjugal de diárias agressões e ofensas.

Apuki despertou enquanto Judite cuidava dele e chorava. Ele percebeu a angústia da esposa e, num raro momento de ternura, enxugou as lágrimas dela com suavidade.

— Você é boa para mim, Judite. Mas você me conhece, sou grosso mesmo. Quando vejo já estou dando patadas e aí é tarde demais, o estrago já foi feito. Meu pai era assim, eu sou assim. Não dá pra ser de outro jeito — justificou-se.

— Eu sei, mas às vezes é muito difícil pra mim, entende? — lamentou a esposa.

— Vou tentar melhorar, está bem? Agora enxugue essas lágrimas se não vai ficar toda borrada — sorriu o feitor.

Algumas casas depois, Num penava para manter a promessa ao amigo Anrão e não revelar que ele estava vivo e ali próximo.

Após a sopa de legumes, ele e Amália despediram-se e voltaram para casa. Amália caminhava com cuidado, com a barriga da gravidez começando a apontar. Quando chegaram diante da residência do casal, Num beijou a testa da esposa e fez um pedido

— Faça-me um favor, minha flor do deserto? Vá para casa. Eu tenho um negócio para resolver, mas prometo que não demoro.

— Num, você quer me explicar o que está acontecendo? Assim você me deixa nervosa! Está em alguma encrenca? — preocupou-se com o jeito esquisito do marido desde o encontro com o misterioso homem no fim da tarde.

— Confie em mim, está bem? Explico tudo assim que puder. Agora tenho de ir.

Num seguiu apressado e olhando para trás, para ver se não era seguido. Chegou até o local indicado e encontrou Anrão, que já o aguardava com um largo sorriso e os braços abertos.

— Meu amigo!

— Finalmente você voltou para casa — sorriu Num, dessa vez como se tivesse finalmente atinado que Anrão estava realmente vivo.

Os dois se abraçaram outra vez, saudosos, felizes e emocionados.

— Foi Deus quem me trouxe, Num. Mal consigo acreditar que estou aqui. Aleluias!

— E eu mal consigo acreditar que você está vivo. Aleluia!

Em sua casa, Joquebede estava perturbada com o silêncio de Num e a chegada da caravana de escravos. Já era tarde. Os netos estavam quase dormindo. Eliseba, com o pequeno Itamar, também já tinha se recolhido. Apenas Arão e Miriã permaneciam acordados e intrigados com o jeito da mãe, que suspirava como uma adolescente apaixonada.

— Acho que estou precisando de um pouco de ar... Vou dar uma volta lá fora — anunciou, já saindo sem tempo para contestações.

— Eu vou com você — ofereceu-se Miriã.

— Não. Quero caminhar sozinha, orar um pouco. Conversar com Deus.

Joquebede ganhou as ruas desertas da vila. Olhava a lua, que estava brilhante naquela noite. O céu pontilhado de estrelas, e seu coração, árido como um deserto.

— Ah, Senhor, meu Deus, tantos anos esperando! Protege meu Anrão onde ele estiver. Eu sei que tu o guardaste para mim — orou baixinho sob o iluminado firmamento.

VINTE E CINCO

De volta para casa

Era grande a alegria de Num e Anrão no reencontro de velhos amigos após tantos anos separados.

— Quando você vai voltar para sua família? — perguntou Num.

— Isso vai depender. Eu vi Joquebede com uma pessoa. Ela se casou de novo?

— Claro que não! Sua mulher nunca desistiu de esperar por você. Nunca, jamais olhou para ninguém — respondeu Num, divertindo-se com a pergunta.

— Graças a Deus! — disse Anrão, sorrindo.

— Mas como você conseguiu sobreviver, afinal? Quando saiu daqui estava tão ferido! Tive medo de que não conseguisse!

— Com a ajuda de Deus, meu amigo. Se não fosse por ele, eu certamente teria ficado pelo caminho. Nos primeiros dias, mal conseguia andar, mas nos momentos mais difíceis, Deus estava lá, segurando-me, dando-me forças! Não me deixou desanimar! Eu também precisava sobreviver por Joquebede, por nossos filhos. Como estão minhas crianças, Num?

— Já não são mais crianças há muito tempo.

Enquanto isso, Joquebede seguia apreensiva. Ela pressentia o retorno de Anrão. Não conseguiu conter-se e foi até a casa de Num.

— Joquebede? Você aqui? Aconteceu alguma coisa? — perguntou Amália, surpresa.

— Desculpa vir assim tarde, Amália, mas eu preciso muito falar com o Num.

— Ele não está.

— Como não está? Vocês saíram de casa não faz muito tempo.

— Ele disse que tinha um negócio pra resolver e... — dizia Amália, quando foi interrompida por Num abrindo a porta.

— Anrão voltou, Joquebede. Estava com ele até agora — disse Num.

— Bendito seja Deus! Eu sabia! Onde? Preciso vê-lo!

— Talvez seja melhor esperar até amanhã. Anrão ficou de voltar na vila.

— Não posso mais esperar! — disse Joquebede, saindo apressada.

— Joquebede! Volte aqui! — Num fez menção de segui-la, mas Amália o segurou pelo braço.

— Anrão?! Mas ele está vivo? — indagou a esposa.

Num explicou à esposa tudo o que acontecera.

— Mas por que vocês não disseram nada? Choramos tanto a morte dele! Meu Deus! Como as crianças sofreram! Miriã e Arão se achavam órfãos de pai quando, na verdade, ele estava vivo! — disse, chocada.

— Eles eram muito pequenos para carregar o peso de um segredo como esse.

— Eu era jovem, mas não era criança. Por que você não confiou em mim?

— Não era um segredo meu, por favor, meu amor, entenda! Eu só queria protegê-la. Nós corríamos um risco muito grande, quanto menos pessoas soubessem, melhor seria. E me diga: você não teria sofrido mais ainda ao ver a dor de Miriã e Arão sabendo que o pai deles não estava morto de verdade? Não foi nada fácil ter de me manter calado.

Na rua, Joquebede andava desnorteada em busca de Anrão. Viu um homem de costas e pensou ser ele. O ar lhe faltou. Ela tocou-lhe no ombro.

— Anrão!

Quando o homem virou-se, viu que era o filho.

— Mãe? A senhora está bem? — disse, cuidadoso, estranhando o comportamento de Joquebede.

— Não tem ninguém com você, filho? Não viu mais alguém por aqui?

— Sou só eu, mãe.

— Tem certeza? — Joquebede tinha um olhar perdido, angustiado.

— O que está havendo? Por que saiu desse jeito, no meio da noite? A senhora achou que eu fosse meu pai? Vamos, melhor irmos para casa. Vai ficar tudo bem.

Pegou delicadamente a mãe pelo braço e a conduziu. Ela se deixava levar sem reação. Quando chegaram em casa, Miriã também estranhou o comportamento de Joquebede.

— Mãe? O que aconteceu?

— Ela não está bem, Miriã.

Joquebede se entregou ao desespero e começou a chorar, descontrolada.

— Mãe, fale comigo, o que houve? Por que a senhora está desse jeito? — perguntou Miriã, abraçando-a carinhosamente.

— Eu a encontrei na rua chamando pelo pai.

— Ele está vivo — disse Joquebede num sussurro, em meio às lágrimas.

— Calma, mãe, a senhora vai ficar bem. Eu e Arão estamos aqui.

Os filhos pensavam que ela enlouquecera.

— É verdade! Não estou louca! O pai de vocês está vivo! Ele não morreu, entenderam? Ele nunca esteve morto! — gritou, afastando os filhos que tentavam ampará-la.

— Como assim, mãe? Meu pai morreu! Eu vi! — respondeu Miriã, espantada.

— A senhora está doente, delirando! Só pode ser! — avaliou Arão — Quer fazer o favor de parar com essa brincadeira?

— Façam vocês o favor de me ouvir! Eu não sei se vocês lembram bem o que aconteceu, porque eram muito pequenos ainda, mas seu pai enfrentou os oficiais do rei para salvar Moisés e ficou muito ferido.

— É claro que me lembro disso, mãe! E lembro também que...

— Por favor, me deixe terminar! — disse, interrompendo Miriã. — Depois disso Anrão ficou marcado. Ele foi obrigado pelo feitor a voltar ao trabalho quando ainda estava muito fraco.

— Sim. E fomos levar água para ele naquele dia. Lembro como se fosse hoje. Nós o encontramos caído, já quase morto pelo esforço. Aquele oficial ainda insistia em que ele levantasse. Foi horrível! — relembrou a filha.

— Eu achei que tinha perdido Anrão para sempre, o pai de vocês, o amor da minha vida. Ele fechou os olhos na nossa frente, não suportando o esforço. Mas depois, no caminho para sepultá-lo, percebemos que estava vivo. Porém, se ele voltasse para cá, certamente seria assassinado pelos oficiais, e talvez todos nós também fôssemos junto com ele. Chegamos à conclusão, eu, ele e Num, que a única saída seria deixar que todos pensassem que ele estava morto. Uma caravana com escravos para o alto Egito partiria naquela noite. Ele estava muito fraco para a viagem, mas era a única chance. E assim, ele se foi. Eu, todavia, nunca perdi a esperança de que Anrão voltasse um dia pra mim, pra nossa família! E agora, meus filhos, ele voltou! Louvado seja Deus! Seu pai está vivo!

Arão, no entanto, não compartilhava da felicidade da mãe. Fora, então, enganado todos esses anos? Sofrera desnecessariamente a morte do pai?

Joquebede tentava acalmar os ânimos do filho, facilmente inflamáveis.

— Eu já disse, foi uma decisão muito difícil, filho, mas...

— Não tem desculpa! O que a senhora fez é imperdoável! Tem alguma ideia do que foi pra mim acreditar que não tinha mais pai? Isso não se faz!

— Entendo a sua raiva, meu irmão, mas não se esqueça que nossa mãe fez isso para nos proteger! — disse Miriã, tentando acalmá-lo.

— Sim! Vocês eram muito pequenos. Não quis criar expectativas e...

— Nada do que disser vai me fazer perdoá-la, mãe!

Arão saiu batendo a porta. A dor da traição era demais. Foi diretamente para a casa de Num. Entrou bruscamente, assustando Num e Amália.

— Que foi que houve? — perguntou Num.

— O que houve é que você é falso! Merece apanhar na cara! — gritou violentamente.

— O que é isso? Ficou maluco?

— Sabia que meu pai estava vivo e não me disse nada! Desgraçado! — gritou, com o dedo em riste.

— Arão, pelo amor de Deus, se acalme! — pediu Amália.

— Não vou me acalmar! E não tem nenhum amor de Deus, nem amor de ninguém. O que tem é limite pra tudo. A começar pela minha paciência!

— Pare com isso, Arão, e escute — gritou Num, enérgico. — Se eu não contei, e sua mãe também não contou, foi simplesmente para proteger todos aqui! Porque se...

— Não tem conversa. Não tem desculpa. Você me fez de bobo esses anos todos. Isso não vai ficar assim. Você me paga, traidor! — gritou saindo, batendo a porta com violência.

Num decidiu ir até a casa de Joquebede. O amigo estava descontrolado. Chegando lá encontrou Joquebede, Miriã e Eliseba, que acordara com os gritos do marido.

— Preciso falar com o Arão — disse Num.

— Ele ainda não voltou. Saiu daqui furioso.

— Eu sei, e comigo também. Ele foi me procurar, me falou poucas e boas. Está muito revoltado.

— E o Anrão, Num? Onde está meu marido, pelo amor de Deus? O que ele falou? Vocês conversaram?

— Sim. Ele contou que só sobreviveu esse tempo todo com a ajuda de Deus e o pensamento em vocês.

— E quando eu vou poder vê-lo? — perguntou muito emocionada, com os olhos rasos d'água.

— Ele ficou de voltar amanhã. Não quis vir direto para cá porque ficou com medo de você estar casada com outro, imagine só!

— Mas por que só amanhã?

— Anrão não tem permissão para ficar longe dos outros escravos da caravana. Ele teve de escapar para vir até aqui. Não podia demorar muito ou iriam descobrir.

— Entendo. Bom, mas para quem já esperou tanto tempo, o que é um dia a mais, não é mesmo?

***

Ramsés, Disebek e Moisés estavam jantando, servidos pelo cozinheiro real, à sombra de Ikeni e outro oficial.

— Vamos, Disebek, me conte, como é a Casa de Senet? As mulheres são belas mesmo? Ouvi rumores de que elas têm habilidades especiais! — perguntou Ramsés.

— Não saberia dizer. Não sou mais tão jovem, Ramsés. Quando era solteiro e tinha a idade de vocês, me divertia muito por lá. Mas as damas que conheci certamente já passaram pelo julgamento de Osíris e estão divertindo outros homens no mundo dos mortos! — brincou, provocando risadas. — Os soldados devem saber. Rapazes, o príncipe quer informações detalhadas sobre a Casa de Senet e acho que vocês podem ajudar!

— O que gostaria de saber, meu príncipe? — perguntou um oficial.

— Como são as mulheres?

— Maravilhosas! Tem para todos os tipos e gostos. De vez em quando chega uma remessa especial de estrangeiras exóticas!

— Pelos deuses! É disso que preciso! Novidade!

— Você também frequenta, Ikeni? — perguntou Moisés.

— Sempre que tenho uma folga, senhor. Mas não há só mulheres. Há música, dança, jogos, e a bebida também é farta.

— Temos de ir até lá, Moisés!

— Já falei que não me interessa — respondeu, sério.

— Ramsés, não creio que a Casa de Senet seja o lugar para o príncipe herdeiro. O faraó não vai gostar nada se souber que você anda por esses lugares — ponderou Disebek.

— E quem disse que ele precisa saber? E se Moisés não quiser me acompanhar, acho que não terei dificuldade em encontrar companhia, não é mesmo? Vamos lá Ikeni, me arrume uma roupa de oficial para que ninguém me reconheça — disse.

Moisés e Disebek entreolharam-se, preocupados com a obstinação do jovem príncipe. Ele levantou-se da sala e seguiu Ikeni, certo do que queria fazer.

O faraó, contudo, não estava preocupado com os interesses do herdeiro na Casa de Senet. Pensava nas provas de seu passado, acumuladas pelo tempo. Tão logo o dia amanheceu, Seti I encontrou-se com Paser no santuário. O faraó cumpriu os rituais sagrados, lavando as estátuas dos deuses, vestindo-as e oferecendo a elas incensos. Quando terminou, dirigiu-se a Paser.

— Trouxe os papiros?

— Sim, meu soberano, estão aqui — respondeu Paser, retirando os rolos que estavam embrulhados num pedaço de pano e entregando-os ao faraó.

Seti abriu os papiros e contemplou os desenhos de bebês hebreus sendo jogados no Nilo. Pegou uma pequena tocha e lentamente queimou todos, eliminando todas as provas do que ocorrera cerca de trinta anos antes.

De lá, seguiu para a sala do trono. Despachava assuntos do governo com Moisés e Disebek.

— Posso garantir que o feitor da obra foi severamente punido, senhor. Foi castigado na frente de todos os escravos — asseverou Moisés.

— Garanto que ele preferia morrer a ser humilhado dessa forma! Fez muito bem, Moisés — aprovou Disebek.

— Por mim ele teria sido executado, mas você é o responsável pela obra. Sabe o que faz — opinou o faraó, sério.

— Obrigado pela confiança, senhor. Apuki também foi afastado do cargo, mas logo poderá voltar ao trabalho. Não queria perder um funcionário como ele.

— E a qualidade da construção, você verificou?

— Sim, está tudo perfeito. Os escravos realizaram um excelente trabalho.

— Muito bem! Menos mal. Onde está meu filho? Por que Ramsés está demorando tanto?

— Ele já deve estar chegando, soberano — disse Disebek, olhando preocupadamente para Moisés.

Ramsés estava a poucos passos da sala de seu pai. Chegava amparado e amparando Ikeni e outro oficial. Os três atravessavam o jardim bêbados, risonhos e trançando as pernas. Nefertari e Karoma estavam jogando senet quando ouviram as vozes dos homens, fazendo balbúrdia.

— Ramsés! O que significa isso? — disse Nefertari, indignada.

— Nefertari! Minha bela, belíssima! Como você está deslum... des... deslumbra... Pelos deuses, Ikeni! Ajude seu soberano! — falou Ramsés com a língua enrolando, a voz pastosa, sem conseguir articular bem as palavras.

— A senhora está deslumbrante, senhora! — completou Ikeni, também bastante alterado pelo álcool.

— Idiota! Como se atreve a cortejar minha dama? — brincou Ramsés, dando um leve tapa na cabeça do soldado.

Os três riram, completamente embriagados.

— De onde vocês estão vindo, posso saber? — perguntou Nefertari.

— Psssit... É segredo! — respondeu Ramsés, aproximando-se dela.

Ao sentir o cheiro do álcool, a moça virou o rosto, enojada.

— Que horror, Ramsés! Você está fedendo à bebida vagabunda!

—Vagabunda! Nós vimos muitas vagabundas, não vimos, rapazes? — perguntou, provocando mais gargalhadas.— Mas nenhuma dama como você, meu amor. Ninguém, nem Ísis, se compara a sua beleza! Vem cá, me dá um beijo — disse, agarrando a jovem e tentando beijá-la.

Nefertari reagiu empurrando-o para longe, fazendo com que ele caísse no canteiro de flores, totalmente desajeitado.

— Pelos deuses! Como minha amada é brava!

Nefertari estava indignada com a cena.

—Vamos, Karoma! Acho que preciso de um banho para tirar esse fedor de cima de mim!

As duas retiraram-se enfurecidas. Karoma ainda lançou um olhar de desprezo a Ikeni antes de sair. Mas os homens apenas riam da sua situação.

VINTE E SEIS

O reencontro

Na casa de Joquebede, os netos estavam de saída para o trabalho e eram aguardados por Eldade. Ela estava ansiosa para que eles fossem embora logo.

— Senhora Joquebede, se quiser posso arrumar mais palha para cestos. Talvez queira alguma coisa. Está precisando de algo? Posso dar um jeito de conseguir — ofereceu-se Eldade.

— Por favor, Eldade, você é muito gentil, mas acho que deveria se preocupar em conseguir esses mimos para uma mulher que esteja disponível. Já lhe disse que o único amor de minha vida é meu marido. Agora, se me dá licença, tenho muito serviço a fazer. Shalom — disse, seca, abrindo a porta para saírem.

— Shalom — respondeu Eldade, constrangido, deixando a casa.

— Meu Deus, que sujeito mais insistente! Achei que nunca fosse embora! — falou Joquebede.

— Acho que dessa vez a senhora deixou as coisas bem claras — asseverou Miriã. — Mal posso esperar para ver meu pai. Será que ele reconheceria a mim e a Arão?

— Coitado do meu marido, deve estar tão confuso com isso tudo! — lamentou Eliseba.

— Nenhuma notícia dele? — questionou Miriã.

— Passou a noite fora...

— Arão precisa de um tempo, mas tenho fé de que logo ele se dará conta de que isso tudo é uma grande bênção de Deus! — disse Joquebede.

— Se eu estou aflita para rever meu pai, imagino a senhora, mãe!

— Você nem faz ideia — respondeu Joquebede, abraçando a filha.

A porta se abriu e as mulheres olharam com expectativa. Mas era apenas Arão, com o mesmo mau humor da noite anterior. Ignorou a irmã e a mãe e dirigiu-se a Eliseba.

— Pegue o Itamar e vamos embora.

— O que é isso, meu filho? — espantou-se Joquebede.

— Isso é isso — respondeu sem olhar para a mãe. — Ande, rápido! Nós vamos embora desta casa!

Arão estava transtornado. Sentou-se e ficou olhando para o chão. Sua esposa ficou parada, sem ação.

— Estou esperando! — disse ele, nervoso.

— Vamos para onde, Arão, levando um bebê?

— Acalme-se, meu filho, pelo amor de Deus — interveio Joquebede.

— Está bem. Mas vou procurar um lugar, e assim que encontrar nós saímos daqui — gritou, deixando a casa.

Joquebede dividia-se entre a alegria de ter o marido de volta e a aflição de ver o filho naquele estado. Esperava que Arão recobrasse o juízo, embora entendesse sua revolta e o sentimento de traição que enchia seu coração. Seu filho nunca aturou injustiça, especialmente quando ele era o alvo. De uma maneira diferente de Miriã, que confiava em Deus para vingar seu povo, Arão tentava resolver as coisas com a própria força.

Miriã, por sua vez, indignava-se com a fúria do irmão. Para ela, o mais importante era saber que poderia ter o pai novamente, e a qualquer momento. Isso seria motivo suficiente para deixar para trás qualquer mágoa enraizada pelo fato de ele ter partido quando ainda eram crianças.

— Meu Deus, eu preciso me arrumar! — exclamou Joquebede. — Meu marido não pode me ver assim, de qualquer jeito! Vamos, meninas, me ajudem!

Miriã e Eliseba começaram a arrumar os cabelos e a roupa de Joquebede, alegremente. Estavam terminando quando Num entrou pela porta.

— Onde ele está? — perguntou Joquebede, quase não conseguindo falar, tamanha sua ansiedade.

— Não sei. Ele não apareceu no local onde combinamos. Ele também está ansioso para revê-la, mas não é fácil escapar da vigilância dos feitores. Aliás, nem sei como ele conseguiu da outra vez. Vou para o trabalho.

— Será que você vai encontrá-lo por lá? — perguntou Joquebede.

— É possível.

— Traga-o para mim, Num! Eu lhe peço. Não posso mais esperar.

— Farei o possível para trazê-lo o quanto antes — respondeu, despedindo-se e saindo.

Enquanto seguia em direção à obra, Num foi avisado por outro escravo que Apuki pedira para que ele fosse à sua casa. Lá chegando, encontrou o feitor sentado na sala. Parecia inofensivo, mas Num precaveu-se.

— Aceita uma cerveja? — ofereceu Apuki.

— Sim — respondeu Num, receoso.

— Eu o chamei aqui porque você, claro, tem os defeitos naturais de qualquer escravo, mas é um homem sensato e responsável — disse Apuki, procurando domar sua arrogância. — Como você sabe, vou voltar ao trabalho amanhã, para as obras do novo templo. Bem, é o seguinte: não quero ouvir nenhum comentário de ninguém, por menor que seja, sobre aquele... aquele fato desagradável. Sabe do que estou falando, não?

— O príncipe Moisés já deu esta instrução, senhor. Ele mandou avisar, inclusive, que quem o desrespeitasse seria punido de forma ainda mais severa.

— Eu fico muito grato com a benevolência do príncipe. Mas isso não impede que, como feitor, eu reforce a instrução. Entendido?

— Entendido — respondeu, retirando-se em seguida.

***

Moisés e Disebek estavam preocupados com Ramsés. Não tinham notícias do príncipe desde a noite anterior, quando fora conhecer a Casa de Senet acompanhado pelos soldados. Conversavam, quando Nefertari e Karoma aproximaram-se.

— Bom dia, Nefertari — falou Disebek, cortês.

— Parece que o dia não vai ser bom — respondeu, irritada. Virou-se para Moisés. — Seu amigo está precisando de ajuda. Mal consegue ficar em pé.

— Ramsés?

— E você tem outro amigo que apronta? Vamos, Karoma! — disse, puxando a dama pelo braço.

Seguiram para o harém enquanto pai e filho saíam à procura de Ramsés pelo palácio. As moças não conseguiam conter sua indignação.

— Um absurdo! Como podem agir de maneira tão desprezível? — disse Nefertari.

— Fiquei enojada, senhora — respondeu Karoma.

Yunet abordou as duas, curiosa.

— O que aconteceu? Do que estão falando?

— Ramsés! Chegou caindo de tão bêbado!

— Chegou de onde?

— Parece que o príncipe, Ikeni e outro soldado foram se divertir fora dos muros do palácio — respondeu Karoma, visivelmente ferida pela atitude do homem que tanto admirava.

— Saíram do palácio? Mas aonde eles foram? — quis saber uma das mulheres.

— Imagino que tenham ido à Casa de Senet — respondeu Yunet.

— Que lugar é esse?

— Uma casa de prazeres! Dizem que as mulheres que oferecem seus serviços são lindas, sensuais, e fazem o que outras mulheres não fazem! Sem falar da música, das danças que preenchem o ambiente — respondeu Yunet, empolgada com suas boas lembranças.

— Como sabe disso, minha mãe? Fala como se conhecesse! — perguntou Nefertari, surpresa.

— Imagina se poria meus pés num lugar assim! — recompôs-se. — Sou apenas uma mulher bem informada.

Nefertari não deu tanta atenção à resposta. Estava ultrajada.

— Ramsés diz que sou o amor da vida dele e passa a noite nos braços dessas desqualificadas!

— Filhinha, uma coisa não tem nada a ver com a outra. Os homens são assim mesmo. Eles têm suas necessidades.

— Quer dizer que a senhora não se importaria se meu pai frequentasse essa tal Casa de Senet?

— O que estou dizendo é que isso não implica que Ramsés não a ame, Nefertari — respondeu, desconversando.

— Nisso tenho de concordar com Yunet — comentou Nayla, uma núbia mais velha, mas ainda bela. — Ciúmes só vão lhe trazer rugas desnecessárias, Nefertari. Olhe para mim... Não sou a primeira esposa do faraó, mas não me importo. Contanto que receba atenção do soberano de tempos em tempos e seja recompensada com joias, está tudo bem!

— No momento não me agrado em nada em ser a primeira, nem a segunda e muito menos a terceira esposa de quem quer que seja. Por mim, Ramsés faz o que bem quiser de sua vida. Se quiser agir de modo deplorável, problema dele.

Com sua habilidade peculiar de perceber qualquer ultraje a seu filho, a rainha Tuya entrou no harém e escutara o último comentário de Nefertari.

— O que está dizendo de meu filho, Nefertari?

— Ela não estava falando nada de mau, senhora — tentou amenizar Yunet.

A rainha não quis saber. Permanecia olhando para a jovem. A moça baixou os olhos e respondeu:

— Perdão, senhora, mas estava apenas comentando que o príncipe fez algo indigno de sua posição.

— Como ousa criticar meu filho?

— Ele foi à Casa de Senet e voltou bêbado essa manhã! — intercedeu Yunet.

— O quê? Como pode ser uma coisa dessas? — reagiu a rainha.

No mesmo instante um oficial foi chamar a rainha a mando do faraó. Seti I estava contrariado. Havia chamado o filho, mas Ramsés demorava para aparecer na sala do trono. Correu, ainda absorvendo a informação que ouvira das mulheres.

Do alto de seu trono, faraó a questionou.

— Sabe de alguma coisa?

— Moisés me falou que Ramsés não passou bem a noite. Dormiu mal.

— Não passou bem como? O que ele tem? — preocupou-se o faraó. —Vou vê-lo.

Tuya tentou impedi-lo.

— Não, soberano, não é nada grave. Ele está descansando, dormiu novamente — disfarçou a rainha, contendo o ímpeto de Seti I.

O segredo, porém, não ficaria restrito ao harém. Nos corredores do palácio, Disebek foi surpreendido por Yunet, que não pôde deixar de mencionar o fato ao general.

— Ramsés voltou numa bebedeira só, coitado! — comentou Disebek, rindo-se. — Esses jovens não sabem fazer as coisas direito.

— Mas nós sabíamos, não é mesmo? — a mulher se insinuou. — Não lhe deu uma pontinha de saudade do tempo em que nos divertíamos lá?

— É verdade que nos divertimos bastante.

— Às vezes penso em voltar a usar o meu véu.

—Você me deixava louco com aquela dança! — afirmou Disebek. Olhou por cima do ombro de Yunet e viu Henutmire aproximando-se. Afastou-se.

— Soube o que meu irmão aprontou, Disebek? — perguntou a princesa, esbaforida.

— Pelo visto o Egito inteiro já está sabendo!

—Vou ter uma conversa com ele. Onde já se viu se comportar dessa maneira?

— Ele é jovem, meu amor. Ainda não encontrou uma mulher que o faça esquecer-se de todas as outras como eu quando a encontrei — afirmou o general, provocando Yunet.

— Meu marido, talvez você devesse dar uns conselhos a Ramsés sobre o risco de se perder algo bom e profundo por conta de certas fraquezas. Vou lá vê-lo. Vem comigo, Yunet?

— Se não se importar, senhora, tenho algo a fazer.

— Está bem. Vemo-nos mais tarde.

Tão logo sua senhora saiu, virou-se raivosa para o general.

— Gosta de me provocar, não gosta?

— Adoro! — divertiu-se Disebek.

Ele seguiu seu caminho até a sala do trono. Manhã agitada aquela! Moisés juntou-se ao pai na deliberação de alguns assuntos importantes em relação à segurança do Egito.

— Precisamos ficar bem atentos. Especialmente no que diz respeito aos hititas — ponderou o faraó.

— O soberano está coberto de razão, mas não se preocupe. Mantenho um fluxo constante de informações sobre eles. Não nos pegarão desprevenidos — asseverou Disebek.

— Ótimo. E quanto ao templo de Osíris?

— As obras já começaram hoje. Moisés é o arquiteto responsável e poderá dar os detalhes — afirmou o general.

— E então?

— Aqui está o desenho do projeto — disse Moisés, exibindo um papiro. — Ele proporciona uma visão geral de como o templo será construído e...

— Um momento. Antes disso... vocês têm notícias de Ramsés? Ele melhorou?

Disebek e Moisés foram pegos de surpresa com a pergunta.

— Bem, ele ainda não se recuperou da noitada, mas creio que em pouco tempo, a ressaca... — respondeu, inocentemente, o hebreu.

— Ressaca?! Noitada?! — assustou-se Seti I.

O general tremeu. Não era essa a história que o faraó esperava ouvir.

— Foi maneira de falar. Não foi, Moisés? — afirmou, tentando consertar.

— O que vocês estão escondendo? Não mintam para mim, não admito! O que houve com Ramsés? — enfureceu-se o faraó, percebendo que protegiam seu herdeiro.

— Bem, a verdade é que ontem à noite ele passou pela Casa de Senet. Foi lá apenas para ver como era. Mas aí, conversa vai, conversa vem... — disse o general, sem alternativa.

— Não precisam dizer mais nada! — bradou Seti I, erguendo-se do trono. Iria ele mesmo checar o que acontecera.

Moisés adiantou-se e foi até seu quarto acordar o amigo. Quis alertá-la sobre o burburinho todo causado com sua noitada. Ramsés estava enrolado em seus lençóis e cobria a cabeça, como se quisesse silenciar o mundo.

— Dá para falar mais baixo, por favor? Minha cabeça dói tanto que parece que meu cérebro está sendo devorado por dentes de crocodilo.

— O rei já sabe que você foi à Casa de Senet — alertou Moisés.

O susto trouxe alguma sobriedade a Ramsés.

— Meu pai? Mas como descobriu?

— Eu contei.

— Como é que é?

— Não tive a intenção. Achei que ele já soubesse, me enrolei e acabei entregando você.

— Você me entregou?

— Já disse que foi sem querer...

— Como foi que meu pai reagiu?

— Ele ficou furioso.

Em vez de dirigir-se ao quarto do filho, Seti I foi interpelar a esposa em seus aposentos.

— Não acredito que você mentiu para mim! Não se mente para o faraó, ainda mais quando ele é seu marido!

— Calma, meu soberano.

— Como posso ficar calmo? Você acobertou as aventuras do nosso filho. Ramsés precisa de um castigo!

— Ramsés é jovem, não pensa nas consequências do que faz.

— Se ele não pensa, você deveria pensar por ele! Mas não. Está sempre passando a mão na cabeça. Vou lá falar com ele agora mesmo!

— Por favor, meu marido, espere essa fúria passar.

—Você não tem direito de me pedir nada depois do que fez.

Seti I saiu batendo a porta. Caminhou apressado até os aposentos de Ramsés, que terminava de vestir-se com a ajuda de Moisés.

— Aí está meu herdeiro! Não compareceu à minha presença, só poderia estar mesmo aqui com Moisés. Sempre inseparáveis.

Ramsés tentava explicar-se, mas não havia nada que dissesse que diminuía a fúria de seu pai.

— Como pôde se expor dessa maneira? Como? Saiu à noite, desprotegido dos deuses. Podia ter se ferido, pegado uma doença ou até engravidado uma dessas mulheres. Pensou nisso?

— Confesso que não.

— Pois como futuro rei, Ramsés, tem de aprender a pensar, entendeu?

— Pelos deuses! Por que tanta confusão por causa de uma fugidinha? O senhor nunca foi jovem? Não é melhor que eu me divirta antes de me tornar faraó? — defendeu-se Ramsés, atordoado com todo o pandemônio por conta de uma noite.

— Quer se divertir? Pois garanto que vai se divertir muito com o que vai acontecer — ameaçou Seti I, fuzilando o filho com um olhar sombrio.

***

Yunet vagava pelos corredores do palácio incomodada com as provocações de Disebek. Queria vingar-se. Passou pela porta da ourivesaria e viu Hur e seu filho, Uri, trabalhando. Sorriu.

— Olá! Como estão passando nesse dia abençoado por Amon-Rá?

Os dois estranharam a simpatia da mulher.

— Se me dão licença, preciso ir receber um comerciante núbio que já deve ter chegado com um carregamento de ouro — disse Uri, retirando-se.

— Ouro! Pedras! Sempre admirei pessoas como você, Hur, que têm a habilidade e o talento para trabalhar com materiais tão preciosos! — acercou-se Yunet.

— Obrigado. O que é feito com dedicação e amor dá certo.

— Falando em amor, uma pena que você não tenha se declarado à princesa.

Hur atrapalhou-se todo.

— Eu? Do que está falando?

— Por favor, Hur, não precisa fazer segredo disso comigo. Sabe que Henutmire me tem como confidente, não sabe? Pois ela estava se encantando por você.

—Verdade?

— Eu a conheço há muitos anos e nunca a tinha visto tão impressionada por um homem!

— Bobagem! Imagina se a princesa...

— Ela é uma mulher muito carente, sabe, Hur? Infeliz no casamento. O marido não lhe dá a devida atenção.

— Eu já tinha percebido.

— E o pior é que o canalha ainda trai a princesa com outras.

— Isso é um absurdo! Henutmire não merece isso!

— Pobrezinha, sofre tanto! Ela vive dando a ele uma nova chance, mas o general não se emenda.

—Acho que não vai se emendar nunca! — revoltou-se o ourives.

— E não vai mesmo! Por isso, ela gostou tanto de você. Sempre gentil, atencioso.

— Como um bom amigo deve ser.

— Você pode ser mais do que um amigo, Hur. Henutmire se acomodou a um casamento de fachada, mas não ama mais Disebek há muito tempo.

Hur sentiu uma leve esperança. Deixou um sorriso escapar, mas logo recolheu-o diante do olhar observador de Yunet.

— Por que está me dizendo tudo isso? — perguntou, desconcertado com aquela íntima conversa.

— Porque quero ver minha senhora feliz. E a felicidade dela, Hur, está em suas mãos. Acredite!

Yunet saiu da oficina e deixou Hur atordoado. Um misto de esperança e receio tumultuava seu coração. Foi o suficiente para que poucas horas mais tarde, quando encontrou-se com Henutmire nos corredores do palácio, o ourives ajeitasse sua túnica, se aprumasse e tomasse coragem para um flerte.

— Como vai, princesa? — perguntou, num tom íntimo e galante.

— Muito bem. E você, Hur? — respondeu a princesa, notando algo diferente no ourives.

— Melhor agora, diante de tanta beleza.

— Obrigada! — disse, surpresa e encabulada com as doces palavras.

— Você precisa passar em minha oficina para ver as belas joias que tenho feito.

— Sim, claro. Vou assim que puder.

— Por favor, não demore. Tenho sentindo a sua falta.

— Está bem — disse Henutmire, estranhando, mas lisonjeada com o flerte.

Deixando a ourivesaria, Yunet dirigiu-se ao gabinete de seu marido. Esperava que Simut tivesse realmente encontrado a fórmula rejuvenescedora que lhe prometera. Estava ansiosa para experimentar a poção que lhe garantiria voltar uma década em sua aparência.

— Tem de cumprir todo o ritual para que funcione! — explicou o assistente. — Esse creme tem de ser usado à noite. Passe-o antes de dormir, assim, bem no rosto todo.

Yunet acompanhava a explicação atentamente.

— Depois, recite esta oração mágica à deusa Hathor — o assistente de Paser não cabia em si de orgulho. — Quando despertar amanhã de manhã, estará dez anos mais jovem! Palavra de Simut!

A mulher recebeu o creme e a oração.

— Isso permanece um segredo nosso, hein Simut? Não quero que dê esse creme para mais ninguém! — alertou, enciumada, Yunet.

— Pode confiar, senhora.

— Você não vai se arrepender de ter me ajudado!

***

Na casa de Joquebede, a ansiedade era grande. Ela e Miriã estavam perdidas, não conseguiam concentrar-se. Amália e Eliseba tentavam acalmá-las.

— Ah, mãe, não aguento mais esperar! Vamos até a obra! Deve ser em algum lugar da cidade. Nós encontraremos.

— Estou tão nervosa que nem sei se consigo andar direito!

— Num me disse que eles vão trabalhar do outro lado do Nilo — informou Amália. — Não tem como irem até lá. É melhor vocês ficarem aqui e se acalmarem.

—Você tem razão, mas vou te dizer uma coisa: essa espera de agora é pior do que todos os anos que passei sem qualquer notícia de Anrão. Fico até sem ar!

— Respire, mãe, respire! A última coisa de que precisamos é você passando mal de novo!

— Pois é o que vai acontecer se seu pai não chegar logo!

Alheios à aflição das mulheres, centenas de homens trabalhavam na outra margem do Nilo, nas primeiras fundações do novo templo. Entre eles, Arão e Anrão. Este sabia quem era o filho e observava-o de longe, sem que ele percebesse. Arão atentava a todos os escravos mais velhos, tentando adivinhar qual deles seria seu pai.

— O que você tanto olha? Procurando alguém? — perguntou Zelofeade.

— Depois de passar a vida inteira achando que meu pai morreu, soube que ele está vivo.

— É mesmo? — surpreendeu-se.

— É. Não apenas está vivo como deve estar aqui, agora.

— Então você não sabe quem é?

— Claro que não! Quando eu achei que ele tivesse morrido, tinha uns três anos.

Eles foram interrompidos pela chegada de Num. Arão fechou o semblante e virou-se de costas.

— Arão.

— Que é? — respondeu, seco.

—Vamos conversar em paz? Não há motivo para...

— Cuide da sua vida, que eu cuido da minha — disse, afastando-se e seguindo em sua busca. Fitava nos olhos de todos os escravos com idade mais avançada. Quando encarou Anrão, o pai instintivamente desviou o olhar. Arão percebeu e aproximou-se.

— É você? — perguntou.

Anrão encontrava-se encurralado pelo olhar revelador do filho. Não havia como negar e, após alguns instantes de tensão, confirmou.

— Sim, sou eu, seu pai.

Pai e filho estavam novamente frente a frente, após muitos anos. Anrão quase não conseguia controlar sua emoção e constrangimento.

— Eu pretendia conversar primeiro com sua mãe, para depois... — tentou juntar algumas palavras, pensando em como romper tantos anos de silêncio.

— Não precisa explicar nada — interrompeu Arão, agressivo. — Faça-me um grande favor: fique longe de mim. Eu farei o mesmo. Estava lhe procurando para dizer isso.

— Filho, eu entendo que você...

— E vamos logo pondo a coisa em prática — disse, dando as costas e afastando-se.

Num, que acompanhava a conversa ao lado de Zelofeade, interveio. Não achava correto Arão destratar seu pai daquele jeito.

— Não lhe perguntei nada, Num. E já lhe avisei: meta-se com sua vida! Fui feito de bobo por todos vocês, durante anos e não engulo isso! — revidou Arão, saindo irritado do encontro e seguido por Zelofeade.

— É preciso ter paciência com Arão. Não se preocupe, a raiva dele vai passar, tenho certeza — explicou Num ao amigo recém-chegado.

— Espero que sim. Tudo que eu não preciso agora é de um filho me odiando — afirmou Anrão, com certa tristeza.

— Ele não o odeia, não odeia ninguém. Arão é um bom homem. Está apenas confundindo as coisas. Aliás, já conversei com Joquebede. Ela está ansiosa para o reencontro de vocês!

— Que bom! Mas confesso estar com medo do reencontro. Foi muito tempo de separação. Não sei se ela ainda me ama.

— Já falei e vou repetir: ela nunca o esqueceu. Esse reencontro deve ser uma coisa apenas sua e de Joquebede. Eu e Amália queremos oferecer nossa casa, para que tenham toda a privacidade necessária antes de enfrentarem a família.

— Depois de haver praticamente ressuscitado naquela época, e de ter sobrevivido ao que passei nestes anos todos, espero não morrer de emoção ao ver Joquebede na minha frente.

— Se para mim a emoção está sendo grande, imagino para você.

— Bem, então vou hoje à noite à sua casa, logo que puder. Só preciso encontrar um jeito de escapar da vigilância dos oficiais — planejou.

O dia passou arrastado, como são os dias cheios de expectativas. No final do expediente, Zelofeade e Arão caminhavam juntos de volta para casa. Zelofeade queria saber por que Arão havia destratado seu pai daquele jeito, na frente dos outros escravos.

— Por quê? Simplesmente porque ele fugiu e abandonou a família! Eu fui abandonado pelo meu pai. Num e minha mãe esconderam isso de mim a vida inteira!

— Eles devem ter tido seus motivos. Já pensou que pode haver uma explicação? Num é seu amigo e sempre cuidou de toda sua família com o maior carinho. Pense bem no que está fazendo! Você devia é dar graças a Deus por seu pai estar vivo e ter voltado — ponderou.

Arão estava farto de ser grato a Deus pelas coisas boas enquanto coisas ruins aconteciam cotidianamente. Por mais que a fé aquecesse seu coração, estava perturbado com a ideia de um Deus bondoso que permitia que ele carregasse pedras em troca de migalhas. Que via do alto o sofrimento de seu povo e, mesmo assim, permitia que os feitores tratassem os hebreus com chibatadas. Algumas noites passava mirando o céu pontilhado de estrelas e duvidava até mesmo que Deus estivesse ali.

Zelofeade indignava-se com a descrença do amigo.

— Assim não dá pra conversar.

— Desculpe, Zelofeade, mas infelizmente eu tenho cabeça é para pensar — justificava-se Arão.

— Vai em paz, Arão. Shalom! — despediu-se, bronqueado com o rumo do desabafo do amigo

VINTE E SETE

Grandes expectativas

Ramsés conversava com Moisés, aflito com o castigo prometido pelo faraó. Escondia-se no quarto do amigo. Era estranho pensar naquele olhar tão perturbador lançado sobre ele.

— O que será que meu pai está pensando em fazer? Vai me mandar para longe, em alguma missão sem importância? Talvez num lugar inóspito? Ou pior, sem graça?

— Vai imaginando, mas não se esqueça que ele vai agir na dupla função de pai e de faraó. Quanto pior você imaginar, menor será o susto — disse Moisés, irônico.

— Você ajuda muito falando dessa forma. Quer saber? Não vou pensar mais nisso! Ele falou da boca para fora, na hora da raiva. Não há de querer algo terrível para o filho. Afinal, o que eu fiz não foi nada que mereça castigo rigoroso.

— Para quem não vai pensar mais nisso você continua pensando bastante — ponderou Moisés.

— Tem razão, chega! Quem me preocupa de fato é Nefertari. Será que ela ficou sabendo?

— Se ela ficou sabendo? — perguntou Moisés, surpreso. — Não acredito que você tenha perdido a memória a esse ponto! Você voltou caindo de bêbado, encontrou Nefertari, gabando-se da sua noite. Foi ela quem me contou.

— Pelos deuses! Você tem que me ajudar com Nefertari, ela deve estar furiosa! Por favor!

— Não há nada que eu possa fazer. E mesmo que houvesse, meu caro, estamos numa competição justamente por causa de Nefertari. Ou a bebida também o fez esquecer isso?

— Você vai se aproveitar de um vacilo meu para...

— Claro que vou! Lembra o que a gente dizia nas corridas de biga? Que vença o melhor!

— Isso se chama covardia.

— Já facilitei uma vez para o seu lado. Não vou repetir a dose.

— Maldita Casa de Senet!

— Não foi ela que veio até você. Você é que foi até lá. E quanto a Nefertari estar furiosa, não tenha a menor sombra de dúvida. Com isso de você querer todas as mulheres, vai ficar sem a melhor delas.

— Não tenha tanta certeza! Vou resolver isso, e é agora!

— Do jeito que a moça está, será mais um ponto para mim — disse Moisés, rindo, antes de o rival fechar a porta.

Ramsés foi diretamente para o jardim, onde encontrou Nefertari conversando com Karoma.

— Nefertari — disse, encabulado.

— Ramsés! Está conseguindo dar dois passos sem que seus comparsas o segurem? Pelos deuses! As flores do jardim podem ficar tranquilas — comentou a moça, encarando-o com desprezo.

— Por favor, me escute. Não me lembro de nada. O deus Toth deve ter apagado minha memória.

— Não ponha na conta dos deuses, Ramsés! Se alguém apagou o que quer que seja foi a bebida!

— Desculpe-me se a ofendi, eu...

— De modo algum! Nada do que você fez me ofendeu.

— Não? Quem bom, não sabe como fico aliviado!

— Pode ficar mesmo. Afinal de contas, por que me importaria se você sai para se divertir com outras mulheres? Somos apenas amigos, não é mesmo? Por mim você pode fazer o que quiser.

Ramsés desesperou-se com o retrocesso.

— Amigos? Não, deixe-me explicar. Aquelas mulheres não têm importância alguma! Você, sim, é especial!

— Eu sou especial? Desculpe-me, mas acho que não temos o mesmo entendimento do que é especial ou não.

— Por favor, Nefertari, não seja imatura. Homens são homens!

— Ah, é? E o que isso significa, pode me explicar?

— Eu vou ser faraó, Nefertari. E um faraó precisa ter várias mulheres! Veja meu pai: ele tem muitas esposas para que elas possam lhe dar muitos descendentes. Não há nada de mal nisso. Ele apenas cumpre seu dever como soberano.

Nefertari levantou-se enjoada.

— Pois então, mais do que nunca, tenho certeza de que não quero ser rainha de um rei que tem o "dever" de ter várias mulheres! Vamos, Karoma — disse, retirando-se e entrando no harém.

Lá, Yunet estava alegre, de bom humor, com seu pote de creme.

— Você parece estar de bem com a vida hoje, hein, Yunet? — comentou uma das mulheres.

— E por que não? Sinto que estou prestes a me tornar uma nova mulher! Fiz minhas orações e sei que a deusa Hathor está com suas mãos sobre mim, entende?

— Não.

— Não importa! Amanhã, quando Amon-Rá iluminar o céu do Egito, você entenderá o que estou falando.

Yunet virou-se para trás bem quando uma serva passava com uma bandeja. A colisão acabou derrubando um prato de doce de tâmaras sobre a dama.

— Sua larva de piolho! Olhe só o que fez!

A serva, apavorada, tentava limpar o vestido de Yunet.

— Tire essas mãos sujas de mim! Saia daqui. Não serve nem para segurar uma bandeja. Devia virar comida de crocodilo em vez de servir os nobres! — esbravejou, saindo dali para se limpar.

Acabou deixando o pote de creme em cima de uma mesa. Muitas crianças brincavam por ali, filhos das concubinas e de oficiais do faraó. Uma delas, Bezalel, filho de Uri e Leila, aproximou-se da mesa em que estava o pote colorido e de formato curioso. Sem que ninguém percebesse, levou-o consigo para brincar. Quando Yunet retornou à sala, deu conta do desaparecimento do frasco e ficou inquieta. Esbravejava pela sala, reclamando o roubo do seu pote de creme.

Bezalel ficou apavorado com os desdobramentos e com a fúria de Yunet. Ficou ainda mais amedrontado quando a princesa Henutmire apareceu no local. Escondeu o pequeno pote entre suas vestes e sorrateiramente saiu do meio da confusão, sem que ninguém percebesse. Caminhou pelos corredores do palácio, deixando o frasco atrás de um vaso de cerâmica.

Alguns minutos depois, Moisés passou pelo local e estranhou ao ver o pote abandonado. Deduziu que, por ser um apetrecho feminino, a dona deveria estar no harém e foi até o recinto para devolvê-lo. Seria uma oportunidade também de rever Nefertari. Entrou no local enquanto Yunet causava grande confusão.

— Fui roubada, descaradamente roubada aqui dentro! Meu creme estava bem aqui. Só saí um instante e quando voltei, ele havia desaparecido — reclamava para sua filha e para a princesa.

— O que era, Yunet? Posso lhe dar outro igual — disse Henutmire.

— Não há outro como aquele! Eu preciso dele!

— Bom, se houve mesmo um roubo aqui dentro, terei de chamar a rainha para resolver — ponderou a princesa, quase deixando a sala no momento em que Moisés entrou com o creme nas mãos.

Yunet avançou sobre as mãos do príncipe.

— Meu creme! Isso é meu!

— Onde achou esse pote, meu filho? — quis saber a princesa Henutmire.

— Encontrei nos corredores do palácio.

Exaltada como estava, Yunet respondeu sem dar atenção às palavras.

— Mentira! Deixei aqui, não sou louca.

— Você pode não ser louca, mas meu filho não é mentiroso, Yunet! — ralhou Henutmire. — Já tem seu creme de volta, Yunet. Está tudo resolvido. Caso encerrado.

— Como quiser, princesa — disse Yunet, engolindo sua revolta e saindo, agarrada a seu pote.

Dirigiu-se apressada em direção ao seu quarto. Lá apanhou o papiro com as instruções e deu início ao ritual, como Simut a orientara. Moisés permanecia perplexo diante da cena, e foi resgatado por Nefertari, que o acompanhou até a porta do harém. Comentou sobre a petulância de Ramsés na conversa que tiveram pouco antes.

— Não acho que ele deveria ir atrás daquelas mulheres. Você já foi nessa tal Casa de Senet? — perguntou a Moisés, que a olhou com um sorriso encabulado.

— Não. Nunca tive curiosidade.

— Ele diz que o faraó precisa ter várias mulheres, mas eu sei que mesmo se ele não fosse ocupar o trono do Egito faria a mesma coisa e não teria problema nenhum.

— Muitos homens pensam assim, Nefertari. E na cabeça deles, acreditam mesmo que não tem problema, o que não significa que não estejam sendo sinceros — tentou contemporizar.

— Você também acha isso, que é impossível que um homem seja fiel a uma só mulher?

— Se eu tivesse a mulher que amo em meus braços, sequer pensaria em beijar outra — disse de pronto.

— Jura?

— Não trocaria um único beijo dela por todo um harém de beldades a meus pés. Não dizem que os lábios falam mais no beijo que nas palavras? — continuou o príncipe hebreu.

— Pena que esses lábios dizem uma coisa quando falam e outra quando beijam.

— Todo mundo tem direito a uma segunda chance, não acha? — disse, deixando uma expectativa no ar.

— Se já não tiver desperdiçado todas as chances que teve ao seu alcance, quem sabe? — respondeu Nefertari, igualmente enigmática. Despediu-se e voltou ao harém. Moisés permaneceu ali por alguns segundos. Sabia que tinha impressionado a amiga com suas palavras.

***

Joquebede aguardava em sua casa, inquieta pela chegada de Anrão. Num abriu a porta, fazendo-a se levantar ansiosa, mas chegou sozinho, decepcionando-a.

— E então? — perguntou Joquebede.

— Onde está meu pai? — indagou Miriã, que também estava apreensiva pelo reencontro.

Num contou sobre Arão e como Anrão havia ficado triste com a reação do filho. Como não queria aumentar a fúria do rapaz, achou melhor encontrar a esposa na casa de Num e Amália. Joquebede assentiu e foi com o amigo. Lá continuou sua espera cheia de expectativas e lembranças.

Arão voltava para casa perdido, sofrendo e em conflito. Memórias antigas lhe vinham à mente, como o dia em que sua mãe saiu com o barco para sepultar seu pai e as histórias que Anrão contava para os filhos antes de dormirem. Chegando na casa de Joquebede, encontrou Miriã, Num, Amália, sua esposa e os filhos.

— O que esse traidor está fazendo na minha casa? — perguntou, olhando para Num, cheio de indignação.

— Arão, por favor, não vamos começar — respondeu Num.

— Eu não tenho mais nada para começar. Só terminar. Você desonrou nossa amizade.

— Chega, Arão! Controle-se! Respeite-o! — revoltou-se Miriã.

— Não respeito quem é falso comigo. Aposto que ficou se deliciando com nosso sofrimento esse tempo todo.

— Ele e nossa mãe não contaram nada pelo nosso bem — apaziguou a irmã.

— Não engulo isso, Miriã.

— Não sou traidor — reagiu Num, gritando irritado. — Você parece uma criança mimada! Já está na hora de crescer, Arão!

As palavras enlouqueceram Arão que partiu para cima de Num com os punhos cerrados. Miriã interpôs-se entre eles, impedindo o soco.

— Saia da frente, Miriã! — disse Num, esforçando-se para ficar calmo. — Quer me bater, Arão? Pode bater. Se isso vai fazê-lo se sentir melhor, eu não me importo. Acha que foi fácil mentir para você? Acha que foi fácil vê-lo querendo saber sobre seu falecido pai, quando na verdade eu sabia que ele poderia estar vivo?

— Devia ter me contado!

— Eu não te contei nada porque não achava que seu pai fosse sobreviver. Eu fiz o que pude! Não podia substituir a falta de um pai, mas fiz o meu melhor. Tentei cuidar de vocês como o seu pai teria feito por mim. Sinto muito se o decepcionei, Arão. Tudo bem se quiser me culpar, mas dê uma chance a seu pai. Se você sofreu, pense no que Anrão sofreu esse tempo todo longe da família. Pense nos seus filhos que agora podem ter um avô. Não acha que eles merecem essa chance?

Arão sentiu o peso das palavras, mas não conseguiu dizer nada, afastando-se.

— Melhor a gente ir embora, Arão precisa esfriar a cabeça — disse Num a Amália, deixando a casa de Miriã, que não aceitava o desrespeito com o velho amigo.

— Como você pôde agir assim com o Num? — interpelou o irmão. — Esqueceu como ele ajudou a cuidar da gente, de nossa mãe? Ela ficou sozinha com três crianças! Se não fosse por Num e Amália, o que teria feito?

— Miriã tem razão, meu amor. Tudo que aconteceu não foi justo para ninguém, mas temos de seguir em frente — disse Eliseba, interferindo.

— Eu vou ficar feliz em ter um avô — completou Nababe.

— Ainda posso gostar do Num, pai? — perguntou Abiú.

— Não gosto de ver vocês brigando! — afirmou Eleazar.

Os apelos dos filhos amoleceram o coração de Arão, que os abraçou emocionado. Sentia-se culpado pela forma hostil que havia tratado Num, sua mãe e por todo seu comportamento nos últimos dias.

Na casa de Num, algumas batidas interromperam o silêncio angustiado de Joquebede. Seu coração começou a bater forte, sentiu falta de ar. Antes de abrir, olhou para cima, fez uma breve oração, pedindo forças a Deus. Acalmou-se, como se tivesse recebido uma grande bênção e sentiu uma grande paz inundá-la. Abriu a porta. Era seu marido.

Joquebede e Anrão ficaram frente a frente por alguns instantes, emocionados, com os olhos marejados. Por muitos anos haviam sonhado com aquele reencontro, que finalmente se tornava realidade. Joquebede não pôde mais conter sua emoção e lançou-se nos braços do marido.

— Por Deus, Anrão, como esperei por esse momento.

— Tive tanto medo que você não me quisesse mais — afirmou o marido, com a voz embargada.

— Meu amor, como se fosse possível! Toda manhã me levantava orando a Deus para que aquele fosse o dia em que você voltaria pra mim.

— Eu tentei, Joquebede, juro que tentei. Não se passou um só instante em todos esses anos que não pensasse em você e nos nossos filhos. Você me perdoa por tê-la abandonado?

— Não há o que perdoar, Anrão. Só tenho a agradecer por você estar vivo e ter conseguido voltar.

Os dois se abraçaram mais uma vez e entraram na casa. A noite já era completa sobre a vila. Anrão perguntou sobre os filhos, e falou sobre seu encontro com Arão. Joquebede contou-lhe sobre a família. A conversa fluía de forma tão natural que a impressão que tinham era a de que nunca estiveram separados.

— Não deve ter sido fácil para os nossos filhos cresceram pensando que eram órfãos de pai. Não sei o que é pior: pensar que o pai morreu ou descobrir que foram abandonados — afirmou Anrão, tenso.

— Não diga isso! Você não abandonou ninguém. Não teve escolha. Se não tivesse ido embora, aí sim eles teriam ficado órfãos.

— E Miriã? Por que não se casou?

— Ah, Miriã! Não se lembra de como era teimosa e cheia de opinião?

— Claro que sim! Minha menininha, valente como só ela.

— Pois então. Não faltaram pretendentes, mas Miriã tem lá seus ideais e ainda não achou nenhum homem que lhe agradasse.

— Bom, agora que estou aqui, vamos resolver isso!

— Se existe alguém que talvez possa fazê-la tomar juízo, é você, meu marido. Ela está ansiosa para encontrá-lo!

Anrão perguntou sobre Moisés e ficou estupefato, mas também de certa forma orgulhoso, ao saber que ele tornara-se um príncipe egípcio, guerreiro e arquiteto. Pediu para Joquebede explicar todos os detalhes da incrível história.

— Imagino como você sofreu quando teve de se separar dele. Teve de passar por tudo isso sozinha.

— O que importa é que estamos juntos agora.

Anrão consentiu. Ele estava ansioso para conhecer os netos e ver sua casa após tantos anos, mas Joquebede pediu que esperasse mais alguns dias, até que Arão aceitasse melhor a ideia do seu retorno. Anrão consentiu amoroso, e fez um carinho no rosto de Joquebede.

— Você está tão linda!

— Imagina, depois desses anos todos... — afirmou, tímida.

— Está sim. Tão linda como quando a conheci.

Uma vez mais se beijaram.

Eram tantas as novidades que eles nem perceberam o tempo passar. Logo Num e Amália estavam de volta, felizes com a oportunidade de ajudar o casal tão querido.

— Então aquela bela mocinha se transformou nessa linda mulher! — disse Anrão quando viu Amália e a abraçou. — Tenho muito que agradecer a vocês por terem cuidado de minha família.

— Sua esposa é uma mulher forte, quase não precisou da gente — disse Num, sorrindo.

— Bobagem! Não sei o que teria sido de nós sem a ajuda desses bons amigos!

Seguiram a boa conversa ainda por algum tempo. Falaram sobre o bebê que estava para chegar e da alegria do casal com essa bênção após tantos anos de espera. Num e Amália estavam curiosos para saber quando Anrão voltaria para sua casa.

— Antes, tenho de pedir permissão ao feitor. Quero fazer tudo direito, sem criar problemas. Mas agora, preciso voltar para o acampamento antes que deem pela minha falta. Vamos, acompanho você até sua... até a nossa casa — disse para Joquebede, sorrindo.

Caminharam pelas ruas da vila como dois namorados apaixonados, de mãos dadas. Davam risadas e não tinham pressa alguma para chegar. Na porta de casa, Joquebede perguntou se ele gostaria de entrar um pouco.

— Gostaria muito. Mas não quero provocar Arão. Vamos com calma.

— Esperamos tantos anos, não é um dia a mais que fará diferença. Melhor você voltar antes que sintam sua falta. Vemo-nos amanhã.

***

Para a rainha Tuya, porém, o relacionamento com o faraó não era dos mais fáceis. Tentava reconciliar-se com o marido, que ficara furioso por ela ter acobertado as aventuras de Ramsés na Casa de Senet, mas o faraó dissimulava sua raiva, estimulando as investidas sedutoras da rainha.

— Não estou mais bravo com você. Só estou pensando nos assuntos do reino, que não são poucos.

— Que tal deixar então esses assuntos de lado e relaxar com sua esposa? Faz tempo que não lhe faço uma massagem. Sei o quanto adora, você sempre diz que tenho mãos de deusa.

— Acho que estou precisando mesmo relaxar, minha querida — disse, para a alegria da rainha. — Mas se quer mesmo agradar o seu soberano, durma no harém esta noite e mande aquela bela jovem vir para os meus aposentos. Eu quero a mesma que se deitou comigo na outra noite, aquela moça que você escolheu para me surpreender.

Seti I deliciava-se com suas próprias palavras e com o efeito devastador que elas provocavam em Tuya. A rainha levantou-se da cama repentinamente, tentou articular alguma frase, mas conteve sua mágoa. Sabia que não havia nada a ser feito. Foi para o harém atender à ordem do faraó, a contragosto. Acordou algumas servas ordenando-lhes que preparassem a jovem escolhida para ser enviada ao quarto de Seti I.

Em seu quarto, Moisés decidira declarar seu amor a Nefertari e terminar de vez com aquela espera. Quando chegou ao harém, Karoma disse-lhe que a moça estava nos jardins. A ocasião lhe pareceu perfeita para a realização de seus planos. A noite era quente, mas uma agradável brisa balançava as folhas. No jardim, viu Nefertari sentada olhando as estrelas, alheia ao mundo ao seu redor. Munido de toda sua coragem, pegou um belo lírio branco que enfeitava uma das saídas para o jardim, respirou fundo e aproximou-se.

— Moisés? O que está fazendo aqui? Também decidiu se arriscar na noite sem a proteção dos deuses?

— Tenho menos medo dos monstros da noite que daquilo que estou prestes a fazer agora — disse, entregando a flor. Antes que Nefertari pudesse dizer qualquer coisa, Moisés sentou-se ao seu lado e a beijou com paixão. Por um instante ela rendeu-se, mas logo o empurrou para longe, furiosa.

— O que está fazendo? — perguntou, indignada.

— Eu a amo e decidi que nada vai me impedir de ficar com você!

— Ah, é? E decidiu isso agora, sozinho, sem ajuda de ninguém?

— Sim... — Moisés estava confuso e perplexo.

— Pois fique sabendo que cansei de você e Ramsés ficarem me disputando como se eu fosse um brinquedo! Pouco me interessa se você decidiu me deixar para Ramsés e depois mudou de ideia. E sabe por quê? Porque quem manda no meu coração sou eu, e mais ninguém! — esbravejou, jogou a flor em cima de Moisés e foi recolher-se.

VINTE E OITO

Novos rumos

A alegria reinava na casa de Joquebede naquela manhã ensolarada. O retorno de Anrão animara a todos, com exceção de Arão, eternamente emburrado. As crianças estavam ansiosas para conhecer o avô. Em torno da mesa, Joquebede, Miriã, as crianças e Eliseba faziam planos para a nova vida ao lado do patriarca.

— Eu ganhei um avô! E meu pai ganhou um pai! — celebrou Eleazar.

— Como é mesmo o nome dele? — perguntou Nadabe.

— Anrão — respondeu Miriã.

— Quase igual ao seu, não é pai? Anrão e Arão! — comentou Abiú.

O homem concordou, sem falar palavra. Não aturava aquela conversa. Antes, era Moisés o centro das atenções, o arrogante príncipe que se esquecera de suas origens hebraicas. Agora, o pai, egoísta, que fugira para salvar a própria vida fazendo-o crer, por anos, que estava morto. Não se conteve e falou, com ironia.

— Fico muito feliz com a felicidade de vocês.

— Gostaria muito que isso fosse verdade — disse Joquebede, séria. — E espero que você seja educado com seu pai, afinal, essa é a casa dele. Tenha respeito.

— Tenho respeito, claro. A prova disso é que, desde já, podem contar com a minha ausência.

Arão fechou a porta atrás de si causando desconforto nas mulheres. Eliseba estava acostumada ao temperamento tempestuoso do marido, mas temia que tomasse alguma decisão precipitada, arrastando a ela e aos seus filhos em seu desatino.

Miriã ficava com a cabeça rodando entre o mau humor do irmão e a expectativa de reencontrar o pai, que não sabia se viria aquela noite para casa, ao lado de Num. A lembrança a fez pensar em Amália. Perto do final da gravidez, a mulher precisava de alguns cuidados extras. Miriã resolveu ir à casa da amiga para ver como estava. Foi oportuno, pois não estava se sentindo bem.

— Sabe, Miriã, confesso que às vezes tenho medo de perder meu filho — disse a moça assim que recebeu a amiga em seu casebre. — Algo fica batendo na minha cabeça, como se eu não fosse capaz de gerar uma criança.

— Pare com isso, Amália! Vai dar tudo certo. O bebê está ótimo, crescendo. Daqui a pouco vai estar pela vila correndo com as outras crianças.

— Você está certa! Já estou até me sentindo melhor.

Amália tentou levantar-se, mas tonteou e quase caiu. Foi amparada por Miriã.

O fato deixou a grávida temerosa, fazendo-a chorar e temer por seu bebê.

— Acalme-se, Amália. Respire fundo — Miriã a tranquilizava.

Mas a mulher estava de fato preocupada com as condições de Amália. Esforçava-se, contudo, para não deixar a amiga perceber sua apreensão. Ela sabia que Amália não estava se alimentando bem, pois muitas vezes o único alimento de que dispunham era um punhado de pão, e ainda assim insuficiente para todos. Lembrou-se de Leila, que estava constantemente na vila, visitando seus familiares. Como trabalhava na cozinha, sempre trazia alimentos para os seus.

— Talvez a família de Leila possa ajudar, Amália. Ela esteve aqui, deve ter trazido comida do palácio.

— Ah, não vamos incomodar ninguém, Miriã.

— Tenho certeza de que isso não será incômodo para eles. Se Leila tiver trazido algo do palácio, eles certamente ficarão felizes em compartilhar. Você precisa comer direito para esse bebê nascer forte, mulher.

***

Uri entrava correndo na oficina de seu pai. O sol já havia saído fazia algumas horas, e o ourives estava atrasado. Os últimos meses haviam sido um vai e vem de emoções entre o jovem e sua esposa, Leila. Desde que a levara ao palácio, para viverem como família, o relacionamento dos dois oscilou do amor mais profundo à indiferença mais aguda. Leila tinha dificuldade de se acostumar com as dinâmicas palacianas, principalmente com as mulheres. Yunet era o obstáculo principal. A dama deliciava-se em desfazer-se de Leila, provocá-la e humilhá-la por sua origem, desprezando também o pequeno Bezalel, filho da moça. Leila encontrara abrigo na cozinha, ao lado de Gahiji, o cozinheiro-chefe, onde seus dotes culinários desenvolveram-se e surpreenderam a todos.

Uri queria que a esposa se habituasse à nova realidade, mas às vezes exigia isso com muita veemência, deixando-a chateada. Esforçara-se, nos últimos dias, em diminuir a pressão sobre Leila, e chegava naquela manhã ao trabalho após uma bela noite de reconciliação.

Seu pai ouvia satisfeito as boas-novas sobre a noite anterior quando ambos foram surpreendidos pela chegada da rainha Tuya, acompanhada de duas servas.

— Grande esposa real, que honra recebê-la! Em que podemos ajudá-la?

— Quero que me acompanhe até os aposentos do faraó. O soberano pediu para que eu viesse chamá-lo pessoalmente. Ele tem uma encomenda a fazer — disse, séria.

Os ourives acompanharam a rainha, que não conseguia disfarçar seu descontentamento, até os aposentos do faraó. Encontraram-no relaxado e feliz ao lado da jovem, ambos muito à vontade sobre a cama real. Uri encabulou-se, mas Hur estava acostumado às extravagâncias dos nobres.

— A senhora Tuya disse que o senhor quer fazer uma encomenda, soberano.

— Sim, claro. Quero que olhe bem para esta bela mulher — afirmou, virando-se para sua acompanhante e provocando ciúmes em Tuya.— Está vendo que pele, que olhos, que corpo perfeito? O viço da juventude?

— Sim, senhor, com todo o respeito — Hur evitava olhar para a jovem seminua sobre a cama.

— Muito bem. Então, agora faça um belo colar para ela, uma joia digna de uma rainha!

Tuya engoliu em seco a provocação. O faraó, que recebia afagos da moça, pediu então para que ela explicasse a Hur como gostaria que fosse a peça, consciente dos sentimentos que provocara na esposa, mas ignorando-a por completo. A rainha pediu licença do local com o máximo de polidez que lhe era possível e saiu pelos corredores do palácio, indignada.

Cruzou com Karoma e outras servas, que levavam apetrechos femininos para suas senhoras, no harém.O grupo de damas encontrou o soldado Ikeni com outros oficiais no caminho. Karoma imediatamente fechou o semblante e acelerou o passo, passando pelos soldados sem nem ao menos olhá-los. Ikeni não percebeu que ela estava contrariada e a cumprimentou, sedutor.

—Você ainda tem coragem de me cumprimentar? — disse, furiosa.

— Aconteceu alguma coisa? — reagiu, desconcertado.

— Mas é muito sem vergonha mesmo! Estava tão bêbado que nem se lembra. Eu vi muito bem o estado em que você chegou.

— Ah, Karoma, espere, eu posso explicar!

— Guarde suas explicações para as moças de Senet! Com licença — disse, saindo.

— Mas que braveza, hein? E você se encolheu feito cão ladrão! Com medo da mulher, é, Ikeni? — brincou um oficial.

— Meu amigo, essa aí nem minha mulher é e já quer me controlar. Imagine se fôssemos casados — brincou, mas acompanhava a dama com um olhar apaixonado.

Chegando ao harém, Karoma contou a Nefertari o que se passara.

— Não me aguentei e disse poucas e boas para ele, senhora.

— Como a entendo, Karoma! Tem de fazer assim mesmo. Esses homens estão pensando o quê? Que podem fazer o que quiserem e que vamos aceitar tudo?

A jovem contou à dama o que acontecera na noite anterior no jardim, com Moisés.

— Fiz o que tinha de fazer, Karoma. Moisés não pode ficar brincando com meus sentimentos.

— Não acho que Moisés seja um homem que brinca com os sentimentos de uma mulher. Será que não foi dura demais?

— Ele mereceu. Quero ver se ele está mesmo disposto a lutar por mim.

Mal terminou de dizer a frase e viu Moisés chegando, com uma flor nas mãos.

— Moisés! Que foi? Achou outro pote de creme pelo caminho? — perguntou Nefertari, provocando o riso em Karoma.

— Não, Nefertari, vim lhe trazer outra flor. Continuarei trazendo até que você não as despedace mais. Sei que você me ama. Sei também que eu fui um idiota, um covarde, e você tem todo o direito de estar brava comigo. Mas, se quiser me dar uma chance, a estarei esperando esta tarde à beira do Nilo. A decisão é sua — disse, saindo em seguida.

Nefertari não sabia o que pensar. A atitude de Moisés a deixara desnorteada. Seu coração batia rápido e ela refletia sobre o convite, em dúvida se deveria ou não aceitar. Recolheu a flor e a colocou junto ao peito, pensativa.

Quando saiu do harém, Moisés quase foi derrubado por Yunet, que passara correndo cobrindo o rosto com as mãos. Ia desesperada, em direção ao gabinete de Paser.

—Alguém me ajude! Simut! Vou acabar com sua raça!

Simut estava sozinho no gabinete e ouvira os gritos de Yunet. Ficou assustado e escondeu-se atrás de uma pilha de papiros. Yunet entrou, furiosa, gritando por ele, bradando impropérios. Seu rosto estava repleto de furúnculos purulentos. Ao não encontrar ninguém na sala, saiu, em direção ao quarto de Henutmire, a quem pretendia pedir ajuda.

Lá se deparou com Disebek, que estava terminando de se vestir. Ele era a última pessoa que Yunet desejava encontrar naquele momento.

—Yunet? O que aconteceu com você?

— Nada! Não aconteceu nada! — disse, coçando desesperadamente o rosto.

— Como não? O seu rosto, o que provocou isso? Nunca vi nada igual.

— Pare! Não me olhe!

— Desculpe, não foi por mal, mas é que...

— Tenho que ir embora! — disse, partindo.

***

Anrão buscava a autorização de seu superior para mudar-se para a vila. Sob a imponente sombra do templo de Osíris, ele explicava sua inusitada situação para o oficial responsável pela tropa, mas foi informado que aquele pedido deveria ser feito ao feitor da obra, Apuki, que não estava lá naquele momento.

O feitor havia novamente se excedido com a esposa. Judite, que já não suportava mais suas grosserias e violência, o enfrentara. Depois de vê-lo frágil diante de si, após a vergonha na Casa de Senet e a humilhação do castigo diante dos escravos, ela se deu conta de quanto o marido era humano e perdeu o medo de confrontá-lo. Sua insubmissão, porém, deixara o feitor transtornado. Por isso, ele chegou furioso na obra, com o chicote enrolado na mão direita, procurando alguém em quem descontar sua raiva.

— Apuki acordou com o demônio hoje! — comentou Zelofeade a Arão.

— O que você falou aí? — virou-se o feitor. — Repita!

Zelofeade congelou. Imaginou que o egípcio não teria ouvido o comentário.

— Não disse nada, senhor, apenas que...

Sua frase foi interrompida por uma violenta chicotada sobre o escravo.

— Aprendam todos! — berrou o feitor, olhando ao redor. — É isso que acontece com quem me desafia.

— Ele não disse nada de mais — interveio Arão, após um momento de hesitação. — Não merece ser...

— Cale-se! — gritou Apuki, desferindo duas fortes chicotadas em Arão.

Anrão, que assistia a tudo, não se conteve. Pegou uma talhadeira e começou a andar rapidamente na direção do feitor, quando foi contido por Num.

— Não faça isso, Anrão. Será pior para todos!

O homem deixou-se conter. Sabia que o amigo tinha razão. Olhava com tristeza para Zelofeade e Arão, que trabalhavam com dificuldade devido à intensa dor nas costas, feridas pelo chicote de Apuki. O hebreu carregava pesadas peças de madeira ao lado de Num e conversavam quando o feitor se aproximou, irritado.

—Vão parar com a conversa ou querem provar do chicote? Não vou falar duas vezes.

— Eu queria fazer um pedido — afirmou Anrão, após hesitar.

— Ah é? Então faça. Cuidado com o que vai dizer.

Arão, que estava ali por perto, aproximou-se para saber do que se tratava a conversa. Manteve certa distância para não ser notado. Anrão explicou para o feitor sua situação e pediu autorização para mudar-se para vila com sua família. Apuki pediu mais detalhes sobre a curiosa história, e quando soube que o autor do pedido era pai do seu desafeto, Arão, negou-se a dar a autorização.

Anrão não entendia.

— Mas por quê? Minha mudança para a vila não prejudica em nada o trabalho. Pelo contrário, eu...

— Porque não, escravo. A explicação é essa. Agora volte ao trabalho antes que eu perca a paciência — bradou o feitor.

Arão ouvira tudo e deleitou-se com o resultado da conversa.

★★★

Já havia chegado a hora do encontro com Moisés no Nilo, mas Nefertari estava indecisa sobre se deveria ou não ir até lá. Karoma insistia. Ela se arrependeria de deixar Moisés esperando. Nefertari refletiu e, depois de algum tempo, decidiu ir, para a alegria da amiga.

— Está bem. Eu vou me encontrar com ele. Quero ver o que Moisés tem pra me falar.

Na saída, foi surpreendida pela chegada de Ramsés. O príncipe não percebeu a agitação da moça. Precisava lhe falar.

— Pensei muito sobre nós dois, Nefertari. Entendo que você queira um homem só para você, um homem fiel, leal, que só tenha olhos pra você, que queira fazê-la feliz acima de tudo.

Nefertari impacientava-se com o discurso de Ramsés.

— Acontece que esse homem com certeza não é você.

— Como não?

— Você vai ser o faraó do Egito. Como você mesmo mencionou, o soberano precisa se casar com várias mulheres para criar alianças políticas. Veja seu pai e o tamanho de seu harém.

— Mas comigo vai ser diferente — prometia. — Se for preciso, mudo a lei só para fazê-la feliz. Você será minha única esposa, eu prometo.

— Não faça promessas que não pode cumprir! Eu o conheço — Nefertari estava aflita para sair.

— Então você acha que não posso mudar por sua causa? Por amor?

— Olhe, vamos deixar essa conversa para depois? Agora eu não posso falar e...

Finalmente Ramsés se deu conta da inquietação de Nefertari.

— Você está nervosa com essa conversa, ou é impressão minha?

— Estou nervosa sim, porque tenho um compromisso agora e você fica aí tentando me convencer com essas ideias malucas. Isso não existe, Ramsés! Tire de sua cabeça essa ideia de que eu vou ser sua rainha, porque não vou! Com a sua licença! — saiu apressada diante do olhar desconfiado de Ramsés.

Era tarde demais, porém. Cansado de esperar pela moça, e decepcionado pela sua ausência, Moisés voltou ao palácio. Sem saber bem aonde ir, dirigiu-se à cozinha, onde Leila e Gahiji preparavam uma refeição.

Ela sabia que não seria reconhecida por Moisés, mas o fato de conhecer sua família hebreia, um grande segredo no palácio, fazia a jovem sentir calafrios e temer algum tipo de problema que isso pudesse lhe causar. Depois que o príncipe foi embora, o cozinheiro Gahiji percebeu a mudança de humor na moça. Insistiu sobre a razão da apreensão e Leila acabou revelando o que sabia a respeito da família de Moisés.

— Mas disseram para ele que sua mãe de sangue estava morta! — espantou-se o cozinheiro.

— Então mentiram. Não está morta coisa nenhuma. Está vivíssima, tem outros dois filhos e vários netos.

— Pelos deuses, Leila! Fale baixo. Ninguém pode saber disso. Houve muito sofrimento aqui no palácio por conta desse assunto. Moisés sofreu, a princesa Henutmire sofreu. O faraó não quer nem ouvir falar nisso de família hebreia. Esqueça isso, você não sabe de nada!

As atenções do faraó naquele momento não estavam concentradas em Moisés. Seti I seguia com seu plano para punir Ramsés pela ida à Casa de Senet.

— Vamos receber a visita de Siamon, sacerdote de Waset — disse o faraó à rainha, que convocara previamente. — Quero que você prepare uma bela recepção, com toda a pompa, digna do profeta de Amon.

— A que se deve a visita? — perguntou a rainha, desconfiada.

— Não precisa saber disso para providenciar uma recepção impecável.

Além do filho, o faraó também buscava punir a esposa por acobertar-lhe a aventura noturna. Trazia a tiracolo a bela concubina com quem passara a noite anterior. Ordenara aos servos que a vestissem ricamente e mandara chamá-la pouco antes da chegada de Tuya. A moça entrou altiva na sala do trono, sentando-se no colo do faraó. Este sorriu exultante e pediu à rainha para deixá-los a sós.

Tuya ainda hesitou, mas sabia que não tinha outra escolha a não ser obedecer calada. Saiu humilhada e foi ao quarto de Henutmire. Durante a conversa, deixou escapar suas impressões sobre a inesperada visita do sacerdote Siamon. — Seu pai está aprontando alguma para o seu irmão. Você sabia que o sacerdote de Waset virá para uma visita?

— Estou sabendo agora! O que uma coisa tem a ver com a outra? — perguntou Henutmire intrigada.

— Em todo o reino do Egito comenta-se sobre a beleza da filha do sacerdote. Uma moça solteira, em idade para casar.

Henutmire arregalou os olhos.

— A senhora acha que o meu pai...

A rainha concordou com um aceno.

***

Os furúnculos no rosto de Yunet estavam ainda maiores e mais purulentos. Ela ainda não havia conseguido colocar as mãos sobre Simut, que fugia e se escondia nos cantos do palácio, desesperado. Foi ao gabinete de Paser e encontrou o marido sozinho.

— Onde está aquele imbecil que você chama de assistente?

— Yunet? O que houve com seu rosto? — espantou-se o sacerdote.

— Isso é culpa daquele inútil, daquele inseto farejador de excremento! Prometeu-me um creme milagroso e olhe só como estou! Ainda por cima coça feito infestação de piolho!

Paser não conseguia entender o que dera errado. Mas estava mais interessado em saber se a outra parte da fórmula, o afrodisíaco, tinha funcionado.

— E você está sentindo alguma coisa diferente? Algum desejo fora do normal?

— Desejo? Só se for desejo assassino! Assim que botar minhas mãos no Simut, juro que vou apressar o encontro dele com o cão sagrado no julgamento dos mortos!

— Calma, talvez eu possa dar um jeito. Vou preparar uma poção.

Paser agradecia aos deuses o fato de Yunet não ter conhecimento de que ele tinha participado da preparação da fórmula. Começou a fazer o antídoto e Yunet ficou ali esperando, falando impropérios e maldizendo Simut. Quando o creme ficou pronto, aplicou uma grossa camada sobre o rosto da esposa.

— Deve dar algum alívio e acredito que a pele voltará ao normal. Logo se sentirá aliviada.

— Aliviada vou ficar quando puser as mãos no Simut.

Poucos minutos se passaram. De repente, Yunet começou a encarar Paser de forma estranha.

— Que foi? Está sentindo alguma coisa? — Paser preocupou-se. Não queria a fúria da esposa sobre si.

— Estou sentindo algo muito estranho!

— No rosto?

— Não, em outras partes. Paser, você colocou alguma coisa diferente nessa poção?

Paser negou. Yunet levantou-se e foi se aproximando-se dele com um olhar fogoso.

— Você está tão... tão irresistível! Não sei o que está havendo comigo, mas me deu uma vontade louca de beijá-lo!

Ela agarrou o marido como nunca fizera em tantos anos de casamento. Paser, que não esperava um efeito tão rápido nem tão intenso, ficou perplexo e maravilhado ao ser jogado sobre a mesa e ver Yunet atacá-lo daquela forma. Pela primeira vez, ela permitiu que o marido conhecesse tudo o que aprendera na Casa de Senet.

Mais tarde, após algumas horas sob o efeito da poção, ambos estavam deitados no chão. Paser estava flutuando, extasiado com o que acabara de acontecer.

— Pelos deuses, Yunet, nunca tinha sido assim! Parece que somente hoje descobri a mulher que tenho. Acho que era isso que faltava no nosso casamento! Nunca imaginei que você... quer dizer, onde foi que aprendeu a fazer aquilo? Não importa... Foi maravilhoso, não foi? Que tal a gente tentar repetir a dose?

— Não. Paser, eu não sei o que me deu, mas, seja o que for, já passou — encarou o marido com asco. — Saia de perto de mim!

— Mas o que é isso? Depois de tudo o que aconteceu? Você só pode estar mal da cabeça...

— Devo estar mesmo. Tenho que sair daqui.

***

Ao fim do dia, Num foi até a casa de Joquebede lhe dar a notícia de que Anrão não fora autorizado a voltar para casa. A novidade a deixou arrasada.

— Mal sabe ele que essa era a última coisa que Arão queria. Não me conformo. Estava tão feliz com a vinda dele para casa hoje. Coitada de Miriã quando souber — lamentou Joquebede.

— E onde está Miriã?

— Na sua casa. Foi ajudar Amália. Parece que ela não se sentiu bem hoje.

Num ficou preocupado com a notícia e seguiu apressado para casa. Amália estava melhor, mas Miriã ficou indignada ao saber que seu pai fora proibido de mudar-se para vila. Sem pensar nas consequências, foi até à casa de Apuki tirar satisfações.

Judite estranhou a visita de Miriã e quis saber o que a levara até lá. A esposa de Apuki estava sozinha, bastante triste. Havia uma vez mais se desentendido com o marido que, após a briga, saiu em direção à Casa de Senet.

— Imagine só descobrir que o pai que eu pensei que estivesse morto há anos está vivo — disse Miriã.

— Seu pai? Como assim?

— Ele fugiu daqui quando eu era criança. Fugiu de um feitor maldito feito o seu marido, que queria matá-lo! E agora que ele está de volta, seu marido, por puro capricho, não deixa meu pai morar com a família. É esse o meu assunto com ele.

— Pelo amor de todos os deuses, Miriã! Enlouqueceu? Ainda bem que o Apuki não está em casa. Se você resolve enfrentá-lo desse jeito, ele a matará. Vá para casa, por favor, não faça nenhuma besteira.

— Não vou deixar o Apuki atrapalhar minha vida, Judite, não vou mesmo!

Miriã estava transtornada e resolveu ir até o acampamento onde seu pai vivia. Caminhou durante algum tempo entre as centenas de escravos que conversavam ou descansavam em volta de fogueiras. Sua presença chamava a atenção dos homens. Olhava nos rostos de todos os homens de mais idade, tentando encontrar o olhar do pai, que guardava em algum lugar de sua memória. Aproximou-se de um grupo.

— Os senhores conhecem um homem chamado Anrão?

Todos disseram que não, mas Anrão estava ali por perto e aproximou-se por trás.

— Miriã?

A moça virou-se assustada.

— Pai?

Os dois se olharam emocionados durante alguns instantes, até que Miriã não conseguiu conter-se e se jogou nos braços de Anrão, chorando. Ele acolheu a filha querida com um abraço apertado, sofrido, cheio de amor.

— Filha! Minha filhinha! Deixe-me olhar para você! Que mulher linda você se tornou, Miriã!

— E você continua igualzinho, os mesmos olhos, o mesmo sorriso!

Eles permaneciam com as mãos dadas e voltaram a abraçar-se. Um grupo de feitores passou por ali, conversando, e por pouco não viram a moça. Anrão preocupou-se.

— Você não devia ter vindo até aqui, filha, é muito arriscado. Vamos conversar num lugar mais seguro, venha comigo.

Anrão conduziu a filha para trás de uma rocha, num local mais afastado. Conversaram sobre a revolta de Arão, sobre a alegria dela em tê-lo de volta. Recordaram alguns momentos felizes da infância de Miriã e ela contou sobre sua visita à casa de Apuki.

— Mas que loucura é essa, Miriã? O que aconteceu?

— Ele tinha saído.

— Deus seja louvado por isso! Imagina enfrentar esse homem, filha. Você não mudou nada, continua brava do mesmo jeito — disse, sorrindo. — Já tivemos problemas demais nessa vida. Deixe que as coisas se acertem naturalmente, não quero ter que partir de novo, fugindo. Prometa que não vai fazer nenhuma bobagem!

— Está bem. Prometo.

— Então agora vá, não quero minha filha vagando por aí sozinha tarde da noite! Se eu pudesse ia acompanhá-la!

— Eu sei. Obrigada, pai.

— Obrigada pelo quê?

— Por ter voltado para nós.

Pai e filha se abraçaram e Miriã retornou à sua casa. Quem não havia voltado ainda era Arão. Andava pelas ruas sem destino, vagando em seu grande sofrimento interno. Encontrou-se com Isabel, que ia à Casa de Senet. Ela percebeu o desamparo dele e perguntou o que fazia na rua àquela hora.

— É que minha vida, de repente, virou de cabeça pra baixo. Fiquei meio sem rumo.

— Por que não vem comigo até a Casa de Senet para se animar um pouco? Passar o tempo, beber uma cerveja.

— Acho que não. Nem tenho como pagar.

— Arão, você é meu amigo de infância, vamos lá, é por minha conta.

— Melhor não.

— É só para sentar e conversar um pouco. Nada de mais.

Ele acabou concordando. Chegando lá, acomodaram-se em uma mesa e começaram a conversar. Ele nunca havia estado lá. Não era um lugar para escravos. Impressionou-se com o luxo, com as dançarinas, e aceitou a oferta de um copo de cerveja. Ele e Isabel travavam uma conversa agradável quando ela pediu licença e retirou-se da mesa por alguns instantes. Neste momento, Apuki chegou ao local e caminhava por entre as mesas cumprimentando conhecidos quando se deparou com Arão.

— Um escravo aqui? Não está fora do seu lugar? — perguntou com um sorriso debochado. — E bebendo ainda por cima? Tem como pagar a cerveja?

Arão não respondeu.

— Que foi? Acabei com sua alegria de ter o papaizinho de volta em casa, foi isso?

— Muito pelo contrário. Aliás, esqueci de agradecer. Fico devendo o favor — respondeu com um sorriso irônico.

— Deu para ironias agora?

— Ironia nenhuma. Não quero meu pai de volta em casa.

Apuki ficou perdido por um momento. Isabel aproximou-se e percebeu a situação delicada. Chamou a atenção de Apuki, sedutora, quebrando a tensão que se instalara. Quando teve oportunidade, fez sinal para que Arão saísse dali. Ele obedeceu. Apuki ainda fez menção de ir em direção do hebreu, mas foi contido por Isabel.

— Deixe ele pra lá! Vou apresentá-lo a uma colega. Você vai ver só que colega! — disse, maliciosa.

— Para que isso, se tenho você?

Isabel ficou constrangida, sem saber o que responder. Tinha repulsa pelo feitor. Ela inventou uma desculpa, alegando um compromisso marcado com outro cliente.

— É simples, desmarque. Ou vai me fazer desfeita? — respondeu Apuki, envolvendo-a com os braços.

— Imagine, desfeita nenhuma. É que nesse trabalho não se pode falhar nos compromissos. É uma regra da casa.

— Regra da casa? Sei... Eu não sou homem de aturar desconsideração, então vou acreditar nisso.

— Pode acreditar, porque é verdade.

Isabel sorriu forçado, desvencilhando-se dos braços de Apuki e afastando-se. Foi ao encontro de duas colegas e começou a conversar. Apuki não gostara nada da sua atitude, mas resignou-se. Ele perambulou um pouco pelo salão, cumprimentou alguns conhecidos e acabou escolhendo uma das mulheres para levar para o quarto. Quando passou por Isabel, fez questão de deixar claro, com um olhar venenoso, que aquela desfeita teria volta.

Na casa de Joquebede, ela e Eliseba estavam preocupadas com o sumiço de Arão, que não retornara do trabalho, e de Miriã, que não retornara da casa de Amália. As duas conversavam na cozinha quando Arão chegou.

— Onde é que o senhor estava, posso saber? — perguntou Eliseba, irritada.

— Por aí.

— Como, por aí? Você é um pai de família, Arão! Tem responsabilidades, filhos, uma casa para cuidar. Não pode sumir assim, não.

Estava chateada com o que acontecera ao seu menino Nadabe na plantação. Por um descuido, a criança fora castigada e chegara em casa com as costas em carne viva. Arão correu até o quarto ao saber do ocorrido e ficou desolado quando viu o menino dormindo com chagas nas costas.

— Preferia que me chicoteassem até à morte a ver meu filho assim — lamentou-se.

O casal estava sentado na beira da cama, Arão acarinhando os cabelos do seu filho, ambos muito sofridos com a situação, quando ouviram um barulho na cozinha. Era Miriã que chegara. Foram até a cozinha e a encontraram eufórica, conversando com a mãe e contando sobre seu encontro com o pai no acampamento.

— Meu Deus! Não acredito que você foi até lá, Miriã. Você não tem mesmo juízo, filha!

— Ah, quando Num falou que ele não vinha pra casa, nem pensei duas vezes. Tinha de ver meu pai de qualquer maneira!

— Acha mesmo que vale a pena se arriscar pra ver esse homem? — ralhou Arão, pondo um fim na alegria das duas.

— Esse homem é nosso pai, Arão. E sim, vale muito a pena. Ele também se arriscou por nós. Você deve ter ficado feliz por Apuki não deixar nosso pai vir morar aqui conosco, não é?

Arão não respondeu e deu as costas para a irmã. Intimamente sabia que essa situação poderia mudar desde que cometera o erro de revelar ao feitor que ele não queria o pai morando em sua casa.

***

Desde o desencontro frustrado no Nilo, Nefertari andava perdida, com o coração em dúvidas sobre o rumo certo a tomar. Sabia que amava Moisés, mas ainda estava magoada por se sentir usada numa disputa entre ele e Ramsés e incomodada pelas mudanças de atitude dele. Conversara com seu pai, e Paser a havia encorajado a seguir o que seu coração indicava.

No harém, encontrou Karoma, que não via desde sua saída pela tarde.

— E aí? O encontro não foi bom? — perguntou Karoma.

— Não. Na verdade, o encontro não foi. Quando cheguei lá ele já tinha ido embora. Ramsés ficou me perturbando tanto, que não consegui chegar a tempo. Mas talvez tenha sido melhor assim.

— Como melhor? Pois se esse encontro era o que a senhora mais queria!

— Sim, mas será que preciso entregar o ouro logo de cara? Quer dizer, Moisés não precisa saber que eu estou tão desesperada por ele. Agora ele vai pensar que não estou nem ligando e, quem sabe, fica mais apaixonado.

— Por quanto tempo a senhora acha que aguenta fingir?

O pequeno Bezalel aproximou-se das moças, envergonhado. Karoma o afagou.

— Oi, Bezalel, tudo bem?

— Tudo.

— Quer falar comigo? — perguntou Karoma.

— Não. Com ela — respondeu, apontando para Nefertari.

— Comigo? Pode falar! — disse a moça, rindo.

O pequeno fez sinal para que Nefertari se abaixasse. Cochichou no seu ouvido que Moisés queria encontrá-la no jardim.

Karoma riu ao perceber o assunto.

— Pelo visto, sua ideia de não revelar sua paixão está dando certo!

Nefertari respondeu com um sorriso.

— Você viu só? Mesmo achando que lhe dei um bolo, ele ainda quer me ver!

No jardim, Moisés esperava ansioso. Colhera uma flor e a examinava. Estava inseguro, achando que seria novamente rejeitado. Jogou a flor de volta no jardim.

— Desistiu de novo? — perguntou a moça, que se aproximara sem ele perceber.

— De jeito algum. É que ela não era bonita o suficiente — disse, colhendo outra flor e oferecendo a ela. — Você a aceita dessa vez?

Nefertari ainda criou algum suspense, olhando a flor por alguns instantes. Finalmente a pegou e sorriu. Moisés aproximou-se. Os dois se fitaram intensamente, os olhares revelavam toda a paixão. Não resistiram mais e beijaram-se.

Ramsés, que caminhava pelo jardim naquele momento, flagrou o beijo apaixonado, mas não permitiu que o casal desse conta de sua presença. Escondido e suportando seu sofrimento, testemunhou a troca de juras de amor entre os apaixonados.

— Você não vai brincar com meus sentimentos novamente, vai? — perguntou Nefertari, doce, após o beijo.

— Minha intenção nunca foi essa.

— E Ramsés?

— A única coisa que me interessa agora é você. Se me aceitar, Ramsés, o faraó, o palácio inteiro podem saber que estamos juntos que nada mais me importa. Prometo que farei de tudo para provar meu amor por você, Nefertari.

VINTE E NOVE

Os príncipes selam a paz

Ao raiar do dia, Paser e o faraó iniciavam os rituais matinais no santuário quando se deparam com a estátua de Amon quebrada.

— Pelos deuses! Mas o que significa isso? — disse Seti I.

— Não faço a menor ideia, soberano. Estou tão chocado quanto o senhor.

— Isso é ultrajante! É um sacrilégio! Pode provocar a fúria de todos os deuses do Egito e colocar em jogo o equilíbrio do cosmo.

Mais tarde, o faraó convocou Disebek para tratar do ocorrido.

— Isso não pode ficar impune. Quem quebrou a estátua de Amon tem de ser descoberto e castigado exemplarmente. Trata-se de uma afronta aos deuses e também a mim.

— É de fato inadmissível — concordou Paser.

— Eu quero que descubram o culpado ainda hoje. Estou sendo claro?

— Ele será encontrado, e punido com rigor, soberano — assegurou Disebek. — Proponho convocarmos Moisés para tratarmos do reparo da estátua o quanto antes.

— Faça isso, com urgência. Não há tempo para esculpir uma estátua nova até a chegada do profeta de Amon. Quero que o reparo fique perfeito. Que não se note nenhum vestígio das fissuras.

— Tenho certeza de que Moisés encontrará as pessoas certas para o conserto — garantiu Disebek.

No seu quarto, Moisés levantou da cama com excelente humor e recebeu o cozinheiro Gahiji, que trazia seu desjejum. Animado, contou para ele as boas notícias do dia anterior. O cozinheiro do palácio ficou exultante com o sucesso de Moisés no seu intento de conquistar Nefertari. Conversavam animados quando foram interrompidos pela chegada de Ramsés.

O cozinheiro desconcertou-se por ter servido o desjejum a Moisés primeiro, antes do príncipe.

— Príncipe Ramsés, ia agora mesmo levar seu desjejum — disse Gahiji, desculpando-se. — É que Moisés costuma acordar mais cedo e por isso vim aqui primeiro. Mas...

— Sabe qual é o seu problema? — Ramsés interrompeu o cozinheiro. — Você fala demais.

— Tenho muito trabalho me esperando. Se não precisam mais de mim, com licença — disse o serviçal, fazendo uma reverência e retirando-se do recinto.

— Precisava falar assim com Gahiji, Ramsés? — ralhou Moisés. — Ele é uma das pessoas mais gentis que eu conheço. Eu o trato como amigo!

— Não vamos discutir por causa do cozinheiro. Preciso falar com você. Pensei muito, mal dormi esta noite. Vou direto ao ponto: se você e Nefertari decidirem se casar, eu não vou ser um empecilho. Prefiro preservar nossa amizade.

— É verdade?

— É. Veja bem, eu amo Nefertari, isso não mudou, e creio que não vai mudar. Mas embora me doa, e com a cabeça falando mais alto que o coração, estou convencido de que é você que ela quer. Resolvi aceitar.

— Você não sabe o peso que está me tirando — disse Moisés, comovido.

— O pior é que eu sei. Essa é a primeira vez na vida que estou abrindo mão de algo que desejava muito. É uma sensação nova e estranha.

— Serei eternamente grato.

— "Eternamente" dura muito, Moisés. Por favor, tenha paciência comigo. Por mais que me esforce, nem sempre vou conseguir manter a mesma serenidade que aparento agora.

— Fique tranquilo, eu compreendo.

— Mas cuidado, porque sua futura sogra não vai gostar nem um pouquinho da novidade. Você conhece bem a figura.

— Conheço — disse, sorrindo. — A senhora Yunet é o único obstáculo que ainda me faz tremer.

Eles riram e se abraçaram.

— Amigos? — perguntou Moisés.

— Amigos!

Tão logo Ramsés saiu de seu quarto, Moisés foi contar as novidades aos pais. Tudo o que precisava para ter sua felicidade completa era ficar em paz com Ramsés. Tanto Disebek como Henutmire receberam com muita alegria a boa-nova e ficaram felizes ao ver o filho tão contente. Ambos ficaram aliviados por saber que a questão parecia estar bem encaminhada com Ramsés.

Yunet, por sua vez, não estava nada bem. Ficara abalada após os últimos acontecimentos. Os furúnculos em seu rosto já estavam secando, mas a terrível experiência de imaginar que sua pele poderia não voltar ao normal e a descontrolada entrega ao marido a deixara num raro momento de fragilidade. Caminhava pelo corredor do palácio quando se deparou com Simut, que não teve como correr e ficou paralisado pelo medo. Yunet, porém, passou pelo rapaz com o olhar tão perdido que nem percebeu sua presença. Foi em direção aos jardins do palácio e ficou lá sozinha, olhando para o nada, com fisionomia triste. Nefertari aproximou-se e vendo a mãe naquele estado, preocupou-se.

— Mãe? O que você tem? Nunca a vi desse jeito. É por causa do seu rosto? Não fique assim, ele já está bem melhor hoje.

— Você não entende. Ainda é tão jovem, tão bonita. Já lhe falei o quanto você é linda, filha?

— A senhora também é linda, mãe!

— Já fui mais... Eu era uma jovem deslumbrante, cheia de vida. Mas os deuses me testaram. Não tem ideia do que tive que aguentar, que aturar, dos sacrifícios que tive de fazer, das coisas às quais tive que renunciar. Para uns, os deuses sorriem, entregando-lhes um mundo de felicidade numa bandeja, minha filha. Mas para outros, cada migalha de felicidade tem o custo de um pedaço de si mesmo, que tem que se deixar para trás. E depois, o que sobra?

— Do que a senhora está falando? Nunca a vi tão triste, tão melancólica.

— Não importa. Eu tenho você, não é mesmo? Meu consolo será quando você se casar com Ramsés e se tornar rainha do Egito! Aí, sim, todo meu sacrifício terá valido a pena.

— Sinto muito, mãe, mas isso não vai acontecer.

— Por que não? Ainda aquela bobagem de ele ter ido à Casa de Senet?

— Eu e Moisés estamos juntos. Estamos juntos e vamos assumir nossa relação diante de todos no palácio.

Yunet não esperava um golpe mais profundo. Tentou argumentar, mas a moça mostrou-se decidida. Yunet ficou transtornada e foi ter com Paser que, para o seu desespero, mostrou-se satisfeito com a notícia.

— E você fica feliz com uma temeridade dessas?

— Claro! Eles se amam tanto!

— Se amam? E desde quando amor faz bem para a cabeça?

— Para a cabeça, eu não sei, mas para o resto todo, faz sim. Esqueceu a noite que tivemos?

— Estou falando sério, Paser. O momento é grave, gravíssimo!

— Não vejo o que há de grave em dois jovens que se amam assumirem um relacionamento.

—Você é um imprestável mesmo! Pelo visto vou ter de resolver isso sozinha! — respondeu com brutalidade. Yunet ia saindo da sala, mas antes parou ameaçadora em frente de Simut, que assistia a tudo apavorado.

— Não pense que me esqueci de você!

***

Na cozinha, Gahiji estava chateado pelo tratamento dispensado a ele por Ramsés e desabafava com Leila. Ela o animava, lembrando o quanto era querido e admirado por todos no palácio, inclusive pelo rei e pela rainha. Se desanimasse poderia prejudicar o sucesso de sua cozinha.

—Tem razão! Minha arte não pode ser afetada por isso! Irei me defender de meu próprio desânimo superando a mim mesmo na próxima receita! — disse, em tom de brincadeira, empunhando uma faca.

Neste momento a rainha Tuya entrou na cozinha, deixando o cozinheiro sem jeito. Ele rapidamente mudou a postura, fazendo uma reverência à soberana.

— Gahiji, tenho uma missão pra você — disse Tuya.

— Ao seu dispor, senhora.

— O faraó vai receber o sumo sacerdote de Waset e ordenou que seja providenciado um suntuoso banquete.

— Nada me daria maior prazer, minha soberana.

Gahiji estava exultante. A conversa seguiu animada, tratando dos detalhes sobre os pratos que seriam servidos na festa, as entradas, bebidas e sobremesas. Quando a rainha se foi, Gahiji era outra pessoa, animado, e começou a definir tudo o que dizia respeito à grande recepção.

Leila trabalhou freneticamente ao lado do chefe. Pediu um segundo de descanso e foi ao harém para ver o filho, que costumava brincar por lá. Brincou com ele por alguns minutos até encontrar uma pequena estatueta entre seus brinquedos.

— É um deus, mamãe, mas não lembro o nome. Meu avô disse que ele é o protetor da família!

— Só existe um único Deus verdadeiro, filho! O Deus de Abraão, de Isaque e de Jacó. Agora, me dê isso aqui — disse, pegando o amuleto, furiosa.

Dirigiu-se para a sala dos ourives, onde seu marido e seu sogro trabalhavam, e jogou o amuleto na frente de Hur.

— Se vocês pensam que vão transformar meu filho num idólatra, estão muito enganados!

— Mas o que aconteceu? Por que você está falando desse jeito, Leila? — espantou-se Uri.

— Seu pai agora resolveu dar amuletos de deuses egípcios pro nosso filho!

Hur envergonhou-se. A estatueta caíra de seu bolso horas antes e o neto a achou atraente, como um brinquedo. Não percebera que o menino a levara embora consigo.

— Desculpe-me, Leila. O Bezalel viu o amuleto, pediu para ficar um pouco e depois esqueci de pegar de volta. Não dei a ele, como você está pensando.

A moça respirou fundo, mas foi enérgica.

— Posso até aceitar vestir essas roupas egípcias, usar maquiagem, essa peruca, mas não vou permitir que o meu filho se corrompa como vocês. Isso, nunca!

Partiu resoluta. Na cozinha, Gahiji percebeu o mau humor da auxiliar.

— O que você tem, Leila?

—É que aconteceu uma coisa que me deixou muito chateada. Meu sogro deu um amuleto egípcio para meu filho.

— Um amuleto? E qual é o problema?

— Qual é o problema?! Isso é idolatria, é pecado!

— Leila, ele não fez por mal, amuletos são pra proteção.

—A única proteção é Deus quem dá, e não esses objetos horrorosos, pecaminosos e sujos que vocês cultuam! — Leila estava exaltada, falando alto.

— Desculpe-me, Leila, se fui insensível e não percebi quanto essas coisas a afetam. Peço perdão se não compreendo ainda o seu Deus. Mas também não é por isso que você precisa ofender os meus deuses — disse Gahiji, magoado com as palavras da amiga.

— Desculpe, Gahiji, você tem razão. Eu não tinha o direito de falar assim. É que fiquei muito nervosa. Estava indo tudo tão bem com meu marido e já voltamos a brigar. Você me perdoa?

— Está bem, Leila. Com um banquete desses pra realizar, como poderia ficar sem minha melhor assistente, não é mesmo?

Os dois seguiram trabalhando em silêncio durante algum tempo. Gahiji estava triste e Leila muito arrependida. Uri chegou na cozinha e pediu licença para falar com a esposa. Gahiji deu de ombros e afastou-se.

— Leila, desculpe-me pelo que houve. Meu pai não fez por mal, mas prometo que tomaremos mais cuidado, está bem? Não quero voltar a brigar com você, meu amor.

—Tudo bem, Uri.

—Tudo bem? Mesmo? — perguntou, surpreso.

— Acho que exagerei. Você me conhece, sou meio impulsiva e fui muito dura com vocês — olhou para Gahiji. — Tenho que parar de achar que estou sempre certa em tudo, não é?

O cozinheiro assentiu. Uri abraçou a esposa e a beijou.

— Meu amor, se há pelo menos uma coisa da qual você pode ficar sempre certa é de que eu a amo muito!

Gahiji ficou contente com a reconsideração por parte de Leila e sorriu para ela depois que Uri foi embora.

— Pronta para me auxiliar no meu molho especial?

— Ansiosa!

— Então, mãos às panelas!

***

Joquebede, Miriã e Eliseba cuidavam de Nadabe, que estava com muitas dores, com febre e sem apetite. A avó conseguira alguns vegetais e fizera uma sopa rala, que ele comia sem vontade.

— Só espero que ele não seja obrigado a voltar ao trabalho antes de ficar bom — disse Miriã.

— Nem me fale uma coisa dessas! Com Anrão foi assim. Ele ainda estava se recuperando, mas foi mandado de volta para obra mesmo sem condições e deu no que deu.

— Que horror! Nesse ponto eu dou toda razão a Arão de se revoltar! Que vida é essa, meu Deus? — revoltou-se Eliseba.

A febre do menino tinha aumentado e Miriã saiu para procurar ervas. Eliseba estava muito assustada e com medo e colocava compressas frias na testa do menino com a ajuda de Joquebede.

— Consegui essas ervas para a febre. Como ele está? — perguntou assim que entrou na casa.

— Na mesma — respondeu Eliseba.

— Vou preparar um chá e também um emplastro para as feridas das costas — disse Joquebede.

— Tomara que melhore com isso — disse a nora.

— Vai melhorar, Eliseba, tenha fé! — afirmou Miriã, tentando animar a cunhada.

— Só com muita fé mesmo, Miriã. Nadabe aqui, nesse estado. Os outros dois lá na plantação trabalhando. Que vida!

— A vida que Deus nos deu, minha querida. Agradeça porque você tem todos os seus filhos por perto. Tome, coloque isso nas feridas. O chá já vai ficar pronto. Agora preciso ver se consigo alguma comida para Amália, ela anda muito fraca. Vou tentar conseguir algo para o Nadabe também — disse Miriã, saindo novamente.

***

Nefertari cantarolava baixinho enquanto passeava pelos jardins palacianos, admirando as cores e sentindo o fresco aroma das flores enquanto Moisés havia ido resolver algumas questões fora do palácio sobre a construção do novo templo. Encontrava-se num estado de paz e alegria desde que Moisés assumira seu amor por ela na noite anterior. Passou o tempo que pôde ao lado do amado até que este teve de partir em busca de artesãos para consertar a estátua do templo. Desde que saíra, Nefertari estava suspirante, com borboletas no estômago.

Ramsés notou a felicidade reluzente da amiga e aproximou-se.

— Desculpe incomodar — disse o príncipe.

— Imagina, você não incomoda.

— Precisamos conversar — disse Ramsés, chegando mais perto.

Nefertari permitiu a aproximação e sorriu encabulada, mas estava insegura e receosa. Não sabia qual seria a atitude dele.

— Moisés disse que vocês conversaram — disse, estabelecendo um campo seguro.

— Conversamos. Apesar de meu profundo desejo de dar um murro na cara dele, disse que não ia ficar no caminho de vocês dois.

— Nunca quis magoá-lo, você tem de acreditar nisso.

— Eu sei, mas era inevitável, não é mesmo?

— Tenho certeza de que você vai encontrar uma mulher linda, incrível, que irá fazê-lo muito feliz.

— Ah, não, Nefertari! Poupe-me dessa conversa de consolo ao derrotado! Eu já encontrei essa mulher e ela é você. Só estou abrindo mão porque aquele desgraçado do Moisés é um sujeito importante para mim.

— Ele também tem a mesma lealdade e carinho por você.

— Quem dera não tivesse! Teria facilitado bastante as coisas para o meu lado.

— Ramsés, não fique assim! Você parte meu coração desse jeito!

— Pelo menos toquei seu coração de algum jeito — disse, irônico. — Mas me desculpe. Não vim aqui para choramingar ou para fazer você se sentir culpada. É que não estou acostumado a perder. É difícil para mim, entende? E a última coisa que quero lhe dizer é que a amo. Se algum dia mudar de ideia, se o nosso amigo certinho deixá-la entediada, eu estarei esperando por você. Mas, enquanto isso não acontece, vocês dois têm os meus votos de muita felicidade.

— Está falando sério? — a mudança no comportamento de Ramsés surpreendia Nefertari.

— Muito sério!

— Amigos, então?

— Amigos — Ramsés faz uma careta, mas depois sorriu. Eles se abraçaram e ele tentou a sorte. — Um último beijinho? De despedida?

— Não! — respondeu Nerfertari, repreendendo-o carinhosamente com tapas leves.

— Tudo bem! Calma! Também não precisa me espancar!

— Exagerado!

— Em tudo! Mas estou sabendo que seu namorado é bom de briga e não vou provocar mais, fique tranquila! — sorriu, com leveza.

***

O trabalho estava avançando rapidamente nas obras do novo templo de Osíris. O sol brilhava forte e castigava as centenas de escravos que carregavam pedras e abriam grandes fendas no solo do deserto. Arão estava dentro de uma pequena cratera quando Apuki aproximou-se, sorrindo.

— Fiquei pensando no que você falou. Quer dizer então que não quer o papai em casa? Sua atitude não é bonita. Bonito é uma família unida, com todos vivendo juntinhos. Precisamos dar um jeito nisso.

Anrão trabalhava perto dali e, animado, relatava a Num o feliz encontro com Miriã na véspera.

— A cada momento a emoção se renova, Num. Quando abracei Miriã ontem, meu coração disparou.

— Prepare-se para mais emoção. Lá vem o príncipe Moisés, seu filho — disse Num.

Viram o príncipe aproximando-se de Apuki, acompanhado de dois soldados.

— Preciso de dois artesãos habilidosos para restaurar com urgência uma estátua no santuário do palácio — disse Moisés.

— Perfeitamente, príncipe. Sei exatamente quem indicar para essa tarefa — disse Apuki, com um sorriso malicioso.

Foi em direção a Arão.

— Você tem experiência em escultura, não tem? — perguntou.

— Tenho. Por quê?

— Acompanhe-me.

Apuki levou-o onde estavam Anrão e Num. Virou-se para o mais velho.

— Sabe esculpir?

— Era bom nisso no alto Egito.

— Ótimo! Venha comigo.

Os três seguiram até onde estava Moisés. Anrão tentava conter a emoção de ter os dois filhos tão próximos a ele, e Arão tentava não transparecer sua irritação. Moisés explicou o que deveria ser feito e eles seguiram para o palácio. No caminho, Anrão ainda tentou puxar conversa com Arão, que o ignorou. Mas Anrão sorria, com sua fé e sua sábia paciência.

Chegando ao palácio, Moisés foi ao gabinete de Paser apresentar os artesãos que iriam trabalhar na restauração da estátua. Diante da porta, Anrão deu passagem para o filho. Sempre de cara fechada, Arão fez um sinal negativo, seguido de outro sinal para que Anrão passasse primeiro. Anrão sorriu e passou. Paser os conduziu ao santuário.

— É a estátua do deus Amon. Amanheceu assim, quebrada. O Rei ordenou que a restauração fosse feita com a maior urgência possível. Mandei trazer estas ferramentas. Vejam se há necessidade de mais alguma.

Anrão observou o material.

— Para finalizar, vamos precisar de tintas.

— Claro, mandarei o encarregado falar com vocês. Um servo ficará aí fora, ao lado da porta. Precisando de alguma coisa, falem com ele. Daqui a pouco mandarei também uma refeição.

Paser os deixou a sós e eles começaram o trabalho em absoluto silêncio. Arão lixava a parte quebrada e seu pai preparava o pedaço de pedra que substituiria a parte que faltava na cabeça do deus. Eles observavam-se indiretamente enquanto trabalhavam: Arão incomodado com a situação e seu pai esperando alguma oportunidade para aproximar-se do filho.

De repente Anrão coçou a cabeça de uma forma bem particular, na parte de trás, quase na nuca. Arão fez o mesmo gesto, ao mesmo tempo. Anrão percebeu. Logo depois os dois estalaram os dedos da mão novamente de forma idêntica. Dessa vez Arão também percebeu, e os dois olharam-se com espanto. Anrão sorriu ao notar que o filho herdara seu gestual. Arão ficou irritado e voltou a trabalhar, mal disfarçando seu incômodo.

Paser voltava para seu gabinete e espantou-se com uma enorme fila de mulheres em frente à porta. Concubinas, damas, dançarinas, servas. Lá dentro, Yunet mostrava seu rosto para Simut, feliz e vaidosa. A pele de Yunet começara a descamar devido ao efeito das poções. Grandes pedaços estavam se descolando, como se fosse uma cobra trocando de pele. Porém, conforme as lascas iam saindo, foi surgindo um rosto deslumbrante, com a pele brilhante, lisa e sedosa.

O resultado deixou todas as mulheres ouriçadas por um pote de creme. Dirigiram-se ao gabinete do sacerdote em busca da fórmula que deixara Yunet tão deslumbrante.

Paser entrou no gabinete, confuso.

— O que está acontecendo, Simut?

— Minha fórmula mágica, mestre! Por isso a mulherada está aí fora!

Só então Paser deu-se conta da presença de Yunet.

— Yunet? Você está... está...

— Deslumbrante, radiante, jovem! Já sei. Mas é sempre bom ouvir novamente.

A rainha Tuya passou pelo corredor abarrotado de mulheres e quis saber do que se tratava. Estava ocupadíssima preparando a recepção do sacerdote Siamon. Tentava impressionar o faraó e recuperar seu prestígio para com ele.

Quando soube do que se tratava a confusão no corredor, a rainha ordenou que todas as mulheres voltassem aos seus aposentos. Aquela balbúrdia estava tirando sua paz. As mulheres obedeceram, resignadas. Vendo-se a sós com o sacerdote, aproximou-se de Paser.

— O que ouvi sobre o tal creme é verdade?

Pensava que esta poderia ser sua chance de parecer ainda mais bela e reconquistar o interesse do marido, que só tinha olhos para a jovem concubina.

— Realmente os efeitos do creme mágico foram surpreendentes.

— Pois então eu o quero pra mim!

— Minha senhora, infelizmente não há como repetir a fórmula. Simut criou o creme de maneira experimental e...

— Ora, isso é problema seu, Paser. Consiga o que for necessário, mande trazer de onde for, contanto que eu tenha esse creme, entendeu bem?

— Sim, grande esposa.

Saiu dali e cruzou o caminho com Ikeni e outro soldado, Bakenmut. Este era um homem alto e forte, com o corpo talhado pela guerra e pelos exercícios diários. Ao verem a rainha Tuya aproximando-se com suas servas, fizeram uma mesura respeitosa. Uma das pulseiras de Tuya caiu no chão e Bakenmut foi ágil: pegou a joia e a devolveu para ela com um olhar sedutor.

— Grande esposa real.

— Muito obrigada, soldado!

— A seu dispor, senhora.

O olhar indiscreto de Bakenmut foi percebido pela rainha. Ele a ficou observando afastar-se, com olhar maroto.

— Bem que eu pegava.

— Não estou acreditando. Isso é jeito de falar? — repreendeu Ikeni, indignado.

— Ué, qual o problema? Mulher é tudo igual, meu amigo. Elas querem ação! Aliás, parte logo para cima da Karoma. Aposto que ela irá perdoá-lo.

***

Na casa de Joquebede, finalmente a febre de Nadabe começava a ceder. As feridas nas costas também apresentavam melhora. Ele estava bebendo um chá de ervas preparado pela avó quando Miriã chegou eufórica, acompanhada de Eleazar e Abiú, com duas vasilhas grandes cheias de comida. Eram pedaços de carne, legumes variados, frutas e doces que Leila havia trazido do palácio para a família dela.

— Quanta comida! Posso pegar? — perguntou Nadabe.

— Claro que pode! Trouxe para você mesmo! Para ficar bem forte e sarar logo! — disse a tia, feliz.

— E o que os meus meninos já estão fazendo em casa a essa hora? — perguntou Eliseba.

— A colheita terminou. Eles vão mandar a gente trabalhar com outra coisa. Ainda não falaram o que será — respondeu Eleazar.

Todos estavam muito contentes com a fartura. Miriã pegou parte do alimento e saiu, levando-o até à casa de Amália. Chegando lá, encontrou a amiga caída no chão, desmaiada. Desesperou-se e, depois de alguns minutos tentando reanimar a moça, Amália acordou desnorteada e sentou-se em um banco. Bebeu um pouco de água e depois comeu o que Miriã havia trazido

— Já estou me sentindo bem melhor.

— Dá pra ver. Você estava tão pálida, agora pelo menos a cor do seu rosto voltou ao normal.

— Fico pensando no meu filho — disse Amália, parando de comer e começando a chorar. — Como é que vou cuidar dele desse jeito?

— Não se preocupe com o que ainda vai acontecer, Amália. Deus dá o que precisamos dia após dia. Vamos viver um dia de cada vez.

***

No harém, Nefertari admirava a pele da mãe e elogiava sua beleza quando Moisés chegou. Nefertari fez um sinal para que esperasse.

— Você não vai sair com ele agora, vai? — perguntou Yunet.

— Claro que sim! Moisés é meu namorado, esqueceu?

— E dá para esquecer? Mas você também não esqueça que eu não vou permitir essa loucura! Eu a proíbo de sair daqui.

— Ah, é? Então vamos ver.

Nefertari saiu, desafiando a mãe. Moisés ficou bastante chateado com o ocorrido.

— Desculpe pela minha mãe, Moisés.

— Já tinha desconfiado que ela não gosta muito de mim.

— Minha mãe só gosta dela, de mais ninguém.

— Alguma dica pra me ajudar a conquistar a sogra?

— Seu bobo. Deixa pra lá. Vamos sair daqui.

***

Naquela noite, Apuki prometera a si mesmo que teria Isabel a qualquer preço. Não perdoara a desfeita que ela lhe fizera no dia anterior. Ela estava dançando quando viu o feitor chegando à Casa de Senet, e fechou de imediato o sorriso, preocupada. Quando desceu do palco, Apuki aproximou-se.

— Gostei da dança.

— Obrigada.

— Hoje você não me escapa. Vamos tratar do nosso assunto?

— Não estou me sentindo bem. Mal consegui dançar.

— Não parecia.

— Já estou treinada em disfarçar problemas.

— Eu sou um problema?

— Não. Mas eu realmente não estou me sentindo bem.

— Sabe que de repente também estou me sentindo mal, desconsiderado?

— Por favor, estou indisposta.

— Conheço um bom remédio pra sua indisposição. Podemos ir logo para o quarto ou preciso falar com seu chefe?

— Está bem, vamos — disse a moça, segurando a raiva.

No quarto, Apuki agiu de forma extremamente grosseira, arrancando a roupa de Isabel, empurrando-a na cama e jogando-se por cima dela. Ela tentou aguentar a situação, mas o asco foi mais forte. Levantou-se e começou a se vestir.

— Que foi? Volta aqui!

— Não estou bem mesmo! Desculpa, piorei, estou enjoada, com dor pelo corpo todo.

— Pensa que eu sou idiota?

— Será que você não entende? Eu estou mal! Doente! Com dor! — disse, chorando e saindo.

Isabel foi embora e caminhava de volta para casa nas ruas desertas. Apuki, contudo, a seguia e surgiu da penumbra lhe barrando o caminho.

— Onde vai com tanta pressa?

Ela tentou desviar, mas foi agarrada pelo braço.

— Acho melhor você voltar, Isabel. O expediente lá ainda não acabou, vai perder o emprego. Eu vou com você.

— Largue-me, Apuki! Está me machucando.

— Você também me machucou, no coração. E está doendo — disse, sorrindo e segurando a moça, forçando-a a ficar de frente para ele. — Olhe pra mim! Por que você me evita desse jeito? Nós nos divertimos tanto daquela vez. Esqueceu? Ou fingiu?

Isabel o encarava com ódio e não respondia.

— Não vai responder? Prendeu a língua? Eu a ajudo a soltar — disse, desferindo um violento tapa no rosto da moça. — Melhorou, vagabunda?

— Eu tenho nojo de você! Nojo, entendeu? — explodiu. — Só de te ver me dá vontade de vomitar! Naquela noite eu só queria te embebedar! Idiota!

— Cale-se! — gritou, desferindo outra bofetada, ainda mais forte.

— Você matou o meu marido! Um homem de verdade, não essa coisa asquerosa que você é!

Apuki deu outra bofetada nela.

— Eu o embebedei naquele dia para você se danar com o faraó na obra! E você se danou, apanhou de chicote! Foi humilhado na frente de todo mundo!

— Quem te contou que o faraó ia inaugurar a...

— Não lembra? Você me contou, imbecil, para me impressionar! — mentiu, para salvar Arão.

Apuki deu mais uma bofetada em Isabel e ela reagiu com uma cusparada na cara do feitor. Ele perdeu totalmente o controle e a agarrou pelo pescoço, forçando-a a ajoelhar-se. Começou a estrangulá-la. Tonta, Isabel debateu-se por algum tempo, até que seus braços caíram. Apuki a largou no chão, morta.

TRINTA

A reconciliação

Arão e Anrão trabalharam até tarde na restauração da estátua. Quando Arão chegou em casa, Joquebede e Eliseba estavam na cozinha.

— Sabem aonde fui hoje? No palácio — disse, espantando as mulheres. — Maldição em dose tripla. Fui escalado pelo Apuki, fui levado por Moisés, e tive de ficar o tempo todo ao lado de Anrão.

As duas começaram a fazer perguntas ao mesmo tempo, mas ele não deu mais detalhes.

— Fui consertar uma estátua quebrada. Apenas isso.

— Como apenas isso? Você se entendeu com seu pai? — perguntou Joquebede, ansiosa.

Não se entendia nem consigo. Arão não estava para conversas. Cansado, foi dormir. No dia seguinte pela manhã, ainda no quarto, Nadabe pediu ao pai autorização para brincar com os irmãos na rua.

— Como você se sente? Ainda está doendo? — perguntou Arão.

— Não.

— Não minta. É verdade mesmo ou está dando uma de durão?

— Ainda dói um pouco, mas dá para aguentar.

— Tudo bem. Pode ir brincar com os seus irmãos. Mas se a dor aumentar ou sentir alguma coisa, não esconda de nós, está bem? Não se esqueça de que você é o mais velho e cuide dos seus irmãos. Aproveitem a folga, mas não quero ninguém se metendo em encrenca.

— Pode deixar! — respondeu o menino, feliz e saindo correndo.

— Tenho de ir — disse para a esposa.

— Meu amor, nossos filhos são muito abençoados por terem um pai tão bom, tão carinhoso.

— Acha mesmo?

— Acho. E se você é um pai tão bom, talvez seja porque também teve um bom pai.

— Por favor, Eliseba, você também? Já não aguento mais minha mãe e Miriã querendo que eu desculpe Anrão — respondeu, tenso.

— Ele é seu pai! Um dia vocês foram tão próximos quanto você é dos seus filhos. Você deixaria de amá-los se um dia fosse afastado deles?

— Claro que não!

— Imagina se nos tirassem um dos meninos. Eleazar que tem quase a idade que você tinha quando perdeu seu pai. Tudo que foi construído entre pai e filho desapareceria, seria esquecido?

— Preciso ir trabalhar — afirmou, angustiado, querendo encerrar a conversa.

— Espere! Vai sair sem me dar um beijo?

Ele acalmou-se e deu um beijo carinhoso na esposa. Passou rapidamente pela porta e saiu sem conversar com Joquebede e Miriã, que estavam ansiosas por notícias do que ocorrera na véspera.

— Ele já saiu? — perguntou Eliseba quando saiu do quarto, instantes depois dele.

— Não quis nem conversa! — respondeu Joquebede, indignada. — O que houve?

— Também não sei, ele não falou nada. Essa história de ter sido obrigado a trabalhar com o pai no palácio mexeu com ele.

Na rua, Arão encontrou com Zelofeade.

— Já soube o que aconteceu? Isabel está morta — disse o amigo.

— Como assim? Anteontem estive com Isabel na casa de Senet!

— Você? Na Casa de Senet?

— Não é o que você está pensando. Estava aborrecido, ela me viu caminhando na rua sem rumo e me convidou pra tomar uma cerveja. Nós ficamos conversando, só isso. Mas espera! Apuki chegou e falou com ela, e não parecia muito satisfeito!

— Você acha que...

— Não sei o que pensar.

***

Tuya agitava-se pelos corredores do palácio para preparar a grande recepção ao sacerdote Siamon. Soubera, por Henutmire, da decisão de Ramsés de abrir mão do amor de Nefertari. A rainha aliviou-se com a decisão tão sábia do filho, mas angustiava-se com os possíveis planos do marido de puni-lo, casando-o com a filha do sacerdote. Achou por bem alertá-lo.

O príncipe ficou revoltado com os planos do pai. Abrir mão de Nefertari já não era punição o suficiente? Foi até a sala do trono.

— Que história é essa de decidir quem será minha esposa sem ao menos me consultar? Quem decide minha vida sou eu!

— Veja como fala — indignou-se Seti I.

— Tenho direito de escolher a mulher que será minha primeira esposa.

— Que eu saiba, você desistiu da filha de Paser.

— Uma coisa nada tem a ver com a outra. Não vou casar com alguém que não conheço.

— Você ainda não é o faraó para decidir esse tipo de coisa. Sou eu o senhor das duas coroas. E é minha obrigação garantir desde agora o futuro do Egito. Entenda de uma vez por todas, Ramsés! Casamento para os nobres não tem a ver com amor ou preferência, é uma questão política! Essa aliança que pretendo fazer com o sacerdote de Amon lhe dará tranquilidade para reinar quando estiver assentado neste trono. É para a segurança de todos, inclusive a sua. Será que você realmente não se preocupa com isso?

Nesse momento Tuya entrou na sala e a ira de Seti I voltou-se contra ela.

— Quem mandou você ir correndo contar para Ramsés os meus planos?

— Ninguém mandou, soberano. Apenas me perguntei até quando devia esconder do principal interessado que você tinha escolhido uma noiva para ele. Seria injusto continuar com...

— Eu decido o que é justo e o que não é! — disse o faraó, interrompendo Tuya. — Pois é isso mesmo! O sacerdote virá com a filha e iremos, sim, celebrar o noivado. Está encerrado o assunto!

— Não, não está! — disse Ramsés desafiadoramente. — Quando for faraó, eu mesmo farei as alianças que desejar. Melhor cancelar a recepção, soberano, porque não vai haver noivado algum!

— Ah, não vai? — disse o faraó, furioso. — Pois muito bem! Se você insistir nessa teimosia, nessa desobediência tola, escolherei outro sucessor para o trono do Egito! Podem ir, os dois! Saiam! —Virou-se furioso para a rainha. — E você, Tuya, só me apareça quando eu chamar! Se é que vou chamar!

Tuya sentiu o sangue ferver. Não aturava mais o desprezo do faraó. Traçaria seu próprio plano de vingança. Mandou que Karoma chamasse o soldado Bakenmut. Lembrava-se da maneira como a olhara no dia anterior.

A dama prontamente obedeceu e encontrou o soldado treinando ao lado de Ikeni.

— Bakenmut, a grande esposa real o aguarda em seus aposentos.

— A senhora das duas terras? O que ela quer comigo? — respondeu, surpreso.

— Não se questiona uma ordem da soberana. Se fosse você iria logo.

Quando chegou ao quarto de Tuya, ela estava penteando-se em frente a um espelho.

— Você sabe que seu dever é me servir, não sabe, Bakenmut?

— Claro, minha senhora.

— Que tipo de homem você é?

— Eu? — ele estava surpreso com a pergunta.

— Tenho reparado em você. Parece forte. Tem personalidade. É capaz de ser leal também?

— Que Anúbis me leve se for desleal com meus soberanos.

— Tenho me aborrecido muito ultimamente! Estou precisando relaxar um pouco, entende?

— Estou aqui para servi-la, senhora — disse, já percebendo as intenções dela.

— É? E como você pensa em me servir?

— Dando-lhe exatamente o que deseja — respondeu, aproximando-se e agarrando-a com firmeza pela cintura. Beijou-a com paixão.

Tuya deliciava-se com aquilo. Não apenas se vingaria do rei como teria, por um momento, um homem jovem fazendo seus caprichos. Não precisava de um simples harém. Com seu poder, tinha o exército inteiro do Egito a sua disposição.

Mais tarde, ambos estavam deitados na cama, cansados, felizes e satisfeitos.

— Então? Minha rainha agora sabe que tipo de homem eu sou?

— Sei. Apenas satisfatório — respondeu, evitando deixar o rapaz muito confiante.

— Satisfatório?

Ela assentiu, e levantou-se, colocando uma roupa.

— Agora, se me dá licença, não preciso mais dos seus serviços por hoje. Adorava o poder que tinha em suas mãos.

— Irá precisar de mim novamente?

— Você não tem que saber se vou ou não vou precisar de você, soldado. Seu dever é me obedecer.

— Como a senhora ordenar, minha soberana.

A rainha virou-se séria para Bakenmut.

— Acho que compreende que o que aconteceu aqui hoje deve permanecer em segredo. Nem uma palavra sobre isso, caso contrário mando cortar sua língua.

— Perfeitamente, grande esposa real.

— Ótimo! Pode ir.

— Com sua licença.

— Pelos deuses! Que homem! — suspirou Tuya, abanando-se depois que o soldado fechou a porta.

Bakenmut logo mais encontrou-se com Ikeni, que estava curioso para saber o que a rainha queria com ele.

— Nada, maluquice — respondeu.

— Maluquice, como? Você está estranho, explique isso direito.

— Estou estranho porque foi estranho. Cheguei lá, ela falou que ia me pedir uma coisa, mas que tinha mudado de ideia.

— E você não perguntou que coisa era essa?

— Perguntei. Ela respondeu que não era da minha conta e me mandou embora.

— Realmente é estranho. Foi assim mesmo? — perguntou Ikeni, desconfiado.

— Parece mentira, mas foi. Acho que ela é meio maluca.

***

Quando Anrão e Arão chegaram ao santuário para iniciar o dia de trabalho, encontraram Paser avaliando o andamento da restauração da estátua.

— Gostei do trabalho feito até agora. Percebi, porém, que o colar da estátua está com defeito. O ourives do palácio virá para tratar disso — disse, retirando-se.

— Vamos trabalhar? — disse Anrão, sorrindo.

— Vamos. Mas sem conversa, por favor — respondeu o filho, seco.

Após algum tempo trabalhando em silêncio, Anrão arriscou um contato.

— Não quer mesmo acabar com este clima entre nós?

— Não — respondeu Arão, sem olhar para o pai.

Seguiram trabalhando por cerca de uma hora, quando Hur chegou para avaliar o reparo necessário. Cumprimento-os de forma cordial. Arão reconheceu o ourives, mas Hur não se deu conta de quem eram os escravos ali. Anrão percebeu algo familiar naquele homem.

— Hur? É você?

— Sim, sou eu, mas não estou lhe reconhecendo — surpreendeu-se.

— Eu sou Anrão, amigo de seu pai e marido de Joquebede.

— Marido de Joquebede? Mas como? Você não tinha...

— Não se assuste — disse, sorrindo. Não sou um espírito. Ainda estou vivo. É uma longa história.

— Arão? Também não tinha reparado que era você — disse Hur, reconhecendo o rapaz.

— Como vai, Hur?

— Surpreso!

Anrão então explicou sua incrível história para o ourives. Os dois conversaram durante algum tempo, enquanto Arão permanecia calado.

— É incrível! Você surgir de repente, vivo depois de tantos anos. Cresci ouvindo meu pai falar a seu respeito, com grande carinho. Ele o estimava bastante, dizia que era um homem bom, valente. Eu mesmo adorava ouvir as histórias que você contava nas raras vezes que eu ia até a vila visitar minha mãe. Eu era o mais velho da turma, Miriã era uma menina. Arão devia ter uns três anos, mas também gostava de ouvir, não é, Arão?

— Desculpe, Hur. Não estava prestando atenção — respondeu, disfarçando.

— Aliás, pelo que eu saiba, quando você foi ferido de morte, perdão, de quase morte, isso se deveu à valentia.

— Eu tinha de defender minha família.

— Eu vivo aqui no palácio e, modestamente, tenho algumas regalias. Precisando de alguma coisa é só falar — disse, abraçando afetuosamente Anrão e partindo em seguida.

Tão logo deixara o santuário, Paser dirigiu-se ao seu gabinete. Encontrou Simut inebriado com seu sucesso ao formular o mágico creme que se tornara disputado pelas mulheres. O sacerdote informou-o sobre a exigência da rainha em possuir o creme que operara maravilhas na pele de Yunet.

— Você vai ter de me dizer o que foi que usou nessa fórmula — disse Paser.

— O que usei?

— Sim, exatamente tudo o que você usou. Tenho de dar um jeito de conseguir mais.

Neste momento entrou na sala um mensageiro do faraó informando que o soberano desejava a presença de Paser imediatamente na sala do trono. Ele assentiu mas, antes de sair, dirigiu-se a Simut.

— Depois terminamos essa conversa!

Seti I queria saber sobre o andamento da restauração da estátua e foi informado por Paser de que estava caminhando bem.

— Há outro assunto que gostaria de falar com você, Paser. Não é que esteja me sentindo fraco, nada que prejudique o equilíbrio cósmico, mas pensei que seria bom renovar as forças do faraó, entende? Por precaução!

— Claro! Não podemos negligenciar os cuidados com o próprio Hórus vivo na terra!

— Então, enquanto guardião dos conhecimentos sagrados, você teria algo que me renove o vigor, que me dê a vitalidade do touro Ápis?

— Fico feliz que pergunte! Tenho em meu poder justamente um ingrediente mágico e raríssimo que guardava para essa ocasião. Garanto que é algo tão poderoso que Osíris, o grande, deve ter usado em sua ressurreição!

— Esplêndido! E quando podemos experimentar?

— Vou providenciar o necessário e avisarei ao soberano quando estiver pronto para o ritual.

Paser voltou para sua sala exultante pela oportunidade de mostrar bons serviços ao faraó.

— Simut! Tenho uma missão muito especial a realizar para nosso soberano e vou precisar da sua ajuda. Vamos deixar para pensar no pedido da rainha depois, pois isso é mais urgente. Vá pegar o pote com o pó de chifre de rinoceronte.

Simut gelou. Havia utilizado todo aquele pó para fazer o creme miraculoso de Yunet. Resolveu desconversar.

— Pó de quê, mestre?

— Rinoceronte! Você sabe do que se trata, mandei você guardá-lo num local seguro.

— Mandou? Não estou lembrado. Acho que Toth anda atrapalhando minha memória, mestre.

— Pois então vamos ver se desatrapalhamos essa sua cabeça oca! Lembra que um estrangeiro me deu o pó do chifre desse animal poderoso, que tem a carcaça tão dura que nenhuma lança é capaz de atravessar, chamado rinoceronte?

Simut disse lembrar-se vagamente e foi até a prateleira, onde confirmou, desesperado, que o pote estava vazio. Encheu-o com outro pó que estava ali perto.

— Está aqui, mestre!

— Ótimo! Quando o faraó experimentar seus efeitos, é bem capaz de me promover a sumo sacerdote!

***

Pai e filho seguiam trabalhando no santuário em completo silêncio. Em certo momento, Anrão parou de trabalhar e ficou olhando para Arão, que percebeu e dirigiu o olhar rapidamente para o pai, desviando-o em seguida. De repente, a seriedade de Anrão deu lugar a um sorriso de admiração e felicidade e, em seguida, a um riso contido.

— Qual é a graça? — perguntou Arão, irritado.

Anrão não respondeu, e tentou com todas as suas forças conter-se, mas o riso se transformou numa gargalhada solta. Arão fica ainda mais irritado, e olha para o pai.

— Vai parar com isso?

Anrão soltou a emoção e riu sem conter-se, expondo toda a felicidade que sentia em seu coração. Arão não conseguiu manter o mau humor e começou a sorrir, até que se deixou levar pela alegria do pai e também começou a rir. Eles se olharam, e começaram a se aproximar e o riso foi dando lugar à emoção. Abraçaram-se com lágrimas descendo pelo rosto. Ficaram abraçados por um longo tempo, profundamente emocionados. Afastaram-se e olharam-se por algum tempo.

— Valeu a pena esperar por este momento — disse Anrão.

Arão apenas assentiu com o olhar. Não conseguia pronunciar palavra, tamanha sua emoção.

— Desculpe por ter me afastado de vocês por tanto tempo. Pode me perdoar?

— Perdão peço eu.

Novamente se abraçaram.

— Não estou conseguindo falar nada — confessou Arão.

— Nem precisa. Aliás, eu também não estou encontrando as palavras certas para dizer o que sinto.

***

Hur ficara muito impressionado com tudo o que ouvira no encontro com Anrão. De volta à oficina, contou a incrível história para Uri e Leila. Quando voltou para a cozinha, Leila compartilhou a novidade com Gahiji.

— Pelos deuses! Quase não dá para acreditar! — disse Gahiji.

— Sim! Não é extraordinário?

— Eu diria que é muito perigoso, isso sim! Leila, é melhor que o príncipe Moisés não fique sabendo de nada. Você nem imagina o que o faraó faria com quem revelasse isso tudo a ele!

— Claro, eu compreendo. Mas estou ansiosa para ver Anrão. Desde pequena ouço tanto sobre ele! Era uma pessoa muito respeitada entre o nosso povo. Será que não poderíamos convidá-los para tomarem um lanche aqui na cozinha? Se você permitir, peço a Hur que os traga.

A princípio o cozinheiro não ficou muito satisfeito com a ideia, mas acabou cedendo aos pedidos da sua ajudante.

— A única coisa que peço é que não demorem muito. Se alguém da nobreza resolve aparecer, estamos fritos! Mas, enfim! Deixemos essas histórias mirabolantes de lado por ora e vamos à nossa nova tarefa!

— O que é?

— O príncipe Moisés pediu para que preparássemos um jantar especial para ele e Nefertari esta noite. Vamos caprichar e fazer algumas especialidades bem românticas e deliciosas!

— Eles estão namorando?

— Com a bênção dos deuses!

Leila logo foi procurar o sogro dizendo-o para convidar Arão e Anrão à cozinha. Hur também não gostou muito da ideia da moça, mas também acabou concordando em ajudar. Mais tarde, Leila e Gahiji trabalhavam quando os escravos entraram, acompanhados por Hur.

— Que bom que chegaram! Como vai, Arão? E o senhor? Que alegria saber que está de volta! — disse Leila.

— Desculpe, mas não estou reconhecendo-a — disse Arão.

— Claro que não, com essas roupas e essa peruca! — disse Hur, rindo. — Esta é Leila, Arão, esposa de meu filho Uri!

— Leila? Irmã de Abigail? Filhas de Jonas? — perguntou Anrão, espantado.

— Isso mesmo.

— Vocês ainda eram meninas quando fui embora.

— Lembro-me que o senhor e meu pai eram muito amigos. Parece que foi ontem que eu ficava ouvindo quietinha as histórias que contavam sobre o povo de Deus. O nosso povo.

— Fico muito feliz que você ainda se lembre disso, afinal, nossa história é mesmo pra ser contada de pai pra filho.

Hur pediu licença e saiu. Precisava voltar ao trabalho. Leila levou os convidados para a mesa e começaram a comer e conversar. Ela falou sobre seu casamento, seu filho e sobre a vida no palácio. Falou sobre as dificuldades de aceitar os costumes egípcios.

— Mas não dá para negar que a vida aqui é melhor para uma criança. Meu filho Bezalel, por exemplo, pode comer melhor, ter uma boa educação.

— Se estivesse na vila talvez fosse trabalhar como os meus — lamentou-se Arão.

— É muita injustiça o que fazem com nossas crianças — comentou Anrão.

Neste momento Ramsés entrou, a tempo de ouvir o que Anrão falara.

— Mas o que é isso, Gahiji? O que esses escravos estão fazendo na cozinha do faraó? — reagiu, indignado. — Tire esses dois da cozinha agora!

— Desculpe, meu príncipe, eu posso explicar...

— Nenhuma explicação vai ser suficiente! O lugar desses hebreus não é aqui. Eles não são dignos de partilharem a cozinha do soberano do Egito! Fora! Saiam!

Henutmire passava ali por perto e ouviu os gritos de Ramsés. Entrou para ver o que estava acontecendo.

— Mas o que houve? Dá para ouvir seus gritos lá de fora, Ramsés!

— Hebreus. Hebreus imundos comendo na cozinha de meu pai!

— Ramsés! Isso não é jeito de tratar ninguém!

— Essa gente é menos que ninguém!

Arão segurava-se a duras penas. Era contido pelo pai.

— Chega, Ramsés! — disse Henutmire.Virou-se para os hebreus — Desculpem!

— Não tem problema, senhora. Já estamos indo — disse Anrão, levantando-se, seguido pelo filho.

— E você, Gahiji? Que vergonha! Merecia perder seu posto e ser punido! — ralhou Ramsés.

— Sinto muito, senhor. Prometo que não vai mais acontecer.

— Eu já disse, Ramsés! Chega! Controle-se! — levantou a suave voz a princesa.

— O príncipe queria falar comigo? — perguntou Gahiji, ainda trêmulo, após alguns instantes.

— Não quero mais! — respondeu Ramsés, saindo irritado.

Henutmire desculpou-se pelo comportamento do irmão, mesmo considerando um erro o fato de o cozinheiro ter permitido a entrada dos escravos na cozinha.

— Desculpe, senhora — disse Leila —, foi ideia minha e eu é que insisti para Gahiji deixar. Ele não queria, mas é que eu estava realmente querendo agradar esses dois, porque o mais velho, sabe, é marido de minha vizinha, Joquebede, e todos pensavam que ele estava morto, mas não estava e...

— Marido de Joquebede? — interrompeu a princesa, espantada.

— Sim, senhora — respondeu Leila, dando-se conta que falara demais.

— Muito bem, assunto encerrado. Mas que fique claro que não quero esses dois por aqui de novo. E que não entrem em contato com mais ninguém da nobreza!

A princesa saiu em seguida, muito nervosa, e foi conversar com Disebek sobre o ocorrido. Ele também ficou bastante preocupado, principalmente quando soube que Anrão fora trazido ao palácio por Moisés.

Em seu gabinete, Paser estava concentrado preparando a poção revigorante para o faraó. Simut o assessorava, disfarçando seu nervosismo por ter modificado o conteúdo do pote de pó de chifre de rinoceronte. Um a um, Paser ia pedindo para seu assistente os ingredientes: mel, água do Nilo, ervas revigorantes, vinho de tâmara, absinto. Finalmente chegara a hora do pó chifre de rinoceronte.

— Tem certeza, mestre? Já colocou tanta coisa aí! Sabe como é, muita mistureba pode afetar os "reinos inferiores" do rei.

— Deixe de bobagem! Sei o que estou fazendo! Vou deixar de colocar justamente o ingrediente mais especial? Vamos, me dê logo isso!

Simut passou o pote para Paser, temeroso.

— Diga uma coisa, mestre, quando se mistura um monte de coisa, temos de saber exatamente o que estamos colocando, não é?

— Claro! Se não usar os ingredientes certos, o efeito é imprevisível! Pode até matar alguém,

— Matar?

— Sim, Simut. Por isso há centenas de anos de experimentos e saberes registrados nos papiros. É uma ciência. Claro que de vez em quando temos novas descobertas. O ingrediente que você usou no creme de minha esposa, por exemplo, teve um efeito afrodisíaco que nunca havia visto antes. Essa poção aqui está ótima. Pela cor e pelo cheiro está pronta. Ela irá revigorar Seti I, o amado de Amon, e lhe conceder um longo reinado sobre as terras do Egito.

— Será que vai funcionar mesmo?

— O estrangeiro que me deu o pó de rinoceronte me contou maravilhas sobre os efeitos que ele provoca. É um animal mágico e desconhecido, Simut! Toda sua força e energia estão concentradas nesse pó que usamos.

A poção estava pronta. Paser transferiu o líquido para uma taça e dirigiu-se para a sala do trono, seguido por seu apavorado assistente. Tuya estava ao lado do faraó animada e feliz, após suas aventuras amorosas.

— Ao nosso rei, o glorioso Seti, trago essa fórmula que revigorará suas energias para que o equilíbrio do universo se perpetue na figura de nosso soberano!

Para que os efeitos da poção se completassem, era preciso seguir um ritual religioso. Seti fez oferendas aos deuses cujas imagens Paser mandou trazer à sala do trono e apenas então entregou o pote ao rei.

— Que os deuses favoreçam o faraó do Egito! — disse Seti antes de beber o conteúdo.

Simut rezava em silêncio em um local escondido da sala, tremendo de medo. Depois que Seti I terminou de beber a poção, houve um instante de suspense, seguido por um largo sorriso do soberano.

— Sinto-me iluminado como Rá nos céus do Egito essa manhã e forte como um touro! — respondeu, para alívio de Simut.

***

Era grande o movimento na fonte de água da vila dos hebreus. Muitas mulheres chegavam com grandes jarros vazios e saíam com eles cheios. Entre elas estavam Amália e Judite. Amália estava pegando seu jarro quando se sentiu mal e perdeu as forças. Foi amparada por Judite, que impediu que ela caísse no chão. Algumas mulheres ajudaram a levar a moça em casa, que as poucos foi recuperando as forças.

— Obrigada por ter me trazido em casa, Judite. Se não fosse por você... — interrompeu a frase num choro.

— Que foi? Por que está chorando?

— Às vezes tenho tanto medo de perder meu bebê!

— Que é isso, Amália? Não fale uma coisa dessas.

— Estou sempre fraca, indisposta. Não quero prejudicar meu filho.

— Não vai prejudicar. Eu mesma, quando engravidei da minha caçula, sofri horrores! Mas nem por isso Ana deixou de nascer forte e sadia.

— É, tem razão. Vou parar de ficar imaginando coisas. Meu bebê vai nascer saudável e Deus me dará forças pra cuidar dele — disse, animando-se.

Miriã chegou à casa de Amália e espantou-se com a presença de Judite. Elas explicaram o que ocorrera.

— Você não pode mais ficar fazendo esforço desse jeito, minha amiga — afirmou Miriã. — Tem de se preservar para o seu bebê. A partir de agora vou ficar sempre de olho em você. Não é bom ficar sozinha. Estamos aqui pra ajudar. — Pode contar comigo também — disse Judite.

Miriã passou a tarde na casa da amiga e foi embora apenas quando Num chegou. Seguiu preocupada com o estado de Amália e, em sua casa, compartilhou a preocupação com a mãe e a cunhada.

— Tomara que eu esteja enganada, mas isso de Amália passar mal toda hora não está me cheirando bem — considerou Eliseba.

— Eu estava aqui pensando nisso. Vai ver a coisa é mais séria do que supomos — concordou Miriã.

— Gravidez às vezes é assim mesmo. Quando estava esperando Arão, passei mal várias vezes — disse Joquebede.

— Ah, então é por isso que ele ficou assim, mal-humorado — brincou Miriã.

Todas riram, inclusive Joquebede, essa um pouco a contragosto. Mal falaram seu nome, Arão entrou, deixando a porta aberta atrás de si.

— É só falar que ele aparece — disse Miriã.

— Estavam falando mal de mim?

— Claro, e dá pra falar bem? Por favor, fecha a porta.

— Não fecho, não. Falta entrar alguém que veio pra jantar — disse, olhando para o lado de fora da casa.

Todas levantaram e celebraram quando viram Anrão entrando.

— A culpa não é minha, ele que insistiu pra que eu viesse — brincou o ancião.

— Quis me vingar dele, fazendo-o engolir a comida ruim da Miriã — completou Arão.

— É um alívio ver os dois chegando juntos, em paz. Ah, Senhor, obrigada! — comemorou Joquebede.

O clima era de festa. Antes do jantar, Joquebede pediu para Anrão dar graças, como costumava fazer anos atrás. Todos se colocaram em atitude de prece, menos Arão. Anrão percebeu, mas não comentou.

— Deus, obrigado por mais este dia de nossa vida, pelo alimento que temos à nossa frente, por este teto sobre nossa cabeça, e, sobretudo, por estarmos todos aqui unidos, em paz.

O jantar foi de grande alegria. Sem fartura, mas com muito amor em todos os olhares e palavras. Mais tarde, Anrão contou como eles haviam se reconciliado.

— E aí foi isso, depois de um tempão trabalhando em silêncio, naquele clima pesado, de repente nós começamos a rir sem parar, eu primeiro e Arão logo depois. A coisa se resolveu assim.

— Gostei. Vamos usar esse método para por fim nas nossas brigas? — disse Eliseba para Arão.

— Mas só dá certo se a briga for feia e durar vários dias. Se não, não tem graça, a gente ri sem vontade, e a coisa não funciona — respondeu Arão.

Todos riram.

— Mas quer dizer que vocês conheceram os pais adotivos de Moisés? — perguntou Miriã.

— Sim, e me pareceram pessoas boas. Mas confesso que foi um pouco estranho. Senti uma pontinha de ciúme — disse Anrão, sorrindo. — E quando Moisés entrou no santuário a emoção me bateu forte, junto com a vontade de dizer "Sou o seu pai." Foi difícil controlar. Mas ele nos tratou muito bem.

— E o palácio, como é que é? — perguntou Nadabe.

— Bonito, muito bonito. É luxo e beleza para todo lado. Mas não consegui me sentir bem lá dentro. Sei lá, parece que há uma ameaça constante no ar.

— Quem dera fosse apenas no ar — afirmou Arão. — A pedido da Leila, Hur nos levou para comer na cozinha real. O cretino do Ramsés só faltou bater no cozinheiro, e nos expulsou de lá aos berros.

— Eu nem ia contar isso agora.

— Mas eu conto. Se não fosse a princesa chegar e nos defender, não sei não. Não vejo a hora de me livrar daquele lugar maldito.

A noite seguiu alegre na casa de Joquebede, com todos em volta de Miriã ouvindo-a tocar sua lira, e Anrão contado histórias na hora de as crianças dormirem. Joquebede e Anrão voltaram a dormir na mesma cama após muitos anos.

***

No palácio, Moisés conversava com Ramsés enquanto se preparava para o jantar com Nefertari. Ele contava sobre o ocorrido na cozinha.

— Você agiu mal, Ramsés.

— Fui até bonzinho demais, isso sim! Devia ter escorraçado os dois da cozinha e ter mandado dar um corretivo em Gahiji.

— Pois eu acho que devia pedir desculpas a ele. Mas o que você foi fazer na cozinha, afinal? Ainda não entendi.

— Fui pedir um favor a Gahiji.

— Favor? Que favor?

— Nada, bobagem. Era para ele colocar alguma coisa na comida desse encontro seu com Nefertari.

— O quê?

— Sei lá, alguma coisa para vocês enjoarem, vomitarem um no outro.

— Quase acreditei — disse Moisés, rindo.

— Na verdade, para vencer o ciúme que me corrói, eu ia encomendar um prato especial para vocês dois, como oferenda minha. Mas não deu certo.

— É mesmo? Não interessa se não deu certo, eu agradeço como se tivesse dado. Obrigado.

TRINTA E UM

Prisão injusta

Eliseba despedia-se de Arão que saía para mais um dia de trabalho.

— Queria dizer que fiquei muito feliz com a sua atitude em relação a seu pai, viu?

— Foi melhor assim, para todos nós.

— Sem dúvida. Agora só falta você se entender com Num.

— Aí já está pedindo demais — disse, irritado.

— Tudo bem, desculpe, eu só queria...

— Não tenho tempo pra isso, Eliseba.

Saíram para a sala, onde encontraram as crianças em volta do avô, despedindo-se.

— A bênção, vô! — disse Nadabe.

— Deus abençoe todos vocês, meus filhos.

— O senhor demora muito pra voltar? Vem brincar com a gente depois? — perguntou Abiú.

— Com certeza! Podem esperar!

— Deixem seu avô em paz, crianças! — disse Miriã, sorrindo.

— Ah, mas eu gosto dessa bagunça! Você não imagina como sonhei com isso esses anos todos!

Pai e filho saíram a caminho do palácio. Desciam a rua quando deram com Apuki vindo na direção contrária, acompanhado por dois oficiais.

— Prendam este homem! — disse o feitor, apontando para Arão. — Ele é suspeito de matar a escrava Isabel, de propriedade exclusiva do faraó. O príncipe Moisés será avisado do caso.

— Que história é essa? — perguntou Arão.

— Meu filho não fez nada disso! — revoltou-se Anrão.

— E prendam também esse outro por ter dormido fora do acampamento sem permissão — disse Apuki, apontando para Anrão.

Os oficiais ataram as mãos dos dois. A cena chamou a atenção de todos os presentes na rua, entre eles, Eldade e Zelofeade.

— Tenho certeza de que meu filho não faria uma coisa dessas — dizia Anrão. — E quanto a não ter dormido no acampamento, realmente me distraí, perdi a hora, e...

— Cale-se, velho imundo! — ordenou Apuki.

— Perdão, mas e o trabalho que estamos fazendo no palácio?

— Cale-se, já falei! Quer ser açoitado além de preso? Levem os dois!

Os oficiais ataram as mãos de Anrão e Arão e se afastaram puxando-os como se fossem animais.

— E agora? O que fazemos? — perguntou Zelofeade.

— Temos de avisar a família — afirmou Eldade.

Miriã e Joquebede haviam saído de casa, indo ao casebre de Amália para entregar-lhe a manta que Joquebede fizera como presente para o bebê. A moça ficou encantada com a beleza da peça e com o talento da boa amiga.

— E agora que você já tem com o que cobrir o bebê, que tal se a gente fizer o cestinho para ele dormir? Tenho palha aqui comigo — sugeriu Joquebede.

— Ótimo! Não aguento mais ficar parada.

— Então, o que estamos esperando? — perguntou Joquebede.

Começaram a trabalhar e a conversar, contando para Amália sobre a bênção da noite anterior, com a presença surpresa de Anrão.

— Eu sabia que um dia veria minha família de novo reunida — disse Joquebede. — Só ficou faltando Moisés — ela parou de falar, triste.

— Ah, não, mãe! Nada de tristeza.

— Deus trouxe Anrão de volta para nós, não trouxe, filha? Pois eu creio que ele também vai me dar a alegria de poder abraçar Moisés e dizer que sou a mãe dele.

— Tudo é possível para quem tem fé, Joquebede. Se você crê nisso, vai se realizar — concordou Amália. — Agora só falta Arão fazer as pazes com Num.

— Eles vão acabar se entendendo. É só uma questão de tempo. Arão considera Num como a um pai. Ele não vai conseguir levar essa teimosia adiante — disse Miriã.

De repente Eliseba entrou pela porta, ofegante e aflita. Eldade havia estado na casa de Joquebede e dera a notícia sobre a prisão de Arão e Anrão.

— Eldade viu quando Apuki levou os dois amarrados. Ele prendeu meu sogro por ter dormido aqui na vila. Mas o motivo de ter prendido Arão, eu não sei.

***

Paser estava desconfiado de que Simut tinha algo a ver com o acidente com a estátua de Amon no santuário. O assistente negava veementemente, e encontrou uma boa saída para sair do foco das investigações.

— Sabe o que eu acho sobre este acidente, mestre? Que aquilo foi coisa do próprio deus.

— Como assim?

—Amon mandou uma mensagem. Só pode ser.

— Que mensagem?

— Ah, isso eu não sei. Mas o senhor com certeza pode descobrir.

Paser ficou pensando na sugestão, avaliando e admitindo a possibilidade. Mais tarde, o sacerdote recebeu ordens do faraó para que acompanhasse ele e Moisés ao santuário. Estava preocupado com o término da restauração da estátua e queria conferir pessoalmente o andamento dos trabalhos. Ficou satisfeito com o que viu e com as informações que recebeu sobre o andamento do restauro da joia.

— Parece-me que tudo está indo muito bem. E quanto ao responsável por esse sacrilégio? Já o encontraram?

— Sobre esse assunto, senhor, surgiu uma hipótese — disse Paser, caminhando para fora do santuário ao lado do faraó.

— Que hipótese?

— Como meu soberano bem sabe, os deuses podem se manifestar de diversas maneiras aos nos transmitirem suas mensagens.

— Como assim? Você acredita que Amon está tentando nos dizer algo?

— Não podemos refutar essa possibilidade.

O faraó e o sacerdote saíram e deixaram Moisés sozinho. O príncipe estava preocupado com o atraso dos artesãos para a continuidade dos trabalhos. Instantes depois

Apuki chegou, acompanhado por dois escravos para substituir Arão e Anrão no reparo. O feitor explicou o que ocorrera, as prisões efetuadas, e que trouxera outros artesãos para prosseguirem com o trabalho.

— Mas você me disse que aqueles eram os melhores! Quem ordenou a prisão?

— Diante das suspeitas, achei melhor...

— Achou mal! Não se dá conta da importância deste trabalho? Não podia de maneira alguma ter prendido os artesãos sem me consultar. Vá buscar os dois, imediatamente!

— Perfeitamente, príncipe — disse, tentando esconder sua contrariedade. Retirou-se, seguido pelos escravos.

Foi a contragosto na prisão, voltou ao santuário com pai e filho. Moisés os aguardava no santuário.

— Aí estão eles, príncipe.

— Repita as razões que me deu para a prisão dos dois.

— Este aí dormiu fora do acampamento sem autorização. O outro, ao que tudo indica, matou uma escrava.

— Explique melhor o que significa "ao que tudo indica".

— Ele foi visto numa noite com a escrava na Casa de Senet, onde ela trabalhava. Parece que os dois discutiram. No dia seguinte ela apareceu morta, estrangulada.

— Existe alguma prova, algum indício de que tenha sido ele o assassino?

— Ainda estou investigando.

— Imagino que ele não tenha sido o único homem a frequentar a Casa de Senet na noite em questão.

— Posso falar? — perguntou Arão, não conseguindo conter sua revolta.

— Claro que não! Mas é muita petulância se dirigir a um nobre, um príncipe! — respondeu Apuki.

— Apuki, por favor, deixe que eu conduza — interrompeu Moisés. — Fale.

— Um dos homens que estava lá, e que eu vi falar com a moça, foi este feitor — disse Arão.

— É verdade?

— É claro que eu não! — tentou defender-se Apuki.

— Por favor, eu quero conversar com eles a sós — disse Moisés, interrompendo. — Espere lá fora.

Moisés esperou que Apuki fechasse a porta e prosseguiu.

— Depois tratamos do seu caso — disse o príncipe para Anrão. — E você não minta pra mim, porque será pior — dessa vez dirigindo-se a Arão. — Você matou a moça?

— Não, não matei. Como qualquer homem, eu tenho muitos defeitos, mas não sou mentiroso e muito menos assassino. O nome da moça era Isabel, nós éramos amigos de infância e eu gostava muito dela.

— Vocês ficaram juntos?

— Estava chateado naquela noite, triste. Encontrei Isabel na rua, por acaso, e ela me levou à Casa de Senet. Foi apenas para tomar cerveja e conversarmos. Não passou disso. Apuki chegou depois, e ficou me provocando. Ela percebeu, me fez um sinal para que eu fosse embora, sem que ele visse, e eu fui. E tem mais um detalhe.

— Que detalhe?

— Isabel nem sempre trabalhou na Casa de Senet. Ela era bem casada. Foi trabalhar lá por necessidade, depois que o marido morreu. O nome dele era Elias, e também era meu amigo. O detalhe é que o Elias foi morto por Apuki a chicotadas.

Moisés fez mais algumas perguntas e encerrou a conversa. Foi lá fora e disse a Apuki que ele poderia ir embora. Os dois escravos seguiriam trabalhando na restauração da estátua.

— Conseguindo alguma prova que incrimine o escravo, me procure. Caso contrário, o assunto está encerrado, pelo menos por enquanto. Talvez eu ainda volte a falar sobre isso. Quanto ao outro artesão, está autorizado a morar com a família. Entendido?

Apuki ficou enfurecido, mas sabia que não havia nada que pudesse fazer. Lá dentro, pai e filho trabalhavam e conversavam.

— Você acha que foi o feitor quem matou a sua amiga?

— É quase certo. E garanto que, na primeira oportunidade, Apuki vai se vingar. É bom ficar atento.

— Miriã tem razão, Moisés é um homem justo.

— Dessa vez até que foi. O que não é garantia de nada. Ele pode ter sangue hebreu, mas a cabeça é egípcia.

***

No gabinete do sacerdote, Paser estava pressionando Simut para que finalmente lhe contasse quais foram os ingredientes que o assistente usara no creme de Yunet.

— Eu preciso disso para tentar salvar meu casamento e a soberana está exigindo.

— Ai, mestre, o senhor não vai me perdoar. Usei o pó de chifre de rinoceronte todinho no creme da senhora Yunet e botei um pó qualquer na fórmula do rei!

Ao contrário do que Simut esperava, Paser, em vez de furioso, ficou intrigado.

— Então a poção do soberano surtiu efeito mesmo não tendo o pó? Simut! Acho que fizemos uma nova descoberta! — disse, sorrindo.

— Que descoberta?

— Lembra quando lhe disse que uma mulher pode ser tão influenciada pelo que deseja a ponto de crer que o procedimento fez diferença mesmo quando não fez diferença alguma? A coisa funciona só porque a pessoa acredita que funciona. Foi exatamente o que aconteceu com o faraó. Tenho de registrar isso, é muito importante estudarmos esse fenômeno!

Simut ficou aliviado, mesmo sem ter entendido muito bem o que Paser falara.

— Se funcionou com Seti I, pode funcionar com a rainha. É uma excelente oportunidade para testarmos esse tipo de reação. Vamos, me ajude aqui!

***

Em seu quarto, Moisés estava com Henutmire e preparava-se para um passeio com Nefertari no Nilo.

— Estou aproveitando que o dia está tranquilo. Só tive um pequeno problema com os artesãos que estão trabalhando no santuário, mas já está resolvido.

— Que tipo de problema? — disse a princesa, tensa e preocupada.

— Apenas um mal entendido. Apuki é um bom mestre de obras, mas é chegado a uns excessos. Ele quis tirar os dois de lá, mas preferi checar a situação antes de tomar uma decisão. Conversei com os homens e...

— Você conversou com eles?

— Claro! São excelentes profissionais, não queria perdê-los sem necessidade. O faraó está contando com o trabalho benfeito e dentro do prazo.

— E o que eles disseram?

— Sabe que fiquei espantado com esses hebreus, minha mãe? Pareceram-me tão honrados e sinceros! Não sei se foi o jeito de eles falarem ou a postura que tiveram. Quando penso que são escravos e mesmo assim conseguem manter toda aquela dignidade e força de caráter, impressiono-me! Não deve ser fácil um homem nascer e crescer como escravo sem se curvar sob o peso do próprio sofrimento, a senhora não acha?

Moisés despediu-se e partiu. Henutmire ficou por ali pensativa e preocupada.

Nefertari também se preparava para o passeio. Estava no harém e contava os detalhes do jantar da véspera para Karoma. Estava encantada com o romantismo de Moisés, com as flores, com as comidas.

— Nem em sonhos podia imaginar uma noite tão perfeita, Karoma!

— Ai, que inveja, senhora! Não sei se Ikeni tem tanta imaginação assim. Conte mais!

Elas conversavam e riam enquanto iam preparando uma bolsa com alguns apetrechos para o passeio daquela tarde.

— Acho que está bom. De qualquer jeito, não vou precisar de muita coisa. Só de ter Moisés comigo, do que mais posso sentir falta?

— Isso é verdade! E imagino que nem vai querer a minha companhia.

— Obrigada, mas você tem razão, Karoma. Prefiro ir sozinha.

— Está indo a algum lugar, minha filha? — perguntou Yunet, entrando no harém.

— Não se preocupe, mãe, não sairei dos limites das terras do Egito — respondeu, irônica.

— E posso saber com quem?

— Yunet! — chamou a rainha, interrompendo a conversa. — Eu acabei de sair da sala de Paser e ele preparou um creme idêntico ao seu! O palácio não fala de outra coisa e tenho de admitir: sua pele está magnífica!

— Obrigada, senhora.

Nefertari aproveitou a deixa e saiu rapidamente. Encontrou-se com Moisés nos jardins do palácio. Caminharam em direção aos portões de mãos dadas, apaixonados. Ramsés viu, a certa distância e com sofrimento, os dois se beijando. Ele tentou sair de perto antes que pudessem vê-lo, mas Moisés deu por sua presença e sorriu para ele. O príncipe aproximou-se.

— Moisés, bom encontrá-lo por aqui. Você ainda está com aquela adaga dos hititas que conseguiu na nossa última batalha? Estava conversando com o armeiro real e fiquei de lhe mostrar a peça — disse, tentando disfarçar sua dor.

— Claro. Está no meu quarto. Pode ir lá pegar. Eu e Nefertari estamos de saída para um passeio.

— Fazem muito bem. Bom, divirtam-se! — disse, encurtando a conversa. Eles despediram-se e Ramsés os observou indo embora abraçados.

O príncipe voltou ao palácio sob o peso da tristeza. Encontrou a adaga no quarto de Moisés e dirigiu-se ao pátio de treinos. Ficou lá um tempo, experimentando a adaga quando Yunet aproximou-se.

— É uma bela peça — comentou Yunet.

— É de Moisés. Ele a conseguiu de um guerreiro hitita que derrotamos.

— Espero que não tenha desistido de minha filha em troca disso.

— Nem mil adagas ou um exército inteiro de hititas me teriam feito desistir de Nefertari. Mas ela preferiu Moisés, o que posso fazer?

— Se me permite, há sempre algo a fazer quando se deseja realmente alguma coisa.

— Eu bem que tentei.

— Posso ajudá-lo a reverter essa situação, meu príncipe. Vamos encontrar, juntos, uma maneira para separar os dois.

— Não conte comigo! Amo sua filha como acho que nunca amarei outra mulher, mas não farei nada para atrapalhar o namoro dela com Moisés.

— Mas se o namoro terminar?

— Caso aconteça, não nego que tentaria me reaproximar. Só não posso passar a vida esperando por isso — disse Ramsés, pedindo licença e retirando-se.

— Talvez não tenha de esperar tanto assim, príncipe — disse Yunet para si mesma.

***

À noite, quando Anrão e Arão chegaram em casa, foram recebidos com alívio por todos. Não haviam mais recebido notícias deles desde que souberam da prisão. O patriarca explicou a razão da sua detenção temporária, mas o filho pediu para as crianças saírem da sala antes de falar do que o acusavam. Ele hesitou um pouco, imaginando que poderia ser mal interpretado pela esposa, mas finalmente disse que fora acusado de matar uma moça da Casa de Senet.

— Casa de Senet? Não é aquele lugar de prostituição? — perguntou Miriã.

— Esse Apuki não presta mesmo! Como tem coragem de inventar uma história dessas? Se você ainda tivesse ido até lá e... — dizia Eliseba, quando foi interrompida por Arão.

— Na verdade, eu fui e ele me viu.

— O quê? — perguntou a moça, sem acreditar no que ouvia.

— Não é nada disso que você está pensando...

— Então é por isso que você chegou tarde na outra noite? Estava se divertindo com outra mulher?

— Não, claro que não! Eu estava andando por aí sem rumo...

— Até que foi parar na Casa de Senet?

— Não fui lá procurar outra mulher, Eliseba. Isabel me encontrou vagando pela vila, sem ter aonde ir e me convidou pra tomar uma cerveja.

— Isabel era nossa amiga de infância, Eliseba — disse Miriã. — Tenho certeza de que Arão não...

— Não quero ouvir mais nada! — disse Eliseba, contendo o choro e saindo da casa correndo.

— Espera aí, Eliseba! — gritou Arão, correndo atrás dela.

— Anrão, você pode me explicar que confusão é essa? — disse Joquebede, sem entender o que se passava.

— Nosso filho está falando a verdade. Ele não teve nada com aquela moça.

— Isso eu sei, ele não faria uma coisa dessas. Mas como Arão foi se envolver nessa história? Como é que vocês foram presos e depois soltos? Não entendi nada.

— Apuki quis incriminar Arão, mas não conseguiu graças ao príncipe Moisés. Ele pediu provas, mas não havia. E depois interrogou Arão e acreditou no que ele disse.

— Queria ter visto isso! Nossos filhos juntos!

— Eu vi e foi emocionante. E tem mais: Moisés me deu permissão pra morar com vocês!

— Se ele soubesse que está ajudando a própria família! — sorriu Joquebede, abraçando o marido.

Na rua, Arão alcançou Eliseba, que andava atordoada.

— Eliseba, aonde você vai? Por favor, meu amor. Não fique assim. Estou falando a verdade, não aconteceu nada!

— Tudo bem Arão, eu entendo! — disse Eliseba, chorando muito. — Há anos que tenho um filho atrás do outro, sempre com um barrigão ou amamentando, cansada, ocupada com os meninos. Eu entendo se você...

— Eliseba, pelo amor de Deus! Nunca! Eu nunca tocaria em outra mulher! Meu amor, será que não sabe quanto eu a amo, quanto eu me orgulho de você? A cada graça que recebemos, a cada filho que traz ao mundo você fica ainda mais linda. Você é a luz da minha vida, Eliseba.

— Eu também não sou nada sem você, Arão. Por isso que, só de imaginá-lo nos braços de outra mulher...

— Olhe pra mim — pediu Arão, tocando levemente em seu queixo e levantando seu rosto. — Nunca desejei outra mulher como eu a desejo. Agradeço todos os dias por ter você na minha vida e me pergunto o que fiz para merecê-la. Você sabe o quanto sou teimoso e cabeça dura, não sabe? Pois então, não gosto de me curvar a ninguém. Mas por você, meu amor, eu fico de joelhos — disse, ajoelhando-se. — O Arão que esbraveja e reclama se coloca aos seus pés. Você é minha rainha, o amor da minha vida, e nada, nunca, vai mudar isso. Eu a amo.

— Também amo você! — disse a moça, agora chorando de felicidade, abaixando-se e jogando-se nos braços de Arão.

TRINTA E DOIS

O grande dia

Passaram-se algumas semanas e finalmente chegara o grande dia da recepção ao sacerdote de Waset, Siamon, e sua comitiva. O palácio estava em grande alvoroço. A estátua de Amon estava finalmente restaurada. No harém, damas e nobres terminavam de arrumar-se com suas vestes e perucas especialmente confeccionadas para a ocasião.

A agitação na cozinha também era grande, com Gahiji e Leila dando os retoques finais às centenas de pratos que estavam sendo levados para a sala do trono, local da grande festa.

— Acho que está tudo pronto, não é? — perguntou Leila.

— Sim! — respondeu o cozinheiro, eufórico. — Estou louco para saber o que o sumo sacerdote vai achar de nossos pratos.

No quarto do faraó, Seti I terminava de se preparar, com Ramsés ao seu lado.

— Não me desaponte hoje, Ramsés. Esse é um dia muito importante para todos nós e para o futuro das duas terras.

— O senhor sabe a minha opinião a esse respeito — disse o príncipe, desanimado.

— Pois guarde-a para si mesmo!

Todos foram à sala do trono. A recepção se daria com grande pompa. Os músicos tocavam enquanto os nobres do palácio tomavam seus lugares. Yunet chegou com Nefertari e comentou sobre o bom gosto e o luxo da decoração. Ali perto, Disebek elogiava a beleza de Henutmire e tentava animar Ramsés. Moisés viu Nefertari chegando, linda como o sol, e os dois trocam um sorriso apaixonado, deixando Ramsés ainda mais desanimado ao flagrar a cena.

Paser bateu palmas, chamando a atenção de todos e fazendo parar a música e as conversas.

— Deus-faraó Seti I, poderoso senhor das duas coroas! Hórus vivo na terra! O amado de Ptah! Anuncio agora a chegada de Siamon, sumo sacerdote de Waset, primeiro sacerdote de Amon, superintendente dos profetas de todos os deuses do alto Egito, e de sua filha, a jovem Maya.

As portas da sala abriram-se e entrou a comitiva, formada também por servos, servas, damas e soldados. A estonteante beleza da jovem encantou a todos e provocou murmúrios de admiração por todo o ambiente. Ramsés, que estava ao lado de Seti I, ficou boquiaberto diante dela. A moça caminhou em direção ao trono, ao lado do pai.

Yunet olhava com ódio para Maya, percebendo o encantamento no rosto de Ramsés e intuindo que ela representaria um obstáculo maior que imaginava para seus planos. Tuya e Seti I repararam em Ramsés e trocaram um olhar de aprovação. Maya e Siamon aproximaram-se do trono.

— Glorioso Seti I, senhor do alto e do baixo Egito, amado de Ptah, tenho a honra de lhes apresentar minha filha, Maya.

— Seja bem-vinda, Maya. Este é meu filho, Ramsés.

Maya sorriu tímida e baixou os olhos, mas pareceu gostar de Ramsés. Tuya fez então um sinal para Karoma, que levou até eles uma bela caixa.

— Meu soberano encomendou esse presente para sua filha em demonstração da grande alegria que temos em recebê-los no palácio. Foi feito especialmente para Maya pelos nossos melhores joalheiros! — disse Tuya.

A moça abriu um largo sorriso de agradecimento, mostrando-se encantada com a joia. Era um conjunto de finos brincos e um belo colar.

— Muito generoso da parte do faraó! Também trouxemos um presente para seu filho — disse Siamon.

Um servo aproximou-se com uma grande caixa. Era um belo conjunto de arco e flecha, feito de madeira nobre e pedras preciosas.

— Magnífico! Parece feito pelas mãos do próprio Ptah! — disse Ramsés.

— Um guerreiro valente e honrado como o príncipe não merece menos — afirmou Siamon.

— Já tinha ouvido falar da beleza de sua filha, Siamon, mas ela rivaliza com a própria Ísis, não é mesmo, Ramsés? — elogiou Seti I.

Ramsés concordou, com olhar encantado. O faraó convidou todos a acomodarem-se. A um sinal de Tuya, os músicos começaram a tocar e dançarinas entraram, lideradas pela concubina preferida de Seti I, fazendo evoluções inebriantes.

— Eles parecem ter gostado um do outro! — disse Moisés a Nefertari, enquanto assistiam à dança.

— É um pouco cedo pra afirmar isso, não acha? Até parece que não conhece seu amigo. Ramsés não ia se apaixonar tão rápido assim — respondeu Nefertari, disfarçando a irritação e os ciúmes.

A preferida do faraó terminou sua apresentação de maneira sensual, diante do faraó, olhando-o nos olhos, para a fúria de Tuya. Siamon, ao lado de Seti I, não disfarçava sua admiração pela moça.

— Magnífico! Meu soberano tem realmente as melhores e mais lindas dançarinas de todo o baixo e alto Egito! — comentou o sacerdote.

Tuya percebeu os olhares gulosos de Siamon em direção à moça e sorriu, planejando algo. As comidas foram servidas e todos se espalharam pelo vasto salão, comendo, bebendo e conversando. Ramsés arriscou uma conversa com Maya, mas ambos estavam tímidos. Disebek e Henutmire observavam, ao lado de Yunet.

— Ramsés ficou tão impressionado que nem parece o mesmo. Olhem como está tímido e atrapalhado! — riu-se o general.

— Que os deuses os favoreçam e que esse casamento traga muitas felicidades — comentou Henutmire.

— Resta saber se ela é preparada para se tornar a grande esposa real um dia — alfinetou Yunet.

— É filha do sacerdote de Amon, é claro que está — disse a princesa.

Ali perto, Moisés e Nefertari também conversavam.

— Acho que a beleza de Maya deixou nosso amigo sem palavras pela primeira vez em sua vida!

— Realmente, ela é bonita.

— Bonita? Só isso? — perguntou Moisés, rindo. — É impressão minha ou você está com ciúmes?

—Vai ver eu estou com um pouco de ciúmes de Maya mesmo — disse, fazendo charme e sorrindo.— Mas só um pouquinho.

— Não entendo — disse Moisés, evitando um beijo. —Você devia estar feliz que Ramsés vai se casar. Mas não! Ficou incomodada de vê-lo interessado em outra mulher. Por que isso?

— Agora quem está com ciúmes é você.

— Claro! Queria que eu estivesse como? Estamos finalmente juntos e seus pensamentos continuam em Ramsés!

— Ah, Moisés, também não é assim. Desculpe. É você quem eu amo. É sério. Perdoe-me. Agi como uma tola. Desde criança sempre fomos só nós três. Tenho de me acostumar com a ideia.

Ela começou então a beijá-lo. Ele tentou resistir, mas cedeu, ainda incomodado com a conversa.

***

Enquanto no palácio os nobres divertiam-se, a vida dos escravos seguia dura. Anrão e Arão haviam voltado ao serviço após terminarem a restauração da estátua, mas seu trabalho agradara tanto ao faraó que o próprio Seti I solicitara que os mesmos escravos esculpissem uma parede na tumba real com a imagem do faraó fazendo uma oferenda aos deuses. Era o primeiro dia de trabalho deles no local.

Após algum tempo analisando o papiro com o desenho e fazendo os preparativos para executar a obra, Anrão passou a observar os hieróglifos pintados nas paredes, alguns desenhos em relevo mostrando figuras de homens servindo o faraó.

— Eles realmente acreditam em coisas estranhas. Acham que servos vão trabalhar para o falecido lá no mundo dos mortos, como eles chamam. Bem, cada um com suas crenças.

— E eles não querem trabalhar nem mortos — disse Arão, fazendo o pai dar risada. — Mas a verdade é que eu também acho a nossa crença engraçada.

— Engraçada?

— É. Acho engraçado acreditar num Deus bondoso que distribui sofrimento com fartura aqui na terra — comentou, com ironia. — Trata-se de uma bondade cruel, digamos assim. Bondade de escravidão, bondade de chicotada, bondade de humilhação.

— Não confunda as coisas, meu filho. Deus é bom, a desobediência e a maldade vêm dos homens. E as contas serão acertadas, mais cedo ou mais tarde. Tenha fé.

Arão assentiu para evitar confusão. Ambos continuaram trabalhando durante algum tempo em silêncio.

—Vou testar sua paciência comigo — arriscou Anrão.

—Testar como?

— Dando um conselho de pai. Aceita se quiser. Posso falar?

— Fale.

—Você deve pôr fim nessa desavença com Num.

— Não é de hoje que Num vem me irritando, pai. Ele se acha o dono da verdade, o sabedor de tudo. Fica cuspindo regras e instruções. Não é a primeira vez que me aborreço com ele. E essa última foi a gota d'água.

— Bem, o conselho está dado. E é mais que um conselho, é um pedido. Pense no assunto.

Arão assentiu, sério.

Eliseba estava na casa de Amália, ajudando-a com os afazeres domésticos. Ela contava à amiga que ela e os seus filhos voltariam em breve ao trabalho, mas desta vez na fabricação de cerâmicas, um serviço mais leve, quando Judite bateu à porta.

—Vim ver como está Amália.

— Estou bem, Judite, entre! Só não posso fazer nenhum esforço! — disse Amália, da cozinha.

— Que bom! Fico feliz que você melhorou — disse Judite, entrando. —Tem de tomar muito cuidado com esse bebezinho.

— Seu marido sabe que você está aqui com as escravas? — disse Eliseba, dura. Não gostava da moça por causa de tudo que o marido dela fizera à família.

— Eliseba! — repreendeu Amália.

— Eu só vim fazer uma visita a Amália... — disse Judite, com os olhos baixos.

— Acontece que você é uma hebreia e se sujeita a um homem que maltrata o nosso povo! Quantos hebreus já foram surrados pelo seu marido? Ou você prefere fingir que não sabe?

— Eliseba, não precisa falar assim com Judite!

— Preciso sim. Apuki vive tentando prejudicar Arão! Colocou fogo na nossa casa. Agora, até de assassinato resolveu acusar meu marido. Maltrata Num também, Amália. E ela vem aqui se fazer de amiga? Tenha dó!

Judite saiu, chorando.

— Coitada, Eliseba. Ela não tem culpa de nada. Judite também sofre nas mãos daquele homem horrível.

— Sofre porque quer.

— Sofre porque não tem outro jeito! Tem dois filhos para criar, não tem pai, nem mãe, ninguém que a socorra. Acha mesmo que Apuki lhe daria sossego se ela resolvesse sair de casa? Você sabe muito bem que uma mulher sem marido é malvista no nosso povo. Sem uma família que a ampare, ela ia acabar virando prostituta.

Eliseba calou-se, mas percebeu que havia se excedido.

***

Na festa, Ramsés e Maya não se afastavam. Tuya seguia com seu plano de vingar-se da dançarina preferida de Seti. Aproximou-se de Siamon.

— Gostando da festa?

— Muito! Impecável! — respondeu o sacerdote.

— Que bom! Reparei que o grande profeta apreciou nossas dançarinas, não é mesmo?

— São todas belíssimas!

Seti I aproximou-se.

— Meu marido! Vim dizer ao nosso convidado que faremos de tudo para que sua estadia no palácio seja a mais prazerosa possível.

— Claro! Seus desejos serão prontamente atendidos, sem a menor dúvida.

Tuya pediu licença e foi até uma dama, cochichando algo em seu ouvido enquanto olhava para a dançarina.

— Pode deixar comigo, senhora... — respondeu a dama, sorrindo, com cumplicidade.

Henutmire aproximou-se de Hur e os dois começaram a conversar, cheios de sorrisos e gentilezas.

— Todos ficaram encantados com os brincos de Maya! Não há joalheiro mais talentoso do que você em todo o reino — disse a princesa.

— Obrigado. Eu e Uri nos empenhamos, mas o seu colar fiz questão de confeccionar sozinho.

Disebek conversava à vontade com uma das belas servas da comitiva quando viu os dois. Aproximou-se, com ciúmes.

— Henutmire, acho que devemos dar mais atenção aos convidados.

— Claro. Com licença, Hur.

— Pelo visto o comandante anda mais interessado em sua esposa — comentou Uri, que aproximou-se do pai com Leila após a saída de Disebek e Henutmire.

— Antes de vê-la conversando comigo estava mais interessado nas servas da comitiva do sacerdote. Como pode agir assim, com uma mulher maravilhosa como aquela ao seu lado.

— Não sabia que meu sogro nutria esses sentimentos pela princesa — comentou Leila, espantada, para constrangimento do ourives.

— Meu pai gosta de viver perigosamente.

O jovem Simut resolveu aproximar-se de Karoma na recepção. Achava a dama atraente e aproveitou o clima da festa para aproximar-se. Conversavam animados, e Simut contava vantagens, como seus planos de tornar-se sacerdote em breve, quando o soldado Bakenmut viu e resolveu provocar Ikeni.

— Olhe lá, Ikeni. Já que você não toma atitude em relação a Karoma, tem um esperto querendo experimentar os encantos da sua dama.

Ikeni imediatamente aproximou-se.

— Karoma! Não sabia que você e Simut eram tão próximos.

— Não? Pois somos grandes amigos! — mentiu, para provocar Ikeni.

— Pois com licença, Simut, tenho algo para mostrar a Karoma — disse Ikeni, levando-a pelo braço.

Ali perto, Ramsés não sabia o que fazer para agradar Maya, que continuava calada e tímida.

— Você não é de falar muito, não é?

— Depende...

— Estou deixando-a entediada? Se quiser...

— Podemos sair daqui?

— Sair? — perguntou Ramsés, espantado com a ousadia da moça.

— Sim. Não há um lugar onde possamos conversar sem tanta gente olhando?

Neste momento Paser chamou a atenção de todos e anunciou mais uma atração artística. Ramsés aproveitou a deixa para sair com Maya para os jardins, sem serem vistos.

— No meio daquela gente toda nos observando, não teríamos como conversar direito e achei que seria bom conhecer melhor o meu noivo — disse ela, quando chegaram lá fora e estavam a sós.

— Concordo plenamente — disse Ramsés, tentando beijá-la.

Ela respondeu com um tapa no seu rosto.

— Está pensando o quê? Não foi para isso que o chamei aqui!

— Perdão! Perdoe-me, Maya! Não quis desrespeitá-la, mas é que não resisti à sua beleza.

— Pensei que um príncipe tivesse mais domínio sobre seus impulsos!

A atitude de Maya e sua postura novamente surpreenderam o príncipe. Ela revelava-se uma jovem confiante e segura de si.

— Sim, não, quer dizer, é que você me deixa confuso.

— Tudo bem, estou acostumada a provocar esse efeito nos homens. Não foi assim tão grave.

— Não?

— Sou muito menos tímida e ingênua do que aparento, Ramsés. O que queria perguntar longe das vistas dos outros é se você está sendo obrigado a se casar comigo. Soube que você e o príncipe Moisés brigaram por causa de uma mulher. Meu pai inclusive fez parte do conselho no julgamento em que você o inocentou de tentativa de assassinato.

— Foi apenas um mal-entendido. Eu e Moisés somos como irmãos.

— E esse mal-entendido tem um nome? Não seria Nefertari, a filha do sacerdote Paser?

— Não tenho nada com Nefertari. Nós três crescemos juntos, sempre fomos muito unidos. Nossa relação ficou meio confusa naquela época. Mas esse assunto está resolvido.

— Tem certeza?

— Ela e Moisés estão namorando e continuamos amigos.

— Se é assim, fico contente que tenhamos deixado as coisas claras desde o início.

— Aí estão vocês. Sentimos sua falta no salão — disse Henutmire, aproximando-se.

— Eu precisava de um pouco de ar puro e Ramsés se propôs a me mostrar o jardim. Espero não ter sido indelicada.

— Claro que não, minha querida. É normal que queiram se conhecer melhor, mas terão tempo para isso, não é mesmo? Agora acho melhor voltarmos para a festa. A rainha já está perguntando por vocês.

Tuya, na verdade, tinha outros planos. Sua dama aproximara-se da concubina preferida do faraó e lhe dissera, como a rainha havia orientado, que Siamon estava encantado com ela e que ela deveria aproximar-se dele para satisfazer suas vontades. De longe, ela observava a conversa. Depois que a dama terminou de falar, Tuya e a jovem trocaram olhares. A rainha, vitoriosa, e a jovem, raivosa.

Logo depois a jovem chegou com uma bebida especial para Siamon e ficou ao seu lado suportando suas investidas, tentando disfarçar seu incômodo com a situação. Tuya aproximou-se de Seti I.

— Reparou, meu marido, como nosso convidado está encantado com a jovem ali? Não acha que devíamos providenciar que o futuro sogro de nosso filho fique satisfeito?

— Ah, Tuya — disse Seti I, sorrindo e entendendo o jogo da esposa. — Se houvesse uma estrategista como você entre meus inimigos, temeria pela sorte do Egito.

— Exagero seu. Nessa arte meu senhor é um mestre.

Seti I sorriu e fez um sinal chamando a serva, que veio de imediato. Siamon veio logo atrás.

— É uma bela moça, não acha, Siamon?

— Plenamente, senhor.

— Pois ela me confidenciou que ficaria feliz em agradá-lo e servi-lo!

— O senhor está oferecendo essa jovem a mim?

— Um pequeno presente do faraó para o seu prazer, sacerdote.

— Obrigado, muito obrigado!

Tuya sorria, exultante com o golpe que dera, enquanto a bela serva lamentava, percebendo que a partir dali perderia o posto de preferida do soberano.

Após muitas danças, diversões e pratos deliciosos, Paser anunciou que o faraó faria um pronunciamento. Seti I conduziu então a cerimônia que formalizou o compromisso dos noivos. Ramsés e Maya trocaram juras rituais de amor e comprometimento e lavaram as mãos nas águas sagradas do Nilo, simbolizando o abandono dos vícios para um casamento feliz.

Yunet não suportou a decepção e olhou na direção de Nefertari com um misto de sofrimento e acusação. Começou a passar mal, com falta de ar e saiu do salão, cambaleante. A filha percebeu e seguiu a mãe. Chegou ao corredor e viu Yunet respirando fundo, escorada em uma pilastra.

— O que houve, mãe? Não está se sentindo bem?

— Estou com o coração pesado feito um bloco de pirâmide, como se todo o peso de uma vida estivesse apertando meu peito, como se não houvesse mais ar para respirar!

— Calma, mãe! Vou chamar meu pai e...

— Não! Não quero ninguém! A única pessoa que poderia me ajudar era você. E você decidiu me abandonar. Tem ideia de como me senti, Nefertari, vendo você entregar todos os meus sonhos àquela usurpadora? Aquele lugar era seu! Era você que tinha de estar lá ao lado de Ramsés.

— Não entreguei nada a ninguém, apenas escolhi ficar com o homem que eu amo.

— Esse homem que você diz amar não pertence ao nosso mundo, não é um egípcio e nunca será! Ele é um hebreu e mais cedo ou mais tarde irá ao encontro de suas origens tão naturalmente como a água do Nilo corre para o oceano, minha filha! Escute o que estou dizendo, Nefertari: um dia Moisés vai abandoná-la e irá embora daqui.

— Nunca! Ele me ama!

— O que você sabe do amor? Logo você que tanto balançou por um e por outro. Diga, olhando nos meus olhos, que não sentiu nada quando viu Ramsés ao lado de outra mulher.

Nefertari ficou abalada com as palavras de Yunet e não conseguiu falar nada. Foi a deixa para que a mãe a atacasse.

— Não é capaz de me dizer isso, não é? Eu a conheço, Nefertari. Vi como olhava para eles! Você ainda nutre sentimentos por Ramsés.

— Não misture as coisas! Só fiquei confusa porque...

— Porque ainda não tem idade para diferenciar o que é amor, o que é amizade, o que é carinho, não é isso?

Nefertari ficou perturbada com as palavras de sua mãe e não teve reação. Yunet voltou ao salão. A cerimônia já havia acabado, os convidados conversavam animados e os músicos tocavam músicas alegres. Nefertari voltou logo depois e esforçou-se para que Moisés não percebesse como estava abalada.

A festa se encaminhava para o fim. Ramsés e Maya dançavam no centro do salão para o deleite de todos. Quando os noivos terminaram a dança, foram em direção a Moisés e Nefertari.

— Maya, quero lhe apresentar meus grandes amigos, o príncipe Moisés e Nefertari.

— Príncipe — disse Maya, fazendo uma mesura respeitosa. Depois olhou para Nefertari, analisando discretamente a moça. — É um prazer conhecê-la, Nefertari.

Nefertari devolveu o simpático sorriso, também aproveitando para analisar Maya.

— Também fico muito feliz em conhecê-la, Maya. E desejo que você e Ramsés sejam muito felizes.

— Mas se quiser saber quem ele é de fato, basta conversar com a gente. Temos histórias incríveis a seu respeito — brincou Moisés. — O problema é que, depois de ouvi-las, talvez queira arrumar outro noivo.

— Não ligue para ele não, Maya. Moisés sempre teve inveja de mim.

— Inveja? Eu? Pois vou lhe contar o que esse sujeito aprontou certa vez na festa dos trinta anos de reinado do faraó....

— Não, essa não — suplicou Ramsés.

Eles continuaram conversando num clima alegre e divertido. Pareciam velhos amigos.

Ao final da festa, Maya foi conduzida por Tuya, Henutmire e Nefertari até o harém.

— Estão todos sendo tão gentis comigo que já me sinto como se estivesse em minha casa — disse Maya.

— Ótimo! É assim mesmo que deve se sentir! — disse a rainha, satisfeita. — Meninas, por favor, levem Maya até seus aposentos. Tuya então se aproximou da serva que havia sido dada como presente a Siamon.

— Devolva as joias e o que mais possa ter ganhado do soberano e deixe com as servas. Você agora pertence ao sacerdote de Amon e deverá servi-lo da maneira que ele desejar. Agora vá aos aposentos do sumo sacerdote, ele a aguarda. Logo que sua comitiva deixar o palácio, você o acompanhará para Waset — disse Tuya, seca, com ar vitorioso, feliz com o sucesso da sua estratégia para tirar a bela serva do seu caminho.

De lá, a rainha seguiu para seus aposentos, onde o faraó tirava suas vestes rituais.

— Que dia esplendoroso, não é meu marido?

— Magnífico! E graças aos seus esforços. A recepção foi uma das mais belas que tivemos no palácio.

— Fico feliz que tenha gostado. Mas é verdade que a joia que o senhor arrumou para o nosso filho teve sua parcela no brilhantismo da festa. Ela é um encanto de moça.

— Achou que traria uma qualquer para nosso herdeiro?

— De modo algum. Sei como o grande Seti I é exigente em suas escolhas.

— Por isso possuo a melhor esposa que um soberano poderia ter.

— É mesmo?

—Você sabe, Tuya, que me distraio um pouco por aí, mas sei a mulher que tenho ao meu lado. Quer dormir aqui hoje?

— Se isso der prazer ao meu marido...

TRINTA E TRÊS

O sacrifício de Num

Naquela manhã, Apuki chegara à obra do templo atormentado por uma conversa que tivera na véspera com Judite. Ele a encontrara em casa chorando pela morte de Isabel, e só então tomara conhecimento de que as duas eram amigas de infância. A esposa contara também que elas haviam crescido junto com Arão e Elias, o marido de Isabel, assassinado por ele, e que os dois eram amigos inseparáveis.

Imerso nesses pensamentos, observava os escravos trabalhando, quando lhe vieram à memória lembranças do dia em que Isabel o embriagara na Casa de Senet. Recordou também de ter sua cabeça sendo enfiada num tonel d'água, com os escravos em volta rindo dele, bêbado, quase se afogando. Pensou em seu vexame com Moisés, quando o príncipe o encontrou totalmente embriagado.

Ele compreendeu como tudo se passara e que tinha sido vítima de uma emboscada. Furioso, caminhou a passos largos na direção de Num e Zelofeade. Chegou chicoteando-os e gritando.

— Agora entendi tudo! Vocês e a vagabunda da Isabel armaram uma cilada para que o faraó me visse bêbado, não é? Fingiram que estavam me ajudando, que eram amiguinhos! Desgraçados! Pensam que eu sou idiota? Hebreus nojentos! Raça miserável! Vão pagar caro, muito caro.

Ele parou de chicotear os dois escravos por um instante e sacou seu punhal:

— Mas antes eu vou atrás do Arão! Tenho certeza de que foi ele quem armou tudo! Vou acabar com aquele verme.

Apuki ia afastando-se, quando ouviu seu nome.

— Apuki! — gritou Num, tomado pelo ódio, perdendo totalmente o medo. — Fui eu que armei tudo.

— O quê?

— Você ouviu, desgraçado, mas eu repito: fui eu que armei tudo. E não me arrependo. Verme, praga e miserável é você.

Apuki ficou atônito por um instante, surpreso com a ousadia de Num. Logo se recompôs.

— De joelhos! Peça perdão pelo que disse — ordenou.

— É você, Apuki, quem devia cair de joelhos, e pedir perdão a todos nós por tudo o que fez! Maldito seja o dia em que você nasceu.

Apuki ficou totalmente fora de si e avançou com o punhal na direção de Num, que conseguiu esquivar-se. Num tentou acertar a cabeça do feitor com a pá de madeira com a qual estava trabalhando, mas Apuki desviou-se e três soldados dominaram seu oponente.

Com Num imobilizado, Apuki cravou o punhal em seu abdômen. Os escravos que assistiam a tudo começaram a se exaltar, num início de rebelião.

— Segurem essa corja! Matem o primeiro que se engraçar! — gritou Apuki para os soldados. — Levem-no! Que morra longe daqui! — disse para Eldade e Zelofade, que correram para socorrer o escravo caído.

Judite estava em sua casa, abalada com a forma como Eliseba a tratara na casa de Amália, quando ouviu batidas na porta. Era Eliseba.

— Judite, vim lhe pedir desculpas. Não devia ter falado daquela maneira. Não foi você quem fez seu marido ser do jeito que é.

— Tudo bem, eu entendo. Na verdade eu é que devia pedir desculpas por ele. Apuki é um homem difícil mesmo, sei o quanto ele é cruel, o quanto odeia nosso povo. E ele também me odeia, Eliseba.

— Mas por que você se casou com um homem assim? Não entendo isso!

— Apuki não era mau quando nos casamos. Ou pelo menos não parecia. Ele me tratava com carinho, com amor. Mas aos poucos foi se mostrando, revelando quem é de verdade. E agora é tarde demais para mim. Tenho meus filhos, a vida toda junto com ele...

Eliseba solidarizou-se com Judite e conversaram durante mais algum tempo. Apuki chegou da obra quando ela estava saindo.

— O que essa hebreia está fazendo na minha casa? — disse o feitor.

— Calma, Apuki. É só uma amiga, veio me visitar e já está indo embora.

— Espere! Você não é a mulher do Arão?

— Sim. Sou eu mesma — respondeu Eliseba, de cabeça erguida.

— Sai daqui, sua desgraçada! Se não acabo com a sua raça agora mesmo! Do mesmo jeito que vou acabar com aquele safado mau caráter.

— Não fale assim do meu marido!

— Você que não fale comigo assim ou vai entrar no chicote também! Vocês são um lixo! Saia agora ou vou chutá-la pra fora!

Eliseba saiu correndo, chorando em direção à casa de Joquebede. Ao lado, a nora e a cunhada, na casa de Num, conversavam animadas com Amália, terminado o cesto de palha para o bebê, quando Zelofeade e Eldade chegaram carregando Num, que sangrava muito.

— O que aconteceu? — desesperou-se Amália.

— Ele foi ferido.

— Deus tenha misericórdia! — clamaram.

Num foi acomodado em uma esteira no chão. Ele perdia muito sangue. As mulheres tiraram sua camisa e começaram a limpar o ferimento, enquanto Miriã preparava emplastros.

Num pedia a presença de Arão e Amália tentava conter seu desespero, ajoelhada ao lado do marido segurando e beijando sua mão, com o rosto coberto por lágrimas. Zelofeade saiu para chamar Arão do outro lado do Nilo, onde trabalhava com o pai.

O estado de Num se agravava. Ele respirava com maior dificuldade. As mulheres trocavam os emplastros da ferida, mas não conseguiam conter a hemorragia.

— Chegou minha hora — disse Num.

— Não, nada disso. Vamos ter fé — censurou Joquebede.

— Eu tenho fé. Mas sei o que estou dizendo, e você também sabe. Minha hora chegou e vou ao encontro de Deus. Cuida da Amália e da criança que vai nascer...

Amália entregava-se ao desespero.

— Eu não vou aguentar viver sem ele! Não vou, não vou! Oh, meu Deus, não tira ele de mim!

Percebendo a casa vazia, Eliseba correu à casa de Num e só então se deu conta do que havia acontecido, compreendendo então as violentas palavras que ouvira de Apuki momentos antes.

Finalmente Arão chegou, junto com Zelofeade e o pai. Ele ajoelhou-se próximo ao peito do grande amigo, ao lado de Amália. As lágrimas desciam de seu rosto.

— Num... Arão está aqui — disse Amália.

Num abriu os olhos e sorriu debilmente ao ver o amigo. Esticou a mão para Arão, que a segurou com carinho.

— Tudo vai acabar bem — disse Arão.

— Eu estou acabando, estou acabando bem. Mas você precisava ver a cara do Apuki quando eu o enfrentei... — disse, esforçando-se para sorrir.

— Eu imagino.

— Ele queria ir atrás de você.

— Eu sei, você me salvou. A vida inteira você me livrou de confusão, sempre foi um pai pra mim. Perdão por tudo que eu fiz.

— Não fez nada de mais...

— Você não se atreva a ir embora, Num — disse Arão, segurando a mão do amigo com força.

— Seu pai voltou na hora certa. Alguém precisa manter você na linha — disse Num.

— Obrigado por ter cuidado da minha família, meu amigo — disse Arão.

— Sei que faria o mesmo por mim. Arão, vou lhe dar uma ordem, e nem pense em desobedecer — Num falava por um fio de voz, em frases entrecortadas. — Mude-se para minha casa com Eliseba e as crianças. Cuide de Amália e do meu filho que vai nascer. Promete?

— Prometo.

— Agora, por favor, me deixem falar com Amália.

Arão beijou a mão do amigo e deu lugar à esposa de Num.

— Não devia ter enfrentado aquela fera. Perdoa-me? — disse à esposa.

— Não pense mais nisso — respondeu Amália, chorando muito.

— Eu não queria partir sem conhecer nosso filho. Ensine a ele o que aprendemos com nossos pais. Eu a amo muito, minha flor do deserto.

— Eu também o amo, querido, sempre o amei, muito, desde o primeiro beijo que me deu, quando me fez aquele colar.

— Fui feliz com você em cada dia, em cada hora...

Amália se curvou e beijou o marido suavemente nos lábios. Numa expiração profunda, Num fechou os olhos pela última vez.

Amália deitou sobre o peito de Num, chorando em desespero.

Os homens, profundamente abalados, tentaram ser práticos.

— É preciso tratar logo do sepultamento — sussurrou Zelofeade para Anrão.

— Vamos fazer isso, para poupar Amália.

Arão estava afastado dos demais, muito perturbado. Saiu da casa desnorteado, andando pela rua em aflição, olhando para o céu, pedindo alguma explicação para tanta dor.

— Que mal fizemos pra merecer tanto sofrimento? Por que isso tudo? — perguntava olhando para cima.

Ele caiu de joelhos e começou a rasgar sua roupa, num ritual tradicional do povo judeu. Em seguida ele colheu terra do chão fazendo-a cair sobre si e esfregando-a na cabeça, no rosto e no peito. Eliseba aproximou-se, ajoelhou-se ao seu lado e abraçou-o com ternura. Após alguns instantes, Anrão e Zelofeade também chegaram. Anrão abraçou demoradamente o filho.

— Num morreu pra me defender. A culpa foi minha, pai.

— Para defendê-lo, sim. Mas você não tem culpa — disse Anrão.

— Tenho culpa, eu sei que tenho. Mas Apuki vai pagar caro pelo que fez.

— Depois conversamos com calma sobre isso. Agora o importante é tratar do sepultamento e amparar Amália. Vamos avisar aos outros lá na obra, Zelofeade. Num era muito querido, com certeza todos desejarão comparecer ao sepultamento.

— E se não derem permissão?

— Será sepultado sem permissão mesmo — respondeu Anrão.

Em sua casa, Amália seguia em estado de choque, ajoelhada, imóvel, olhando fixamente para Num, que jazia morto à sua frente. Miriã e Joquebede a observavam, preocupadas.

— Você me ajuda a preparar o corpo para o sepultamento? — sussurrou Joquebede para a filha.

— Claro. Amália não está em condições — concordou Miriã.

— Eu ouvi, queridas — disse Amália, sem se mover. — Muito obrigada, eu aceito a ajuda, mas faço questão de cuidar disso.

— Você precisa se poupar, pela criança. É o que Num gostaria que fizesse — recomendou Joquebede.

— Agora não, depois eu me poupo. Se querem me ajudar, tragam, por favor, água e panos para a limpeza. Se conseguirem, tragam também uma peça branca e limpa para cobrir meu marido.

Miriã providenciou o que foi pedido. Amália despiu o corpo de Num e limpou-o cuidadosamente, cada parte demoradamente, despedindo-se do grande amor da sua vida. Quando chegou às mãos, tocou cada um dos dedos e encostou seu rosto contra a mão dele, buscando um último carinho. O momento era de dor profunda.

Terminada a limpeza, Amália pôs sobre o corpo a manta presenteada por Joquebede para a criança em seu ventre, ajeitando-a cuidadosa e carinhosamente sobre ele. Ela olhou uma última vez para o rosto do marido e beijou seus lábios, delicadamente.

— Eu o cubro com o manto de nosso filho, e ele, quando nascer, será coberto por todo amor que você deixou em mim. Adeus, meu amor.

Amália não controlou mais o desespero e gemeu de dor, perdendo as forças e sendo amparada por Miriã e Joquebede.

Os homens chegaram a casa com uma prancha de madeira, sobre a qual carregariam o corpo. Anrão, Arão, Zelofeade e Eldade pegaram as alças da prancha e dirigiram-se para o cemitério dos hebreus.

Quando saíram da casa, uma multidão os aguardava do lado de fora. Eram escravos que deixaram seus postos e os demais habitantes da vila. Todos acompanharam o cortejo.

Quando Apuki voltou para a obra, saindo de sua casa, encontrou o local vazio e todas as ferramentas espalhadas pelo chão. Foi informado por um soldado que todos os escravos estavam no enterro de Num. Revoltou-se com o oficial, perguntando quem havia autorizado tal procedimento. Quando soube que os soldados não tiveram escolha uma vez que a situação ficara incontrolável, ficou preocupado. Apuki sabia o quanto o chefe dos escravos era querido por todos e o que poderia ter de enfrentar por tê-lo assassinado.

Mais tarde, em casa, foi interrogado por Judite sobre o ocorrido.

— Hoje, quando fui pegar água na fonte, estavam comentando a morte de Num. Por que você fez aquilo?

— Deixe-me comer em paz! — disse, sem olhar para a esposa.

— Eu não tenho amiga nenhuma. As egípcias me desprezam porque sou hebreia. E as hebreias me desprezam porque sou a mulher de Apuki, um homem cruel que tem prazer com o sofrimento dos outros.

— Chega! — gritou o feitor, ainda olhando para o prato de comida.

Judite não se amedrontou.

— Tem prazer em açoitar, em ferir e até em matar.

— Eu disse chega! Ele me atacou e eu me defendi! — gritou, descontrolando-se. — Preferia que eu tivesse morrido?

— Pois é, às vezes eu peço a Deus que o leve. Ou a mim, para terminar logo com este inferno — respondeu Judite, amarga, deixando a mesa.

Na casa de Joquebede, ela e Anrão tentavam dissuadir o filho da ideia de vingança.

— Meu filho, violência só serve para atrair mais violência — disse Joquebede, com calma e firmeza.

— O filho de Num vai nascer órfão de pai porque ele enfrentou Apuki. Você deseja que seus quatro filhos também fiquem sem pai — dizia Anrão — e Eliseba sem marido, tendo de passar pelo que Amália está passando?

— Estou cansado de aturar tudo com a cabeça baixa, sendo guiado pelo medo, pela covardia.

— Não é medo nem covardia. É prudência.

— Não esqueça que você prometeu a Num que olharia por Amália e pela criança que está vindo aí — lembrou Joquebede. — Prometa que não vai fazer nenhuma loucura. Eu não aguentaria perdê-lo. Arão, olhe para mim.

Ele olhou.

— Promete?

— Sim.

TRINTA E QUATRO

Medidas extremas

Henutmire e Nefertari ainda cuidavam para que não faltasse nada a Maya no harém.

— Tem certeza de que tem tudo de que precisa? — perguntou Henutmire.

— Acho que já trouxeram toda minha bagagem. Só ficou faltando meu tabuleiro de senet, mas já pedi à minha dama que fosse buscar.

— Você gosta de senet? — entusiasmou-se Nefertari.

— Adoro! Mas vou logo prevenindo que não é muito divertido jogar comigo. Não encontrei um só adversário à minha altura em Waset.

— Pois Nefertari é nossa campeã aqui no palácio — falou a princesa, orgulhosa.

— Pelos deuses! Parece que temos muitas coisas em comum.

— Quando quiser terei prazer em jogar uma partida! Confesso que ganho tão fácil de todos aqui que perde a graça! — afirmou Nefertari, sorrindo.

Ali perto, num dos corredores do palácio, a bela dama de Maya trazia o tabuleiro de senet. Disebek, que passava ali por perto, aproveitou a oportunidade para aproximar-se.

— Precisa de ajuda para carregar o tabuleiro? Esses lindos braços devem estar cansados do esforço.

A moça divertiu-se com o flerte, mas continuou andando. Disebek acompanhou seu passo e deslizou as mãos pelos braços dela, abraçando-a de forma sensual. A moça divertia-se com a brincadeira quando Henutmire e Nefertari, que voltavam do harém, viram a cena. Disebek assustou-se e tirou suas mãos de cima da moça, que seguiu seu caminho.

— Ah, esse deve ser o tabuleiro da Maya. Que lindo! Melhor você levar isso logo — disse Nefertari, tentando salvar a situação. Tentou se salvar também. — Oh, esqueci uma pulseira no harém — disse, esquivando-se.

Henutmire já estava acostumada às investidas do marido, e estava mais desconsolada do que propriamente furiosa. Os dois foram em direção ao quarto, Disebek tentando se explicar.

— Por favor, Henutmire. Você está vendo coisas onde não existem.

— Posso ter sido uma esposa tolerante todos esses anos, Disebek, mas nunca fui cega.

— Eu só estava oferecendo ajuda àquela moça, nada de mais.

— Ajuda?! — a princesa sentiu-se ultrajada. — Você me insulta falando assim, sabia, meu marido? Estou cansada de ver você ajudando moças pelos corredores do palácio.

— Não confunda as coisas, sou apenas atencioso. Talvez um pouco demais, mas nada indigno, eu juro.

— Estou farta! Farta! Não pode ver um par de pernas novo no palácio que já está jogando seu charme.

— Que injustiça! É você que eu amo. As outras mulheres são apenas um rabisco diante da obra dos deuses que é você, meu amor.

— Estou avisando-o, Disebek, não vou mais tolerar esse tipo de atitude. Mais um deslize como esse e lhe garanto que será o último.

De volta ao harém, Nefertari contava a Karoma o que se passara.

— Foi tão constrangedor, Karoma. Fiquei morrendo de pena da princesa. Imagino o sofrimento dela tendo de passar por aquilo.

— Deixe-me a sós com Nefertari, Karoma, Preciso conversar com minha filha — disse Yunet, que acabara de entrar.

Nefertari não aguentava mais as conversas da mãe.

— Que foi, mãe? Não sei mais o que posso lhe dizer e nem como me desculpar com a senhora por ser uma decepção tão grande na sua vida.

Yunet, pacientemente, sentava-se ao lado da jovem.

— Minha filha linda, você foi um presente dos deuses para mim, nunca uma decepção — disse, carinhosa.

— Entendo a sua frustração por ter sonhado um futuro diferente para sua filha única, mas eu também estou sofrendo. Queria tanto que a senhora ficasse feliz por mim.

— Você tem razão. É sobre isso que queria conversar com você. Não é justo que eu cobre de você a realização de sonhos que nunca sonhou. É que eu a amo tanto que acho que às vezes extrapolo.

— Às vezes?

— O que quero dizer é que não vou mais insistir na ideia de que você se torne a primeira esposa real e nem criticar seu namoro com Moisés.

— A senhora está falando sério?

— Estou sim. Não espere que eu saia logo abraçando aquele hebreu, mas prometo que vou me esforçar.

— Hebreu não, príncipe Moisés.

— Perdão — disse Yunet, batendo na própria boca, fingindo-se arrependida. — Tenha paciência comigo, são velhos hábitos... Príncipe Moisés, um nobre egípcio, namorado de minha filha Nefertari. Melhor assim?

— Mãe, não sabe como fico feliz!

Nefertari abriu um sorriso, emocionada, e elas se abraçaram.

— Tudo que eu quero, filha, é a sua felicidade.

Andando pelos corredores, Henutmire estava muito triste e confusa com o que acontecera. Decidiu ir à ourivesaria e procurar Hur, a fim de desabafar com o amigo. Convidou-o para um passeio no jardim do palácio.

— Eu deveria estar feliz com os dois príncipes em momentos tão bonitos, mas talvez seja isso tudo que esteja me deixando melancólica. Não a felicidade deles, claro, mas certa nostalgia da jovem que fui um dia.

— Você continua tão linda como se não tivesse passado um só instante desde que a conheci — respondeu o artesão, galante.

— Obrigada, mas não é exatamente do frescor da juventude que sinto falta, mas dessa esperança, de toda essa possibilidade de sonhos a serem realizados! Fui criada para ser uma boa menina, obediente ao meu pai, ao meu marido. Tenho a impressão de que escreveram minha vida sem que tivesse dado palpite em uma só palavra.

— E o que mudaria caso pudesse reescrevê-la?

— Não sei. Tanta coisa! — disse a princesa, triste. — De qualquer forma, não se pode mudar o passado.

— Mas se pode mudar o futuro. A sua história ainda não terminou, está sendo escrita agora, nesse exato momento. Basta que tenha coragem e decida o que acontece daqui em diante.

— E o que você acha que poderia acontecer, Hur?

Hur não ousou responder, achando que tinha ido longe demais. A princesa, porém, interessou-se na conversa.

— E você, Hur? Está satisfeito com sua vida?

— Não tenho do que reclamar.

— Mas também não o vejo como alguém que realizou todos seus desejos, não é mesmo?

Ele guardou um sorriso.

— Não, certamente que não.

— Teria coragem de correr riscos para mudar as coisas em busca de, não sei, uma felicidade maior?

— Se me fossem dadas as condições, não hesitaria um só instante — respondeu o ourives, mirando intensamente nos olhos de Henutmire.

O general aproximou-se dos dois no jardim. Embora imaginasse que a esposa estivesse com Hur, temia encontrá-la com ele.

— Henutmire! Estava à sua procura.

— Estou bem aqui, como pode ver.

— Sim, estou vendo. Mais uma vez conversando com o ourives. Por acaso está encomendando joias aqui no jardim? — perguntou Disebek, irritado.

— Não, estava apenas tendo uma conversa com um amigo.

— Com licença, tenho trabalho me esperando — disse Hur, procurando esquivar-se do general.

— Obrigada por sua atenção, Hur — agradeceu a princesa.

— Não acha que essa sua amizade com um funcionário do faraó está extrapolando o limite do aceitável? — perguntou Disebek, com ciúmes.

— Sabe, Disebek, acho que agora é você que está vendo coisas que não existem! — disse a princesa, saindo.

Tão logo a noite caiu, Yunet foi ao gabinete do marido. Lembrara-se de como, anos atrás, encontrara naquela infinidade de potinhos a solução para os seus problemas. Infelizmente, pensou, a solução não foi tão certeira, pois os abortos de Henutmire foram a causa de Moisés ter vindo ao palácio e ter arruinado o futuro brilhante de sua filha.

Agora, porém, era a hora de remediar tudo aquilo. Antes de ir aos potes, Yunet passou a procurar por um papiro. Quando o encontrou, seguiu a receita indicada e colocou a mistura em um pequeno pote, sorrindo satisfeita. Na saída, parou em frente a uma pequena estátua da deusa Sekhmet. Precisava certificar-se de que seu plano funcionaria.

— Poderosa Sekhmet, grande senhora, leoa da destruição e da vingança! Meus inimigos me circundam, buscando minha queda. Ajuda-me a me livrar dos obstáculos que se apresentam. Ó poderosa e terrível, amada de Ptah, atenda a meu pedido e que esta fórmula cumpra sua função, deixando o caminho livre para que meus desejos finalmente se realizem.

No harém, Maya e Nefertari conversavam após uma disputadíssima partida de senet, vencida por Nefertari. Já estavam se tornando amigas.

— Sabe, Nefertari, quando cheguei ao palácio não sabia o que pensar de você e achei que fosse odiá-la.

— Odiar?

— Todo o reino soube que o herdeiro do trono quase perdeu a vida numa disputa com seu grande amigo pelo amor de uma mulher. Você virou uma lenda.

— Foi muito triste o que aconteceu e acho que todos deveriam esquecer. Eu lhe garanto que...

— Não precisa se preocupar. Assim que a conheci e a vi com Moisés, percebi que não havia o que temer.

— Fico feliz que pense assim — sorriu, aliviada. — O que aconteceu entre os dois foi um mal-entendido. E conheço Ramsés: ele está encantado por você.

— Acha mesmo?

— Ele não se declarou?

— Apaixonadamente! E confesso que também estou louca por ele.

As duas riam, quando Yunet chegou, e Nefertari tentava esconder o ciúme que ainda sentia.— Desculpem! Não queria interromper.

— Não está interrompendo nada, minha mãe!

Logo atrás dela entrou Gahiji com uma bandeja contendo uma jarra e taças de ouro.

— Pedi a Gahiji que lhe trouxesse algo para ajudá-las a relaxar antes de dormir. Afinal, foi um dia cheio, não é mesmo, meninas?

— Uma mistura especial de ervas que eu mesmo elaborei. Garante um sono de rainha! — explicou o cozinheiro, sorrindo.

— Obrigada, Gahiji, pode deixar que eu sirvo as moças — disse Yunet. Gahiji pediu licença e se retirou.

Yunet desviou a atenção das moças elogiando uma joia de Maya que estava sobre a penteadeira. Ágil, retirou o pequeno pote de dentro de suas roupas e despejou o conteúdo em um dos copos, prestando atenção para não perdê-lo de vista e diferenciá-lo do outro. Ela pôs o copo com o pó bem diante de Maya e o outro diante de Nefertari e derramou o conteúdo da jarra neles. Ambos estavam em cima da bandeja. Antes de Maya pegar seu copo, porém, Nefertari reparou na bandeja, uma peça lindíssima e curiosa.

— Eu gosto dessa bandeja desde que era criança — disse Nefertari. — Veja só como é divertida; ela gira.

Nefertari fez girar a bandeja diversas vezes com um toque do dedo, para desespero de Yunet, que perdeu de vista qual dos copos continha a poção.

— Que divertido! — riu Maya.

A bandeja ainda rodava quando Maya pegou um copo e Nefertari o outro. O pânico tomou conta de Yunet, que não sabia mais qual das duas taças continha o veneno. As duas estavam na iminência de levar a taça à boca quando a mulher, desesperada, soltou um grito e deu um tapa na mão de Nefertari, fazendo com que a taça caísse no chão.

— Que é isso, mãe?

— Um inseto! Estava na sua mão, não viu?

— Não. Para onde ele foi? — disse Nefertari olhando e mão e o chão, confusa.

Yunet fingiu encontrar algo no chão e deu uma pisada forte.

— Pronto! Matei!

Maya olhou para o chão, onde Yunet pisou.

— Não estou vendo nada.

— Grudou no meu sapato — disse Yunet olhando para a sola e disfarçando. — Era pequeno, mas nunca se sabe, podia ser venenoso.

— Você está bem, Nefertari? — perguntou Maya, reparando na moça pálida.

— Acho que sim.

— Desculpe tê-la assustado, Maya, mas já passou!

Maya bebeu o chá num só gole e Yunet aguardou ansiosa pelo efeito. Nefertari pegou sua taça que caiu no chão.

— Tem mais na jarra, mãe?

Yunet tirou rapidamente a taça da mão da filha, temendo que ainda houvesse veneno.

— Imagine, beber nessa taça que caiu no chão! Deixe-me pegar outra para você.

— Obrigada. A senhora não quer?

— Já experimentei lá na cozinha. Uma delícia! Então, Maya, o que achou?

— Divino! O cozinheiro real é um artista! Como é mesmo o nome dele?

— Gahiji. Ele mima a todos no palácio com suas iguarias. Mas é muito perigoso — disse Nefertari.

— Perigoso?

— Se não tomarmos cuidado, ficamos enormes como as vacas sagradas.

Elas riram. Yunet, tensa, se esforçando para rir com elas, ansiando por ver algum efeito em Maya.

— Está se sentindo bem? — perguntou Yunet à moça.

— Não sei se foi a bebida ou a presença de vocês, mas estou me sentindo ótima! Obrigada, senhora Yunet.

Nefertari levantou-se e, com a mãe, despediu-se de Maya, que foi para o seu quarto. O harém estava silencioso como nunca.

— Pelo visto todos já se recolheram. Também estou cansada. Boa noite, mãe.

— Espere, filha, deixe-me lhe dar um abraço.

Yunet abraçou a filha, que ficou surpresa com a inesperada atitude carinhosa da mãe.

— Você está bem de verdade, filha? — disse Yunet, segurando o rosto da jovem entre suas mãos.

— Claro que sim! O que deu na senhora?

— Nada... É que tive tanto medo de perdê-la, tanto.

— Perder? Mas por quê? Por causa do inseto?

— Sim, não... Por causa das nossas brigas, da minha implicância com Moisés. Preocupações tolas de mãe.

— Que bobagem! Podemos discordar às vezes, mas eu amo a senhora.

— Também a amo, Nefertari. Não imagina o quanto.

— Obrigada por aceitar meu namoro! Não sabe como me fez feliz.

— É só o que importa, agora! Você estar viva e feliz! Tenha uma boa noite, filha, durma bem.

— Boa noite, mãe — disse a jovem, retirando-se.

Yunet tirou o amuleto com a imagem da deusa Sekhmet de suas vestes e sussurrou.

— Obrigada, grande leoa Sekhmet, por proteger minha filha. Muito obrigada. Mas ainda temos que derrotar nossos inimigos, minha poderosa. Conto com sua ajuda para tirar Maya do caminho e deixar Ramsés livre para Nefertari. Que o seu poder de destruição esteja a meu favor e não me desampare.

TRINTA E CINCO

Afetos perdidos

Simut estava decidido a conquistar Karoma. Foi ao santuário pedir ajuda à deusa Mut em sua empreitada. Preparou uma oferenda com frutas e colocou aos pés da estátua, implorado ajuda em seu intento. De lá, foi direto ao harém. Mandou chamar Karoma e quando ela chegou escondeu nas mãos o creme que havia feito para a moça.

— O que está fazendo aqui? — perguntou Karoma.

— Quero lhe entregar algo.

— O quê?

— O creme que você queria, não lembra? — disse Simut, decepcionado.

— Ah, sim, claro! Desculpe, Simut! É que as coisas ficaram tão agitadas aqui no harém com a chegada da senhora Maya que acabei esquecendo.

— Tudo bem. O que importa é que eu não me esqueci. Para você! — disse, esticando as mãos.

— É o creme milagroso?

— Sim. Você nem precisa dele, Karoma. Mas como pediu, seus desejos são prontamente atendidos por Simut.

— Obrigada, muito obrigada! Você é um amor, doce como um favo de mel! Vou experimentar agora mesmo! — disse Karoma, dando um beijo estalado na bochecha de Simut.

Ela foi embora e ele ficou paralisado com o beijo. Recobrando os sentidos, Simut voltou ao santuário.

— Nem sei como agradecer-te, deusa Mut. Foste mais rápida que infestação de piolho, mais certeira que raio na tamareira. Ouviste quando ela disse que sou doce feito favo de mel? Viste o beijo que ela me deu? Ah, deusa, como ela é linda! Agora tenho de pensar no casamento. Vou precisar de aposentos de homem casado! Se bem que acho que é melhor esperar um pouco, afinal o beijo foi na bochecha. Diz-me, deusa, quanto tempo leva para o beijo andar até a boca?

Paser entrou no santuário a tempo de ouvir as últimas palavras de Simut e vê-lo fazendo biquinho.

— Que é isso, Simut? O que está fazendo?

— Nada, mestre. Só conversando um pouquinho com a Mut.

— Isso é jeito de falar da deusa Mut? Com essa intimidade toda?

— Se o senhor quer saber, eu e ela estamos bem chegados! Mas fale baixo que o marido dela está logo ali e pode não gostar — disse, olhando temeroso para a estátua de Amon.

— Simut, não sei por que ainda lhe faço certas perguntas, sabia? É um desencadeamento de bobagens tão grande que é capaz de provocar a cheia do Nilo antes da época. Venha comigo! Estava procurando-o para me ajudar a preparar as oferendas. Vamos!

Na sala do trono, os nobres faziam seu farto desjejum. Conversavam sobre o convite de Maya para uma competição de arco e flecha com Ramsés.

— Quer dizer então que a bela Maya é perita em arco e flecha? Fiquei muito surpreso — disse o faraó.

— Eu também. Nunca soube antes da existência de uma arqueira — concordou a rainha.

— A culpa é minha. Eu a treinei, desde menina — explicou o sacerdote Siamon.

— Cuidado com Maya, Ramsés. Se ela for tão boa com o arco como é com o senet, você está perdido. Será que vai suportar uma mulher que o desafie nos domínios masculinos? — provocou Nefertari.

— Talvez seja melhor cancelar a competição. Por mim não, por ela, coitada — brincou o príncipe.

Maya não se deu por vencida.

— Precisamos jogar novamente, Nefertari. Quero revanche — virou-se para Ramsés. — Perdi para ela, Ramsés, mas não pretendo perder para você.

Ali perto, Disebek flagrou o soldado Bakenmut olhando para a rainha Tuya com um sorriso estranho. A atitude do soldado deixou o general desconfiado.

Depois do café, Maya e Ramsés se dirigiram ao local preparado para a competição, e a moça surpreendeu o príncipe mais uma vez. Ramsés era um excelente arqueiro e chegara perto da precisão da noiva, errando apenas o centro de um dos três alvos preparados pelos servos. Mas Maya foi perfeita e acertou suas três flechas no alvo.

Após a competição sentaram-se para um lanche, servido em uma mesa preparada para a ocasião.

— Conseguiu me surpreender. Não apenas por ter me vencido, mas, sobretudo, pelo modo como venceu — disse Ramsés.

—Você já me surpreendeu de várias maneiras. Quando era pequena, eu brincava com bonecas e inventava um mundo encantado para elas. Eram histórias cheias de príncipes e aventuras. Minha sensação agora é de estar vivendo o que imaginava para minhas bonecas.

— Farei tudo para que a sensação não acabe.

—Você existe mesmo?

— Creio que sim — disse Ramsés, beliscando os dois braços.

***

Na casa de Num, Amália estava imersa na mais profunda tristeza. Acariciando o colar que o marido lhe dera no início do namoro, lembrava com melancolia de todos os momentos felizes que viveram juntos. O casamento, a noite de núpcias, o dia em que descobrira que estava grávida.

O silêncio foi quebrado pela chegada da família de Arão, que se mudava para o casebre a fim de cumprir o último desejo de Num. As crianças correram para Amália e a abraçaram, carinhosas.

— Mamãe falou que aqui vai ser nossa nova casa! — disse Eleazar.

— Ela falou a verdade. Sejam bem-vindos e fiquem à vontade, por favor — disse Amália.

— A gente veio cuidar de você, Amália — disse Nadabe.

— Obrigada, meu querido — sorriu tristemente.

— Nadabe tem razão — disse Arão, abraçando a viúva. — Eu vou cuidar de você e do seu filho do mesmo jeito que Num cuidou de mim. Vou honrar a memória do meu amigo, através desse bebê, por todos os dias da minha vida!

Os dois abraçaram-se e Amália chorou muito. Já era noite e logo depois todos foram dormir.

Na casa de Joquebede, ela, Anrão e Miriã comentavam sobre a falta que já sentiam de todo o movimento das crianças na casa, as risadas e brincadeiras animando tudo por ali, mas concordavam que Arão fizera a coisa certa ao atender ao pedido de Num.

— Fará bem para Amália ter essa agitação toda por perto. Talvez isso a ajude a espantar um pouco sua tristeza — disse Joquebede.

— Lembro-me dos dois jovenzinhos, tão apaixonados! — recordou-se Anrão.

— Sempre foram. Tantos anos aguardando para ter um filho e Num sequer pôde conhecê-lo, e nem a criança vai conhecer o pai — pensou Joquebede, muito triste.

Anrão consolou a esposa.

— Não ficarão desamparados. Vamos cuidar de Amália e da criança que vai nascer.

— É o que eu digo: podemos não ter fartura na mesa, mas, juntando o que temos no coração, nunca faltará o que comer, com a ajuda de Deus — Joquebede ergueu-se da mesa onde comiam. — Vamos até lá ver como as coisas estão?

Quando chegaram à casa de Amália, o movimento já era grande. Arão, Eliseba e as crianças terminavam o desjejum e preparavam-se para sair para o trabalho. Amália não tinha conseguido dormir sequer um minuto durante a noite e estava ali, triste e com o olhar perdido. Anrão alertou o filho de que estava na hora de saírem.

— Eu e as crianças também temos de ir junto com vocês por parte do caminho — disse Eliseba. — Começamos hoje o trabalho com a produção de cerâmicas. Queria só amamentar Itamar antes e...

— Nada disso, eu vou em seu lugar — afirmou Miriã.

— Como assim?

— Imagine se vou deixar minha cunhada ir trabalhar, deixando para trás o seu bebê novinho? Você fica cuidando de Amália e Itamar e eu vou com os meninos.

— Tem certeza? — Eliseba estava surpresa e não sabia se devia aceitar a gentileza.

— Aceite, meu amor. Miriã tem razão. Fico mais tranquilo com minha esposa em casa. E depois, ela é mais brava que você, caso precise enfrentar o feitor! — brincou Arão.

— Por favor! Não fale uma coisa dessas que já fico nervosa! — disse Joquebede.

— Prometemos que vamos nos comportar, não é meninos?

— Nem sei como agradecê-la, Miriã! — disse Eliseba.

— Sabe sim. Faça aquela sua sopa de cebola que eu adoro e nunca serei capaz de fazer igual.

Anrão, seus filhos e netos deixaram a casa de Amália para ir ao trabalho. Mais uma vez, o silêncio reinou no casebre.

— Crianças sempre trazem muita alegria, não é? — disse Amália para Joquebede depois que a casa ficou vazia.

— São uma bênção de Deus — afirmou a matriarca. — Em breve você terá a sua correndo por aí.

No pátio de cerâmicas, as crianças menores foram colocadas na função de amassar com os pés o barro que posteriormente seria usado pelos oleiros para moldar as peças que seguiriam então ao forno. Nadabe, o mais velho dos três irmãos, foi escalado para buscar o barro no Nilo, junto dos homens adultos.

— Entenderam direitinho? Vão pisando até que ele fique bem macio — disse Miriã aos sobrinhos.

— É divertido, tia! Melhor que o outro trabalho! — disse Abiú, sorrindo.

De repente, Judite, esposa de Apuki, aproximou-se de Miriã, chorando e desnorteada. A hebreia percebeu e se aproximou, preocupada.

— Judite? O que houve?

A esposa do feitor constrangeu-se.

— Miriã? Você está trabalhando aqui agora?

— Eu e os filhos de Arão. Mas o que você tem? Por que está nesse estado?

— Eu estou voltando da fonte, mas nem consegui pegar água. As mulheres me enxotaram, me chamaram de traidora e assassina. Eu não matei ninguém, Miriã! Que culpa tenho se Apuki fez aquilo com o Num?

Miriã abraçou a moça e a fez com que se sentasse ao seu lado, num banquinho.

— Eu também senti muito a morte dele — continuou Judite, agora respirando um pouco melhor. — Num era um homem honrado, querido por todos. Tive até vontade de ir ao enterro, mas sabia que não seria uma boa ideia. Tenho medo que meus filhos também sofram por causa do pai. Estou até evitando sair com Ana e Jairo na rua! Deixei as crianças em casa só um instante para buscar água e vou voltar sem nada.

— Pode deixar que vou ao poço e busco água para você. Espere-me aqui, está bem?

Miriã foi até a fonte e alguns minutos depois voltou com o cântaro de Judite cheio. Fez questão de deixar claro que todos na sua família compreendiam que ela não tinha responsabilidade sobre as atitudes do marido, o que deixou a moça mais tranquila. Judite se foi com a água para seus filhos. Nadabe aproximou-se.

— Olha lá tia, já fiz uma porção de bolas! Só falta a senhora me ensinar como pôr nos moldes.

— Vamos lá, eu ensino. E seus irmãos?

— Estão lá amassando o barro. Acharam divertido no início, mas já estão bem cansados agora.

Já no canteiro de obras do templo, antigo local de trabalho de Num, a tristeza imperava. Ainda assim, o trabalho transcorria normalmente. Apuki andava mais calado e preocupado, sabendo que a morte de Num poderia lhe trazer mais problemas. Caminhava pensativo quando viu Moisés e sua comitiva se aproximando. Ajeitou-se e foi recebê-los.

— Seja bem-vindo, príncipe — disse Apuki.

— Como estão as coisas?

— Muito bem. Tudo caminhando normalmente, dentro dos prazos.

— Onde está o chefe dos escravos? — perguntou Moisés, procurando por Num.

Apuki tremeu. Não esperava por isso. Respirou fundo.

— Ele não está. Ele... morreu.

— Morreu? Como foi isso?

O feitor assumiu uma postura defensiva. Sabia que o príncipe não iria gostar nada da verdade.

— De repente o hebreu começou a gritar e me ofender. Parecia um louco. Quando mandei se acalmar pegou uma pá e avançou para cima de mim, furioso. Fui obrigado a me defender e acabei ferindo o sujeito.

— Mas ele sempre aparentou ser um homem calmo, educado — estranhou Moisés.

— Pois é, príncipe, também não entendi. Mas não é a primeira vez que um escravo fica violento. Essa gente é perigosa, traiçoeira.

Moisés mostrou-se bastante irritado com o comentário, sem, contudo, deixar-se levar.

— Bem, nomeie logo outro chefe, e que seja tão bom quanto era Num.

— Perfeitamente.

***

Henutmire desabafava com Yunet enquanto sua dama lhe massageava as costas com óleo. Contava-lhe do flagra que dera no marido.

— Com uma serva da senhora Maya? — perguntou Yunet.

— No meio do corredor, às vistas de todos. Estou farta!

— Compreendo, senhora. Mas tem certeza do que viu? Não pode ter se enganado?

— O engano que cometi foi há muitos anos atrás, Yunet. Sabe que estou tão cansada desse tipo de situação que às vezes acho que nem sinto mais ciúmes? O sentimento é um misto de decepção e tristeza. Parece que brigo com ele por brigar, mais por conta da humilhação que me faz passar do que pelo medo de estar perdendo Disebek para outra mulher.

— A senhora não ama mais seu marido?

— Depois de tanto tempo casada, nem sei o que dizer.

— A senhora reparou quem era a tal serva? Como ela era?

— Não reparei e nem me interessa. Fiquei irritada. Só me senti melhor depois que conversei com Hur.

— Hur? — Yunet arregalou os olhos, gostando do rumo que a conversa tomava.

— Ele é um bom amigo. Se bem que ontem notei que fica nervoso quando está comigo.

— Nervoso? — Yunet riu. — Princesa, ele é apaixonado pela senhora, sempre foi!

— Será? Casei-me tão jovem que nem saberia reconhecer um homem apaixonado por mim.

— A senhora pode não saber, mas eu sei reconhecer um homem apaixonado.

— De qualquer jeito, sou uma mulher casada. Nem adianta ficar cogitando esse tipo de coisa.

Hur, porém, não pensava em outra coisa. Ficara muito abalado com a conversa com a princesa e estava na oficina contando para seu filho o que se passara.

— Ela me perguntou se eu correria riscos na busca da felicidade.

— É mesmo? O que o senhor respondeu?

— Ia responder o quê? Falei que se me fossem dadas as condições, claro que arriscaria. Fiz mal?

— Acho que sim — respondeu Uri. Não era sábio mexer com a esposa do general.

— Se não fosse Disebek chegar de repente, eu não ia resistir e teria beijado a princesa.

Uri preocupou-se com a paixão temporã do pai.

— Pai, não fique aborrecido comigo, mas ela pode estar usando o senhor para fazer ciúmes no marido.

— Será? Não, ela jamais faria isso. Não combina com sua elegância.

— De qualquer maneira, cuidado. Isso está ficando perigoso e pode acabar mal. Se eu fosse o senhor, não...

A conversa foi interrompida pela intempestiva entrada de Disebek na oficina. Virou-se para Hur com dedo em riste.

—Vou direto ao ponto: não chegue perto de minha mulher. Mantenha distância.

— General, eu...

— Não acabei! Não sou cego, nem bobo, Hur. Percebi seus olhares para Henutmire, e não gostei. Muito cuidado, não vou avisar novamente! — disse, saindo tão bruscamente como entrara.

Uri virou-se para o pai, congelado como uma estátua. Continuaram trabalhando em silêncio. Hur estava mergulhado em seus sentimentos de medo e desejo. Seu filho pediu-lhe licença e saiu para buscar algo, mas o ourives nem se deu conta, tão imerso que estava repassando os últimos acontecimentos. Voltou à realidade quando ouviu algumas batidas à porta. Virou-se e viu Yunet.

— Em que posso servi-la?

A dama deslizou para dentro da oficina.

— Na verdade nem sei se deveria ter vindo, Hur... Bem, a princesa me falou sobre o encontro de vocês.

— Um encontro de amigos — respondeu, já prevendo a possibilidade de mais problemas.

— Não foi exatamente o que ela me disse.

— Eu prefiro que...

— Não aguento mais ver minha senhora sofrendo — interrompeu Yunet com um aceno. — Ela está muito carente e tem se consumido nas mãos de um marido desatento, que não a merece. Enfim, o senhor vem se tornando uma pessoa especial para a princesa.

— Especial?

— Não finja que não me entende. Sei que o sentimento de que falo é correspondido por você. Ou não?

Antes que Hur respondesse, Uri entrou trazendo uma caixa e interrompeu a conversa.

— Chegou mais uma remessa de...

— Depois conversamos mais — disse Yunet, sorrindo e saindo. Já havia sido o suficiente.

— O que ela queria? — perguntou Uri, desconfiado.

— Nada, bobagem. Veio falar sobre a princesa.

— Pai, esqueça a princesa, por favor, mas não esqueça do que o general falou. É sua vida que está em jogo! Nossa vida!

Assim que deixou a ourivesaria, Yunet encontrou-se com Henutmire. O marido sugeriu que ela fosse se banhar no Nilo, algo que ela adorava fazer. Buscava sua serva para acompanhá-la.

Acompanhada de servas que traziam os apetrechos para o banho, ambas dirigiram-se ao rio. Ainda dentro dos portões do palácio, Henutmire deteve-se.

— Acho que não estou com vontade de fazer isso. Sinto-me cansada. Acho que vou ficar por aqui. Acompanha-me, Yunet?

Despediu as servas e ficou conversando com sua dama. Passando os dedos entre os cabelos, sentiu-os grossos.

— Ah, mandei as servas de volta com o pente. Pode buscá-lo para mim?

Yunet assentiu e dirigiu-se ao quarto da princesa. Quando abriu a porta, encontrou o general e a dama de Maya seminus no quarto, beijando-se.

— O que significa isso? — gritou Yunet, indignada.

— Quem mandou entrar aqui desse jeito? — perguntou Disebek, afastando-se da moça.

— Aqui é o quarto da princesa, tenho livre acesso! Você é um traidor!

— Veja como fala.

— Minha senhora está vindo aí. Vamos ver o que ela vai falar.

— Henutmire não foi se banhar no Nilo? — preocupou-se Disebek.

— Ficou cansada e resolveu voltar. Foram os deuses que a guiaram.

— Yunet! — ouviu-se a voz de Henutmire, do corredor.

Disebek empurrou a serva para trás de uma pilastra e ajeitou-se, tenso. Henutmire entrou no quarto.

— Voltou mais cedo? — perguntou o general, engasgando e ao mesmo tempo tentando mostrar naturalidade.

— Disebek, está tudo bem? Você parece nervoso — perguntou a princesa.

— Nervoso, eu? E por que estaria? Muito pelo contrário, estou feliz. Essa é a palavra certa! Feliz de vê-la! Achei que tivesse ido se banhar.

— Acabei desistindo. Não pegou o pente, Yunet? Fiquei esperando.

— Estava explicando ao general por que a senhora abreviou o passeio.

— Pois é, fiquei cansada. Dormi mal esta noite. Vamos voltar para o jardim — falou a princesa, convidando Yunet.

Assim que Henutmire saiu, Yunet parou na porta e encarou o general.

— Aguarde-me! — sussurrou, com um sorriso maligno.

TRINTA E SEIS

Plano maligno

As bodas de Ramsés e Maya eram o grande assunto no palácio. O casamento do futuro faraó prometia ser um acontecimento memorável.

Nos últimos meses, Tuya orientava o cozinheiro Gahiji e a auxiliar Leila quanto aos preparativos para o grande dia, assegurando que o faraó estava disposto a gastar o quanto fosse preciso para garantir uma festa inesquecível. Novas coreografias estavam sendo preparadas, emissários haviam sido enviados a todas as regiões do império em busca de artistas, tecidos e iguarias exóticas para serem oferecidas aos convidados do grande evento que se aproximava.

No clima de romance que tomava conta do palácio, Moisés decidira formalizar seu compromisso com Nefertari. Escolhera uma bela manhã à beira do Nilo para surpreendê-la e lhe dar um belíssimo anel de ouro enfeitado com uma pedra azul, que encomendara a Hur.

— Aceita se casar comigo? — disse, ajoelhando-se.

— Claro que aceito! Pensei que nunca fosse me pedir.

Ele se levantou e pôs o anel no dedo dela. O casal abraçou-se e deixou-se cair nas areias do deserto, sobre um tecido que servia como toalha, enquanto se beijava apaixonadamente. Moisés não conseguia conter seus avanços sobre o belo e jovem corpo da noiva. Até que ela segurou sua mão.

— Acho que está na hora de voltarmos.

— Tem razão. Se ficar mais um pouco acho que não respondo por mim.

— Não me deu o anel só para ter privilégios, não é?

— Confesso que isso passou pela minha cabeça — respondeu, em tom de brincadeira.

— Abusado! Acha que é fácil assim? — disse Nefertari, levantando-se e afastando-se, com um misto de braveza e interesse.

— Calma! Se tem uma coisa que posso dizer de você é que não é nada fácil. Volte aqui! — disse, correndo atrás dela e finalmente alcançando-a. — Eu amo você.

— Também amo você!

Os dois seguiram de volta ao palácio. A moça seguiu para o harém a fo, de exibir o belo anel que ganhara do, agora, noivo. Moisés fora ao quarto de Ramsés conversar com o amigo. Falavam sobre suas amadas; Ramsés, entusiasmado sobre sua sorte de estar enamorado da mulher escolhida para casar-se com ele à revelia.

— Foi muita sorte. Maya realmente tem tudo para fazê-lo feliz — concordava o amigo.

— Tem mesmo, e o casamento precisa sair logo antes que eu coloque a biga à frente dos cavalos. Sensual como ela é, está muito difícil me controlar.

— Sei bem o que é isso. Comigo acontece o mesmo. Basta que eu olhe para Nefertari para acender o fogo — sorriu. — Bem, o pedido de casamento eu já fiz.

— E ela aceitou?

— O que você acha? — retrucou Moisés.

Nefertari também contava a novidade a Maya.

— Que boa notícia! E quando vão se casar?

— Não sei, ainda não falamos sobre isso.

— Pergunto isso porque eu não me aguento mais, sabia?

A moça cortou a frase e olhou fundo nos olhos de Nefertari. Aproximou-se e perguntou em voz baixa.

— Diga-me uma coisa: você já...?

Nefertari não entendeu.

— Já o quê?

— Ai, Nefertari, não seja boba. Você sabe do que estou falando.

— Ah... — exclamou Nefertari, compreendendo a pergunta. — Não, claro que não. Para falar a verdade, Moisés foi o primeiro homem que beijei — respondeu, tímida e constrangida.

— E você não tem curiosidade?

— Claro. Mas temos de esperar, não é?

— Infelizmente, temos. Pelo menos foi assim que nos ensinaram. No fundo, acho uma bobagem! Que diferença faz se acontece antes ou depois de casados? E se morremos antes? Já pensou que tristeza?

— Que horror, Maya! Nem diga uma coisa dessas.

— Não pensamos nisso porque somos jovens, Nefertari, mas ninguém está livre de partir ao encontro de Anúbis antes do tempo. Vi isso acontecer com uma prima. Um dia antes do casamento a coitada teve uma indigestão e morreu.

— Que tragédia!

Mas as moças suspiraram. Não pensariam em tragédias com a chegada do grande dia de suas vidas despontando no horizonte. Nem elas e nem a jovem Karoma. A cada dia estava mais apaixonada pelo soldado Ikeni. O namoro de ambos já não era mais segredo para ninguém, para desencanto de Simut. Certo dia, após flagrar o casal se beijando nos corredores do palácio, o assistente voltou ao santuário para retirar as oferendas que fizera à deusa Mut. Estava desolado.

— Sinto muito, deusa, mas isso não está certo. Venho todo dia aqui, troco suas oferendas, coloco fruta fresquinha, acendo incenso cheiroso e nada de a senhora me atender? No início parecia que estava indo, mas quando vi, não era para mim que Karoma estava indo! Aquele beijo parou aqui mesmo na bochecha está vendo? Começou aqui e parou na boca daquele outro!

Saiu do santuário com as oferendas na mão. Logo Yunet chegou, para um encontro que havia marcado com Disebek.

— Vim assim que pude — afirmou o general, entrando apressado. — Yunet, por favor, vamos nos entender — disse, aproximando-se com um sorriso sedutor.

— Vai depender de você. Vamos ao que interessa. Você sabe perfeitamente que depois do que aconteceu hoje sua paz com a princesa está em minhas mãos.

— Será sua palavra contra a minha.

— Garanto que, para Henutmire, por razões óbvias, nos últimos tempos minha palavra está valendo bem mais que a sua. Mas não vamos discutir isso. O fato é que preciso de sua ajuda.

— Para quê?

— Minha filha pretende se casar com seu filho. Ou seja, na verdade, nossa filha de sangue pretende se casar com seu filho adotivo, o hebreu. Não é engraçado?

— Eu fiquei muito contente por você finalmente ter aceitado o casamento de Nefertari com Moisés.

— Pois não fique. Eu estava apenas ganhando tempo, buscando a maneira de separar os dois. Preciso também tirar a filhinha do profeta do caminho, para que Ramsés se case com Nefertari. Minha filha, nossa filha, será rainha do Egito. E você vai me ajudar.

— Está louca?

— Quem sabe? É a loucura de quem quer tudo ou nada. Ou você me ajuda, ou destruo sua vida contando o que sei a seu respeito no presente e no passado. Afundo-me com você, mas não tem problema. Passei anos me contentando com as sobras da princesa. Isso acabou. Ou Nefertari será a grande esposa real ou nada mais me importa.

— Não vejo como eu poderia ajudá-la.

— Eu vejo.

— Como? O que você quer?

— Quero Maya morta.

O general desesperou-se.

— Yunet, você realmente enlouqueceu! Quer matar Maya, a noiva de Ramsés, filha do sumo sacerdote! E pede que eu a ajude nisso?

— Como já disse, se você me negar ajuda, estará destruindo a própria vida.

— Pelos deuses, ponha os pés no chão! Não se trata apenas de uma questão amorosa. O assassinato dessa moça teria consequências políticas gravíssimas, e jamais ficaria impune.

— Claro, concordo. Tem toda a razão. Por isso mesmo ela deve ter uma morte natural. Quem sabe um acidente lamentável, algo assim. Vai me ajudar ou não vai?

— Não vou. Não conte comigo para as suas loucuras — respondeu o general após um breve silêncio.

— Bem, reconheço que o assunto é delicado. Façamos o seguinte. Vou lhe dar mais um tempo, mas pouco tempo. Ponha na balança os prós e contras e resolva com calma se me ajuda ou não.

A dama saiu, deixando o general a sós com seus pensamentos. Dirigiu-se ao harém, onde encontrou a dama de Maya preparando a maquiagem da moça, misturando pós coloridos com óleos em um pote de pedra.

— Como vai? — disse Yunet, aproximando-se.

— Tudo bem, senhora.

— Pois eu não acho. Na verdade, não está nada bem para você aqui no palácio.

A dama olhou espantada para a mulher.

— Diga-me — prosseguiu Yunet —, você gostaria de ficar sem a ponta desse seu lindo narizinho, com Anúbis a impedindo de entrar no glorioso mundo dos mortos?

— Como assim?

— Vou lhe explicar. Prevaricar com um homem casado lhe dará essa punição, mas mexer com o marido da filha do faraó? Não sei, talvez perca mais que a ponta do nariz.

A moça já entendia o jogo de Yunet.

— O que quer de mim?

— Vou pensar a respeito. No momento só queria que soubesse de sua situação e que pense em me dar motivos para que eu me cale sobre esse segredinho.

— O que a senhora desejar, basta pedir.

— Ótimo! Assim que eu gosto. Quero essa mistura que você tem aí.

A moça olhou para o pote de pedra e, sem entender, entregou-o a Yunet. Esta saiu da sala e foi diretamente ao gabinete de Paser.

— Algum problema se eu preparar minha maquiagem de olhos aqui? — perguntou, colocando o pote de pedra sobre um balcão. — Você tem tanta coisa aqui, tem algo que possa me indicar?

— Claro, mas tome cuidado com ingredientes exóticos. A região dos olhos é muito sensível, e se usar a substância errada, pode ser perigoso.

— Perigoso? O que devo evitar?

— Está vendo aquela prateleira ali? Estão todas as essências e extratos que têm de ser manuseados com todo cuidado.

— São venenos?

— Alguns deles sim, podem matar.

— Até esse aqui? — perguntou Yunet, pegando um potinho dentre tantos na prateleira indicada.

— Esse é mortífero! Uma pequena dose leva um guerreiro ao encontro de Anúbis antes que possa dizer sua última palavra — Paser virou-se para outra prateleira. — Os que você pode usar estão aqui, são todos cosméticos. Eu a ajudaria, mas o faraó está me esperando.

— Pode ir tranquilo.

Paser saiu e deixou Yunet sorrindo olhando para o pequeno pote de veneno na prateleira.

***

Amália já estava em seu oitavo mês de gravidez, mas seu estado depressivo continuava preocupante. Alimentava-se pouco, passava dias inteiros sentada, olhando para o vazio com as mãos no colar que ganhara de Num quando era adolescente. Parecia não ter forças para resistir ao luto. Estava nessa posição certa tarde, quando perdeu os sentidos e caiu no chão, arrebentando o colar.

— Amália! — gritou Joquebede abaixando-se para ajudá-la. — O que foi? O que está sentindo?

— Foi só fraqueza — disse, recuperando os sentidos.

— Precisa se alimentar melhor, Amália. Agora falta pouco, logo estará com seu filho nos braços.

— Meu filho... Estou tentando ser forte por ele...

— Vocês vão ficar bem. Vou preparar um caldo e você vai tomar tudo, está bem?

— Está bem — levou mecanicamente a mão ao pescoço, vazio. — Meu colar!

Só então se dera conta de que ele havia se rompido na queda. Eliseba pegou os pedaços do enfeite e os entregou a ela, que os agarrou febrilmente.

— Nunca vi alguém se consumir em tanta tristeza — disse Joquebede, afastando-se para preparar o caldo. — Deus abençoe essa criança, e que ela traga a Amália a alegria que perdeu.

Algumas horas mais tarde, após encerrados os trabalhos na tumba do faraó, Arão chegou em casa, cansado.

— Como está Amália? — perguntou à esposa.

— Mal, cada vez mais triste. Fica lá, imóvel, olhando para o nada. Quando fala é para dizer que não aguenta viver sem Num. O pior é que ela está se alimentando mal, diz que não tem fome. Estou muito preocupada.

— Mas ela precisa reagir, por causa da criança.

— É o que digo o tempo todo. Ela até se esforça, mas não consegue muito. Acho que se não fosse pelo bebê, Amália não aguentaria.

— Temos de ficar de olho nela, meu amor. Onde estão nossos meninos, já voltaram?

— Estão curtindo o avô — respondeu com um sorriso.

Chegando à casa de Joquebede, Arão encontrou os filhos em volta de Anrão, maravilhados, ouvindo suas histórias. Os meninos estavam tão entretidos que nem se deram conta da presença do pai.

— O faraó sonhou com quê? — perguntou Eleazar.

— Com sete vacas bonitas, gordas, e também com sete vacas feiosas, magrinhas — respondeu o patriarca.

— E José descobriu o que o sonho queria dizer?

— Descobriu. Ele falou para o faraó que as vacas gordas representavam sete anos de fartura no Egito, com belas colheitas, comida à vontade. Mas que depois viriam sete anos de seca, e fome, que era o significado das sete vacas magras.

Arão cumprimentou a mãe e ficou irritado quando se deu conta de que o pai estava contando histórias do seu povo.

— Eu conheço você — disse Joquebede, percebendo o incômodo do filho. — Que mal pode haver em as crianças ouvirem sobre seus antepassados? Na verdade, era você quem devia contar essas histórias.

— Não há mal nenhum. Apenas estou cansado e eles precisam dormir.

— E aí, vô? O José voltou para a prisão?

— Não! Que prisão nada, Nadabe! O faraó ficou tão contente por saber o significado do sonho e também com o conselho de José, que o nomeou governador do Egito.

— Meninos, agora chega, vamos embora! Vocês têm de dormir — disse Arão, aproximando-se e interrompendo.

Todos protestaram, pedindo para esperar o término da história.

— Obedeçam a seu pai. Teremos tempo para muitas outras histórias — interveio Anrão.

Enquanto o filho saía com os netos, Anrão se aproximou de Joquebede e sussurrou em seu ouvido.

— Arão é uma criança grande!

No dia seguinte, as crianças saíram para o trabalho com Miriã.

— Você já está saindo também, Arão? — perguntou Eliseba, que chegava à cozinha ajudando Amália, muito fraca e com uma barriga enorme, a caminhar.

— Sim. Hoje vai ser meu primeiro dia de volta à obra. Amália, minha amiga, a vontade que tenho é de acabar com Apuki e vingar Num.

— Por favor, Arão, não comece. Já tivemos desgraça demais nessa casa! — disse Eliseba.

— Também já desejei isso, Arão, mas Eliseba está certa. Fique tranquilo, a justiça virá de Deus, mais cedo ou mais tarde — falou Amália debilmente.

— Não sei como ainda consegue ter fé nesse Deus.

— É ele que me dá força.

— Que força, Amália? Você não quer comer, não sai do quarto, vive consumida pela tristeza! Você precisa reagir! Lutar pela vida, a sua e a de seu filho.

— Eu estou tentando, mesmo quando minha vontade é morrer também — disse, chorando.

Arão não se sensibilizou.

— Quero provar que fé é essa, Amália. Se Deus lhe dá mesmo força, não quero mais vê-la nesse estado. Isso tem de acabar. Quando seu filho nascer você tem de estar forte para ele. Hoje você vai trocar de roupa, se arrumar, e sair com Eliseba. Vão dar uma volta na rua ou vão fazer uma visita para minha mãe, que seja. Mas não quero mais vê-la trancada aqui dentro.

Saiu da casa sem esperar resposta. Encontrou-se com o pai e, chegando à obra, encontraram Eldade e Zelofeade.

— Bom tê-los de volta! — disse Zelofeade. — E então? Terminaram o trabalho lá na tumba?

— Terminamos. E agora temos de aturar Apuki novamente.

— Por favor, filho — interferiu Anrão. — Lembre-se do que me prometeu: nada de provocações. E veja que ele está vindo aí.

Apuki se aproximou e parou diante de Arão, encarando-o por um instante, com raiva. Arão o encarou de volta, sustentando o olhar. Todos ficaram muito tensos.

— Vão para seus lugares, rápido! — disse Apuki, quebrando a tensão e afastando-se.

— Pensei que o desgraçado também fosse se vingar de Arão por causa da armação com Isabel — sussurrou Zelofade.

— Apuki já se vingou o suficiente com a morte de Num. E depois, ele não teria como explicar ao príncipe Moisés mais uma perda entre os escravos — disse Eldade.

Joquebede foi surpreendida pela chegada de Eliseba e Amália em sua casa.

— Amália! Mas que surpresa boa.

— Só uma visitinha rápida...

— Arão intimou nossa amiga a sair um pouco de casa — explicou Eliseba, com um sorriso.

— Foi uma ótima ideia! E esse barrigão, como está? — perguntou Joquebede, acariciando o ventre da amiga.

— Crescendo a cada dia.

— Está vendo? Só de sair de casa um pouco já está mais animada! — comentou Eliseba, sorrindo.

***

Yunet maquinava seu novo plano e já havia definido qual seria a participação de Disebek nele.

— Diga logo, o que quer comigo? — disse o general quando chegou ao santuário, onde ela o esperava.

— Esta é a chave que vai abrir um futuro glorioso para nossa filha — disse Yunet, entregando a ele dois potes de maquiagem.

— O que quer que eu faça com esse negócio?

— Está na hora de as mulheres darem seu passeio no jardim. Maya tranca seus aposentos, mas a serva dela tem a chave. Quero que você leve essa sua nova namorada ao quarto de Maya e troque o pote que houver lá por estes. Espere-me no harém, darei um jeito de enviar a serva até você.

— Yunet, o que pôs aqui? Você não está pensando em levar adiante aquela ideia, está?

— Vai me ajudar ou não vai?

Disebek ficou paralisado, sem conseguir responder, mas deixou claro que não teria forças para negar.

Yunet saiu e foi até o jardim. Aproximou-se discretamente da serva de Maya.

— O comandante está no harém aguardando por você. Vá encontrá-lo agora e termine essa história de uma vez — cochichou em seu ouvido.

— E se ele quiser continuar?

— Sei que encontrará um jeito de dissuadi-lo. Trate de ser convincente se quiser guardar a ponta de seu nariz. Vá logo e resolva isso antes que alguém sinta sua falta.

A serva foi até ao harém e encontrou o general. Ele aproximou-se sedutor e perguntou se poderiam ir a um lugar reservado, indicando com os olhos o quarto de Maya. A serva cedeu, abriu o quarto e assim que fecharam a porta, ela e Disebek começaram a se abraçar e a se beijar.

— Eu vim para dizer que a gente tem que parar com isso, é perigoso, é loucura — tentava falar a moça em meio aos beijos.

— Tem razão, mas essa será a última vez. Deite-se na cama e feche os olhos.

— Para quê?

— Uma surpresinha especial... — disse, sorrindo com malícia.

A moça devolveu o sorriso, excitada, e deitou-se na cama de olhos fechados, aguardando ansiosa. Rapidamente Disebek pegou os dois potinhos e fez a troca com os que estavam sobre a penteadeira.

— Estou esperando — falou a serva.

— Já vou.

Disebek sentou-se na beira da cama. Pôs as duas mãos na cabeça, contorceu o rosto e gemeu.

— Ai!

— Que foi? — disse a moça, levantando-se e abrindo os olhos, assustada.

— Uma dor forte, de repente! Ai! — gemeu, levantando-se da cama e simulando tonteira. — Vamos embora, por favor, está doendo muito.

Logo a moça uniu-se às demais no jardim. Yunet observou-a chegar e, sorrindo, concluiu que tudo estava indo de acordo com seu plano.

Mais tarde, antes do jantar, a serva de Maya maquiava sua senhora sem ter ideia de que estava sendo cúmplice de um crime. Com uma vareta, usou a tinta preta para cuidadosamente delinear os olhos de Maya. Com outra, pintou de vermelho os belos lábios de sua senhora. Ao final, estendeu um espelho para que ela pudesse admirar-se.

— Está perfeito. Obrigada.

A beleza da moça, como de costume, chamou a atenção de todos quando ela saiu de seu quarto. Aquela noite, porém, ela estava especialmente bela. Yunet era uma das mulheres que a observavam, e reparou quando ela levou as mãos aos olhos, incomodada. Sorriu, maquiavélica. Maya chegou até onde estavam Nefertari e Yunet.

— Maya, como você está linda! — disse Nefertari.

— Rivalizando com a própria Ísis — concordou falsamente Yunet.

— Ramsés está ansioso para vê-la — disse Nefertari. — Comporte-se, agora falta pouco. Ele pode esperar até o casamento — cochichou ao ouvido da amiga.

Maya sorriu assentindo e saiu. Yunet flagrou uma vez mais a moça coçando os olhos, incomodada.

— Você está deslumbrante — disse Ramsés quando a viu.

O príncipe beijou suavemente seus lábios.

— Seu batom está com gosto estranho.

— Estranho como?

— Não sei, meio ácido.

— Pois é. Acho que minha serva pesou a mão na fórmula da maquiagem. Meu rosto está ardendo e os olhos...

Ela não terminou a frase, tendo uma leve tonteira. Ramsés a amparou.

— Que foi?

— Fiquei tonta... O rosto todo está coçando.

Maya esfregou o rosto e sua pele mostrou-se toda vermelha e irritada, como se por efeito de uma súbita e forte reação alérgica. Ela entrou em desespero, passando as unhas na pele e começou a ter dificuldades para respirar, ameaçando desfalecer.

— Acudam aqui, rápido! — gritou Ramsés, com a noiva em seus braços, sem saber o que fazer.

TRINTA E SETE

O mal prevalece

Ramsés parecia ter encontrado o amor. Ele, príncipe herdeiro de todo o império, havia encontrado aquilo que preencheria o seu principal vazio: um amor para a vida. Alguém que, além de ocupar uma posição no palácio, ocuparia de forma verdadeira o seu coração. Nada parecia conseguir mudar a trajetória de um amor bonito e pujante que, inclusive, havia trazido paz ao coração de Moisés e Nefertari, além de a seu próprio e ao de Maya, que também o amava com intensidade e verdade.

Entretanto, num palácio onde viviam muitas pessoas e suas virtudes e defeitos, suas benesses e maldades, uma circunstância nunca estava definida, por mais certa que parecesse.

Maya, sem que soubesse, havia se colocado entre Yunet e seus interesses mais escusos, e já não tão secretos. Encontrava-se desmaiada no colo de Ramsés, diante de todos os nobres.

Yunet, como de costume, disfarçou bem o contentamento e colocou-se a ajudar na situação que se apresentou, gritando:

— Alguém vá atrás de socorro, rápido! Mas o que pode ter acontecido? Será que foi a comida?

Todos ficaram apavorados ao perceber a seriedade do que estava acontecendo. Levaram Maya para seu quarto e sua serva assustou-se ao percebê-la desfalecida.

— O que foi? Minha senhora está passando mal? Ela saiu tão bem daqui...

Ramsés colocou Maya na cama e tentou acordá-la, sem sucesso.

— Maya! Maya! Está ficando gelada! E olhe o rosto dela!

O rosto de Maya inchava e empalidecia.

— Mas como ela ficou assim? — perguntou a serva.

Ramsés não lhe deu ouvidos.

— Ela estava ótima! Linda! Maya! Responda! Chamem Paser!

Nefertari já havia corrido para chamar seu pai, que logo chegou ao quarto de Maya, deparando-se com a moça desfalecida e embranquecida em sua cama, sem esboçar nenhuma reação. Ele trazia consigo as ervas de emergência para tentar agir de forma rápida.

Todos estavam desesperados por perceberem que algo realmente grave estava acontecendo. Maya era linda, jovem, sempre alegre e saudável. Algo assim, emergencial, parecia impossível de acontecer com ela. Logo com ela, que havia trazido paz ao palácio, ocupando o coração de Ramsés e sendo escolhida pelo faraó Seti I para ser a esposa de seu filho herdeiro.

As conversas paralelas começavam a acontecer, nas quais os presentes tentavam entender ao menos o que havia provocado aquele mal-estar súbito.

— O que a sua senhora fez para ficar assim? Tomou alguma substância, digamos... diferente? — pergunta Yunet, descarada e disfarçadamente à serva de Maya.

— Não, ela só comeu e bebeu o que está acostumada.

— Algum problema de saúde? Ela já teve isso antes?

— Nunca. A senhora Maya é uma moça saudável!

Ramsés interrompeu, tentando, também, entender o que estava acontecendo com a noiva.

— O que fizeram antes de ela ir me encontrar?

— Nada demais, senhor! O de sempre — respondeu a serva, aflita.

— O que é o de sempre? — perguntou Ramsés já com voz que demonstrava nítida irritação e nervosismo.

— Tomou banho, eu a maquiei e ela saiu, senhor. O de sempre!

— Espera aí! Ela reclamou da maquiagem — falou Ramsés. — Disse que o rosto estava ardendo e coçando!

A serva quase chorava de nervosismo.

— Mas é a mesma maquiagem que ela sempre usou. Sou eu mesma que preparo.

Ramsés se voltou novamente para Maya, desesperado, percebendo que a noiva estava piorando rapidamente. Quando percebeu que Paser já estava ali, deu espaço para que o sacerdote entrasse em ação.

— Pelos deuses, Paser, por que demorou tanto?

— Deixe-me examinar a moça.

Ele a examinou. Escutou a respiração, cheirou seu hálito, abriu os olhos e ela não esboçou reação imediata.

— Ela bebeu ou comeu algo diferente?

— Não, senhor, tudo o que ela comeu e bebeu eu provei antes e não estou sentindo nada — respondeu a serva.

— O que ela fez antes de passar mal? — insistiu Paser.

Ramsés respondeu.

— Parece que tomou banho e se maquiou. Mas ela reclamou que a maquiagem estava incomodando.

Paser passou o dedo na maquiagem borrada e a cheirou.

— Reclamou como?

— Começou a coçar e dizer que estava queimando.

— Muito bem. Precisamos lavá-la. Vocês todos, por favor, me deixem trabalhar. Esperem lá fora.

— Não, eu vou ficar! — insistiu Ramsés.

— O príncipe ajudará mais se for orar aos deuses! — ordenou Paser ao príncipe.

Quando percebeu a gravidade do que estava acontecendo, já desesperada, a serva de Maya saiu e correu a procura do sumo sacerdote Siamon. Encontrou-o na sala do trono, perante o faraó. Estava tão desesperada que não hesitou em entrar sem ser anunciada e prostrou-se aos pés do sumo saberdote.

— Sumo sacerdote, eu não sei o que houve com minha senhora, mas ela está muito mal, muito mal, no quarto dela.

Siamon saiu imediatamente, indo na direção em que Maya estava. Tuya e Seti I o seguiram sem entender ainda o que estava acontecendo.

Assim que chegou ao quarto, Siamon foi impedido de entrar por saber que Paser estava atendendo a filha, mas insistiu.

— Eu não vou aguardar ninguém. Quero ver minha filha!

Diante do incômodo, Paser abriu a porta do quarto para o sumo sacerdote. Do lado de fora, Tuya ficou confusa ao ver a comoção e o filho parado à porta do quarto, em lágrimas.

— O que aconteceu, meu filho?

— Eu não sei. Ela estava bem e de repente começou a ficar vermelha, se sentiu mal, não sei.

— Calma, meu filho, deve ter sido um mal-estar. Paser é um excelente médico, ela vai melhorar...

— A senhora não viu como ela ficou, mãe!

Dentro do quarto, Paser terminava de lavar o rosto de Maya com um pano molhado. Torceu-o e tirou o excesso de água numa bacia. Siamon, angustiado, perguntou ao colega o que havia acontecido.

— Pode ter sido uma forte reação alérgica, mas ainda não sabemos a causa. Pelo que me disseram, ela não comeu nem bebeu nada fora do habitual.

Aproximando-se, Siamon tentou acordar a filha:

— Minha filhinha, fale comigo. Por que o rosto dela está assim, Paser? Parece veneno.

— Não podemos descartar nada.

Siamon reagiu surpreso. Paser continuou.

— O príncipe Ramsés relatou que Maya sentiu ardência e coceira no rosto. Os lábios dela estavam com um gosto ácido do batom.

— Realmente, uma maquiagem com as medidas ou com os ingredientes errados pode ser mortal.

— É isso que vamos investigar o mais rápido possível — terminou Paser.

Enquanto todos ainda estavam ali, Ramsés afastou-se sem que percebessem e foi ao santuário orar aos deuses. Ele, mais do que ninguém, sabia da importância de Maya e do quanto ela havia acalentado seu coração e trazido alegria e alento aos seus dias, além de esperança para seu futuro. Os deuses teriam de ajudá-lo, não poderiam abandoná-lo num momento desses, pensava.

— Deuses do Egito, auxiliai este vosso filho! Ó Sekhmet, senhora dos julgamentos e das proteções, socorre Maya e cura minha noiva de todas as doenças! Ó Ísis, dama da magia, senhora dos mistérios, mãe protetora, que teus poderes livrem minha amada de todos os males, como livraram Hórus da ameaça de Seth! Ó grande Amon-Rá, faraó dos deuses, criador de todos os seres, aquele que criou a si próprio, que tua luz ilumine as trevas e faça Maya voltar para mim! Thot, senhor do conhecimento, três vezes grande...

E continuou ali, prostrado, orando aos deuses com fervor e medo de que algo pior pudesse ainda acontecer a sua amada. Sem que Ramsés percebesse, Moisés apareceu ali.

— Ramsés.

Ramsés levantou a cabeça e olhou para Moisés, sofrido, ainda tentando entender o que aconteceu

— Não entendo, Moisés. Ela estava tão linda, mais bela que a deusa Ísis. Ela sorriu para mim e, de repente, começou a se coçar. O rosto de Maya foi... foi se desmanchando e... e ela caiu, simplesmente caiu! — disse Ramsés, começando a chorar em seguida.

Moisés ficou sem saber o que fazer. Sentou-se ao lado do amigo e colocou a mão em seu ombro. Ramsés continuou.

— Sabe o que eu acho? Acho que sou amaldiçoado no amor!

— Não diga bobagem — respondeu Moisés.

— Sou sim. Acabo perdendo toda mulher que amo, de um jeito ou de outro.

— Você não perdeu Maya! Paser está cuidando dela e sua noiva vai ficar bem.

— Como você sabe? Pode me garantir? Não vou aguentar perdê-la, Moisés, não vou.

— Sei que você está com medo, mas já enfrentamos tanta coisa juntos, não podemos desanimar agora.

— Enfrentamos a morte de inimigos, de companheiros de batalha — pensava Ramsés. — Mas não isso. É como se uma parte de mim estivesse morrendo e não posso fazer nada a respeito. Matar um soldado é fácil, mas como se enfrenta a perda de alguém que se ama? Com que espada, com que lança posso derrotara morte?

— Com a mesma coragem que enfrenta a vida. Você tem de ser forte, Ramsés, por Maya. Ela precisa de você agora.

— Tem razão, não posso me acovardar.

— Você tem vários defeitos, mas covardia nunca foi um deles. E, olhe, você não está sozinho. Vamos enfrentar tudo juntos, está bem?

Ramsés concordou, agradecido e emocionado. Levantou-se com Moisés para saírem dali e voltarem para perto de Maya.

O belo rosto de Maya voltou ao normal com o tratamento de Paser. Não estava mais vermelho como antes, mas ela ainda inspirava todos os cuidados, respirando muito fracamente. Paser a examinou ainda uma vez.

— Conseguimos fazer o rosto voltar à aparência normal, mas o que lhe causou a alergia continua agindo no organismo. Está nas mãos dos deuses.

Assim que Paser proferiu o diagnóstico, Ramsés chegou ofegante e perguntou sobre a noiva.

— Como ela está?

— Muito fraca, mas recobrou a consciência — respondeu Paser. Baixou a cabeça — Sinto dizer, príncipe, mas fiz tudo que estava ao meu alcance. Agora só os deuses podem salvá-la.

Ramsés, em seu último bocado de esperança, debruçou-se ao lado da cama de Maya e chamou seu nome. Surpreendentemente, a moça abriu os olhos bem frágil e lentamente.

— Maya, sou eu, Ramsés. Estou aqui, meu amor. Olhe, Nefertari e Moisés também vieram...

— Não estou muito bem, meu amor, mas vou melhorar — olhou para Nefertari com um sorriso débil. — Não pretendo permitir que ganhe fácil no senet. Quero minha revanche...

— Agora você precisa descansar. Assim que estiver melhor nós jogamos — respondeu Nefertari, acariciando a amiga.

Todos celebraram de forma comedida aquele momento, enchendo o coração de esperança pela melhora de Maya, mas Paser permaneceu ali, sabendo que o estado da moça era grave e inspirava muitos cuidados. Sabia que aquela ligeira melhora não sinalizava nada de significativo. Por esse motivo, assim que todos saíram para que Maya descansasse, manteve-se ali, sem arredar pé. Logo a moça virou-se para ele.

— Sacerdote Paser, por favor, chame todos aqui. Eu não estou bem. Quero que venham aqui.

— Mas o que você está sentindo, Maya. O que posso fazer por você?

— Só mande que chamem todos, por favor. Agora.

Paser pediu que seu ajudante Simut assim o fizesse.

Todos chegaram afoitos ao quarto onde estava Maya, apreensivos com a gravidade do chamado.

— Mandou nos chamar? — perguntou Nefertari, tentando disfarçar a ansiedade e demonstrar doçura.

— Mandei sim, para me despedir.

— Não fale bobagem — interrompeu Ramsés.

— Não é bobagem. Está muito difícil partir justamente quando a felicidade bateu à minha porta. Não quero partir mal, revoltada, por isso, me ajudem.

— Não fale assim, meu amor — pediu Ramsés, em lágrimas.

Maya continuou.

— Nefertari, Moisés, cuidem do meu noivo. Ele vai precisar de vocês. Prometem?

Ambos concordaram, assentindo com a cabeça.

Ramsés não acreditava no que estava acontecendo bem ali, diante de seus olhos.

— Maya, eu a amo muito!

— Eu sei, eu também o amo. Você é a melhor coisa que me aconteceu na vida. É o meu príncipe adorado...

Dizendo isso, Maya fechou os olhos e suspirou lentamente pela última vez. Ramsés se jogou em cima da noiva, abraçando-a com toda força.

— Não, não, não! Não quero! Não pode! Não!

Siamon chegou logo em seguida e, percebendo o ocorrido, jogou-se no chão e começou a derramar o choro mais doído de sua vida. Era sua filha querida que acabava de partir.

Rapidamente, foram avisar Seti e Tuya, que se destinaram ao quarto, mas foram interpelados por Yunet, no meio do caminho.

— Desculpem interrompê-los, mas é urgente.

— Fale logo — disse Seti I, impaciente.

Yunet continuou.

— Paser está certo de que Maya foi envenenada e que o veneno estava na mistura da maquiagem que ela passou no rosto.

— Como assim?! — interpelou Tuya.

— É isso mesmo, minha rainha. Quem prepara as maquiagens de Maya é a serva dela.

— Agora não é hora de pensarmos nisso. Mas assim que os ofícios fúnebres terminarem, tomarei uma atitude radical quanto ao ocorrido — encerrou Seti I, continuando a caminhada.

Os ofícios foram belos e tristes. Maya era linda e dona de um coração muito leve, o que fez com que todos acreditassem que passaria com paz e tranquilidade pelo julgamento de Osíris. Siamon estava completamente exausto, tomado de desespero e tristeza, mas era Ramsés quem mais sofria. Com Maya, sua esperança de um amor verdadeiro havia partido, novamente. Já havia perdido Nefertari para Moisés e, agora, perdia Maya para a morte.

Cumprindo o que havia dito a Yunet, Seti I instaurou uma investigação severa e chegou à conclusão de que a serva de Maya havia envenenado a maquiagem de sua senhora. No último julgamento, a moça desesperadamente confessou que a única pessoa que havia entrado no quarto de Maya, além dela, havia sido Disebek. Contou que o general havia tentado seduzi-la. Seti I não acreditou, mas a informação ficou no ar, mantendo Disebek, de alguma forma, sob algum nível mínimo de suspeita. A serva foi executada aplacando a ira de Ramsés e Siamon.

Yunet sentia-se vitoriosa. Aos poucos, ela conseguia colocar seu plano em prática. Agora, precisaria afastar Moisés de Nefertari e reaproximá-la de Ramsés.

Disebek, porém, estava muito irritado com ela. Ele havia sido exposto de forma muito grave, correndo o risco, inclusive, de ser relacionado à morte de Maya. O general não esperou muito tempo para encontrá-la e confrontá-la no palácio. No dia seguinte, saiu a sua procura e, esperando que estivessem num lugar discreto, interpelou-a com veemência, segurando-lhe firmemente nos braços.

— Desgraçada! O que foi fazer? Tem noção da gravidade? Ela é a filha do sumo sacerdote! Se o faraó descobre, estamos mortos!

Yunet, preocupada que alguém chegasse e os ouvisse, respondeu-lhe em tom comedido, mas sem perder sua peculiar firmeza.

— O que é isso? Um general entrando em pânico? Acalme-se ou vai pôr tudo a perder.

— Você é louca, Yunet! Louca!

— Não sou louca; sou prática. Fiz apenas o que era necessário. E não se esqueça que só consegui com a sua ajuda. Estamos nessa juntos, Disebek.

— Tem razão, louco sou eu que aceitei participar disso.

— Tudo está correndo exatamente como planejado. Maya já está morta e o caminho livre para que nossa filha reconquiste Ramsés! — disse Yunet, saindo de lado e deixando Disebek sozinho, antes que ele tentasse continuar a conversa.

A mulher seguiu pensando em como poderia tirar Moisés do caminho. Todavia, antes, ela precisava aplacar a ira de Paser, seu marido. Julgara mal o seu marido, achando que ele era ingênuo demais para entender o que havia acontecido, mas o sacerdote unira os pontos. Sabia que apenas a esposa tivera acesso aos venenos de seu gabinete, e que, naquele dia, não pretendia fazer uma maquiagem para os seus olhos, mas para os de Maya. No entanto, decidiu não contar toda a verdade, sob pena de ser tido como cúmplice. Queria, ao menos, confrontar Yunet e fazê-la pensar no quão longe sua maldade estava chegando.

Encontrou-a no harém e pediu que fossem ao quarto para uma rápida conversa. Yunet estranhou, mas atendeu ao pedido do marido, que, chegando ao quarto, fechou a porta nervoso e atordoado.

— Assassina! Minha esposa é uma assassina!

— Não seja dramático.

— Yunet, você matou uma jovem inocente e ainda por cima acusou aquela pobre dama do crime.

— Pobre dama?! Não a ouviu confessar que adulterava com o marido da filha do faraó?

— Ela também morreu, sabia?

— Claro que sabia! Agora, não há nenhuma prova de que não foi ela quem cometeu o envenenamento. Às vezes, até me espanto com minha própria eficiência.

— Pelos deuses, quem é você? — comentou Paser, aterrorizado pela frieza da própria esposa.

— A mãe de sua filha, e não se esqueça disso!

O sacerdote angustiava-se.

— Eu menti para o faraó... Como pude fazer isso? Como?

— Fez pior, meu querido: graças às suas instruções, consegui a maquiagem perfeita para a máscara mortuária de Maya! Vou lhe explicar por que você mentiu para o soberano: porque sabe que está metido nessa lama até o pescoço! Se eu cair, você cai junto.

— Você é um monstro! Um monstro!

— Entendo a sua reação. Você sempre foi um fraco, um covarde, nunca teve fibra para fazer o que tem de ser feito. Passa seu tempo bancando o papaizinho carinhoso e sobra para mim tomar as decisões difíceis para proteger o futuro de nossa filha!

— Futuro? Como o assassinato de uma moça e a morte de outra podem proteger o futuro de Nefertari?

— Você já vai entender.

Yunet foi até uma prateleira e pegou um papiro que estava camuflado por ali.

— Sabe o que é isso? Um papiro que mostra oficiais egípcios jogando as crias de escravos no Nilo para morrerem afogados ou devorados pelos crocodilos.

Paser assombrou-se.

— Esses papiros foram destruídos!

— Como pode ver, o imbecil do seu assistente se esqueceu de enviar esse aqui para a fogueira — respondeu Yunet.

— O que pretende fazer, Yunet?

— Já tirei Maya do caminho. Agora vou tirar Moisés.

Paser estremeceu ao perceber o que a esposa estava para fazer. Yunet iria fazer Moisés saber de suas origens e de que fora enganado por seus pais até então. Ela não sabia ao certo o que isso provocaria, mas tinha certeza de que o movimento geraria a instabilidade necessária para que a relação de Moisés e Nefertari se estremecesse, possibilitando-a reaproximar sua filha do príncipe Ramsés.

Paser tentava impedi-la de entregar os papiros a Moisés e revelar-lhe a verdade sobre o antigo decreto de Seti I de que todos os meninos hebreus fossem mortos.

— Por favor, não faça uma coisa dessas. Foram ordens do faraó que esses papiros fossem destruídos para que Moisés esquecesse suas origens de uma vez por todas — implorou Paser.

— Você não acha uma maldade esconder do rapaz as circunstâncias que o trouxeram ao palácio? Coitadinho, esse tempo todo achando que havia sido abandonado por papai e mamãe escravos quando, na verdade, os infelizes só tentaram uma medida desesperada para salvar o filhinho do cruel decreto do faraó!

— Yunet, você não pensa na senhora Henutmire? Ela não é sua amiga? Você sabe o quanto é importante para a princesa manter Moisés afastado de sua família hebreia!

— Dane-se Henutmire. É uma idiota. Não é nem capaz de manter o marido em sua cama, vai querer manter o bastardo hebreu agarrado às suas vestes? Há anos que venho aturando choramingos e frescuras. Acha que é minha amiga? Quando foi que ela pensou em mim? Passei a vida inteira atendendo seus caprichos, rastejando, sorrindo, escutando bobagens. Estou farta dela. Farta!— Pelos deuses, sua maldade não tem fim? Será possível que não é capaz de ter sentimentos por ninguém?

— Tenho sim, não sou egoísta. Estou fazendo isso tudo por Nefertari.

— Nossa filha nunca foi igual a você, ela jamais a perdoará quando souber as atrocidades que está fazendo em seu nome.

— Escute bem, Paser. Você vai manter essa sua boca fechada como uma tumba. Se disser alguma coisa a Nefertari, ao faraó, a quem quer que seja, não imagina do que sou capaz.

— Agora não preciso imaginar, eu sei do que você é capaz. Estou falando com uma assassina fria e cruel.

— Não se esqueça que você mentiu ao soberano, me ajudou a matar uma inocente e a condenar outra. Não tem mais volta. Se eu sou uma assassina fria e cruel, você não será diferente aos olhos de sua filha.

O sacerdote não sossegava. Não imaginava como pudera deixar-se enganar por Yunet todos aqueles anos. Vendo a aflição do marido, Yunet riu, maléfica.

— Não se culpe. Você não tinha a menor chance. É um talento natural meu. Cresci aprendendo a me disfarçar, a me esconder, a enganar. Acumulei conhecimentos que nenhum desses seus papiros contém. Aprendi a sobreviver a qualquer custo. E ninguém, está me entendendo, ninguém vai me impedir de conseguir o que eu quero.

Terminada a conversa, Yunet saiu do quarto com o papiro nas mãos, determinada a encontrar-se com Moisés e revelar-lhe toda verdade. Paser permaneceu no quarto, atônito, sem saber se poderia fazer alguma coisa para impedir aquilo e o que seria, caso pudesse.

Andando pelo jardim, Ramsés estava desolado. Nunca perdera o rumo e a vontade de viver até passar por aquela intempérie. Maya era o amor de sua vida. Havia feito com que sua caminhada se aprumasse, o amor o inundasse e a vontade de viver se tornasse cheia de sentido e significado. Até aquilo que lhe aparentava impossível, esquecer Nefertari, parecia ter acontecido em seu coração. Na verdade, não havia como saber. Àquela altura o sofrimento era tanto, que a única coisa que ainda conseguia fazer era derramar suas últimas lágrimas, sozinho.

Nefertari o avistou ao longe e caminhou em sua direção. Aproximou-se e o chamou baixinho, para não assustá-lo.

— Ramsés?

O príncipe se virou lentamente, atendendo ao chamado daquela voz doce que ele conhecia tão bem. Ambos se entreolharam em silêncio por alguns segundos, até que Ramsés decidiu rompê-lo.

— Você acha que algumas pessoas nascem amaldiçoadas pelos deuses?

— Do que está falando? — rebateu Nefertari.

— Conversei sobre isso com Moisés. Sou o primogênito do soberano, herdarei o trono, o poder, o exército, ouro e joias. Serei o senhor de toda a terra do Egito! Mas parece que há algo que nunca serei capaz de possuir.

— O quê?

— A mulher que amo. Perdi o grande amor da minha vida para meu melhor amigo e agora Anúbis me tirou Maya.

— Não diga isso, Ramsés.

— Por quê? Não é verdade? Eu abri meu coração para ela, Nefertari. Acreditei que Maya seria capaz de me fazer esquecer você e me entreguei completamente.

— E você conseguiu?

— O quê?

— Esquecer de mim?

Mais uma vez ambos se olharam fixamente. Pararam em silêncio por mais alguns segundos, segundos eternos para os dois, até que Ramsés se colocou bruscamente de frente com Nefertari, segurando forte e delicadamente seus braços e lhe beijando a boca. Nefertari não se esquivou. Pelo contrário. Naquela fração de segundo, foi como se ambos amassem um ao outro desde sempre. O próprio Ramsés parou, a soltou e baixou a cabeça, constrangido.

— Perdão, desculpe-me. É que não estou bem. Por Osíris, sou um cretino mesmo. Você está noiva de Moisés. Os deuses têm mais é que me amaldiçoar.

— Calma, não foi tão grave assim — amenizou Nefertari, sabendo que também havia correspondido ao ato intempestivo, mas agradável.

— A cerimônia de despedida de Maya mexeu muito comigo.

— Claro. Você está frágil, eu entendo.

— Podemos fingir que não aconteceu?

— Claro, Ramsés.

— Obrigado. Já briguei muito com seu noivo, não quero mais encrenca com ele!

— Nem tem motivos para isso. Somos amigos, não somos?

— Somos sim. E é melhor voltarmos antes que os deuses me fulminem por meu mau comportamento.

— Que mau comportamento? Eu não me lembro de nada! — disse Nefertari, sorrindo e demonstrando que estava comprometida com aquele segredo.

Ramsés sorriu de leve, sem desmanchar a tristeza que trazia nos olhos.

— Você e Moisés são duas pessoas muito importantes para mim. Não sei o que faria se não tivesse o apoio de meus amigos num momento como esse.

— Estaremos sempre aqui com você, Ramsés. Nós três unidos, até o final dos tempos — respondeu Nefertari, sorrindo docemente.

Cada um caminhou para um lado diferente. Ramsés ainda estava tomado pela tristeza e pela falta de sua noiva, mas Nefertari sentiu-se incomodada. Não com o beijo, mas com o que o beijo lhe causara. Pela primeira vez, em muito tempo, havia sentido alguma coisa diferente por Ramsés. Um incômodo, no mínimo. Uma ponta de sentimento para além da amizade que sempre nutriram. Seguiu, contudo, guardando somente consigo aquela sensação.

TRINTA E OITO

Lampejos de esperança

Mesmo depois de um dia intenso e muito cansativo de trabalho, era comum que toda família de Anrão se reunisse para jantarem juntos, contar suas histórias do dia e da vida e agradecerem a Deus para somente então dormirem. Mostravam-se leves e felizes, mesmo em meio à vida tão difícil que levavam. Menos Arão, amargo, reclamão e ranzinza, mas com certa razão. E quem não o seria vivendo como escravo, vendo seus filhos trabalharem forçadamente, desde tão jovens e sem vislumbre de melhores perspectivas?

Naquela noite, Joquebede estava arrumando as coisas para dormirem, quando encontrou um pequeno manto que, na verdade, era um símbolo do cuidado de Deus para com aquele casal.

— Olhe, você lembra? — perguntou para Anrão, abrindo e levantando aquele manto.

— O manto de Moisés!

Joquebede abraçou o manto e o cheirou.

— Quase consigo sentir o cheiro do nosso bebê. Isso é tudo o que restou dele aqui.

— Pensar que estive algumas vezes perto de Moisés e nunca pude dizer que ele é meu filho — disse Anrão.

— Não sei como você se controla.

— E eu tenho outra escolha?

— Também não tenho, mas bem que já fiz umas loucuras... — confessou a mulher, olhando o vazio.

— Que loucuras?

— Um tempo atrás Moisés foi acusado injustamente de atentar contra a vida do príncipe Ramsés. Quando eu soube que ele poderia ser condenado à morte, me vesti de egípcia e consegui chegar até a cela em que ele estava preso.

— Mas você correu um risco muito grande! Como conseguiu entrar?

— Hur, o hebreu que é artesão do faraó, me ajudou. Eu precisava ver meu filho! Não queria perdê-lo sem que ele soubesse que não foi abandonado, que eu o amava.

— E o que aconteceu?

— Infelizmente, a princesa estava lá e me mandou embora. Foi aí que ela ameaçou acabar com nossa família toda se eu chegasse perto dele de novo.

Os dois seguiram conversando sobre as histórias que já conheciam e aquelas que ainda não sabiam, do tempo em que Anrão estava longe de Joquebede. Risadas e lágrimas se misturavam, como de costume, mas a alegria e a gratidão pelo cuidado de Deus eram sempre presentes.

Arão, Eliseba, Miriã, Amália e as crianças também estavam ali por perto, mas ainda à mesa, fazendo farra com o bebê na barriga de Amália, que já estava prestes a nascer e não parava de mexer-se em seu ventre. Amália ainda sentia muita dor pela falta de Num, mas as crianças e o ambiente da casa de Anrão e Joquebede, que a acolheram como uma filha, faziam muito bem para ela, que até já havia voltado a sorrir.

— Estou feliz por vê-la assim mais animada, Amália! — observou Arão.

— Eu também! Voltou até a sorrir — completou Miriã, apoiando a mão sobre os ombros da amiga.

— Ainda sinto muita falta de Num, é como se a ferida não fechasse nunca. Mas sei que preciso ser forte para receber nosso filho — disse Amália.

— Agradeça a Deus que o faraó nunca mais baixou outro decreto como aquele do tempo de Moisés — lembrou Miriã, torcendo o nariz de desgosto.

— Nem me fale! Que grande sofrimento o daquelas mães que perderam os filhos!

— Se não fosse pela perseverança dos meus pais, Moisés também teria sido morto. Lembra, Arão, que a gente teve de esconder nossa mãe com o bebê no depósito?

— Não lembro. Era muito pequeno — disse Arão, rispidamente.

— Você podia até ser pequeno, mas sei muito bem o quanto isso o marcou!

— Então agora você sabe até o que lembro e o que não lembro? — insistiu Arão, já de mau humor.

— Deixe de ser ranzinza! Essas coisas a gente não esquece. Eu era criança e lembro até hoje dos bebês sendo jogados no rio.

— Ai, que coisa horrível! Você chegou a ver? — perguntou Amália, com as mãos em sua barriga, como se protegesse o próprio filho.

— Preferia não ter visto, mas vi. Por isso eu creio que Moisés é especial. Deus o salvou por algum motivo.

— Lá vem você com essa bobagem de novo — interveio Arão, mais uma vez.

— Ah, eu concordo com Miriã. No meio de tantos bebês que foram jogados no Nilo, por que só o irmão de vocês foi salvo? — disse Amália, tentando amenizar a conversa.

Quando todos foram dormir, Miriã, ainda pensativa depois da conversa do jantar, pegou sua lira e começou a dedilhá-la bem baixinho. Anrão acordou e ouviu aquele dedilhado tão agradável e caminhou na direção do som. Sem que Miriã percebesse, falou com ela:

— Perdi o sono de novo. Vim buscar água e não resisti. É muito bom ouvir você tocar.

— Também perdi o sono. A lira me acalma um pouco.

— Depois de tantos anos passando a noite em claro, pensando em um jeito de voltar para casa, ainda não consegui me curar do hábito da vigília. Mas e você? No que tanto pensa essa cabecinha para não conseguir dormir?

— Em muitas coisas, meu pai. Mas penso demais no nosso povo, no sofrimento e na dor dos nossos irmãos. Fico, como o senhor, querendo encontrar uma maneira de acabar com isso, sabe? Mas me sinto tão impotente.

— Creia em Deus, filha. Creia nas promessas que ele fez ao nosso povo! Ele não nos deixará perecer no Egito.

— O senhor acha que um dia seremos livres, meu pai? — perguntou Miriã, demonstrando um lampejo de esperança.

— Claro que sim!

— Mas como?

— Quando chegar a hora, o Senhor nos guiará. Quem sabe nos enviará um libertador? Lembra-se das palavras de Deus a Abraão: "De ti farei nações, e reis procederão de ti. Darei a ti e à tua descendência toda a terra de Canaã, em possessão perpétua"?

— Se Deus prometeu uma terra para o nosso povo, se prometeu prosperidade, bênçãos, reis, por que estamos aqui padecendo como escravos?

— O povo se afastou do nosso Deus, Miriã. Eles se esqueceram do Senhor e passaram a adorar deuses estranhos. Se todos se voltarem a Deus novamente, ele nos dará tudo o que prometeu através do nosso pai Abraão e nos levará dessa terra de escravidão para um lugar de liberdade.

— Gostaria tanto de acreditar nisso como o senhor, mas o que vejo acontecer ao nosso redor me desanima muito, pai.

— Filha, a fé não se baseia no que vemos ou sentimos, mas sim no que cremos. Aí sim a fé é capaz de criar aquilo que ainda não existe. Vou dormir, minha filha. Continue a tocar.

Anrão retirou-se para dormir, mas Miriã continuou ali, com sua lira, ainda mais inspirada pelas palavras e pela esperança do pai. Um homem tão sofrido, que já vivera dores terríveis, mas que mantinha a fé, baseada na esperança.

TRINTA E NOVE

Revelação

Naquela noite, Yunet caminhava determinada na direção do quarto de Moisés. Levava consigo um papiro enrolado, quase escondido debaixo de seu braço, guardado como se fosse um tesouro inigualável. Sabia muito bem o que queria fazer e o que sua atitude poderia causar no palácio, especialmente na vida de Moisés e Henutmire. Não importava. Estava determinada a seguir com seu plano e aquela era a principal jogada para o momento.

Seguiu firme, sem titubear. Chegando ao quarto de Moisés, percebeu que o príncipe não estava lá. Assim mesmo, entrou e desenrolou o papiro para que, assim que Moisés chegasse, visse que ela estava com algo importante em sua posse.

Minutos depois o príncipe chegou, entrou no quarto e surpreendeu-se com a estranha presença de Yunet por ali.

— Yunet? O que está fazendo aqui?

Ela já estava preparada para começar sua encenação.

— Príncipe! Nem sei se devia ter vindo, mas estou tão angustiada!

— O que houve? Alguma coisa com Nefertari?

— Está tudo bem com Nefertari. O assunto é outro. Um assunto muito delicado.

— Pois, então, fale.

— O príncipe não faz ideia de quanto pedi ao poderoso Amon que me guiasse, e à gloriosa Ísis que me mostrasse o caminho. E ainda hesito se devo ou não devo...

— Deve o quê? Fale logo, Yunet. Já estou ficando preocupado.

— Sabe, príncipe, eu fiquei muito abalada com a morte repentina e violenta da pobrezinha da Maya. Quando vi aquela moça tão linda, tão cheia de vida, de planos, de sonhos ser arrancada do nosso mundo e enviada ao mundo dos mortos, eu pensei: "Abençoada seja porque seu coração devia ser leve como uma pluma e certamente ela passará no julgamento de Osíris."

— Certamente.

— Foi então que pensei no meu julgamento. Não quero ser rejeitada por Osíris. Tenho muito medo, sabe?

— E por que seria?

— Por causa da enorme culpa que carrego em relação a você.

— A mim? — Moisés espantou-se.

— Sim. Há muitos anos carrego um segredo por fidelidade e amor à princesa, mas acho que chegou a hora de você saber toda a verdade.

— Que verdade? Do que está falando?

Neste momento, Yunet entregou o papiro nas mãos de Moisés, que o pegou, olhou com atenção e lhe perguntou, intrigado.

— Mas o que é isso?

— São bebês hebreus sendo jogados no Nilo para morrerem. Recém-nascidos, todos meninos.

— Mas por quê?

— Os hebreus estavam crescendo muito em número e o faraó teve receio de que se revoltassem e se juntassem aos inimigos do Egito. Pensando em manter a paz no reino, Seti I baixou um decreto: todo menino hebreu que nascesse devia ser morto.

— Yunet, mas que absurdo é esse? — perguntou Moisés, atônito pelo que lhe estava sendo revelado.

— Isso significa que você nunca foi abandonado. A única coisa que seus pais de sangue fizeram foi tentar salvar sua vida.

Moisés arrefeceu, impressionado e angustiado com o que acabara de ouvir de Yunet. Não fazia muito tempo que essa história lhe havia atormentado, mas seus pais tinham lhe contado que sua mãe o havia abandonado e estava morta. Ficara em paz, mesmo triste. Agora aquele papiro, aquela informação despertava novamente todos os sentimentos que repousavam em seu peito.

— Não, isso não pode estar certo. Nunca estudamos sobre esse decreto, nunca vi nada disso. E o faraó, tudo que o soberano faz é registrado.

— Esse foi o único papiro que restou. O faraó mandou queimar todos e ordenou que o fato não fosse contado em lugar algum para que fosse esquecido. Primeiro, porque o soberano não tinha certeza se os deuses aprovavam sua atitude e depois porque foi um pedido de sua mãe.

— Minha mãe?

— Princesa Henutmire o encontrou num cestinho no Nilo e ficou encantada. Eu estava lá naquele dia, fui eu que o retirei das águas do rio.

— Essa parte da história eu já conheço.

— O que você não sabe é que foi devolvido à sua mãe de sangue e foi ela que o criou até os três anos de idade.

— O que está dizendo? Minha mãe de sangue? — a cada nova informação, Moisés ficava mais e mais atônito.

Percebendo que aquilo estava dando certo, Yunet continuou.

— Sim, ela foi sua ama de leite. Com medo de que o faraó não o aceitasse, a princesa o entregou às mãos de sua mãe hebreia, sem saber quem ela era, e você foi criado na casa de Joquebede, na vila dos hebreus, até desmamar.

— Pelos deuses, você está dizendo...

— ... que você nunca foi abandonado, Moisés. Passado o tempo da amamentação, a princesa o pegou de volta e o adotou como filho.

— Pare, por favor! Não pode ser verdade, não pode!

— Se não acredita no que está vendo e nem em mim, pergunte aos hebreus do palácio, Hur e Leila.

— Quem é Leila?

— Esposa de Uri. Morava na vila dos hebreus até pouco tempo e resolveu se mudar para cá. Está trabalhando na cozinha com Gahiji. Hur mora há muitos anos aqui, mas tinha família na vila na época do decreto. Eles podem te confirmar o que estou dizendo. Esse é um assunto proibido no palácio até hoje, mas quem viveu aquele momento não tem como esquecer.

— Quer dizer que todos sabem?

— Todos que têm idade para se lembrar.

Yunet aproximou-se de Moisés, fingindo medo nos olhos.

— Por favor, príncipe, eu lhe rogo, não diga à princesa que lhe contei isso tudo. Ela nunca me perdoaria.

— Não se preocupe, não vou dizer nada.

— Obrigada. Estou bem mais leve por ter finalmente revelado o que sei, mas sofreria imensamente se perdesse a amizade de sua mãe, da mãe egípcia, claro! Bom, agora vou deixá-lo. Deve ter muito no que pensar. Boa noite.

— Boa noite — respondeu Moisés quase sem perceber o que fazia. Estava imerso naquelas informações todas e em seus pensamentos. Não era possível que aquilo tudo fosse mentira. As coisas se encaixavam, e faziam ainda mais sentido quando ele buscava em suas memórias mais profundas e conseguia acessar lembranças que eram inexplicáveis, pelo menos até o momento.

Decidiu procurar Hur imediatamente. Chegou rapidamente à oficina do ourives, que se espantou com a presença do príncipe ali, àquela hora da noite.

— Príncipe Moisés?

— Preciso falar com você agora, Hur.

— Algum problema, príncipe?

— Sim. É verdade que na época em que eu nasci o faraó baixou um decreto mandando matar bebês hebreus?

Hur congelou. Percebendo a gravidade da pergunta, tentou, inutilmente, disfarçar a tensão.

— Quem disse isso?

— Não interessa. É verdade ou não é? Eu preciso saber.

Um silêncio instaurou-se na oficina de Hur. Naquele curto espaço de tempo, o artesão não tinha como pensar em algo que o livrasse de responder àquela pergunta. Moisés insistiu.

— Estou esperando, Hur. Existiu esse decreto?

Percebendo que não havia mais o que ser feito e que o príncipe estava determinado a saber a verdade, Hur respondeu.

— Existiu. E você escapou porque foi adotado pela princesa. Ela enfrentou o faraó por sua causa — calou-se, com medo. — Não sei se fiz bem em lhe contar isso.

— Fez muito bem. Não entendo por que minha mãe não me contou a verdade. Ela disse que eu fui abandonado.

— Ela não contou por medo de perdê-lo, príncipe. Certamente ela vai sofrer muito se o príncipe retomar a busca por suas origens.

— Só mais uma coisa: meus pais de sangue morreram ou também é mentira?

— Príncipe Moisés, por favor, não faça mais perguntas.

— Por favor, Hur, responda. O que você sabe sobre minha família hebreia?

— Príncipe, eu devo fidelidade ao faraó e também à princesa. Preferia interromper esta conversa aqui.

Enquanto ambos se encaravam em silêncio, Leila apareceu na oficina, com seu filho Bezalel. Ela perguntou ao sogro, sem perceber que o príncipe estava com Hur.

— Uri já foi?

— Já, está esperando por vocês no quarto — respondeu seu sogro, disfarçando um pouco a tensão do momento.

— Bem, então boa noite — respondeu Leila.

Quando já estava saindo, percebeu que o príncipe também estava na oficina e cumprimentou-o, meneando a cabeça. Numa fração de segundo, Moisés percebeu que se tratava de Leila, sobre quem Yunet havia falado.

— Espere, você é Leila, não é, que trabalha com Gahiji?

— Sim, senhor.

— E é hebreia?

— Sou sim, senhor.

— Ouviu falar dos bebês mortos por decreto do Faraó? — perguntou Moisés.

Quando ouviu isso, o menino Bezalel assustou-se.

— Mataram bebês, mãe?

Antes que o assunto continuasse ali, Hur interrompeu.

— Príncipe, perdão, mas esta conversa não é aconselhável na presença de crianças.

— Tem razão. Depois continuamos — respondeu Moisés, saindo imediatamente da oficina de Hur.

Leila, ainda sem entender o que estava acontecendo, continuou por ali e perguntou a Hur o que havia ocorrido com Moisés. Seu sogro contou-lhe que o príncipe havia descoberto tudo, não somente em relação ao decreto, mas também ao fato de não ter sido abandonado. Ainda queria saber se sua família hebreia estava viva.

Ela ficou confusa e incomodada com a história. Ela conhecia muito bem toda a família de Moisés e tinha um enorme carinho por eles, especialmente por Joquebede. Sabia que eram pessoas honradas e admiravelmente boas. Caminhou para seu quarto, onde deixou o filho Bezalel, mas sabia que precisava fazer algo com aquilo que acabara de ouvir. Pensou um pouco e caminhou na direção do quarto de Moisés, que ficou surpreso ao recebê-la.

— Você aqui?

— Sim, senhor. Preciso falar com o senhor. Posso entrar?

Moisés abriu a porta por completo e permitiu que Leila entrasse. Ela estava muito nervosa, pensando em como começar, mas Moisés estava tão ansioso que falou antes dela.

— Eu me lembrei de tudo.

— De tudo? Tudo o que, senhor?

— Desde pequeno tenho um sonho que me atormenta. Nele, um menino é separado de uma mulher com muito sofrimento. Eu não sabia quem era, não conseguia ver o rosto, mas hoje eu sei que aquela criança sou eu e a mulher é a mesma que foi me visitar quando fiquei preso e que, depois, encontrei na vila. Mas ela disse que tinha sido minha ama de leite, não minha mãe.

— Ela estava sendo ameaçada, príncipe. Por isso mentiu — revelou Leila.

— Ameaçada?

— Sim, senhor.

— E o que mais, Leila?

— Senhor, sua mãe de sangue está viva. O senhor também tem um pai, uma irmã, um irmão, sobrinhos... Uma família inteira que sofreu muito quando o perdeu, mas que nunca deixou de amá-lo.

No impacto daquela enorme e surpreendente emoção, Moisés sentou-se em sua cama, ainda muito confuso, mas sentindo uma estranha paz em seu coração.

— Sim, príncipe — continuou Leila — seus pais lutaram muito para que o senhor sobrevivesse ao decreto. Eles o esconderam logo que nasceu, mas os oficiais egípcios acabaram descobrindo.

— E como foi que eu escapei? — perguntou Moisés.

— Seu pai morreu, quer dizer, todos pensaram que tivesse morrido quando enfrentou os oficiais, tentando salvá-lo. Sua mãe não teve escolha. Ela o colocou num cesto e deixou que o rio o levasse, confiando que Deus o protegeria.

— Meu pai? Mas então ele está vivo? Estão todos vivos?

— Estão. Vivos e morando em Pi-Ramsés.

— E por que nunca me procuraram?

— Sua mãe tentou mais de uma vez. Mas, como disse, ela sofreu ameaças. Joquebede sofreu muito todos esses anos por estar separada de você.

— Joquebede?

— É o nome de sua mãe.

— E meu pai, como se chama?

— Anrão. Um homem respeitado por nosso povo, de muita força e de muita fé. O senhor pode se orgulhar de ser filho dele.

— Então, esse tempo todo... Não consigo acreditar numa coisa dessas!

— Imagino que esteja confuso com tudo que contei, mas essa é a verdade. O senhor nunca foi abandonado, nem por sua família e nem por Deus.

— Deus? Mas que Deus é esse? Nunca vi nenhuma imagem dele, nenhuma estátua.

— É, não pode ser visto, mas criou tudo que há no mundo, toda a vida que existe na terra, inclusive a sua. Se ainda não o conhece, se sabe pouco sobre ele, pode ter certeza de que ele o conhece profundamente.

— Pelo visto, eu é que sei bem pouca coisa a meu respeito.

— Espero que encontre todas as respostas que procura, príncipe. Agora tenho de ir, meu marido já deve estar sentindo minha falta. Por favor, príncipe, não diga a ninguém que conversamos. Tenho um filho e se souberem que lhe revelei esse segredo...

— Fique tranquila, ninguém saberá. Você agora está sob minha proteção pessoal.

— Obrigada, senhor. Estava com muito medo, mas acho que fiz a coisa certa.

— Eu agradeço, Leila.

Leila sorriu e, preparando-se para sair, cumprimentou o príncipe de seu jeito hebreu.

— Shalom!

Moisés fez cara de quem não entendeu e Leila continuou.

— É como os hebreus se cumprimentam. É um desejo de paz, de vida, de saúde e de prosperidade. Que a paz de nosso Deus esteja com você.

Moisés sorriu e a cumprimentou de volta.

— Shalom, Leila.

Assim que Leila saiu, Moisés sentou-se em sua cama, atordoado, mas feliz com o que acabara de saber. Os sentimentos se confundiam muito. A raiva de saber-se enganado por tanto tempo era grande, mas a alegria de não ter sido abandonado e de que sua família existia era ainda maior. As lágrimas lhe escorriam pelo rosto, banhando também a alma. Um banho necessário e agradável. Aquela dúvida, aquele vazio, lhe acompanhava desde a infância, os sonhos, os rostos, as histórias sem sentido, tudo se encaixava ali, naquele momento. Mas ainda havia muito que fazer, o que decidir.

E agora? O que deveria fazer para reparar o tempo perdido ou para, no mínimo, colocar em ordem todos aqueles sentimentos tão profundos?

Ainda ali, na cama, teve uma ideia. Pulou de súbito e correu para a porta. Ainda avistou Leila bem no final do corredor, indo embora. Correu atrás da serva hebreia, que se assustou quando o viu chegar.

— Leila!

— Príncipe?

— Quero ver meus pais.

— O quê? — indagou a moça, assustada.

— Quero ver meus pais, meus irmãos, minha família toda, quero ir agora — repetiu o príncipe.

— Agora? Não é melhor esperar que o dia amanheça?

— Não há mais o que esperar, Leila. Só preciso que você me arrume um disfarce e me mostre onde eles moram. Será que Hur ou Uri não têm uma roupa de hebreu? Não posso correr o risco que alguém me reconheça.

— Sim, acho que posso arrumar para o senhor. Mas o príncipe tem certeza de que quer fazer isso?

— Mais do que qualquer coisa. Então, vai me ajudar?

Leila sequer hesita um instante, decidida.

— Encontre-me daqui a pouco na cozinha.

— Obrigado! Shalom!

Leila, ao ouvir o príncipe despedir-se dela com aquela saudação, não conteve o sorriso de satisfação e, virando-se, sorriu e respondeu.

— Shalom!

Antes de ir para a cozinha, Moisés decidiu procurar Nefertari e contar-lhe tudo aquilo, que já não cabia nele. Correu para seu quarto e pediu que fosse anunciado com urgência.

— Desculpe acordá-la assim — disse Moisés.

— Você me assustou, o que foi? — respondeu Nefertari.

— Preciso lhe contar uma coisa inacreditável. É muito importante.

— Então conte! — pediu Nefertari, ainda despertando de seu sono.

— Venha comigo, não quero que ninguém escute.

— Espere, não estou vestida para sair!

— Tem de ser agora, Nefertari. Venha.

Ambos saíram rapidamente dali, com Moisés puxando pela mão uma Nefertari espantada, sonolenta e ainda confusa sobre o que teria deixado seu noivo tão afoito àquela hora.

Ao chegarem ao jardim, Moisés sentou-se com ela e contou tudo o que havia acontecido naquela noite. Ele estava tão afoito e animado, apesar de confuso, que não conseguia parar de falar e nem perceber o pânico que aquela história gerava em sua noiva, que o ouvia atentamente sem conseguir disfarçar a grande preocupação.

— Não consigo acreditar, Moisés! Que história mais absurda!

— Você é a primeira pessoa para quem eu estou contando isso tudo. Sabe o quanto é importante para mim, não sabe?

— Claro, mas...

— Achei que minha família tinha morrido, mas eles estão vivos! Pai, mãe, irmãos! Mal consigo me aguentar de tanta felicidade, Nefertari! Estou tão ansioso para conhecê-los!

— Mas essa história de novo, Moisés? Você já tinha resolvido esquecer suas origens!

— Mas agora é diferente — respondeu Moisés, percebendo que a noiva estava em discordância com aquilo que ele queria fazer.

— Diferente como? Você continua sendo um príncipe do Egito e nada vai mudar na sua vida!

— Claro que vai! Já mudou! Fui enganado a vida inteira nesse palácio. Depois vou resolver isso, mas agora preciso ir falar com minha família. Será que você não entende?

— Não! Não entendo! Acho que está sendo precipitado. Deixe para amanhã, pense melhor.

— Vai ser hoje! E é para já! — respondeu Moisés, demonstrando nítida impaciência com o conselho de Nefertari e com suas reações ao que havia lhe contado.

— Moisés, pode ser perigoso! Vai se meter na vila dos escravos no meio da noite, sem a proteção dos deuses?

— O Deus dos hebreus vai me proteger! — sentenciou, antes de sair decidido a fazer o que já queria.

O príncipe caminhou até a cozinha, onde Leila já o esperava. Ela não estava só. Seu marido a acompanhava. Notando a falta da esposa no quarto, Uri foi até a cozinha e a encontrou separando roupas de hebreus. Confuso, perguntou o que estava acontecendo, e ela lhe contou toda a verdade. Moisés chegou e mal notou a presença de Uri. Estava tão ansioso que já entrou dirigindo-se à Leila:

— Conseguiu?

— Sim, senhor. Estão aqui.

— Ótimo. Mas quem é você? — perguntou o príncipe, notando a presença do homem junto de Leila.

— É meu marido; já contei tudo para ele.

Uri entrou na conversa, tentando convencer Moisés do contrário.

— Príncipe, desculpe, mas não acha que é muito arriscado? E se o faraó descobre? Se sua mãe descobre? Sem falar que sair do palácio a esta hora, sozinho... Não seria mais prudente...

Moisés o cortou bruscamente.

— Agradeço pela preocupação, mas não há nada que possa me fazer mudar de ideia. Eu vou atrás de minha família, e quanto menos gente souber, melhor. Mas quanto a ir sozinho, você tem razão. Você vem comigo.

— Eu? — assustou-se Uri.

— Só estive uma vez na casa de minha mãe. Não lembro bem onde é, posso me perder. Vamos?

— Sim, senhor — respondeu Uri, sem ter como negar o pedido do príncipe.

Vestindo-se ali mesmo, Moisés e Uri saíram na direção da vila, caminhando por ruas desertas e passando-se por moradores da vila. Uri tentou mais uma vez:

— Ainda está em tempo de voltar. Não é bom agir por impulso. Amanhã, depois de uma noite bem dormida, refletindo melhor, quem sabe...

—Você conhece o pensamento "Não deixe para amanhã o que pode fazer hoje?" — respondeu o príncipe.

— Sim...

— Então não perca seu tempo tentando. Estou mais do que decidido, amigo.

Continuavam a caminhar, já na vila dos hebreus, bem perto da casa de Anrão e Joquebede.

QUARENTA

Meu povo

Já era tarde na vila dos hebreus. A maioria já dormia, descansando e esperando pelo próximo dia de trabalhos forçados e pesados, nas obras do faraó Seti I. Arão, porém, havia perdido o sono. Subiu ao terraço, tentando não acordar os outros de sua casa. Logo sua esposa o encontrou.

— Perdeu o sono?

— Sim, perdi... Estava aqui olhando as estrelas e pensando em Num. Às vezes a saudade bate forte demais.

— Sei como é.

— Lembrei-me de uma noite em que a gente estava aqui no terraço. Num contava que a descendência de Abraão seria tão numerosa quanto as estrelas no céu.

— Pensei que você não gostava destas histórias.

— Eu gostava muito, quando era garoto e ainda acreditava num Deus bom. Era um tempo de ilusão, mas eu tenho saudade dele.

— Deus é bom, Arão. Ele me deu você.

— Está vendo? Não é tão bom assim.

Ambos riram e deitaram-se juntos, olhando para aquele céu cujas estrelas pareciam tão próximas a ponto de poderem tocá-las.

Na casa de Anrão, todos também já estavam dormindo, menos ele. Sentou-se na cama e olhou ternamente para a esposa. Acariciou de leve o rosto de Joquebede e a beijou suavemente na testa. Levantou-se, caminhou até a janela e olhou para o céu estrelado, erguendo as mãos para o alto e orando a Deus.

— Adonai! Deus de meus antepassados! Eu agradeço-te mais uma vez por teres me trazido de volta para minha família e por todas as outras bênçãos que venho recebendo. Obrigado, Senhor, por fortaleceres minha fé e me ensinares a esperar e crer em tuas promessas. Sei que um dia Moisés também voltará para nós. Creio nisso com todas as minhas forças.

Anrão não percebeu que Joquebede havia acordado e, assim que ele terminou sua oração ela, da cama, respondeu junto com ele.

— Amém. Eu também creio.

Percebendo-a acordada, Anrão começou uma conversa.

— Esqueci de pedir que Arão se entenda com Moisés quando ele voltar.

— O mais provável é que levem certo tempo para se entenderem — respondeu Joquebede.

— Se minha percepção não me engana, Moisés tem bom coração. Como Arão também tem, acho que este "certo tempo" de que você fala será pequeno.

— Não sei como aguentei todos esses anos sem você do meu lado, Anrão. Sempre soube que voltaria, mas mesmo com toda a fé, a falta que me fez foi grande demais. Às vezes doía muito.

— Também não sei como aguentei. Mas agora estamos aqui, juntos, quase todos juntos... Vamos dormir.

— Vamos sim, meu marido, e juntinhos. Isso foi uma das coisas das quais mais senti saudade — completou Joquebede, encaixando-se nos braços do marido e sendo guardada num abraço terno e cuidadoso.

A poucos metros, Uri e o príncipe caminhavam. A cada passo, o coração de Moisés disparava de ansiedade.

— E pensar que todo esse tempo eles estavam tão perto de mim — pensou em voz alta.

— Tão perto e ao mesmo tempo tão longe — considerou Uri.

— Falta muito?

— Não, é logo ali.

— Não sei nem o que dizer quando chegar lá. Tenho medo de falar demais, ou de menos.

— Vai dar tudo certo — apoiou-lhe Uri

Eles caminharam mais um pouco e chegaram à frente da casa de Joquebede.

— É aqui.

Moisés olhou para a casa, tentando conter a emoção. Uri sugeriu:

— O senhor prefere que eu entre primeiro e prepare a família?

— Não, obrigado, Uri. Tenho de enfrentar isso sozinho. Quem precisava de preparação era eu.

— Bem, então vou até a casa de minha cunhada e o encontro aqui mais tarde.

— Faça isso.

Moisés ficou ali, diante daquela porta, por alguns minutos tomando coragem e tentando programar o que falaria, se atendido. Respirou fundo, tomou coragem e levantou a mão para bater na porta.

Bateu, bateu e bateu.

Ninguém apareceu.

Moisés pensou que aquilo poderia ser desígnio de Deus, ou dos deuses, não sabia mais, e questionou se deveria bater novamente. Havia chegado até ali. Depois de tantos anos, aquela história o tinha alcançado. Tinha de ir até o fim naquilo que saiu para fazer.

Bateu novamente.

Dentro da casa, Miriã dormia perto da porta, mas não ouviu as batidas. Foi Anrão, de seu quarto, que ouviu que alguém batia em sua porta.

— O senhor é Anrão? — perguntou o príncipe, tirando o capuz que lhe cobria a cabeça diante do homem que lhe abria a porta.

Anrão o reconheceu imediatamente.

— Moisés?

Quando Anrão pronunciou o nome do filho, Joquebede saltou da cama e correu para a porta. Miriã também se levantou e dirigiu-se à porta.

— Senhora Joquebede — dirigiu-lhe a palavra Moisés — na última vez que nos vimos, a senhora me pediu para não lhe procurar mais.

A mulher ficou em silêncio, atônita. Moisés continuou:

— Mas eu não pude manter minha palavra. Sei que não foi apenas minha ama de leite. Acho que sou filho de vocês.

— Claro que é, Moisés — sussurrou Joquebede.

— Essa é sua irmã, Moisés — disse Joquebede, apontando para Miriã.

Os quatro se abraçaram, todos emocionados com o momento. Por um instante, parecia que tudo estava em seu devido lugar. Entraram e sentaram-se, para aproveitarem aquele momento com toda atenção que o evento demandava. Haviam esperado anos por aquilo. Anrão e Joquebede mal conseguiam falar. Miriã não soltava as mãos de Moisés.

— Meu filho, nem acredito que está aqui — iniciou Joquebede.

— Foi Deus, mãe! — ressaltou Miriã.

— Mas como? Por que você veio agora? Como chegou até nós? — perguntou Anrão para Moisés.

— Descobri sobre os bebês hebreus que foram jogados no rio. Uma hebreia que está morando no palácio me contou o resto.

— Leila — sussurrou Miriã.

— Ela mesma — respondeu Moisés. — Eu não sabia de nada. Cresci achando que tinha sido abandonado e me disseram que vocês estavam mortos.

— Nunca! Nunca o abandonamos, meu filho! — disse Anrão.

— Escondi a minha gravidez por causa do decreto do faraó — contou Joquebede. — Quando chegou o momento de você nascer fomos para a outra margem do rio para que ninguém soubesse.

Os três seguiram contando toda verdadeira história para Moisés. Desde seu nascimento, o modo como lhe protegeram enfrentando os guardas que o descobriram, a fuga do pai, que foi tido como morto, sua criação até os três anos de idade, como fora retirado deles, a vida da família na vila, como conseguiam vê-lo eventualmente nos desfiles e o risco que Joquebede correra para vê-lo, quando soube que poderia ser condenado à morte.

— Você era um menininho tão lindo! — disse Miriã.

— Confiamos que Deus o mandou por um motivo especial, meu filho — acrescentou Anrão.

— Lutamos muito para que sobrevivesse, Moisés... — afirmou Joquebede.

— Vocês foram muito corajosos, muito — disse Moisés, com os olhos marejados.

— Tomamos decisões difíceis, meu filho... Mas não havia outra maneira — disse a mãe.

— Bem, mas agora estou aqui. E nossa vida vai mudar. Não sei como, ainda, mas as coisas não permanecerão como foram até agora. Aliás, Leila me disse que eu também tenho um irmão. Onde ele está?

— É Arão. Vou chamá-lo — disse Miriã, apressando-se em correr à casa do irmão para contar-lhe o que estava acontecendo.

Chegando lá, Miriã chamou Arão com tanta veemência, que o irmão, que tinha acabado de se deitar, correu para a porta, assustado.

— O que foi, Miriã?

— Arão, você não vai acreditar. Moisés está lá em casa.

— Moisés, em casa? Como assim?

— É isso mesmo. Levante-se, venha comigo.

Arão pensou por alguns segundos. A história de Moisés o afetava muito. Achava que o irmão, mesmo sem saber, os havia abandonado e que a vida palaciana o havia transformado num ser deplorável e completamente diferente deles, hebreus.

— Ir com você, Miriã? Para quê?

— Como, "para quê"? Não ouviu? Moisés está lá em casa! Veio procurar pela família. Ele quer conhecê-lo.

— E daí? Ele já me conhece. Vê quando estou sofrendo enquanto trabalho ou apanho de algum capataz e não faz nada.

— Mas ele não sabe quem você é.

— Por mim continua assim.

— Eu não acredito! Se não quer ir por ele, vá por nossa mãe que está lá toda feliz — respondeu Miriã, já irritada com o irmão.

— Está feliz com o filhinho príncipe? Que faça bom proveito.

Miriã não acreditou na reação do irmão e voltou para a casa triste e contrariada, mas certa de que não contaria o que havia ocorrido ali, para os demais.

— E Arão? — perguntou o pai.

— Estava dormindo. Não consegui acordá-lo — justificou Miriã, sem querer contar o que tinha ocorrido de fato.

Continuaram a conversa. Moisés lamentava.

— Não me conformo de terem mentido para mim no palácio!

— Meu filho, Henutmire teve medo de perdê-lo. Não queria que você procurasse sua família, é compreensível — disse Joquebede.

— O faraó também não ia permitir um neto ligado aos hebreus. Creio que eles não tiveram outra saída a não ser esconder a verdade — completou Anrão.

— Apesar de tudo, sempre fui agradecida à princesa por amá-lo como a um filho de sangue — disse Joquebede.

— Ela me tirou dos seus braços quando eu era um menino! — reclamou Moisés.

— Nós tínhamos um acordo. A princesa me contratou para que eu o criasse para ela. Até que um dia Henutmire o pediu de volta.

— Por muitos anos a lembrança da nossa separação me atormentou — confessou o príncipe. — Cheguei a pensar que fosse apenas um sonho.

— Você deve ser muito grato à princesa, Moisés — disse Anrão, tentando aplacar a irritação do filho. — Ela enfrentou o próprio pai, o faraó do Egito, para salvá-lo.

— Henutmire prometeu que daria um jeito de acabar com o decreto que mandava matar os bebês e assim foi feito — disse sua mãe.

— Como é que eu pude crescer sem saber de nada disso?

— Agora não importa tanto, meu filho. Não sabe a felicidade que nos deu essa noite. É uma emoção muito... Posso lhe dar mais um abraço? — disse Anrão, levantando-se e agarrando o filho mais uma vez.

— Pensando bem, também quero abraçá-lo mais! — emendou Joquebede.

— Você volta, não volta? — perguntou Miriã.

— Claro que sim. Ainda não sei como será, mas as coisas certamente vão mudar a partir de agora. Não é justo que eu viva com luxo e conforto no palácio enquanto minha família e meu povo passam necessidades.

Anrão, Miriã e Joquebede se entreolharam, muito emocionados.

— Que foi? Não quis ofender, eu só... — disse Moisés, antes de ser interrompido por seu pai.

— Você disse "meu povo."

— Sim, meu povo. Meu povo. Meu pai, minha irmã, minha mãe... Meu povo!

QUARENTA E UM

O poder da verdade

Mais um dia de sol brilhante acordava egípcios e hebreus em Pi-Ramsés. Yunet estava ansiosíssima para saber se seu plano tinha dado certo, se Moisés tinha se mexido em alguma direção. Nefertari estava tensa e preocupada. A intempestividade de Moisés a havia afetado. Ela não sabia das intenções do noivo, mas tinha certeza de que aquele novo dado traria mudanças significativas em sua vida.

Uri, chegando à oficina de seu pai, não conseguiu guardar segredo sobre o que havia acontecido e contou a Hur que acompanhara o príncipe até a vila dos hebreus, deixando o pai assustado e preocupado com o futuro da família no palácio.

As únicas pessoas que estavam felizes, tranquilas e satisfeitas eram Moisés, no palácio, e sua família, na vila dos hebreus. Aquele encontro tinha lhes trazido paz e uma sensação reparadora sem igual. Apesar das demandas continuarem praticamente as mesmas e de a vida parecer seguir normalmente seu rumo, Moisés, Anrão, Joquebede e Miriã sabiam que as coisas seriam diferentes a partir daquele encontro. Estava nítido que algo havia acontecido com o filho caçula daquela família, que Deus realmente o havia preservado, mesmo em meio a toda vida e criação palacianas. O encontro, o abraço, a forma como conversaram e a reação de Moisés sinalizavam algo, e algo bom.

Moisés ainda não sabia o que faria com todas aquelas informações, mas, de uma coisa tinha certeza: nunca mais ficaria indiferente à realidade dos hebreus, seu povo. Ao acordar naquela linda manhã, o príncipe não conseguia tirar o sorriso do rosto e deixar de pensar no que tinha vivido horas atrás.

Ainda estava em seu quarto, pensando, quando a porta de abriu abruptamente. Era Ramsés.

— Onde você se meteu ontem à noite?

— Por que, procurou por mim?

— Sim, pelo palácio inteiro.

— Algum problema?

— Nada de novo. Não consegui dormir, pensando em Maya, e queria conversar.

— Sim, diga.

— Não. Quero é saber onde você estava.

—Vi um papiro ontem. Simbolizava a morte de meninos hebreus, ordenada por seu pai, meu avô.

— Papiro?

— Sim. Nunca nos foi ensinado nada sobre isso no palácio. É algo que não se comenta. O faraó fez questão de esconder essa atrocidade durante anos, mas agora eu descobri toda a verdade.

— Descobriu como?

— Não vem ao caso.

— Eu sei que papiro é esse... — disse Ramsés, surpreendendo Moisés.

— Como assim você sabe?!

— Vi quando fui visitar a tumba do Faraó. Ele ficou furioso e mandou destruir tudo. Mas pelo jeito sobrou um.

— Você viu e não me disse nada? Resolveu mentir como os outros? — perguntou Moisés, demonstrando nítido descontentamento.

— Mentira não, omissão. Se não contei, foi pensando que, para você, era melhor não saber. Só por isso. Se fiz mal, desculpe.

— Já passou. Tudo bem.

— E o que pretende fazer com essa informação agora?

— Ainda não sei, Ramsés. Mas tem mais.

Moisés, então, começou a contar sobre sua família hebreia. Sobre estarem vivos e que os havia encontrado na última noite. Por isso, não estava no palácio quando Ramsés o procurou.

— Ainda não decidi o que fazer, mas uma coisa é certa: não posso esquecer minha família de sangue.

— Eu compreendo. Mas a situação é delicada porque... — dizia Ramsés, quando foi interrompido por Moisés, que estava afoito para contar ao amigo o ocorrido.

— Mais que delicada, é angustiante. Eu sei que minha mãe... Agora quando falo "minha mãe" me sinto estranho, porque tenho duas... Bem, eu sei que minha mãe egípcia, que eu amo, vai ficar mal com o que aconteceu.

— Muito mal.

— Pois é, mas não posso simplesmente me esquecer da outra. Nem de meu pai hebreu, nem de meu irmão ou de minha irmã.

— Ah, tem irmã também?

— Tenho.

— E é bonita? — perguntou Ramsés com um sorriso peculiar no canto da boca.

— Será possível que nem numa hora dessa você se segura, Ramsés? — reclamou Moisés, brincando com o amigo.

— Perguntar não ofende. É bonita ou não é?

— É muito bonita, e não ouse chegar perto dela — enfatizou Moisés, empurrando o outro príncipe de brincadeira.

Enquanto ainda conversavam, Karoma, serva de Nefertari, bateu na porta e avisou a Moisés que sua noiva o esperava ansiosa para uma conversa no jardim. Moisés despediu-se de Ramsés e caminhou até onde estava Nefertari.

— Bom dia, meu amor! Estava ansioso para encontrá-la. Você não tem ideia de como minha noite foi maravilhosa!

— Não tenho mesmo... — respondeu a moça com cara de desconfiada e descontente.

Moisés, sem perceber a contrariedade, continuou a contar animadamente sobre a noite passada.

— No início eu estava com receio, não sabia como iam me receber, o que diria para eles, mas foi tão natural! Como se nunca tivéssemos sido separados, entende? E meu pai? Acredita que eu já o tinha visto? Tinha falado com ele sem saber que estava diante de meu próprio pai! Não é incrível? Minha mãe também! Ela foi me visitar quando estava preso e... Contei que tenho uma irmã e um irmão?

— Você não devia se meter com essa gente, Moisés.

— Como assim "com essa gente"? Eles são meus pais, minha família.

— Seus pais são Henutmire e Disebek! Eles o criaram, deram-lhe amor e carinho. O que você sabe desses escravos? Quem são essas pessoas, quais suas intenções? Podem muito bem estar querendo se aproveitar de você, da sua posição!

— Você não entende, Nefertari. Tenho certeza que se encontrar com eles, se os ouvir, não terá dúvidas. São pessoas boas e que sofreram muito.

— E sua mãe, Henutmire? Não pensa no sofrimento dela?

Moisés, então, percebeu que Nefertari era completamente contrária ao ocorrido. Mais que isso, preocupava-se mais com a realeza de Moisés do que com seu coração, o que o decepcionou muitíssimo.

— Meus pais mentiram para mim durante toda minha vida, Nefertari. Fizeram-me acreditar que eu fui abandonado, que meus pais de sangue estavam mortos, e não foi nada disso. O faraó baixou um decreto e... — antes que Moisés terminasse, Nefertari o interrompeu:

— Seu lugar é aqui no palácio, Moisés. O seu presente e seu futuro estão aqui, não num passado com histórias de escravos!

— Você sempre soube quem são seus pais, de onde veio, eu não. Cresci como um egípcio, mas tenho sangue hebreu. Era como se uma parte de mim estivesse faltando o tempo todo. Não compreende que agora, finalmente, eu me sinto completo?

— E o que você pretende? Morar na vila? Trazer os seus novos parentes para cá? Acha que o faraó permitiria?

— Ainda não sei o que fazer, mas uma coisa é certa: não posso mais ficar indiferente ao sofrimento do meu povo.

— Seu povo?! Moisés! O que está dizendo? Você não é um escravo!

— Mas poderia ter sido. Eu deveria ter morrido com o decreto do faraó, mas o Deus dos hebreus me poupou por alguma razão, você não acha?

— Os deuses egípcios o pouparam para livrá-lo da escravidão, para que se tornasse um príncipe! Por favor, eu entendo que essas descobertas estejam mexendo com você, mas pense um pouco, não seja precipitado! Fique longe dessa gente, para o seu próprio bem.

No auge de sua decepção, Moisés interrompeu a conversa e saiu caminhando. Alguns passos adiante, virou-se para Nefertari.

— Não acredito que tenha reagido assim. Agora, tenho de ir. Conversamos depois.

Ainda não sabia ao certo o que deveria fazer. A noite tinha sido muito intensa e havia lhe trazido muita alegria. Mas não esperava que o dia fosse tão duro, cheio de dúvidas e da reprovação de quem mais amava.

Assim que entrou no palácio, deparou-se com sua mãe, Henutmire, que vinha acompanhada de Yunet, como de costume.

— Meu filho, que bom vê-lo — disse a princesa abraçando Moisés fortemente. — Tive um sonho que me deixou tão aflita! Sonhei que o ouvia chorando, no Nilo, mas, ao abrir o cesto, não tinha nenhum bebê dentro. Era como se você...

Antes que a princesa terminasse, Moisés a interrompeu bruscamente.

— Mãe, estou muito ocupado. Preciso ir — e seguiu pelo corredor, sem dar a mínima atenção para a princesa, que ficou espantada com tamanha frieza do filho.

— O que será que deu nele?

— Não deve ser nada de mais, senhora.

— Moisés nunca foi frio assim comigo. Viu como me tratou com indiferença? Alguma coisa aconteceu. Mas o quê? Será que tem alguma coisa a ver com aquele sonho?

A princesa ficou confusa, enquanto, ao seu lado, Yunet disfarçava a alegria por saber exatamente o que estava acontecendo.

***

Na casa de Anrão e Joquebede a manhã parecia o despertar de um sonho. Aquele momento havia sido gestado nos corações de cada um deles, anos a fio, mas nem em suas melhores expectativas imaginariam que numa noite alguém bateria em sua porta e esse alguém seria Moisés, o príncipe. Não, Moisés, o filho.

— Que coisa extraordinária, Moisés bater à nossa porta no meio da madrugada. Quem poderia imaginar?

— Coisa de Deus, não é, pai?

— Com certeza, filha.

— Ele já está até falando "nosso povo"! — relembrou Joquebede, no momento que tinha se tornado o mais inesquecível daquela noite memorável.

— E também "Shalom!" — ressaltou Miriã.

— Graças ao Senhor ele se tornou um rapaz bom e justo e não se deixou influenciar pelo meio em que cresceu — enfatizou Anrão.

— Já pensou se Moisés desprezasse os hebreus como a maioria dos egípcios? Não ia nem querer saber da gente, não é mesmo, mãe?

— Eu carreguei esse menino no meu ventre, filha. Seu pai o consagrou a Deus quando ele nasceu. Até os três anos seu irmão viveu entre nós, escutou as histórias do nosso povo, ouviu você cantando, brincou com Arão. Ele pode até não se lembrar, mas essas coisas ficam gravadas no coração de uma criança.

— Falando em Arão... — lembrou Miriã.

— Ele não estava dormindo ontem, não é?

— Não, pai. Ele se recusou a vir.

— Eu me lembro de como Arão ficou revoltado quando voltei do palácio sem o irmãozinho que ele tanto amava — lembrou a mãe.

— Arão sofreu muito. Era pequeno demais para entender. Acho que foi depois disso que nunca mais parou de se revoltar com tudo! — completou Miriã.

— Talvez ele tenha criado essa resistência a Moisés por medo de que ele o decepcione e o faça sofrer novamente. O que Arão sente é medo, e não ódio — ponderou Anrão.

— Não acho que seja dessa maneira que meu irmão veja as coisas.

— Pode ser, mas concordo com o seu pai. No fundo, Arão ama Moisés, sei que ama.

— Só se for bem lá no fundo, mãe.

— Vou conversar com ele. Nossa família já ficou separada tempo demais — disse Anrão, decidido a tocar no assunto com o filho do meio.

Logo que saiu de casa para o trabalho, Anrão encontrou-se com Arão e os filhos deste. Pediu que Miriã levasse os meninos aos seus postos de trabalho para que ele pudesse caminhar a sós com Arão e conversar sobre o que havia ocorrido na noite passada.

— Nós precisamos conversar, filho.

— Desculpe, pai. Se é para falar de Moisés, não me interessa.

— Por que você resiste tanto a se aproximar de seu irmão?

— Pai...

— Muito bem. Não vamos falar sobre Moisés. Que tal você me explicar melhor como talhou tão bem aquela pedra ontem? — disse Anrão, respeitando o tempo do filho e procurando não magoá-lo naquele momento.

Ambos seguiram para o trabalho, conversando, então, sobre como talhar melhor uma pedra. Anrão sabia que Arão havia sofrido muito com a perda do irmão e, sobretudo, com as condições nas quais os hebreus viviam, inclusive seus filhos pequenos, obrigados a trabalhar desde tão cedo. Por isso, resolveu deixar que Deus se encarregasse de amolecer seu coração.

***

Paser estava trabalhando com Simut quando Nefertari chegou e entrou em sua sala. Permaneceu ali um pouco, em silêncio, sem ser percebida, até que se dirigiu ao pai.

— Pai? Tem um instante para conversarmos?

— Claro, filha. Chegou em boa hora! Mais tempo conversando com Simut não ia fazer bem para minha saúde. Ou melhor, para saúde dele! Simut, vá ver se os ingredientes para produzir incenso já chegaram.

— Sim, senhor — atendeu o aprendiz.

— Conte-me, minha querida, o que a está afligindo?

— Moisés.

— Já com briguinhas de namorados?

— É bem mais sério, pai. Ele descobriu a família hebreia e os procurou na vila.

Paser ficou muito preocupado, sabendo que fora Yunet que contara a Moisés sobre aquilo. Disfarçou e continuou a conversa.

— Pelos deuses! E ele lhe contou como ficou sabendo?

— Ele viu um desenho num papiro, não sei direito... O problema é que agora Moisés está achando que não pode mais ficar indiferente ao seu povo, que não pode permitir que continuem sofrendo. "Seu povo", o senhor acredita?

— Calma, filha. Ele sempre soube que era hebreu, mas isso nunca o impediu de agir como um príncipe egípcio.

— Pois agora está agindo feito louco! Estou morrendo de medo que Moisés faça alguma bobagem.

— A situação é preocupante mesmo.

— E se ele cisma que deve se casar com uma hebreia?

— Imagine, ele é apaixonado por você.

— Não sei. Se antes Moisés tinha dúvidas sobre quem ele era, agora sou eu que não o reconheço mais.

— Acalme-se, minha filha — disse Paser, abrigando a filha em seus braços.

Sabia muito bem quem havia deflagrado todo este processo; Yunet havia, novamente, obtido êxito em seu plano ardiloso. Porém, não sabia ao certo o que fazer nem o que dizer a sua filha. Precisava se antecipar de alguma forma. Pensou e decidiu conversar com o general Disebek. Se havia alguém que poderia conter Moisés, este alguém era seu pai. Tão logo a filha saiu e Simut voltou, pediu que o auxiliar avisasse ao general que ele precisava falar-lhe. Não demorou muito e Disebek apareceu.

— Queria falar comigo, Paser?

— Sim, por favor, entre, general. Trata-se de um assunto muito grave e sigiloso. Achei melhor conversar com o comandante antes de tomar alguma decisão.

— O que é?

— Moisés descobriu toda a verdade.

— Toda a verdade? Como assim?

— Sobre o decreto do faraó ordenando a matança dos bebês hebreus, que não foi abandonado, que sua família hebreia está viva...

— Pelos deuses! Mas como?

— Não sei, senhor — mentiu o sacerdote.

— Temos de descobrir o responsável e puni-lo severamente! Esse segredo nunca deveria ter sido revelado!

— Calma, eu ainda não terminei.

— Não? O que mais?

— Moisés foi até a vila, conheceu sua família hebreia e agora pretende cuidar deles.

— O quê? Foi até lá? Como assim cuidar deles? — gritou o general, absorto pelas informações que acabara de receber.

— O príncipe está revoltado com a condição do seu povo e não quer que sofram mais com a escravidão.

— Seu povo? Como assim, "seu povo"?

— Ele agora os considera assim, general.

Disebek em choque, saiu dali decidido a conversar com o filho. Alheio a tudo, Moisés caminhava pelo palácio, ansioso, pensativo quanto ao que deveria fazer. De tantas coisas que deveria mudar, uma era urgente: precisava conhecer de perto como era a vida dos hebreus nos canteiros de obras do reino. Decidiu começar naquele mesmo momento.

Chamou um de seus oficiais de confiança, Ikeni, e pediu que ele se vestisse sem uniforme do exército. Moisés também tirou sua roupa real e vestiu uma roupa comum, para passar despercebido e não mudar a rotina do campo de trabalho. Queria ver exatamente como os hebreus eram tratados em seu dia a dia, distante dos olhos da realeza.

Ao chegarem ao canteiro, ao longe, Moisés já foi percebendo como era sofrida a vida de seu povo. Como o trabalho era intenso e desgastante, sob sol escaldante e numa rotina de pouco descanso e quase nenhuma dignidade. Era um deles, mas não sofria como tal. Percebeu, um pouco ao longe, uma pequena aglomeração. Levantou-se e viu que se tratava do um chicoteamento de um escravo. Correu. Assim que chegou ao lugar, percebeu que Apuki, o chefe das obras, estava chicoteando um velho que, provavelmente pela idade, não conseguia mais render como outrora.

— Pare com isso agora, Apuki! — gritou o príncipe, sem titubear.

Só então Apuki reconheceu Moisés e reagiu num misto de surpresa e medo. Anrão também estava ali e viu o filho, e disfarçou a emoção e a alegria. Era Eldade, velho amigo de Anrão, quem estava apanhando de Apuki.

— Príncipe Moisés! Não o vi chegar!

— Vim de surpresa de propósito, Apuki, para ver como você trata os escravos quando estou longe. Agora você pode me explicar o que está acontecendo aqui?

O feitor embaralhou-se.

— Esse homem não sabe usar a talhadeira, não consegue encaixar as pedras. É um velho inútil.

— E isso é motivo para bater desse jeito?

— Mas essa é a punição para os escravos, senhor, sempre foi assim. Se não mantiver todos sob controle, não trabalham direito e...

— Pois a partir de agora você está proibido de maltratar os escravos — disse para Apuki.

Logo em seguida, dirigiu-se a Eldade, dizendo que pegasse suas coisas e fosse se cuidar em casa e só voltasse quando estivesse completamente restabelecido. Eldade agradeceu muito antes de ir.

Moisés nem esperou para ouvir as explicações de Apuki. Logo saiu e continuou sua caminhada pelos campos em que trabalhavam os hebreus. Um pouco mais adiante, viu um grupo de crianças hebreias trabalhando nas ruas de Pi-Ramsés, no meio de adultos egípcios distintos e bem vestidos. Elas carregavam sacolas nas quais depositavam os excrementos dos animais, retirando-os das ruas.

— Que absurdo tratar uma criança assim! Por que estão catando excrementos, Ikeni?

— Para fazer combustível para as lamparinas.

— Sim, eu sei, mas não tinha ideia de que eram crianças que faziam isso. É um serviço para adultos!

— É uma tarefa como outra qualquer.

Eles andaram mais um pouco e passaram por crianças egípcias bem vestidas e limpas, passeando, brincando e correndo felizes com suas famílias por ali.

— Não dá para aceitar tanta diferença. Uns com tanto e outros com tão pouco!

Aquilo amargurava o coração de Moisés de tal forma que ele não conseguiu continuar caminhando naquele dia. Em silêncio, deu meia-volta e começou a andar rapidamente na direção do palácio. Estava nitidamente impressionado. Ikeni o acompanhou, percebendo que algo estava errado, mas não entendia o que afligia o príncipe de forma tão acentuada.

Ambos caminharam rapidamente e, chegando ao palácio, Moisés ordenou que Ikeni escolhesse uma espada para que treinassem naquele momento. O príncipe precisava extravasar a raiva de alguma forma e lutar seria um jeito de distrair a mente e cansar o corpo. Depois de um bom tempo de treino, Ikeni já demonstrava cansaço, mas Moisés ainda lutava com vigor, até que Ikeni arrefeceu.

— O príncipe hoje lutou com a ajuda dos deuses, assim é covardia... Já não aguento mais, meu senhor.

— A raiva anima, Ikeni. Quer revanche?

— Por favor, senhor, não aguento mais por hoje.

Assim que Moisés guardou a espada, Disebek, seu pai, entrou afoito no campo de treino.

— Moisés. Precisamos conversar.

— Estou no meio do treino. Quando acabar eu...

Antes que o príncipe terminasse, seu pai falou em tom grave.

— O treino pode esperar. Depois você continua. Eu preciso falar com você agora.

Com um gesto, Disebek pediu a Ikeni que se retirasse. Ikeni fez uma curta reverência e saiu imediatamente. E assim que o oficial saiu, Disebek foi direto ao ponto:

— Eu já soube de tudo. Imagino que você saiba do que estou falando.

— Então pode imaginar também como estou me sentindo ao saber que fui enganado a vida inteira.

— Fizemos isso para o seu bem, para protegê-lo.

— Proteger-me do que, de quem?

— Você foi conduzido até nós para que tivesse uma vida de príncipe, não de escravo. Sua mãe e eu apenas agimos em acordo com a vontade dos deuses.

— A proteção, ou melhor, a mentira fez com que eu sentisse sempre um vazio dentro de mim. Agora o vazio vai ser preenchido. Já está sendo, aliás.

— Preenchido de que maneira? Espero que você não...

— Preenchido com o desejo de um hebreu, que sou eu, de que haja um mínimo de respeito por todos os hebreus, a começar pela minha família hebreia. Onde a linguagem é a do chicote, não pode haver esse mínimo de respeito.

Moisés enfatizava a palavra "hebreu" cada vez que a dizia, mostrando-se bem à vontade de ser identificado com seu povo.

— Você sabe o que pode causar com essa atitude? Já pensou no sofrimento de sua mãe? Refiro-me à mulher que o criou e que o ama acima de tudo.

— Jamais esquecerei o carinho com que fui criado, e não apenas por ela, pelo senhor também. Mas isso não é motivo para que eu esqueça a outra mulher, a que me trouxe ao mundo, a que tem o mesmo sangue que me corre nas veias.

— Muito bem, entendido. Vamos ao que de fato interessa. O que você pretende fazer, concretamente?

— É a pergunta que também me faço, para a qual ainda não encontrei resposta... Mas vou encontrar!

— Se ainda não sabe o que fazer, não faça nada agora, precipitadamente. Pense com calma no assunto, pesando todos os prós e contras — ponderou seu pai.

— E enquanto isso os hebreus continuam escravizados, apanhando de chicote?

— É a ordem natural das coisas.

— Pois é exatamente isso que não consigo mais aceitar. É muito cômodo para quem escraviza pensar assim.

— Você está mexendo com coisa muito séria e perigosa, Moisés! Isso pode acabar mal, inclusive para quem você quer proteger.

— É uma ameaça? — desafiou o príncipe.

— Não, meu filho, é realismo, é experiência de vida de quem viveu um pouco mais do que você e sabe o que está em jogo. Eu também quero proteger minha família, e você faz parte dela.

Moisés silenciou e caminhava de um lado para o outro no pátio de treinamentos, sob os olhos inquietos do pai. Realmente havia muito em jogo, mas suas últimas descobertas não poderiam ser simplesmente ignoradas.

— Como é que se faz para esquecer o que não permite ser esquecido? — perguntou, afinal.

Disebek aproximou-se do filho e envolveu-o com o braço.

— Com a ajuda do bom senso, com a prudência de quem coloca o raciocínio acima das emoções. Se eu, como general, agisse impensadamente, guiado apenas pelo impulso de vencer, o Egito estaria aniquilado há muito tempo.

— E se eu insistir em me aproximar de minha família hebreia, se quiser livrá-los da escravidão e, além disso, como arquiteto do reino e responsável pelas obras, quiser melhorar substancialmente as condições de trabalho dos escravos? Qual seria sua atitude?

O general se pôs a pensar na pergunta do filho. Aquilo tinha implicações para além de sua relação familiar. Por mais que amasse o filho, sabia que o mesmo estava trilhando um caminho perigosíssimo que, inclusive, poderia separá-lo de seus pais adotivos.

— Como pai, como amigo, como general do reino, aconselharia você a fazer as três coisas impondo-se muitos limites. Jamais esquecendo que é um príncipe egípcio, por vontade dos deuses.

Disebek estava mais angustiado que Moisés. Na verdade, as angústias eram diferentes. O pai estava preocupado com os rumos do filho e em como aquelas informações novas poderiam afetar Moisés e sua família, além da ordem no palácio. Já Moisés tinha um novo horizonte diante de si. As novidades não afetariam somente o seu cotidiano, mas sua forma de enxergar a vida, o mundo e as relações humanas. Ele sentira, pela primeira vez, um pertencimento, um sentimento de missão, de ter algo que clamava dentro de si por uma mudança significativa. Ainda não conseguira medir as consequências de suas atitudes e seus intentos, mas sabia que algo mudaria radicalmente porque, em pouquíssimo tempo, seu coração havia encontrado rumo.

Ele permaneceu ali, pensando na conversa que tivera com o pai enquanto este saía do pátio. O general foi diretamente à procura de Henutmire. A esposa precisava saber o que estava acontecendo com seu filho e não poderia ser pela boca de outras pessoas, se não a do próprio marido.

Em poucos minutos, o general já estava no quarto dela, onde pediu que as servas saíssem para ficarem a sós. O assunto demandava essa gravidade.

— O que foi? Que cara é essa? — perguntou-lhe a princesa.

— Aconteceu algo grave, Henutmire.

— Assim você me assusta! Diga logo, o que houve?

— Moisés descobriu toda a verdade.

— Como assim toda a verdade?

— O decreto do rei sobre a morte dos meninos hebreus, sobre não ter sido abandonado, sobre a família estar viva. E tem mais: Moisés já se encontrou com eles e pretende vê-los novamente.

A princesa sentou-se na cama, tonta pelo que havia acabado de ouvir.

Sem que soubesse, o casal não estava sozinho. Enquanto os dois conversavam, Yunet ouvia tudo atrás da porta. Na verdade, ela já sabia do que se tratava o assunto. Havia provocado aquela sucessão de eventos sem que ninguém soubesse. Ali, via e colhia os frutos do que havia plantado e, a cada novo movimento, contentava-se em ver o sucesso do plano.

Entendia, porém, que era preciso acelerar as coisas para que a desobediência de Moisés fosse logo descoberta pelo soberano. Apenas o faraó teria poder de tomar alguma atitude mais drástica com ele e tirá-lo do caminho que Yunet traçara para sua filha. No entanto, como a dama faria isso se não tinha acesso direto ao rei do Egito? Seus pensamentos voltaram-se para a rainha, sempre em pé, majestosa, ao lado de Seti I. Sim, uma vez que Tuya soubesse da história, precisaria contar para o marido para não ser punida por omitir a informação. Todos no palácio souberam do que lhe acontecera quando encobrira as aventuras noturnas de Ramsés, e a rainha não estava disposta a perder seu prestígio diante do soberano mais uma vez.

Yunet deixou seu posto atrás da porta do quarto de Henutmire e foi à procura de Tuya e encontrou-a no harém. Abordou-a sem rodeios.

— Senhora, preciso falar-lhe. Estou muito preocupada com a princesa.

— O que foi?

— O príncipe Moisés já sabe de tudo.

A rainha não dava muita atenção ao falatório da dama.

— Tudo o quê? Do que está falando?

— Do antigo decreto do rei que mandava matar os bebês hebreus. Descobriu que não foi abandonado pelos pais e que sua família de sangue está viva. Ele até já foi lá para conhecê-los, e agora resolveu que quer ajudar seu povo!

Yunet ganhara toda a atenção e o pânico da rainha, a julgar pela expressão de horror que se estampou em sua face.

— Pelos deuses, Yunet!

— Perdão trazer más notícias, senhora. Talvez não devesse ter vindo. Mas é que tenho muito carinho pela princesa, não gosto de vê-la sofrendo, e agora a pobrezinha está lá de coração partido!

— Você fez muito bem em me procurar! Cedo ou tarde isso ia acabar acontecendo. A adoção de Moisés foi mesmo um erro. Pode ficar tranquila, vou tomar as providências necessárias.

— Que bom, minha senhora. Fico mais aliviada de saber que cuidará de tudo!

A rainha levantou-se da sala, deixando Yunet a sós com seu triunfo. A princesa, que continuava a discussão com seu marido, em seu quarto, em breve receberia a visita da mãe.

Henutmire estava nitidamente apavorada com o que Disebek lhe havia falado. Uma história escondida por tanto tempo, tornando-se pública e sendo escancarada da pior forma possível pelas mãos do próprio Moisés, a pessoa mais afetada.

— Disebek, o que podemos fazer agora?

— Ainda não sei. Moisés está muito magoado por termos mentido.

— Você explicou que foi para o bem dele, que só queríamos protegê-lo?

— Claro que sim, mas ele não vê as coisas dessa maneira agora.

Aflita, a princesa lembrou-se do sonho que tivera na noite anterior. Sabia que tinha alguma mensagem naquele sonho. Era uma mensagem dos deuses.

— O que Moisés pretende fazer? — quis saber.

— Acho que nem ele próprio sabe ainda. Mas uma coisa é certa: se Moisés insistir nessa maluquice, ele terá de escolher entre a família hebreia e a egípcia. O faraó nunca permitirá que ele se declare hebreu publicamente.

Henutmire desesperou-se, precisava falar com Moisés imediatamente. Disebek, entretanto, achava melhor esperar que Moisés se acalmasse. A princesa também estava agitada, não sairia nada de bom de uma conversa assim. Enquanto tentava consolar a esposa, a porta do quarto abriu-se. Era Nefertari. Embora não soubesse exatamente sobre o que conversavam, percebeu que era algo relacionado ao seu amado. Assim que entrou, caminhou na direção de Henutmire e abraçou-a. Vendo seu posto de consolador devidamente preenchido, Disebek deixou o quarto e as mulheres a sós.

— Estou tão preocupada quanto a senhora, mas tenho esperança de que as coisas se resolverão com o tempo. Quando passar a novidade, Moisés vai perder o interesse nos parentes hebreus.

Henutmire, porém, não tinha a mesma convicção.

— Minha querida, agradeço pela intenção de me acalmar, mas você está dizendo coisas nas quais não acredita. Por favor, me ajude a fazer com que Moisés desista desse absurdo.

— Eu tentei, e só consegui que a gente brigasse. Senhora, ele falou que vai lá de novo, agora de noite.

— Ah, não, isso não! — exclamou a princesa, levantando-se imediatamente de sua cama e saindo do quarto apressadamente. Correu até alcançar seu marido.

— Eu sei o que quero fazer.

— E o que é, Henutmire?

— Eu quero ir à vila dos hebreus!

QUARENTA E DOIS

Alto preço

As palavras do pai lhe ecoavam na mente, ainda. Sentado ali, no pátio de treino, sob a lua, espada apoiada no chão, Moisés era um compêndio de emoções. Muitas, as mais variadas. O que o surpreendia era que nenhuma dessas emoções o deixava confuso. Ele estava certo do que queria e precisava fazer. Em primeiro lugar, havia prometido que voltaria à casa da família e precisava cumprir aquilo. Tudo o mais era para depois. Na primeira ida, fora para conhecê-los, ouvi-los, abraçá-los. Agora, deveria ir para lhes dizer como iria ajudá-los.

Levantou-se com vigor e foi até a cozinha real, procurar pelo cozinheiro.

— Gahiji.

— Sim, meu príncipe.

— Preciso que me faça um favor. Prepare uma cesta com bastante comida: pães, bolos, bebidas, frutas.

— Claro! Terei prazer em atendê-lo. Essa comida seria para quantas pessoas?

O príncipe confiava no cozinheiro. Vendo-o sozinho na cozinha, resolveu abrir para ele seus pensamentos e emoções. Precisava de um aliado dentro do palácio.

— Gahiji, posso contar com sua discrição?

— Se o senhor me permite a ousadia, faço uma ideia do destino dessa cesta.

— Leila lhe contou?

— Ela não fez por mal, ela sabe do apreço que tenho pelo príncipe.

— Não tem problema, se pudesse sairia contando para o mundo inteiro!

— Já não o aconselharia fazer tal coisa, príncipe. Imagino que deve estar contente, mas essa notícia pode provocar alguns contratempos.

— Tudo bem, não se preocupe. Sei que não vai ser nada simples.

— Bom, então voltemos à cesta! Quantas pessoas?

— Deixe ver. Pai, mãe, irmã, irmão, cunhada, crianças. Enfim. Bastante gente.

— Sim, senhor. Em alguns minutos, a entregarei pessoalmente em seu quarto.

— Faça isso. Obrigado.

O príncipe saiu dali e foi direto para seu quarto, onde deveria pensar em como sair novamente do palácio. Já tinha as roupas necessárias, já havia pedido a comida. Precisava pensar em como sair sem chamar tanta atenção uma vez que, agora, mais pessoas sabiam de sua história.

Depois de pensar um pouco, decidiu que aquele era o momento de partir. Sua família o esperava. Ele havia prometido que retornaria e não descumpriria tal promessa por nada. Já tinha perdido tempo demais, engodado pelas mentiras dos pais e pelos rigores do palácio. Agora, queria estar com os seus e, mais do que isso, celebrar com eles esse novo momento. Era hora de ir.

Estava saindo de seu quarto quando foi surpreendido pelos soldados Ikeni e Bankemut.

— Príncipe Moisés, o faraó deseja vê-lo em seus aposentos.

— Ele adiantou qual era o assunto?

— Não, senhor, mas parecia nervoso. Creio que é algo urgente.

— Agora estou de saída. Diga ao soberano que irei ter com ele na sala do trono amanhã cedo.

— O senhor das duas terras nos instruiu a levá-lo imediatamente — insistiu Bakenmut.

— Perdão, meu príncipe, mas também temos ordens de não deixá-lo sair do palácio — completou Ikeni.

— E se eu não concordar?

— Ele disse para agirmos da maneira que fosse necessária — respondeu Bakenmut.

— Pelos deuses, senhor, não nos obrigue a usar a força — clamou Ikeni, que tinha grande apreço pelo príncipe.

Moisés fez menção de seguir em frente, mas Bakenmut segurou seu braço. Moisés o encarou sombrio e nervoso. Bakenmut percebeu e largou o príncipe. Moisés olhou para Ikeni.

—Você uma vez me levou preso, de mãos atadas, para ouvir uma sentença. Lembra?

— Sim, senhor.

— Não precisará me atar novamente. Não vou reagir, eu acompanho vocês — respondeu Moisés.

O príncipe não imaginava que a história havia chegado aos ouvidos do faraó. Enquanto caminhava, sua única preocupação era como ajudar a família hebreia.

— Mandou me chamar, soberano?

Sentado em seu quarto, Seti I exalava ódio. Tuya o ladeava, visivelmente tensa e preocupada com o rumo que aquele encontro teria.

— É verdade que você resolveu conhecer seus pais hebreus?

— Resolvi e conheci, após saber que estavam vivos. Não só meus pais como minha irmã. Soube também que tenho um irmão, que pretendo conhecer em breve.

— Mas o que é isso? — indignou-se Seti I. — Decidiu me desafiar?

— De maneira alguma, senhor. Jamais faria isso. Só quero me relacionar com minha família de sangue. É um direito que tenho.

— Engano seu. Não lhe dou esse direito enquanto estiver sob minha proteção neste palácio.

Percebendo que os ânimos já estavam muito acalorados, Tuya interveio.

— Não seria adequado para um príncipe egípcio se envolver com estrangeiros, Moisés.

— E matar bebês é adequado? — desafiou Moisés, olhando fixamente nos olhos de Seti I.

— Ora, como ousa me questionar? Tudo o que fiz foi para manter o equilíbrio cósmico! Para mim aqueles bebês hebreus não passavam de vermes!

A tensão no quarto tornou-se colossal. Tuya respirou fundo, temendo ser esmagada pelo peso daquelas palavras e o efeito que causariam no neto. Os oficiais Ikeni e Bakenmut, ainda posicionados atrás de Moisés entreolharam-se rapidamente, constrangidos. Estavam todos tão concentrados em Moisés, aguardando por sua resposta, que não notaram a chegada de Ramsés ao quarto do pai.

— Eu era um deles.

— Não tenho nada contra você manter relações com a gentalha da sua raça, mas se insistir nisso e voltar para aquela vila dos escravos, estará fechando para si as portas do palácio, palácio para o qual foi trazido por loucura de minha filha. Eu me arrependerei eternamente por haver concordado!

—Talvez tivesse sido realmente muito melhor se o faraó não houvesse concordado, melhor para todos nós. Gostaria de declarar que, apesar dessa conversa acalorada, não estou com medo de suas ameaças, soberano. Nenhum medo.

Ramsés percebeu na expressão do pai que era hora de intervir. Correu até Moisés e segurou-lhe o braço.

— Moisés, venha comigo. Meu pai, permita que eu interfira antes que as coisas tomem um rumo indesejável.

— Já tomaram! Levem esse hebreu daqui! — gritou Seti I.

Ramsés tomou o amigo pelo braço e tirou-lhe rapidamente dali. Assim que chegaram ao quarto de Moisés, Ramsés apressou-se em falar com o príncipe.

— Não acha que a confusão por hoje já está de bom tamanho? Meu pai vai acabar com você se voltar à vila.

— Mas eu prometi para os meus pais que ia lá hoje.

— Prometeu para os pais de lá, mas não pediu licença para os pais de cá — sussurrou Ramsés, abrindo um sorriso leve, tentando amenizar o clima pesado.

— Não brinque, é sério. Eu tenho de ir e vou, desagrade a quem desagradar.

— Deixe a fúria do rei passar, Moisés. Vá dormir, é o melhor que você faz.

— Acha mesmo que vou conseguir dormir, Ramsés?

— Responda-me só uma coisa: se continuar desafiando o faraó e for preso e condenado, quem é que vai proteger sua família hebreia? Porque a ira do faraó vai chegar até eles, não tenha a menor dúvida. Já pensou nisso?

Não tinha pensado. Pela primeira vez, Moisés sentiu medo, não por si, mas pelos seus. Ramsés tinha razão. Se Seti I nunca o aceitara, sendo filho adotivo de Henutmire, o que seria capaz de fazer com um povo a quem odiava e que estava trazendo-lhe problemas? Intimamente, concordou com Ramsés e aquietou-se em seu quarto.

***

Na vila dos hebreus quase todos dormiam. Menos os da casa de Anrão.

— Estou muito ansiosa. Será que ele volta? — perguntou Joquebede em voz baixa.

— Ele prometeu que vinha, mãe — respondeu Miriã. — Acalme-se.

— Tenho receio de que a princesa descubra e tente nos afastar de novo.

— Não acho que meu irmão vai deixar ninguém impedi-lo dessa vez.

— O problema é justamente esse, filha. Moisés precisa agir com extremo cuidado daqui para frente. Se ele resolve enfrentar o faraó como enfrentou Apuki, pode ser muito perigoso — comentou Anrão.

— Será? Não tinha pensado nisso! — disse Joquebede, demonstrando preocupação.

— É verdade, mãe. Moisés ficou muito sensibilizado com tudo o que descobriu. Pode acabar se prejudicando sem querer, no calor da emoção.

— Vamos conversar com ele, assim que chegar aqui, filha — encerrou Anrão.

Os três ouviram batidas na porta.

— Moisés! — sobressaltou-se Joquebede.

Antes que qualquer outro se levantasse, a mãe já estava com as mãos na porta, para abri-la, cheia de carinho e ansiedade pelo retorno do filho. Moisés cumprira o que havia prometido. Estava ali de novo, para rever os seus, a sua família, o seu povo.

Joquebede abriu a porta e, antes que o coração lhe saltasse da boca, subiu o degrau para abraçar o filho.

Silenciou. Não era Moisés.

Uma pessoa estranha, pequena, vestida de túnica branca e com um capuz que lhe escondia os cabelos e a face estava diante dela. O capuz foi lentamente deslizando por sua cabeça, até que o rosto se mostrou claramente.

Joquebede estremeceu.

— Princesa Henutmire!

Joquebede e sua família mal podiam acreditar no que viam diante deles. A própria princesa, no meio da noite, longe da presença do deus Rá, em plena vila dos hebreus. A família esperava, ansiosa, por mais uma visita de Moisés, mas ficaram em choque ao ver que quem estava na porta era filha do soberano do alto e baixo Egito.

— Posso entrar?

Joquebede estava sem reação e apenas assentiu, lhe abrindo passagem.

— Por favor, senhora, por aqui — indicou, enquanto a princesa entrou apreensiva, seguida por Yunet que a acompanhava. Alguns oficiais a aguardavam do lado de fora da casa, entre eles Ikeni, que observava a movimentação, temendo alguma hostilidade por parte dos escravos.

Anrão tranquilizou Henutmire.

— Não se preocupe, princesa, ninguém aqui lhe fará mal.

Joquebede apresentou à princesa seu marido e filha. A conversa entre elas seguia aos soluços, com as duas tomando muito cuidado e escolhendo as palavras menos doloridas e reconhecendo o que tinham em comum: o carinho de mãe que ambas nutriam verdadeiramente por Moisés.

— Você deve ser a menininha que veio até mim oferecendo uma ama de leite hebreia — recordou a princesa, dirigindo-se à Miriã.

— Sim, sou eu — sorriu a moça.

— Quando coloquei Moisés no cesto e o pus no rio, Miriã era ainda uma criança e não quis deixar o irmão sozinho — completou Joquebede.

— Fiquei com ele até que tive certeza de que estaria em segurança — contou Miriã.

Yunet ouvia tudo com atenção, ao mesmo tempo em que olhava a casa com repugnância e nojo. Evitava encostar-se às paredes e móveis e recusou a água fresca que Anrão lhe ofereceu.

— Pelo visto vocês todos lutaram muito para que Moisés sobrevivesse — emocionou-se a princesa.

— Fizemos a nossa parte e Deus fez o resto — disse Joquebede.

Anrão percebeu a ansiedade nos olhos da princesa e a necessidade que tinha de dizer algo importante e resolveu ajudá-la.

— Mas penso que não foi para ouvir essas histórias que a senhora veio até nossa casa.

— Não vim ameaçá-los, não se preocupem. Se estou aqui hoje é porque amo Moisés tanto quanto vocês. Sei que já sofreram muito, que se sacrificaram e arriscaram sua vida por ele. Sei também que nunca desistiram e não se esqueceram de seu filho — disse pausadamente e com os olhos cheios de lágrima. Joquebede percebeu o quanto eram sinceras aquelas palavras e sorriu com empatia.

A visita tinha um objetivo claro. A princesa queria que a família deixasse Pi-Ramsés o mais rápido possível. Comprometeu-se a ajudá-los na fuga, fornecendo o que precisassem. Henutmire explicou a razão e contou como o faraó ficou furioso ao saber que Moisés havia visitado seus pais verdadeiros e que não toleraria que o príncipe assumisse suas raízes hebreias vivendo no palácio.

— Meu pai nunca aceitou Moisés em seu coração. Há muito mais coisas envolvidas. Se o príncipe assume suas origens hebreias, o faraó poderá duvidar de sua lealdade e acusá-lo de traição.

— Ele tem medo de que Moisés lidere uma rebelião de escravos? — ponderou Anrão.

— Sim. Por isso é melhor que ele se afaste de vocês, caso contrário, de que valerão os sacrifícios que fizeram? Moisés se livrou da escravidão. É um príncipe, tem uma vida inteira de glórias pela frente — pediu Henutmire.

— Pedi tanto a Deus para ter meu filho em meus braços novamente — Joquebede caiu em prantos.

Henutmire se aproximou, carinhosa e compreensiva. Levantou o rosto de Joquebede com delicadeza e sinceridade.

— Nosso filho é muito abençoado por ter duas mães que o amam tanto. Por isso lhe suplico, Joquebede, do fundo do meu coração, tenha forças, mais uma vez, para fazer o que é necessário para protegê-lo.

Após a difícil conversa, a princesa, Yunet e os soldados partiram novamente para o palácio, deixando a família desconsolada.

Arão, que havia sido alertado por Eldade sobre os soldados à porta da casa da mãe, chegou pouco tempos após a partida da comitiva da princesa. Assustou-se ao encontrar os pais e a irmã naquela tristeza. Ao saber do que se tratava, começou a culpar Moisés por mais aquele infortúnio.

— Sempre soube que isso não ia acabar bem!

— Ela propôs que fujamos. Para o nosso bem e o bem de Moisés — explicou Anrão.

— Fugir? Para onde? Uma família inteira com crianças, mulheres... Seríamos perseguidos, caçados como animais — Arão irritou-se com a ideia.

— Ela disse que ajudaria. Mas nem consigo pensar nessa possibilidade — disse Joquebede, limpando as teimosas lágrimas.

— E agora? O que vai ser de nós? Se o que a princesa disse é verdade, estamos condenados. O que eu digo para os meus filhos que têm tanta curiosidade em conhecer esse tio príncipe? Que não têm futuro, graças a ele? Melhor seria que Moisés jamais tivesse nos procurado — indignava-se.

Joquebede revoltou-se com duras palavras contra Moisés e sua constante ira contra o irmão. Apontou o dedo em riste e, com autoridade, ralhou com o filho.

— Basta! Moisés é seu irmão. Deus o protegeu e o trouxe de volta porque Ele tem um plano maior.

***

No palácio, o clima era de apreensão. Ramsés e Disebek conversavam no quarto do general enquanto na sala do sacerdote Paser, era Nefertari quem enchia o pai de perguntas sobre o destino de Moisés.

Alheio a isso, o príncipe hebreu, proibido de deixar o palácio naquela noite, pedia a Leila que levasse na manhã seguinte alimentos da cozinha real e um recado para sua família hebreia: seria cauteloso, para não expô-los a riscos, mas não desistiria deles.

Não demorou muito e Henutmire e Yunet retornaram ao palácio, cansadas e ainda sob o efeito das emoções vividas. Enquanto a princesa foi conversar com o marido, Yunet correu para se perfumar e se banhar. Estava enojada com o passeio noturno pela vila dos hebreus.

— Vou tomar um banho. Não conseguirei dormir com essa pestilência. Cheiro de escravo parece que gruda na gente feito piolho. Pelos deuses, só me falta ter pegado piolhos. Acho melhor jogar essa peruca e essas roupas fora — resmungava.

QUARENTA E TRÊS

Assassinato no deserto

Logo o sol raiou, Henutmire, Disebek, Tuya e Paser reuniam-se na sala do trono, na presença de Seti I.

— Eu avisei, Henutmire: no dia em que você trouxe um filho de escravos dizendo que queria adotá-lo, eu impus minhas condições — impacientava-se o faraó.

— Mas ele só ficou curioso sobre sua origem, meu pai.

— Curioso? Apesar de não aprovar, dei todos os privilégios a Moisés, mas há limites. O que ele pretende com essa curiosidade? Se o povo fica sabendo que aceitei um príncipe hebreu, o que vão pensar? É toda a segurança do meu reinado que está em jogo — bufava.

— Moisés sempre deu provas de sua lealdade, meu soberano. Ele lutou com bravura pelo Egito, contra os inimigos do faraó — argumentou o general.

— Isso foi no passado, comandante. Agora sou obrigado a retê-lo no palácio até que me convença de suas boas intenções — respondeu Seti I.

— Moisés nunca o trairia. Ele só ficou confuso com o que descobriu. Mas vai cair em si, tenho certeza. Ele é imensamente agradecido por sua generosidade, meu pai — tentava argumentar a princesa, pretendendo evitar que o filho fosse punido, expulso ou mesmo condenado à morte.

Enquanto todos tentavam acalmar os ânimos e encontrar uma saída diplomática, Moisés surgiu no recinto e pediu uma audiência com faraó, que com um sinal de sua mão, assentiu.

— Eu e seu pai conversamos com seu avô, as coisas vão se ajeitar — tentou intervir a princesa.

Moisés permaneceu com um ar frio e, sem olhar para Henutmire, dispensou a ajuda.

— Parece que o faraó tem dúvidas sobre minha lealdade e por isso não permitiu que eu saísse do palácio ontem à noite.

— Exato. Não vou aceitar que continue correndo atrás de suas origens — confirmou Seti I.

— Vim lhe dizer que não precisa se preocupar. Entendo que o faraó não pode apoiar um príncipe que assuma pertencer a uma família de escravos hebreus.

— Até porque sua família é aquela que o acolheu e o criou como um príncipe — completou a rainha.

— Fato pelo qual sou muito agradecido, mãe. Caso contrário, teria uma vida de dor e sofrimento, sem esperanças e sem dignidade alguma — continuou Moisés.

— Que bom que reconhece. Tem tudo isso graças à minha filha e aos deuses que o livraram desse infame destino — afirmou o faraó, severo. — Só preciso saber se está mesmo disposto a deixar o passado enterrado. Exijo que me dê sua palavra de que não voltará a procurar por parentes hebreus e que esse assunto será esquecido de uma vez por todas — discursou Seti I, orgulhoso por ter dobrado o príncipe.

— Estou pronto a atendê-lo, senhor, mas antes de empenhar minha palavra, tenho um pedido a fazer. Essas pobres pessoas não têm culpa de nada. Eles não me procuraram e mantiveram segredo durante todos esses anos. São apenas escravos do Egito, não representam ameaça para ninguém. O que lhe peço é sua palavra que nenhum mal lhes será feito.

— Contanto que façam seu trabalho e continuem em seu lugar, pouco me importa! Não terão regalias, mas também não tenho intenção em lhes infringir castigo. O que me interessa é que você não leve a família real para a lama assumindo suas origens e se relacionando com essa gente como se fossem seus parentes. Você tem de decidir de uma vez por todas: é egípcio ou hebreu? — ponderou Seti I, encurralando-o em sua pergunta.

Enquanto Moisés titubeava na resposta, Henutmire interveio outra vez.

— Claro que ele é egípcio! Não é meu filho?

Moisés continuava com os olhos em Seti I.

— Fico grato por sua generosidade, meu faraó. O soberano pode contar com minha lealdade. Agora, se está tudo esclarecido, gostaria de sua permissão para retornar ao trabalho. As obras precisam de minha atenção e pretendo supervisionar a fabricação dos tijolos. Temos recebido remessas de má qualidade, é meu dever descobrir o que está acontecendo.

Seti I autorizou e Moisés fez uma mesura respeitosa, deixando a sala do trono. Sua mãe ainda tentou falar com ele algumas palavras, mas o jovem príncipe não lhe deu atenção.

Disebek ficou aliviado com o recuo do filho; Seti I permanecia desconfiado e mandou que o general colocasse um homem de confiança para vigiar o príncipe e garantir que ele não retornaria à vila dos hebreus. Bakenmut foi o escolhido.

Moisés seguiu em direção às margens do Nilo, onde um grupo de trabalhadores retirava barro com enxadas e forquilhas de madeira. Outros homens colocavam o material em cestos e o jogavam numa espécie de lagar onde era pisoteado, misturado com palha e colocado em formas de madeira que secavam ao sol.

Era um trabalho duro, pesado e sofrido. Moisés olhava os homens que se misturavam à lama, quase não sendo possível identificar o que era gente e o que era barro. O suor e sangue dos escravos, arrancados brutalmente pelos chicotes dos feitores, uniam-se aos tijolos que iriam erguer tumbas e templos no Egito.

Moisés via aquela enormidade de pessoas, como formigas carregando grandes pranchas de madeira retangular ao som de zumbidos de chibatadas, insultos e gemidos de dor. Ele tentava se manter alheio àquelas cenas de sofrimento, mas para onde olhava, via um rosto marcado pela angústia. Corpos subnutridos. Mãos cheias de feridas. Olhares desesperançados. Dor, aflição, tristeza, violência. Imagens que pareciam gritos em sua mente.

— Pensei que fôssemos direto para a obra — interveio Bakenmut.

— Preciso fazer uma vistoria completa. Tijolos ruins não vão suster uma edificação das proporções que estamos construindo para o soberano — justificou o príncipe, que caminhava disfarçando seu horror diante da sequência de cenas chocantes.

Um feitor fustigava alguns escravos quando um deles tropeçou, deixando cair uma porção de tijolos sobre si. Uma das pedras acertou sua canela, fraturando-a. Os outros escravos tentaram acudi-lo, mas o feitor os afastou com o chicote.

— Voltem ao trabalho! Não percam tempo com esse imprestável!

Amedrontados, os escravos hebreus voltaram a pegar suas pranchas e continuaram o transporte dos tijolos enquanto o egípcio se aproximou do homem ferido e o chicoteou ainda mais feroz. Moisés interrompeu-o.

— Por que bate nele? O homem está machucado.

— Meu príncipe, perdão, mas esse eu conheço muito bem. É um preguiçoso, que faz qualquer coisa para deixar o trabalho — justificou-se o feitor.

— Está insinuando que ele feriu a perna de propósito? — desacreditava Moisés.

— Estava atrasando os outros. O que o príncipe queria que eu fizesse? — questionou o feitor.

Bakenmut se aproximou de Moisés e comentou maldosamente.

— Com pena dos escravos, príncipe?

A pergunta irritou Moisés, que tentou não transparecer sua indignação com a violência desmedida.

— Estou é revoltado com tanto desperdício. Chicotear o escravo não vai recuperar os tijolos que ele deixou cair.

O príncipe continuou sua inspeção, seguindo pelo deserto em direção à obra.

***

Apuki havia reencontrado na noite anterior um antigo amigo, Joel, um hebreu que havia se aliado aos egípcios e tinha uma índole violenta e traiçoeira, tal como o feitor. Apuki prometera encontrar alguma ocupação para o amigo e o levou para o canteiro de obras que supervisionava naquela manhã. Lá, gargalhavam fazendo piadas do esforço dos hebreus, falavam das mulheres, bebidas e da forma cruel como castigavam os escravos.

A dupla foi abordada por outro feitor, que precisava de um trabalhador emprestado.

— Estou cobrindo um companheiro em outra frente de trabalho não muito longe daqui e preciso de um escultor. Não tem ninguém para me ceder, Apuki?

—Vocês não tinham um por lá? — quis saber o feitor.

— O imbecil fez o favor de ficar debaixo de uma pedra que se soltou das cordas...

— Morreu esmagado, é? — questionou Joel, animado com a conversa.

— Ainda deixou sujeira... — gargalhou o feitor.

Apuki olhou seus trabalhadores e mirou em Arão, chamando-o.

— Pode levar aquele ali. Mas não dá mole que o safado é impertinente.

— Pode deixar, sei lidar com essa raça de sangue ruim — riu porcamente.

Arão se aproximou e, em silêncio, seguiu a determinação de Apuki, acompanhando o feitor que, a todo momento, o provocava pelo caminho.

— Espero que você seja mais esperto que o outro. Se bem que foi engraçado! Precisava ver a cara do imbecil quando a pedra se soltou! Sabia que ia morrer, o infeliz! Arreganhou a boca e, em questão de instantes, plaft! Virou uma massa fedorenta de carne e osso! Acho que nem vamos aproveitar o bloco de pedra por conta do fedor que deixou. Diga-me uma coisa: vocês são um povo imundo por natureza ou se esfregam na lama de propósito para ficar cheirando a excremento? — ria.

Arão permanecia em silêncio enquanto sua raiva aumentava cada vez mais.

—Apuki me falou que você é do tipo esquentado, tinhoso. Mas ele é que é muito mole. Comigo, escravo não se cria! Sabe o que faço quando um hebreu sujo como você me enfrenta? Pego a mulher dele e dou o que ela precisa. É só tapar o nariz que elas servem bem e ainda gostam — riu de uma maneira ruidosa e nojenta.

— Para gostar de você só se for uma porca — respondeu Arão.

— O que foi que disse?

— Que uma mulher preferiria se entregar a um porco em vez de a um verme infame, um sujeito asqueroso e nojento feito você.

Era a oportunidade que o feitor queria para castigar Arão. Ele apanhou sua chibata e desferiu vários golpes, fazendo com que o hebreu cambaleasse pela areia. O egípcio enlouquecia de ódio com a altivez de Arão e, além dos golpes com o chicote, lhe dava murros e pontapés.

Perto dali Moisés vinha com Bakenmut em direção à obra. Cansado da vigilância do soldado, mandou que sua escolta o esperasse um pouco mais afastado. Queria discretamente flagrar Apuki trabalhando e assim saber como ele agia no dia a dia.

— Mas, senhor, tenho ordens... — tentou argumentar Bakenmut.

— Aqui eu dou as ordens, Bakenmut. Preciso ver como Apuki está agindo. Do jeito que trata os escravos, pode estar prejudicando o andamento das obras — respondeu de forma firme o príncipe. — Não se preocupe, estamos longe da vila dos hebreus — completou Moisés, demonstrando que estava ciente da obrigação de seu oficial.

— Como quiser, senhor — respondeu, contrariado, Bakenmut.

— Voltarei assim que terminar minha inspeção — continuou o príncipe, seguindo sozinho pelas dunas. Caminhou poucos minutos até que flagrou o egípcio surrando Arão. A covardia o cegou de ódio.

Moisés olhou de um lado e de outro; não havia ninguém por perto, exceto o feitor, o escravo e ele emoldurados por um cenário de dunas e areias. Retirou da cintura sua adaga e caminhou com olhos avermelhados de tamanha revolta.

— Covarde, miserável!

O feitor se virou, assustado e antes que dissesse qualquer coisa Moisés lhe cravou a adaga no peito. O egípcio o olhou com terror e morreu ali mesmo.

Arão estava atônito com o que acabava de ver enquanto Moisés ofegava, esperando que a adrenalina baixasse.

— Você está bem? — perguntou a Arão, preocupado com suas múltiplas feridas. Foi quando o reconheceu.

— Eu o conheço...

Arão assentiu, o olhando com profunda emoção. Sangue e lágrimas escorriam de seu rosto.

— Sim, você me conhece. Eu sou seu irmão.

QUARENTA E QUATRO

A morte num sonho

O corpo ainda quente do feitor embebia aquelas areias, deixando-as tingidas de um vermelho escuro. As circunstâncias que culminaram em sua morte eram uma coincidência tão absurda que emudecia Moisés e Arão, apavorando-os. Como se uma força muito maior que ambos os movesse até ali. Era o sangue estrangeiro, de um egípcio, que enfim atava o sangue hebreu do príncipe e do escravo.

Moisés olhava ainda para Arão emocionado pela revelação de ele ser seu irmão. Martirizava-se por nunca ter percebido isso antes. Era evidente que sim. Seus olhos, seu nariz, sua boca e cabelo. Era um espelho seu, mais envelhecido, muito mais marcado de dores, com as costas em carne viva pelas chicotadas, mas era tal como ele. Seu irmão.

— Nosso pai me falou sobre você — disse Moisés, lembrando a conversa com Anrão.

— Pois é, somos irmãos — assentiu Arão, em seguida lançando o olhar sobre o egípcio morto sobre a areia.

Moisés se aproximou para verificar; encostou seus ouvidos no peito do feitor, ferido com a estocada de sua adaga. Os olhos arregalados, como em choque pela última visão que teve antes de ser atingido. O feitor certamente estava morto.

— É melhor enterrar — sugeriu Arão.

Com as próprias mãos os dois cavaram uma cova rasa na areia e rolaram o corpo do feitor até lá. Cobriram com punhados de areia, tarefa que foi ajudada pelos fortes ventos que varriam porções granuladas sobre o defunto.

— Há tanta coisa que preciso saber — dizia Moisés, tentando criar uma empatia com o irmão.

— Não é uma boa hora para isso. Suma daqui antes que apareça alguém — esquivou-se Arão.

— Mas e você? Como vai fazer para...

— Não se preocupe. Eu me viro — tranquilizou-o Arão.

Moisés concordou, preocupado, e partiu por rumo incerto. Já não tinha controle nenhum sobre aquela situação. Arão também seguiu em direção oposta, no sentido da vila dos hebreus. Caminhava com dificuldades. Antes, porém, com ar grave, olhou para Moisés e o agradeceu por ter salvado sua vida.

— Obrigado.

— De nada, meu irmão — respondeu o príncipe, emocionado. Os olhos de Arão também lacrimejaram de emoção.

Perto dali Bakenmut aguardava o retorno do príncipe, já arrependido de tê-lo deixado seguir sozinho. Viu uma caravana passar no horizonte. Preocupou-se e deu ordens para que comitiva o acompanhasse até as obras. Não iria esperar mais.

Moisés perambulava atordoado e apressado. Tinha as roupas desalinhadas e mãos cobertas de sangue e areia. Após alguns minutos de caminhada ele se deu conta que não poderia ficar naquele estado; respirou fundo, procurando se acalmar, ajeitou e limpou sua roupa e esfregou as manchas de sangue das mãos com areia até que elas desaparecessem por completo. Limpou sua adaga e certificou-se que estava sem vestígios do que havia acontecido alguns minutos antes. Foi quando ouviu a voz de Bakenmut soar no deserto, devolvendo-lhe novamente a tensão e a tremedeira.

— Príncipe!

Moisés se virou e viu o oficial e sua comitiva se aproximando. Olhou ao redor, como se procurasse Arão. Ficou mais tranquilo ao ver que o irmão havia desaparecido pelas dunas. Respirou fundo outra vez.

— Algum problema, senhor? — continuou Bakenmut, estranhando o comportamento abobado do príncipe.

— Não. Por quê?

— Fiquei preocupado, e como não voltava achei melhor...

— Vamos para a obra — encerrou o príncipe, restabelecendo sua autoridade.

Bakenmut assentiu e, num gesto, mandou que a comitiva se movesse. O príncipe subiu em sua liteira e ficou ali, pensativo. Poucos minutos depois chegaram até as obras onde foram recepcionados por Apuki e seu amigo Joel.

— Como vão os trabalhos? — perguntou ao feitor, observando tudo ao redor, agindo com aparente normalidade.

— Tivemos um pequeno atraso, mas ainda hoje o cronograma será posto em dia — explicava Apuki.

Moisés continuava olhando cada detalhe da construção até que seus olhos pousaram em Anrão. Os dois se entreolharam com cumplicidade, o que foi rapidamente notado por Joel, que se encafifou com aquilo. Ainda mais quando o príncipe pediu que Apuki chamasse o escravo.

— Quero falar com um dos artesãos que restauraram a estátua de Amon. O mais velho. Talvez eu tenha outro trabalho para ele — disfarçou Moisés.

Anrão tentou disfarçar o contentamento ao ser chamado para falar com Moisés, que o levou até um lugar um pouco mais afastado de Apuki e Joel.

— Ainda não sei bem o que vou fazer, mas de uma coisa podem estar certos: não vou abandonar minha família — iniciou, disfarçando sua emoção por estar diante de seu pai.

— Tenha muito cuidado, filho — advertiu Anrão.

— Pode deixar, não se preocupe. Outra coisa: Arão foi agredido por um feitor. Eu cheguei na hora, e o fato é que...

No momento em que conversavam uma rocha se desprendeu perto dali, causando um grande barulho e confusão no local.

— Depois conversamos com calma — disse Moisés a Anrão, indo checar o ocorrido.

Na vila, Arão chegava em casa, causando grande apreensão em Eliseba, Amália e Joquebede. Ele contou o que tinha acontecido e como Moisés o livrara no meio do deserto das mãos do feitor.

— Meu irmão partiu para cima do homem e simplesmente o matou.

— Arão, você chamou Moisés de "meu irmão"! — emocionou-se Joquebede, sem prestar atenção ao que o filho havia dito.

— Ele matou um egípcio para defender um hebreu, mãe. Só depois que ele me reconheceu.

Eliseba então começou a se preocupar.

— Mas e se acusarem você da morte do egípcio?

— Acho que vão demorar um pouco para dar pela falta dele. Tenho pelo menos até amanhã para encontrar uma saída — refletiu Arão.

— E Moisés, não se feriu? — quis saber Joquebede.

— Não. Nós enterramos o corpo e ele seguiu seu caminho.

— E agora, o que vai acontecer? — afligia-se Eliseba.

— Tenham fé! Enquanto isso, precisamos tratar de Arão. Vou em casa buscar um unguento que Miriã preparou para esse tipo de feridas — tentou acalmar-se Joquebede, indo até sua casa para buscar os curativos.

Era comum à matriarca dizer que deveriam ter fé. Não uma fé qualquer, mas uma fé que transcendia qualquer perspectiva positiva. Ela sabia, ao declarar isso, que a fé era mais do que terceirizar as esperanças num socorro que viria do alto. Era sua própria construção, sua essência. Sem fé, ela não resistiria um só dia naqueles tempos cheios de perversidades.

***

Após visitar as obras pela manhã, Moisés retornou com sua comitiva ao palácio. Estava absorto, pensando nos últimos acontecimentos e foi direto para seu quarto. Entrou nos aposentos aflito, andando de um lado a outro, sem parar. Precisava de um alumbramento, de uma saída, uma luz. Alguma ideia que o livrasse das teias daqueles últimos eventos. Lembrou do faraó, de Henutmire, de seu amor por Nefertari. Pensou em sua família hebreia e no seu povo sendo abusado com violência. Num rompante de ira virou uma pequena mesa e atirou vasos pela parede. Chutou longe um banco e sentou-se em sua cama, encolhendo-se, olhando para o vazio, com o rosto totalmente desesperançado.

Yunet destoava de toda a tensão daquele dia. Estava feliz com a forma que seus planos encadeavam-se perfeitamente como calculara, como se fossem peças de um jogo que ela dominava muito bem. Sentia que, após a celeuma causada entre o faraó, sua senhora Henutmire e Moisés, bastaria um pequeno empurrão para que se livrasse de vez do jovem príncipe, abrindo caminho para que sua filha se tornasse a rainha do Egito, casando-se, consequentemente, com Ramsés, o herdeiro das duas terras.

Foi até os aposentos do príncipe hebreu fingindo prestar solidariedade.

— Desculpe incomodar. É que soube dos últimos acontecimentos e quis... — media as palavras.

— Que acontecimentos, exatamente?

— Que o príncipe conheceu sua família de sangue. Vim lhe cumprimentar pela coragem de ir até lá, enfrentando a... — tentava continuar.

— Muito obrigado. Não precisava se incomodar — encerrava Moisés, com enfado. Yunet ainda teatralizou, lamentando por ter se envolvido naquele assunto enquanto Moisés mantinha-se lacônico e impaciente com a tagarelice da mãe de Nefertari.

— Não se culpe de nada. Você me ajudou bastante e lhe agradeço por isso.

Yunet assentiu. No mesmo momento surgiu Ramsés, que estava preocupado com o amigo. O herdeiro do trono havia acabado de conversar com o general Disebek, que soube através de Bakenmut que Moisés tinha procurado seu pai, Anrão, na obra. Sentiu que tinha de ajudar o amigo, desmotivá-lo a continuar sua busca por suas origens.

— Obrigado, Yunet. Diga à princesa que assim que puder eu vou falar com ela — disse, despedindo-a dos seus aposentos e recebendo Ramsés.

— Sim, senhor. Com licença — fez uma reverência aos príncipes, enquanto saía. Porém, ao invés de fechar a porta por completo, deixou uma pequena fresta e permaneceu atrás dela, escondida, sedenta por ouvir a conversa dos dois.

— Tudo bem na obra?

— Ramsés, eu matei um oficial egípcio — foi direto.

O desabafo seco deixou Ramsés perplexo e Yunet boquiaberta.

— Matou um oficial?

— Eu tinha acabado de presenciar cenas ultrajantes. Foi quando vi o sujeito açoitando aquele escravo com tanta crueldade, só pensei em matá-lo.

— Dessa vez você realmente foi longe — ponderava Ramsés, tentando pensar numa solução.

— Tem mais: o escravo maltratado era o meu irmão. Só vi depois. Não foi por isso que eu reagi. Não suporto mais ver meu povo ser tratado como raça inferior — desabafou.

— Bem, você é um guerreiro. Já matou muita gente. Não creio que esteja abalado por ter matado uma pessoa.

— Eu matei inimigos do Egito em batalhas. Como você acha que o faraó reagirá se souber que um hebreu matou um oficial egípcio? E logo o hebreu de quem ele sempre quis se livrar? Sem falar que as circunstâncias atuais não são nada favoráveis. Isso é tudo de que o faraó precisa para acabar comigo de uma vez — pensava.

Ramsés pesava cada palavra, dando conta da gravidade daquele relato. Refletia sobre como ajudar Moisés a se safar daquilo. Os dois permaneceram alguns segundos em silêncio, buscando encontrar ideias perdidas naquele luxuoso cômodo do príncipe hebreu.

— O que me preocupa de fato é o que pode acontecer com minha família de sangue. E se acusam meu irmão? Talvez seja melhor me entregar logo — opinou Moisés.

— Está maluco? Nem pense nisso. Seria muito pior para todos — considerava Ramsés.

— É, talvez você tenha razão.

— Claro que tenho! Você tem de voltar amanhã à obra como se nada tivesse acontecido, e não ficar ostentando preocupações aqui no palácio.

Moisés assentia enquanto o amigo tecia um plano.

— Ninguém vai saber de nada. Alguém viu você matar o sujeito? — quis saber Ramsés.

— Não, só meu irmão.

— Ótimo. Precisamos dar sumiço no corpo e apagar qualquer vestígio.

— Nós enterramos o sujeito.

— Onde, exatamente?

Moisés explicou o local enquanto Ramsés o ouvia com atenção. Do lado de fora dos aposentos, Yunet estava radiante. Mal acreditava na informação que acabara de ouvir. Tinha a confissão do assassinato e a coordenadas exatas de onde estava o corpo. Só precisaria unir os pontos agora. Levaria Seti I até o defunto submerso pela areia.

Matutou em como convencer o soberano a lhe dar ouvidos. Foi quando atinou: Seti I não negaria atenção aos seus deuses.

Correu efusiva à sala de Paser. A lua já brilhava no céu quando ela invadiu o local em que o marido e Simut trabalhavam. Simut guardava os últimos ingredientes e estava de saída para seu descanso. Despediu-se do casal, no seu atabalhoado jeito de ser, enquanto Yunet o ignorava e saltitava, batendo palmas, completamente eufórica.

— O que você quer? Ultimamente você se parece com a deusa Sekmet, semeando destruição. Diga logo, o que aconteceu? — irritou-se Paser.

— Uma coisa incrível, Paser! Tão extraordinária que só posso pensar que são os deuses atendendo às minhas sinceras orações de mãe zelosa. Ouvi uma conversa entre Ramsés e Moisés, assim, sem querer, é claro. O príncipe confessou a Ramsés que matou um oficial egípcio.

— O quê? Tem certeza? — ficou chocado o sacerdote.

— Absoluta. Sei até onde ele escondeu o corpo.

— Pelos deuses, isso é muito grave. Você não pode contar nada disso para ninguém, ouviu bem?

— É claro que eu não vou contar. Mas você vai — respondeu, abrindo um largo sorriso.

Paser a ouviu enojado e horrorizado. Estava determinado a não ajudá-la outra vez. Yunet, no entanto, sabia bem como dobrar seu marido e jogou todas as suas fichas.

— Você, por acaso, acha que Moisés vai conseguir esconder um assassinato por muito tempo? O que o faraó irá pensar quando souber que você tinha essa informação e a omitiu? Quer ser acusado de traição, Paser?

— Você está me ameaçando?

— Estou apenas lhe abrindo os olhos! Essa é a oportunidade não só de garantir o casamento de nossa filha, mas de te aproximar ainda mais do título de sumo sacerdote! O que você tem a fazer é muito simples... — continuou, explicando seu perverso plano.

Após a conversa com Ramsés, Moisés sentia-se mais confiante de que as coisas iriam se ajeitar, ao menos quanto ao que havia acontecido naquele dia. Porém, sabia que seu destino não seguiria mais o caminho que imaginava dois dias antes. Uma revolução irrefreável começara em sua alma.

Procurou Leila, na cozinha de Gahiji. Queria saber como tinha sido sua visita à família, naquela manhã.

— Durante minha visita à sua família, eu soube de um fato que talvez ainda desconheça. Joquebede pediu que eu não lhe contasse. Ela não queria preocupá-lo, mas acho que é importante — narrou Leila, diante do olhar preocupado do amigo cozinheiro, que achava que ela deveria se resguardar, já que corria risco demais.

— Por favor, Leila, me conte tudo o que você sabe.

— Na noite em que o faraó o proibiu de sair do palácio, a princesa Henutmire visitou a sua família.

— O que ela queria? Fez ameaças? Humilhou minha mãe? — indignou-se Moisés.

— Não, não foi nada disso! Joquebede disse que a princesa estava muito preocupada com o senhor e com o desenrolar dos acontecimentos.

— Tenho certeza de que ela não deixou o palácio no meio da noite só para lhes dizer que estava preocupada comigo.

— Ela propôs que, para o seu bem e de sua família, eles fossem embora de Pi-Ramsés. A senhora Henutmire achou que seria um jeito de proteger a todos. A princesa teme que o faraó possa fazer algo contra o príncipe e sua família de sangue por causa dessa aproximação — explicava.

— E o que minha família decidiu fazer? — se afligiu Moisés.

— Não decidiram nada, mas estão muito preocupados.

O príncipe assentiu e deixou a cozinha real para tomar um ar. Caminhou introspectivo pelos corredores até o jardim. Sentou-se ali, cheio de perturbadores pensamentos enquanto seus olhos miravam o céu pontilhado de estrelas. Pensava sobre sua fé. Sobre o Deus dos hebreus que o havia conduzido até ali. Deveria haver um motivo para tal. Um escravo criado como neto do soberano senhor do Egito? Estava ainda imerso em suas ideias, chateado e confuso, quando ouviu a doce e preocupada voz de Nefertari.

— Achei que podia estar aqui. Por que não me procurou hoje?

— Desculpe. É que não sou uma boa companhia nesse momento — respondeu, com os olhos cheios de lágrimas e a abraçando-a com força e aflição. — Eu a amo tanto, sempre a amei — sussurrou aos ouvidos da namorada, que também o aconchegou em seus delicados braços.

Das certezas que ele tinha, apenas o amor que nutria pela jovem era inquestionável.

— Não quero que duvide disso nunca — continuou o príncipe. — Mas há muita coisa acontecendo e, de repente, todas minhas certezas foram por água abaixo, entende?

— Como assim? — perguntou Nefertari, colocando-o deitado sobre seu colo e lhe acariciando o rosto.

— Eu não posso ignorar o que Deus planejou para mim, Nefertari.

— Mas você não precisa ignorar nada. Os deuses o trouxeram ao palácio para ser um príncipe.

— Estou falando do Deus dos hebreus.

— Mas ele também não te trouxe para cá pelo mesmo motivo?

— Sim, mas não acredito que seja apenas isso. Por que ele faria um escravo se tornar príncipe? Não acha que talvez eu tenha chegado até aqui para fazer algo pelo meu povo?

— Não gosto dessa conversa, Moisés. Do que você está falando? Entendo que você queira ajudar as pessoas que o trouxeram ao mundo, mas se juntar a eles, dizer que são seu povo? Você é egípcio como qualquer um de nós — inquietou-se Nefertari.

— Sou mesmo? O faraó está vigiando todos os meus passos, aguardando apenas uma chance para me destruir. Meus pais de criação mentiram para mim a vida toda.

— Não fale assim. A princesa está tão triste. Nós conversamos agora pouco e fiquei penalizada com seu sofrimento.

— Ela lhe contou da proposta que fez a minha família? Que eles fugissem daqui?

— Contou. Mas ela fez isso tentando proteger você e a eles também — considerou.

— Então você dá razão a ela? — disse Moisés, erguendo-se do colo da namorada bruscamente.

— Claro! Moisés, será que você não percebe que a princesa Henutmire está desesperada, que ela só quer o seu bem?

— O meu bem? No fundo, o que você e minha mãe querem é que eu me esqueça de tudo e continue vivendo a vidinha que sempre tive — concatenou o príncipe.

— A nossa vida é muito boa — justificou Nefertari.

A conversa entre os dois ia ficando cada vez mais tensa à medida que seus valores se distanciavam, como se cada coração tivesse seguido lados diferentes em uma estrada bifurcada.

— Sim. Eu vivo como um príncipe enquanto minha família e meu povo sofrem justamente para garantir meu conforto.Você tem ideia do que acontece com os escravos numa obra? Numa plantação? Na produção de tijolos?Você sabe que, enquanto nos fartamos em banquetes, muitas vezes eles não têm o que comer? — enumerava, aflito por ela não se dar conta de como aquela situação era injusta.

— Não estou interessada nisso, e vou ser bem sincera, Moisés. Se você continuar com essa sua busca absurda pelo passado, pelo seu povo, pelo seu Deus, realmente as coisas vão ficar difíceis entre nós — desmereceu a jovem, deixando o príncipe perplexo.

— Então chegamos ao mesmo ponto. Melhor terminarmos agora mesmo — disse, levantando-se e deixando-a estupefata.

— Não acredito que está fazendo isso comigo — arregalava os olhos, tão belos que eram, cheios de lágrimas de raiva e tristeza.

— E eu não acredito que você não é capaz de entender o que estou vivendo — respondeu Moisés.

— Achei que eu era a mulher da sua vida. Que viveríamos juntos para sempre.

— Também achei. Mas talvez nós dois estejamos enganados. Acho que você precisa de um príncipe egípcio, e não de um hebreu angustiado e cheio de questões para resolver.

— Não venha me dizer do que preciso — irritou-se Nefertari, sentindo-se desprezada. Não era a primeira vez que Moisés parecia brincar com seus sentimentos. Sentiu-se tola, algo insuportável para uma mulher tão forte e decidida como ela. Arrancou o anel de noivado de seu dedo anelar e o jogou com fúria sobre Moisés, como se estivessem o apedrejando. Depois correu, aos prantos, pelos corredores do palácio.

Moisés abaixou e apanhou o anel do chão. O olhou com ternura por um momento. Pensou em tudo que estava deixando para trás. Sentiu medo, tristeza, mas não podia regredir. Estava decidido.

Nos aposentos reais, Tuya, com suas massagens, tentava acalmar Seti I, que pensava em como castigar Moisés caso ele não cumprisse sua promessa de distanciar-se de sua família hebreia.

— Acho bom pararmos por aqui, Tuya. Moisés terá o fim que merece.

— Será possível que você não sinta nenhum carinho por ele, nenhuma afeição? Nada? — indignou-se a rainha.

— Eu cheguei a admirar Moisés, e me surpreender quando ele se revelou um bravo guerreiro. E também por ter se tornado o melhor arquiteto do reino — admitiu o faraó.

— Mas então? Não entendo como é que...

— Você não percebe que da forma como está revoltado com a escravidão dos hebreus, Moisés tem tudo para se tornar um líder perigoso desta gente pestilenta? E foi como príncipe egípcio que o desgraçado se preparou. Jamais me perdoarei por ter permitido que isto acontecesse. Não estou falando do incômodo que pode representar uma família hebreia, e sim da possibilidade de uma revolta. Trata-se da segurança do Egito! — enervou-se o faraó, socando a cama.

***

Na casa de Arão, todos se reuniam pensando sobre que decisão tomar. Com a morte do feitor, logo a família não teria mais como escapar. Eliseba tratava o marido com unguento enquanto as crianças brincavam, sem atinarem para o perigo que todos corriam.

Ao fim da conversa, Joquebede e Anrão, despediram-se e caminhavam pelas ruas já vazias de volta para casa.

— Quando penso em tudo que sofremos, em toda nossa luta, achei que Deus estava preparando um tempo de refrigério para nós. Mas agora, com isso que aconteceu, certamente mais lutas virão. O que será que o Senhor planejou para nossos filhos? — lamentava-se Joquebede, com os braços enlaçados aos de Anrão.

— Os caminhos de Deus são perfeitos, Joquebede. Nunca duvide disso. Pode continuar confiando nele e em Sua infinita sabedoria — mantinha sua fé o marido.

— Tem razão. Deus nunca nos abandonou e não vai nos abandonar agora — consolava-se Joquebede, iluminada pela lua cintilante.

— Foi essa certeza que me manteve forte durante tantos anos longe de vocês. Se tivesse perdido minha fé, certamente não teria suportado — respondeu Anrão, olhando com cumplicidade para o céu acortinado de estrelas.

Ali, cria ele, era a morada do seu Deus invisível e companheiro de todas as difíceis jornadas.

— Ele cuidará de nós, haja o que houver — completou.

***

Logo nas primeiras horas do dia seguinte, Ramsés e Disebek estavam em audiência com Seti I, que se preocupava com a ausência de Moisés.

— Falei com ele mais cedo. Já saiu para a obra. Está tudo sob controle. Moisés está agindo como prometido — tentou tranquilizar Ramsés, diante dos olhares desconfiados de Disebek e Seti I.

Foi quando Paser entrou no recinto.

— Deus-faraó, Seti I! Senhor do alto e do baixo Egito, peço permissão para me aproximar e falar com meu soberano.

— Falaremos depois, Paser. Ainda tenho assuntos pendentes de política para tratar com Disebek e Ramsés, que não podem esperar — desconversou o soberano, com seu habitual enfado e mau humor.

Paser permanecia estático e com um ar de gravidade. Deu mais alguns passos em direção ao faraó, deixando-o ainda mais irritado a contrariedade de seu sacerdote.

— Está desafiando a vontade do seu faraó? Por acaso acha que o Hórus vivo não sabe escolher as prioridades desse reino?

— De forma alguma, poderoso senhor das duas coroas! Mas é que o assunto é de suma urgência, e com possíveis desdobramentos políticos muito sérios, inclusive — justificou sua insubordinação.

— Então fale de uma vez e não desperdice meu precioso tempo — esbravejou Seti I.

Paser respirou fundo. Olhou para o alto, como se pedisse força para o que tinha a dizer. Em seguida apertou os olhos enquanto o suor brotava de sua testa.

— Meu soberano, eu tive um sonho.

— Um sonho? — intrigou-se Seti I, dando atenção àquela revelação.

— Sim e nele os deuses me revelaram algo terrível. Eu sonhei com Moisés.

O faraó se adiantou do trono, onde estava acomodado enquanto Ramsés e Disebek entreolharam-se surpresos e preocupados.

— Continue — sinalizou com as mãos, com se incentivasse Paser.

— Os deuses me revelaram que o príncipe é um traidor. Ele está se preparando para reunir os hebreus num levante contra o soberano.

Ramsés e Disebek se indignaram e interromperam o pronunciamento.

— Isso não é verdade — berrou Ramsés, com o dedo em riste.

— Meu filho é leal ao faraó — completou Disebek.

— Silêncio! Deixem o sacerdote terminar o seu relato — ordenou o faraó, calando-os, a contragosto.

— Eu também fiquei chocado, príncipe Ramsés. Sempre admirei Moisés. Ele estava noivo de minha filha, seria o meu futuro genro, mas não há como contestar os próprios deuses. Moisés matou um egípcio.

— Isso é um absurdo! Meu filho não é um assassino! Ele arriscou sua própria vida defendendo nosso faraó — inconformou-se Disebek.

Ramsés, transtornado, silenciava.

— Já mandei se calar — esbravejou Seti I. Voltou-se para Paser. — O sacerdote tem provas do que está afirmando?

— Sim, no sonho me foi revelado o lugar onde o corpo foi enterrado.

— Essa é uma acusação muito grave, Paser — ponderou Seti I, em tom ameaçador.

— Tenho plena consciência disso, meu faraó. Basta que meu soberano envie oficiais até o local que o sonho me indicou. Se encontrarem o corpo de um oficial egípcio, será a prova de que os próprios deuses falaram comigo, e de que Moisés é um traidor — disse, com pesar.

Ramsés não acreditava no que estava acontecendo. A vida de seu maior amigo estava irremediavelmente por um triz.

QUARENTA E CINCO

A fuga

Seti I escutava sobre o sonho com um prazer quase indisfarçável. Era a chance que queria para pôr um fim na história de Moisés no palácio. Olhou para Paser com seriedade, deixando que seu sacerdote sentisse toda a gravidade daquela acusação. Por fim, agradeceu.

— Você agiu bem. Agora vá com o general até o local e confirme se, de fato, Moisés cometeu o crime.

— Soberano, perdão por insistir, mas posso afirmar que meu filho não seria... — O faraó o censurou antes que terminasse a frase. A solução era simples.

— Ou há o corpo de um egípcio enterrado no local, ou não há. É só ir até lá e verificar, Disebek. Agora providencie para que Moisés seja detido imediatamente, até que tudo se esclareça. E eu espero, general, que coloque os interesses do reino acima das questões pessoais — disse o soberano com firmeza.

O príncipe Ramsés se ofereceu para cuidar da detenção de Moisés.

— Como quiser, mas o que acabo de dizer vale para você também. E agora vão. Quero este assunto resolvido o mais rapidamente possível — advertiu ao filho. Em seguida, mandou que os três deixassem sua presença e fossem atender as demandas.

Os três partiram pelo corredor que levava até a sala do trono. O clima era de tensão e tristeza. Paser mantinha-se cabisbaixo, envergonhado do que acabava de fazer.

— Paser, você tem noção da gravidade da acusação que acaba de lançar sobre meu filho? Moisés pode ser executado.

— Como disse antes, eu gosto muito do príncipe... Pensei bastante antes de revelar meu sonho, mas... — tropeçava nas palavras o sacerdote.

— Teria sido melhor se tivesse pensado um pouco mais — bufou Disebek, inconformado com aquela situação.

— Também acho. Podia até ter esquecido que tinha sonhado — completou Ramsés.

Paser mantinha seu olhar no chão e rapidamente despediu-se dos dois, indo em direção aos seus aposentos.

— Preciso preparar algumas coisas antes de partirmos — desculpou-se.

Disebek rapidamente lançou seu olhar apavorado para Ramsés. Sabia que o herdeiro do trono tinha conhecimento de algo.

— É verdade, general. O sonho. É verdade. Moisés matou um egípcio — revelou de uma só vez Ramsés.

Disebek desabou com a notícia. Se os deuses alertaram Paser, é certo que encontrariam o corpo. Temendo pelas consequências os dois combinaram um plano para encontrar o príncipe hebreu e alertá-lo, antes que fosse capturado.

Perto dali, nas ruas próximas ao palácio, Moisés seguia seu caminho em direção à obra acompanhado por Ikeni. Andavam em silêncio, por um pequeno e ermo beco. Moisés tentava digerir tudo que vinha acontecendo e antecipar seus próximos passos.

Olhou para o soldado, um leal e bom companheiro em tantas batalhas e treinos. Trocou um sorriso amarelo e cúmplice com ele.

—Você confia em mim?

— Claro... mas por que o senhor está perguntando? — estranhou Ikeni.

— Espero que possa perdoar o que vou fazer — dizia o príncipe enquanto desferiu um golpe rápido, com as mãos unidas, no pescoço de Ikeni.

O soldado caiu de supetão, desacordado. Moisés então o acomodou sobre uma porção de feno, com cuidado, e seguiu apressado em direção à vila dos hebreus. Precisava saber como estava seu irmão Arão.

No palácio, Henutmire entrava em choque ao ouvir de seu marido o que havia acontecido na sala do trono, e afligiu-se ainda mais ao tomar conhecimento de que o suposto sonho de Paser revelava a verdade. Seu filho estaria condenado e nem ela e nem qualquer outra pessoa no Egito poderia livrá-lo das mãos do faraó. As lágrimas que antes brotavam de angústia e preocupação agora eram de pura desesperança.

Moisés seguia seu caminho de forma instintiva. Já tinha perdido o controle de suas ações e não dominava mais seu caminhar; apenas era guiado. E isso nunca tinha ficado tão evidente para ele. Meditou nos acontecimentos de sua vida e não pôde chegar à outra conclusão que não essa. Ainda bebê, as caudalosas águas do Nilo o levaram até as mãos de Henutmire, e depois foi entregue justamente a sua mãe biológica para ser amamentado e cuidado até os três anos, sendo preparado como guerreiro e líder dentro do palácio do faraó. Ele era conduzido por uma força desconhecida e superior, da qual só tomaria ciência mais tarde. Caminhou absorto, até que chegou à vila dos hebreus. Bateu na casa de Joquebede, que o recebeu junto com Anrão e Miriã com grande surpresa.

— Há certas coisas que não consigo mais aguentar. Estou preocupado é com Arão, ele estava muito ferido quando o deixei — justificou sua súbita chegada.

— Infelizmente nosso irmão tem a pele curtida de tanto levar chibatadas. Cuidamos dele e está melhor — explicou Miriã, o tranquilizando.

Moisés queria encontrar-se com Arão para decidirem que rumo tomar. O dia mal havia começado e, junto com seus pais e irmã, foram até à casa de Amália, onde Arão vivia com a família. Entraram na pequena casinha, não muito distante da casa de sua mãe. Os passos sempre apreensivos, à espera de uma iminente desgraça.

Encontrar Arão alquebrado, com as costas marcadas, foi dolorido para Moisés. Ele o olhou com condescendência.

— Não posso deixar que você leve a culpa por mim.

— E pretende fazer o quê? Confessar para ser condenado? Isso não garante que eu também não seja — ponderou Arão.

Moisés pensava, mas não achava nenhuma resposta. A hora se adiantava e Anrão preocupou-se. Precisava ir à obra. O feitor Apuki poderia notar sua falta e isso lhe traria ainda mais problemas. Moisés assentiu e se preparou para seguir com o pai em direção ao trabalho. Antes, porém, quis tranquilizar seu irmão.

— Ainda não sei o que vou fazer, mas uma coisa eu lhe garanto: você não será condenado por um crime que não cometeu. Confie em mim. Enquanto isso fique em casa, não vá até a obra.

— Escute seu irmão, meu amor... — concordava Eliseba.

Mesmo diante de toda a gravidade, uma estranha paz era experimentada pela família, como se soubessem que tudo caminharia para um destino pré-estabelecido por Deus.

— Desejo do fundo do meu coração que seu filho seja um homem livre e que chegue o dia em que nenhum hebreu conhecerá a escravidão — disse Moisés a Amália, arrancando um sorriso emocionado da viúva que estava prestes a ter seu bebê.

— Meu marido nunca deixou de ter fé na promessa de Deus de que um dia chegaríamos à terra prometida.

Depois disso, Moisés e Anrão partiram.

Numa região desértica, entre a construção do novo templo e o Nilo, a comitiva com Disebek, Paser, Bakenmut e outros oficiais começava a busca pelo corpo no local descrito pelo sacerdote.

— Pelo que vi em sonho, ele foi enterrado nesta área, mas não sei dizer exatamente onde — disse Paser, constrangido.

— O príncipe nos deixou esperando aqui e seguiu para a obra. A cova não deve estar longe — disse, recordando-se, Bakenmut.

Eles resolveram caminhar em direção à obra, procurando vestígios de terra revolvida. Andaram mais alguns metros quando Bakenmut notou algo estranho na areia. Havia algumas porções acumuladas, como se tivessem sido colocadas por alguém. Além disso, uma depressão retangular, como uma cova. Rapidamente alguns soldados que os acompanhavam começaram a cavar o local com pás. Em pouco tempo o braço do defunto era revelado. Continuaram retirando a terra, desta vez com as mãos, com cuidado para não causar nenhum outro ferimento no corpo, e puxaram o cadáver de Panahasi e notaram o peito perfurado pela adaga. Disebek e Paser se entreolharam consternados.

Uma caravana de escravos passava ali perto. Joel os guiava e deteve-se, curioso com a movimentação de soldados e com a presença do próprio general e do sacerdote. Aproximou-se quando ouviu Bakenmut, agachado, apontar para o corpo e lamentar a sorte do defunto:

— Ele foi morto pelo príncipe Moisés. Sabia que ele tem origem hebraica? O rei não vai perdoar... — dizia aos seus soldados.

— É o Panahasi. Ontem ele estava vivo, lá na obra — espantou-se Joel.

O oficial percebeu a presença intrometida do hebreu e, irritado, o mandou embora. Joel assentiu, atrapalhado, e fez um sinal para que os escravos o acompanhassem. Caminhou o mais rápido que pôde até a obra onde encontrou Apuki e revelou tudo o que tinha visto e ouvido. No local onde o corpo foi encontrado, por um instante, Paser e Disebek cogitaram lançá-lo aos crocodilos e dar por encerrada aquela história,mas sabiam que, diante de tantas testemunhas, não teriam como esconder o fato do faraó. Alguns soldados colocaram Panahasi sobre uma prancha e a comitiva retornou ao palácio.

Não muito tempo depois, Moisés e Anrão chegavam próximo da obra do novo templo. Anrão seguiu sozinho, adiante, enquanto o príncipe esperou para não chegarem juntos ao local. Aguardou por alguns minutos, solitário, olhando o horizonte ermo e assustador do deserto. As nuvens de areias dançavam diante dele, como se caçoassem de seu drama pessoal. Quando julgou que já havia passado tempo suficiente, seguiu como se nada de anormal tivesse ocorrido. Ao chegar, porém, encontrou

Joel surrando Zelofeade diante de Apuki, que sorria vendo a cena de violência, sem intervir ou permitir que qualquer um se intrometesse. Os dois haviam iniciado uma furiosa discussão pouco antes.

Moisés surgiu repentinamente e, ao ver Zelofeade sendo espancado, agarrou no braço de Joel com firmeza, lutando contra si mesmo para que não explodisse em fúria.

— Por que está espancando este homem? Ele é hebreu como você. Deixe-o em paz — advertiu.

Ao perceber que era Moisés, Joel tripudiou.

— Ah, é o príncipe protetor de escravos? E agora também juiz? — abriu um largo e debochado sorriso. E continuou:

— Príncipe e juiz nomeado por quem? Vai me matar como fez com o egípcio?

As palavras de Joel deixaram Moisés em choque. Descobria ali, diante da curiosidade de outros feitores e escravos que começaram a rodeá-lo, que seu segredo não estava mais a salvo. Transtornado, foi amparado por Anrão, que o levou dali, em direção ao deserto, diante de Apuki que ficou boquiaberto e sem reação.

— Então é verdade? — espantava-se o feitor.

— Eu vi Panahasi ser desenterrado e ouvi quando disseram que foi ele quem o matou. O príncipe hebreu — desafiava Joel, discursando.

Moisés e seu pai Anrão deixaram o local em completo silêncio, como que numa confissão. Caminharam por alguns minutos até passarem no local onde estava o corpo do feitor. Moisés não conseguia acreditar que a cova estivesse vazia.

— Foi aqui. Já descobriram o corpo.

— Mas como ficaram sabendo que foi você que o matou?

— Não faço ideia. Não havia mais ninguém por perto além de mim e de Arão.

— Você contou o que fez para alguém no palácio?

— Sim, mas essa pessoa nunca me denunciaria.

Anrão temeu ao ver que, caminhando sozinho na outra direção, vinha Ramsés, que procurava o amigo desesperadamente.

— Aquele não é o príncipe?

— Sim, mas não precisa temê-lo — tranquilizou a seu pai.

Ao ver Ramsés, Moisés sentia um misto de emoções: alegria por encontrar o amigo naquela manhã difícil e dúvidas, que o enchiam de cismas. Afinal, quem mais além de Ramsés sabia sobre a morte do feitor no deserto? Esperou que se aproximasse para questioná-lo.

— Ainda bem que o encontrei antes dos outros. O rei já sabe de tudo — foi direto, Ramsés.

— Imaginei que sim. O que não entendo é como ele ficou sabendo tão rápido. Eu só contei para você, Ramsés, e agora parece que todo o reino sabe que o príncipe hebreu matou um egípcio — disse, desconfiado, Moisés.

— O que você está insinuando?

— O que você quer que eu pense? Encontram o corpo de um feitor e sou prontamente acusado do crime?

— Paser teve um sonho. Ele foi até meu pai e deu detalhes. O rei só está esperando que voltem com as provas para te condenar! Acha mesmo que eu te denunciaria? Estou aqui arriscando minha pele para lhe dar uma chance de fugir! Tem ideia do que meu pai dirá quando souber que o ajudei? — disse, incomodado com a suspeita.

As explicações bastaram para Moisés.

— Tem razão, desculpe! É que as coisas estão fugindo do controle rápido demais.

— Pois podem ficar piores ainda. O rei vai condená-lo à morte, Moisés. Você tem que fugir, tem que deixar o Egito imediatamente — admoestou.

Moisés relutou, angustiado. Não queria fugir, mas sabia que se voltasse seria morto e isso também não era garantia de que a fúria de faraó seria aplacada por completo.

— Se voltar vai ser condenado à morte. E dessa vez não poderei fazer nada. Todos já sabem que você matou um egípcio. O rei está encarando a questão como ameaça à segurança do reino e nada impede que depois da execução meu pai se volte contra sua família hebreia. Você morto não vai poder ajudar ninguém. Pare com bravatas e fuja enquanto é tempo — disse Ramsés, sacudindo-o.

Anrão sugeriu que ele se escondesse numa gruta, do outro lado do Nilo. Era um lugar especial. O local onde Moisés nasceu. Ficariam ali até o anoitecer e depois o príncipe poderia fugir do Egito. Ramsés se comprometeu em voltar à noite e ajudá-lo.

***

No palácio, a comitiva designada para procurar o cadáver no deserto regressava. Seti estava na sala do trono, junto com Tuya. Enquanto a rainha afligia-se, pensando no sofrimento da filha e no trágico destino que teria Moisés, o soberano do Egito esfregava as mãos, ansioso e com satisfação. Sentia-se como quem estava prestes a se livrar de um peso. Moisés, para o faraó, era um fardo que ele nunca quis suportar.

Disebek, Paser e Bankenmut entraram no recinto, onde abanadores balançavam grandes pás com suavidade, refrescando o ambiente, e guardas reais mantinham-se impávidos e a postos. Seti I estava acomodado no seu trono, bebericando um pouco de vinho, servido em taças e castiçais de ouro, e ao ver os três logo questionou se haviam descoberto algo.

Disebek e Paser estavam cabisbaixos, claramente abatidos. Bankenmut, então, decidiu responder por eles.

— Encontramos o corpo, soberano.

— Mas isso não prova que foi Moisés... — tentou argumentar o general.

— Vai duvidar da mensagem dos deuses? — sorriu, com ironia, Seti I.

Paser, Disebek e a própria rainha Tuya intercediam por Moisés. Pediam clemência ao soberano e que ao menos condenasse Moisés ao exílio, e não à morte, se não fosse possível o perdão.

Seti I ficou pensativo, olhando em direção ao nada, buscando uma clarividência de seus deuses, quando Henutmire entrou na sala do trono em completo desespero. Era seguida por Yunet, que tentava contê-la. A princesa subiu o lance de escadas que levava à plataforma onde estava o trono e lançou-se aos pés de seu pai.

— Glorioso Seti I, senhor do alto e do baixo Egito. Poupe a vida de meu filho.

O faraó levantou-se, furioso.

— Ele nunca foi seu filho. Moisés é um hebreu, e agora um assassino. O corpo do egípcio que ele matou já foi encontrado.

— Moisés deve ter tido seus motivos — panteava, inconsolável.

— Motivos? Esse homem está incitando a revolta entre os escravos. É meu dever garantir a segurança do nosso povo — esbravejou Seti I.

— Por favor, meu pai, eu imploro. Pelo amor que o senhor tem por sua filha, não tire a vida de Moisés — desatou a chorar mais e mais, irritando profundamente o faraó.

— Chega. Não permito que se humilhe na minha presença por causa desse hebreu. Ele desprezou tudo o que você lhe deu nesse palácio por causa de um bando de escravos imundos — berrou, ordenando aos soldados que a retirassem de sua presença.

Dois oficiais a ampararam pelos braços, com firmeza, mas sem violência, e a levaram dali. Não havia nada que pudesse ser feito. A decisão do faraó viria em pouco tempo.

— O rei não prefere esperar que Ramsés retorne com Moisés ao palácio para dar a condenação diante do réu? — tentou persuadir o general Disebek.

— Não vou atrasar uma decisão que já foi tomada. Não pense mais em Moisés como seu filho, mas como um inimigo do reino — respondeu secamente e, diante dos olhos atônitos do comandante, de Paser, de sua esposa e dos oficiais ali, apanhou o cetro e o flagelo, que estavam numa banqueta ao seu lado. De pé e segurando os simbólicos artefatos, encheu os pulmões e bradou:

— Estou pronto para dar a sentença. O crime de Moisés não tem perdão. Ele sabia o que estava fazendo. Tanto que enterrou o corpo para esconder seu ato vergonhoso.

Enquanto pronunciava sua decisão, silenciosa e reverentemente entraram Ramsés e Ikeni. Seti I o olhou de soslaio e continuou:

— E ainda teve tempo de voltar ao palácio e seguiu omitindo a verdade de todos nós. Mas Moisés não foi capaz de ocultar seu deslize da vista dos próprios deuses, do olho do Hórus vivo, que tudo vê. Em sonho, a traição desse hebreu foi denunciada e a prova do seu crime revelada. Não resta, portanto, nenhuma dúvida do ato vil que foi cometido. Não posso, como soberano do Egito, dar outra sentença para Moisés a não ser... a morte por enforcamento

Ramsés sentiu como se uma espada lhe atravessasse a alma. Paser apertava os lábios, amargurado por sua covardia diante da esposa. Indignado consigo mesmo e com Yunet. Disebek, como qualquer pai, estava dilacerado. Seti I prosseguia:

— Ordeno que vasculhem toda cidade, todo canto, toda duna e até o fundo das águas sagradas do Nilo se for preciso, mas que encontrem o traidor. Se ele resistir, não hesitem em usar a força. Moisés é um guerreiro experiente e, por isso mesmo, muito perigoso. E que ninguém ouse contestar as ordens do seu soberano, o próprio Hórus vivo na terra! Que a justiça seja feita. General, reúna todo o efetivo e inicie as buscas, imediatamente. Faça o que for necessário, mas encontre Moisés.

Disebek aproximou-se de Seti I de forma respeitosa, mesmo diante da dor que sentia.

— Poderoso Senhor das Duas Coroas, humildemente lhe peço que delegue o comando dessa missão a outro oficial. Como seu general e súdito fiel, acato qualquer decisão do deus-rei; mas como pai, chefiar essa missão e caçar meu próprio filho está além das minhas forças.

— Por conta de sua lealdade, eu lhe concedo esse pedido, Disebek. E espero que continue fiel a seu rei, aconteça o que acontecer.

— O soberano tem minha palavra — assentiu, agradecido.

Todos saíram profundamente abalados com a decisão. Já faraó retornou a se acomodar em seu trono, satisfeito.

***

Anrão e Moisés encontraram um barco atracado nas margens do Nilo. Desataram suas cordas e o deslizaram com suavidade nas águas, até que continuaram a travessia remando com firmeza e delicadeza pelas prateadas águas. Moisés tinha o olhar perdido na margem que ficava para trás. Já Anrão não conseguia deixar de pensar naquela coincidência. Outra vez, em meio a uma perseguição atroz, fugia em direção à gruta que abrigaria seu filho da morte.

— A história se repete...

— Por quê? — quis saber Moisés.

— Estamos indo para o mesmo local onde, há muitos anos, após uma travessia como essa, aconteceram dois nascimentos importantes para nós. Da primeira vez eu estava levando sua mãe, para que você nascesse em segurança, escapando ao decreto do faraó. Na segunda, foi para o meu sepultamento. Mas eu renasci no barco, para grande espanto de Joquebede — sorriu, explicando ao filho um pouco da história da vida de ambos.

— O senhor foi ferido enfrentando os oficiais para me salvar... não foi? — disse o príncipe, segurando nas calejadas mãos do pai.

— Qualquer pai teria feito o mesmo. O curioso é que depois de renascer eu fiquei como você, dividido entre fugir ou não. Mas resolvi que seria melhor para todos se eu partisse. A fé em Deus me deu a certeza de que iria voltar... como estou certo de que você também voltará um dia.

Moisés o mirou nos olhos, com emoção. Continuaram em silêncio, tentando digerir tudo o que acontecia até que o barco atingiu a outra extremidade do grande rio. Desembarcaram e subiram um pequeno morro onde estava a gruta.

— Foi ali que você veio ao mundo. Nada muito próprio para um príncipe egípcio.

— Minha sensação é a de estar nascendo pela segunda vez, sem a menor ideia de como será minha vida daqui para frente — respondeu Moisés, tenso.

— Deus cuidará disso — tranquilizou-o Anrão, envolvendo o filho com o braço.

***

Após a ordem de faraó, Bankenmut assumiu as operações de busca. Mobilizou uma grande quantidade de homens que, conforme a ordem real, passaram a vasculhar toda a redondeza. Começaram pelo palácio, partindo para as ruas ao redor até chegarem aos vilarejos mais próximos. Logo chegaram até a vila onde morava Joquebede. Bankenmut agia com truculência, agredindo escravos, ameaçando com espadas que brandiam no ar. Destratava mulheres, crianças e idosos com violência. Revirava casebres, quebrando mesas e tigelas onde guardavam mantimentos. O pânico era generalizado. Uma agressividade só vista quando o decreto de faraó determinou que as crianças recém-nascidas fossem atiradas no Nilo.

Na casa de Num, Amália sentia fortes contrações. Havia chegado o momento do parto. Arão pegou o pequeno Itamar e ficou do lado de fora enquanto Eliseba, Joquebede e Miriã revezavam-se em compressas de água limpa e amparando a futura mãe. Amália se contorcia em dores enquanto Joquebede a animava.

— Está nascendo! Está nascendo, Amália!

Amália fez um último esforço, gritando de dor e caindo extenuada e aliviada. O bebê havia nascido.

— É um menino — anunciou Joquebede.

Amália, extremante exaurida com aquele esforço, pensou em Num e em como ele ficaria orgulhoso por ver seu menino. Arão entrou apressado com Itamar nos braços e também se emocionou ao ver o filho do amigo.

— Espero que seja mesmo corajoso feito o pai, porque não vou dar moleza. Onde esse menino for eu estarei lá para pegar no pé dele, assim como Num fez comigo — disse, sorrindo e chorando ao mesmo tempo e arrancando gargalhadas de alívio das mulheres.

— Como vai chamá-lo? — quis saber Joquebede.

— Oseias... que quer dizer "salvação" — sorriu Amália, com o pequeno bebê que chorava em seu peito, à procura da primeira refeição.

Arão olhou para a criança, enternecido.

— Seja bem-vindo entre nós, Oseias.

***

Já instalados na gruta, Moisés e Anrão ainda estavam envoltos na emoção do reencontro após tantos anos, e tentavam se conhecer melhor.

— Quando penso em tudo que aconteceu... Viemos até aqui para que você nascesse em segurança e cá estamos numa situação tão parecida — relembrava Anrão.

— Eu não entendo... do que serviu tudo pelo que passamos para nos reencontrarmos agora e sermos afastados novamente? — dizia Moisés, cheio de dúvidas. Anrão percebeu que era o momento de falar sobre a fé que mantinha a esperança do povo hebreu.

— Sabe, meu filho, algumas pessoas perdem a fé com os percalços da vida. Acham que foram abandonadas por Deus, que nada do que fazem dá certo, que tudo é dor e sofrimento sem fim — começou.

— Depois que me dei conta de como meu povo sofre com a escravidão, acho que posso entender que alguém pense assim — concordava Moisés.

Anrão observou uma semente de tamareira caída no chão e a mostrou para o filho.

— Essa é uma semente de tamareira. Caso ela pudesse olhar para si própria talvez se achasse pequena e inútil. Mas ela não questiona a vontade de Deus e cumpre o que lhe foi reservado. Você sabia que se plantarmos uma muda dessa árvore ela logo dará frutos, mas, se usarmos a semente, ela pode levar muitos anos para frutificar?

Moisés continuava atento às explicações enquanto Anrão continuava sua ilustração.

— Mas ela não se importa com isso. Simplesmente deixa-se ser plantada na terra, brota e se torna aquilo que deve ser. Assim como a semente de tamareira, devemos continuar acreditando até que nos tornemos aquilo que Deus planejou para cada um de nós. Tudo que aconteceu em nossas vidas tem um significado muito maior do que podemos enxergar agora. Na época em que você veio ao mundo, alguns de nosso povo achavam que deveríamos evitar que as mulheres engravidassem para não sofrer com o cruel decreto do rei. Mas eu e sua mãe cremos que cada ser humano que vem a esse mundo tem a oportunidade de ser um escolhido por Deus. Basta apenas saber tirar proveito das circunstâncias, por mais difíceis que sejam, para cumprir os propósitos dele. Pessoas nascem todos os dias em todos os lugares, mas só aquelas que fazem a vontade divina podem vê-lo em suas vidas. Quando nos submetemos ao seu chamado passamos a fazer parte do plano de Deus. E ele tem um plano para cada um de nós — ensinou.

— Se é assim, qual o plano de Deus para mim? Qual a minha missão? — quis saber Moisés, em busca de um sentido de vida a partir dali.

— Tenha fé! Enquanto isso, seja paciente como a semente de tamareira, meu filho — dizia Anrão, depositando a pequena semente nas mãos de Moisés.

O príncipe ficou envolvido com as palavras de sabedoria do pai e imerso num mar de sentimentos: medo de nunca mais ver sua família, que acabava de conhecer; tristeza e revolta que sentia em relação, especialmente, à Henutmire por lhe ter negado o direito de viver, mesmo que fosse como um escravo, ao lado de seus pais e irmãos verdadeiros; dor por perder de vista feições que lhe eram tão queridas, como o sorriso do amigo Gahiji, sempre com um prato especial, ou pela trapalhadas divertidas de Simut, pelo leal Ikeni, pronto a dar a vida pelo príncipe; mas, de todos, dois rostos lhe faziam sangrar o coração: o de Nefertari, seu grande amor, e o do amigo Ramsés, um irmão que escolheu e que, se pudesse, levaria consigo. Distanciar-se deles era um castigo brutal.

Anrão já havia partido, retornando à vila dos hebreus onde encontraria Joquebede. Moisés permaneceu naquela gruta sozinho, no local em que deu o primeiro gemido na vida, onde brotou, tal qual uma semente de tamareira. Olhou para aquele pequeno grão sobre as mãos, colocado com tanta delicadeza e sabedoria pelas mãos de um trabalhador braçal, como era Anrão. Um homem lapidado nos campos de trabalho forçado. Olhou para o céu e para o sol que ainda plainava sobre a imensidão do Nilo. Era preciso continuar e encontrar um novo propósito de vida. Era preciso germinar esperança aos cativos de todo o Egito. Moisés sorriu com a ideia, com a perspectiva de florescer esperança em corações afligidos pela escravidão. Seria isso a fé sobre a qual seu pai havia dito a pouco? Pensou. Ele sabia que para o palácio e seu conforto não poderia mais voltar. Um novo caminho estava diante dele, dessa vez não iluminado pelo deus Rá, mas sim pelo próprio Yaveh, o Deus invisível dos hebreus. O Deus do seu povo.

Este livro foi impresso em 2016, pela Edigráfica,
para a Thomas Nelson Brasil.
A fonte usada no miolo é Bembo corpo 11.
O papel do miolo é Avena 70g/m², e o da capa é cartão 250g/m².